포토샵 CC

VER.2017

김지연 지음

PHOTOSHOP

Kyohaksa

Photoshop CC

머리말

'MAKE IT. EVERYWHERE'

2016년 최신 업데이트 기능을 소개하는 Adobe 오프라인 행사의 슬로건입니다. 언제 어디서나 당신의 창조적인 아이디어를 우리의 기술로 현실화시켜 주겠다는 Adobe의 강력한 의지를 담고 있다고 할 수 있습니다.

슬로건에서도 알 수 있듯이 Adobe Creative Cloud는 시간, 공간, 기기의 제약이 없는 클라우드 기반의 디자인 솔루션입니다. 또 온라인에 중점을 두고 크리에이티브 싱크 기술을 적용한 Creative Cloud 라이브러리 기능으로 언제 어디서나 작업을 시작하고 마무리할 수 있습니다. 물론, 카메라의 흔들림을 지능적으로 캐치하여 사진의 선명도를 개선하는 고급 선명 효과나 사진에서 얼굴형 및 이목구비를 자동으로 인식하여 수정할 수 있는 안면 인식 픽셀 유동화 등 생산성을 높여주는 기능도 많이 추가되어 그래픽 프로그램의 대명사라는 입지를 다지고 있습니다.

초보자들도 쉽게 따라올 수 있도록 단계별 파트를 나눠 체계적으로 구성하고, Photoshop CC의 유용한 핵심 기능을 실무 중심 예제로 설명한 본 도서와 함께한다면 어느새 자신만의 노하우로 창조적인 콘텐츠를 제작하고 많은 사람들과 공유할 수 있을 것입니다.

포토샵을 배우려는 모든 분들께 이 책이 좋은 길잡이가 되길 소망하며 모두 건강하고 행복하시길 바랍니다.

저자 김지연

이 책의 포지션

포토샵을 알고 싶고 다양한 그래픽 노하우가 필요하다면 알찬 예제로 배우는 포토샵이 정답입니다.

Version _ Photoshop CC 2017.

Series Point

알찬 예제로 배우는 시리즈만의 7대 특징

실습과 실전 문제 중심으로 구성

하나의 실습을 진행하는데 있어 먼저 소스와 완성 샘플을 보여주고, 전체적인
제작 포인트를 제시하여 예제에 접근하는데 필요한 기본 골격을 확실히
심어준 상태에서 따라해 볼 수 있어 빠른 이해 및 다양한 응용이 가능합니다.

반복 학습에 따른 실력 향상 극대화

하나의 섹션이 시작될 때마다 전체적인 개요를 잡아주고 실습에
들어감과 동시에, 해당 섹션의 마지막에 내용을 한 번 더 총정리 해주어
반복 학습에 따른 능률의 극대화를 꾀했습니다.

예제의 양과 질적인 면에서 알차게 구성

일상생활이나 업무에 조금만 응용하면 사용할 수 있는 예제들만을
엄선하여 단계별 난이도 조정에 따라 배열해 놓아, 기초부터 차근차근
실력을 향상시킬 수 있습니다.

베테랑 강사들의 알찬 노하우를 제공

실습 중간중간에 필자들이 현장에서 강의하면서 교안에 빽빽하게
써놓았던 자기만의 노하우 및 학생들의 집중적인 질문을 받았던 핵심 사항을
[강의노트]와 [포인트]라는 제목하에 달아 놓아 저자의 노하우를 고스란히
자신의 재산으로 만들 수 있습니다.

강의 교재로 최적화한 구성

일선에서의 교육에 맞도록 최대한 실습 위주로 만들었고, 기능에 대한 설명은
한눈에 볼 수 있게끔 일목요연하게 정돈시켜 놓았습니다.

교재 자료 온라인 다운로드 제공

본 교재에 사용된 예제 파일 및 완성 파일은 (주)교학사 홈페이지(www.
kyohak.co.kr) [IT/기술/수험서]–[도서 자료]의 자료실에 등록되어 있습니다.
교육시 필요한 자료들은 언제든지 이곳에서 다운로드하면 됩니다.

스스로 마스터할 수 있는 능력을 배양

매 단원 직접 해보기 및 실전 문제를 통해 다양한 응용력을 키우고,
의문사항은 교학사 도서문의를 통해 언제든지 문의 및 해결하여 자신을 한
단계 업그레이드시킬 수 있습니다.

일러두기

본문은 예제 중심으로 구성되어 있습니다. 따라서 모든 예제들을
따라하기 전에 꼭 '소스 미리보기'를 먼저 보십시오.
소스 미리보기에서는 어떤 파일을 가지고 어떤 결과를 만들어
내는지 한눈에 확인할 수 있습니다. 뿐만 아니라 그 예제를
만들어 가는데 꼭 필요한 '제작 포인트'가 서술되어 있어
쉽게 섹션의 핵심 기능을 알고 시작할 수 있습니다.
포토샵 원본 폴더의 예제에 사용한 폰트가 컴퓨터의
'C:\windows\font' 폴더에 없는 경우 화면과 다르게 보일 수
있습니다. 이러한 경우 여러분의 컴퓨터에 있는 폰트 중에서
가장 비슷한 폰트로 변경해서 사용해 주시길 바랍니다.

알찬 예제로 배우는 시리즈의 예제 및 결과 파일은 교학사 홈페이지
(www.kyohak.co.kr)에서 다운 받을 수 있습니다.

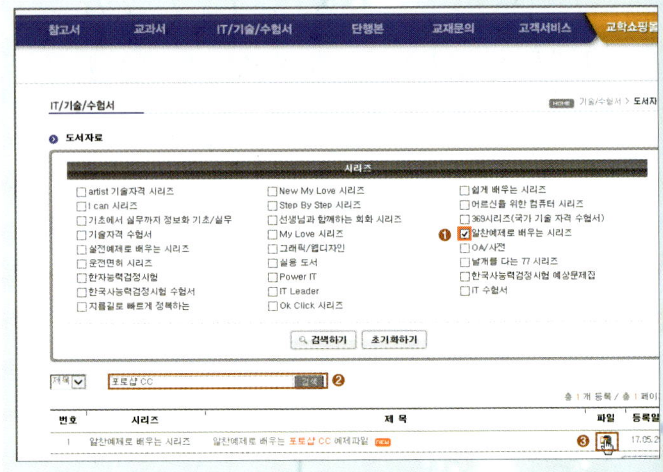

1. 인터넷 브라우저를 실행한 후 교학사 홈페이지(www.kyohak.co.kr)
   에 접속합니다. 상단 메뉴에서 [IT/기술/수험서]–[도서자료]를 클릭
   합니다.
2. **[알찬예제로 배우는 시리즈]**를 선택한 후 검색 창에 **"포토샵 CC"**를
   입력한 후 [검색] 버튼을 클릭합니다.
3. 검색된 도서의 압축 아이콘을 클릭하여 다운로드합니다.
4. 다운로드가 완료되면 압축을 풀어 사용합니다.

이 책의 구성

섹션 설명

섹션에서 다룰 내용에 대한 전체적인 개념을 설명합니다.
본문에 대한 이해도를 높이기 위한 코너이므로 필독해 주세요.

직접 해보기

실제로 만들어 가는 과정을 따라하기 식으로 설명하여
누구나 쉽게 예제를 만들어 나갈 수 있고 알찬 기능을 익힐
수 있도록 구성하였습니다.

소스 미리보기

본문에서 배울 예제의
준비 파일과 완성
파일을 미리 보여주어,
전체적인 흐름을 잡을
수 있도록 하였습니다.

강의노트

알아두면 도움이 되는
내용, 막히는 부분을
더 쉽게 이해할 수
있도록 설명해 줍니다.

키포인트 툴/노하우

학습하는 섹션의 핵심
툴을 알아보고 내용을
완벽하게 습득하기
위한 저자의 노하우를
정리 하였습니다.

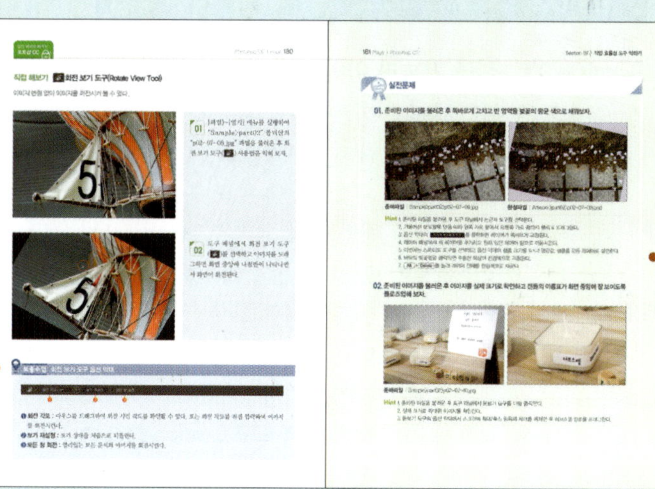

실전 문제

앞에서 배운 내용을
응용하여 혼자서 실습
해 볼 수 있도록 실습
예제를 수록하였습
니다. 준비 파일과
완성 파일을 보여주고
실습에 필요한 간단한
힌트도 제공합니다.

보충수업

해당 섹션에서 설명한
부분 이외에 좀더
고급적인 기능이나
알아두면 큰 도움이 될
부분을 기술하고
있습니다.

Contents

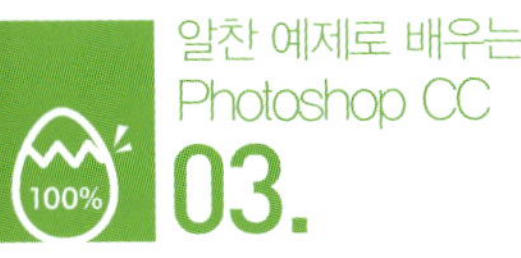

Contents

PHOTOSHOP CC

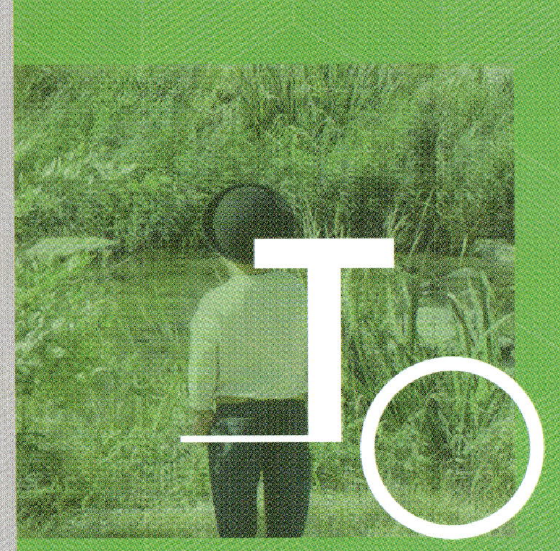

디자인은 어떻게 보이고 느껴지냐의 문제만은 아닙니다.
디자인은 어떻게 기능하냐의 문제입니다
— 스티브잡스 —

Part **01**

Photoshop CC 살펴보기

Photoshop CC는 애플의 아이클라우드나 마이크로소프트사의 MS 오피스처럼 클라우드 기반 소프트웨어로
제품을 구매하면 영구 라이선스를 부여하던 기존과 달리 온라인을 중심으로 월/연정액 정기구독형의 새로운 형태로
서비스된다. 달라진 유통 방식에 따라 설치 방법도 달라지고 Photoshop 운용에 새로운 개념이 추가되었기
때문에 Section 01에서는 Creative Cloud와 Photoshop의 신기능에 대해 알아보고
Section 02에서는 Photoshop CC의 구성 화면 및 도구 명칭과 사용자 편의에 맞춰
작업 환경을 구축하는 법에 대해 알아보도록 하겠다.

Photoshop CC는 무엇인가요?

Adobe의 대표적인 제품이자 그래픽 소프트웨어의 대명사인 포토샵은 1990년 출시 이후 1.0을 시작으로 수많은 버전을 거쳐 2013년 6월 Creative Cloud 제품군의 하나로 새롭게 모습을 드러냈다.

새로운 기능이 추가된 것뿐 아니라 서비스 제공 방식을 클라우드 기반으로 완전히 바꾸었기 때문에 장소, 기기, 시간에 구애받지 않고 언제 어디서든 연결된 작업 환경을 유지할 수 있어 크리에이티브 프로세스를 더욱 향상시킨다.

Step 01. Adobe Creative Cloud

비용 대비 효율이 높은 클라우드 시장이 대세로 자리 잡으면서 Adobe Systems도 패키지 소프트웨어인 크리에이티브 제품군(CS)의 개발 및 판매를 종료하고 2013년 6월, Adobe Creative Cloud 제품군을 출시했다. 이에 따라 Adobe의 모든 제품들은 비용을 지불한 일정 기간 동안만 서비스를 이용하는 구독형으로 바뀌었다. 정기 구독자는 새로운 기능이 출시될 때마다 다음 버전의 프로그램을 기다리지 않아도 실시간 업데이트가 가능하고, 자주 사용하지 않는 사용자는 필요할 때만 구독을 신청하고 중지할 수 있는 장점이 있다. 단, 월별 플랜 가입시 매월 자동 갱신되며, 등록된 신용카드로 최초 결제일보다 며칠 빠르게 재결제되므로 주의하도록 한다.

새로운 신기능은 클라우드 서비스를 통합 관리하는 Adobe Creative Cloud 데스크톱 애플리케이션에서 업데이트할 수 있다. 온라인 상태로 홈페이지에서 개별 제품을 다운로드하면 설치 전에 Adobe Creative Cloud 앱을 설치할 수 있는 창이 나온다. 또는 Adobe Creative Cloud 데스크톱 애플리케이션 설치 페이지(https://www.adobe.com/kr/creativecloud/desktop-app.html)에서 다운로드할 수 있다.

Creative Cloud 애플리케이션은 Creative Cloud에 속한 모든 제품을 신속하게 다운, 업데이트하고, Photoshop CC에 탑재된 라이브러리 패널 및 모바일 Creative Cloud 앱과 동기화하여 파일을 공유할 수 있다. 또한, Adobe Typekit과 Adobe Stock에서 글꼴, 에셋을 검색하고 다운로드하거나 크리에이티브 커뮤니케이션인 Behance를 통해 작품 공유 및 검색하는 기능을 제공한다.

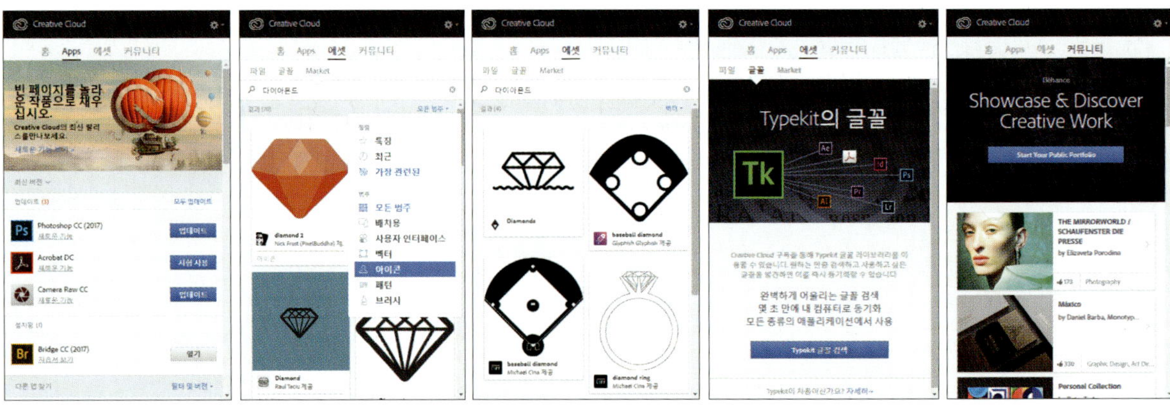

Step 02. Creative Cloud 라이브러리

Adobe CreativeSync 기술로 제공되는 Creative Cloud 라이브러리는 여러 Adobe 데스크톱 및 모바일 응용 프로그램에서 에셋에 접근하도록 해주는 웹 서비스다. Photoshop CC를 실행하고 라이브러리 패널에 그래픽, 색상, 문자 스타일 및 레이어 스타일을 추가하면, 여러 Creative Cloud 앱에서 쉽게 접근 · 사용할 수 있다.
반대로 Creative Cloud 마켓이나 Adobe Stock 또는 Adobe Illustrator 같은 다른 Adobe 응용 프로그램과 Adobe Capture CC 같은 모바일 응용 프로그램에서 추가한 에셋을 Photoshop에서도 사용할 수 있다.

자세히 알아보기 라이브러리에 에셋 추가

라이브러리 패널에서 에셋을 추가할 땐 패널 하단의 + 버튼을 클릭하여 그래픽, 문자 스타일, 색상 및 효과를 추가하거나 모양이나 사진 같은 그래픽 에셋을 패널로 바로 드래그하면 된다.
또는, 에셋이 포함된 문서를 열었을 때 나타나는 팝업 창에서 에셋으로 추가할 종류를 선택하고 [새 라이브러리 만들기] 버튼을 클릭한다.
그림처럼 문서에서 새 라이브러리를 만들면 해당 문서명으로 된 라이브러리에 에셋이 추가된다. 추가한 에셋은 Creative Cloud 데스크 앱이나 모바일 앱에 자동으로 동기화되어 접근할 수 있다.

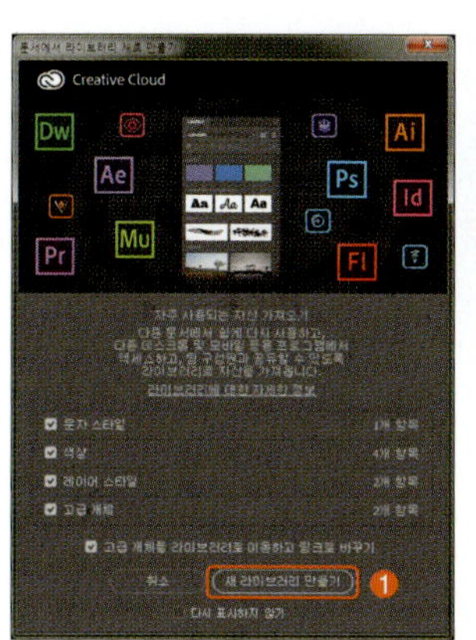

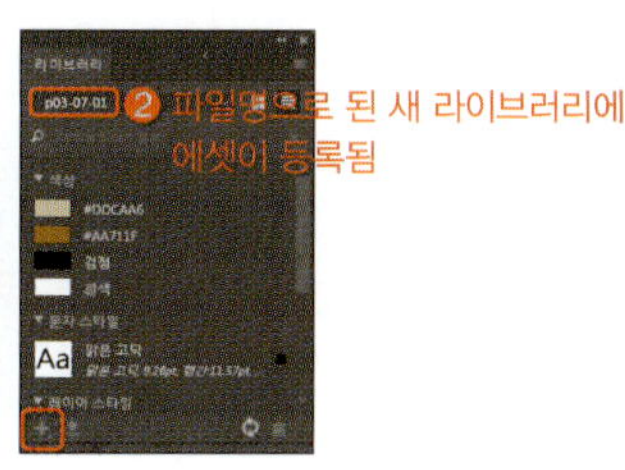

▲ + 버튼을 클릭하여 그래픽, 텍스트 스타일, 색상 및 효과를 추가

◀ 에셋으로 추가할 종류를 선택하고 새 라이브러리 만들기 버튼을 클릭

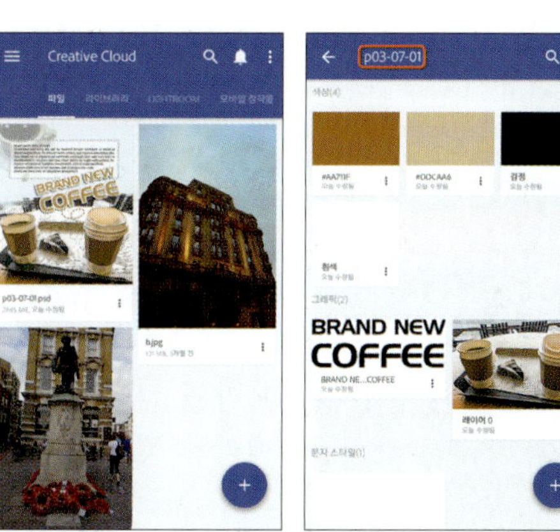

▲ Creative Cloud 모바일 앱

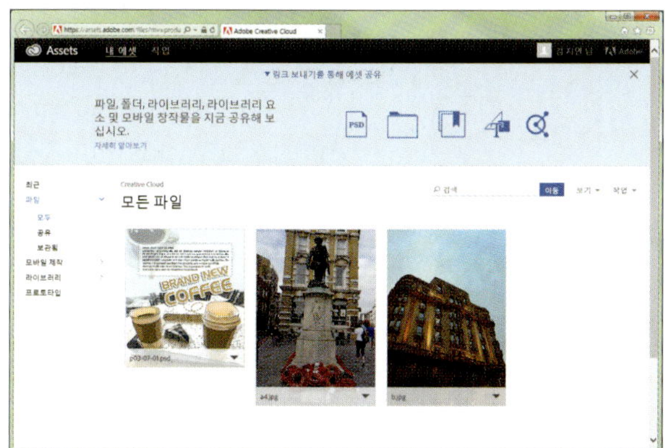

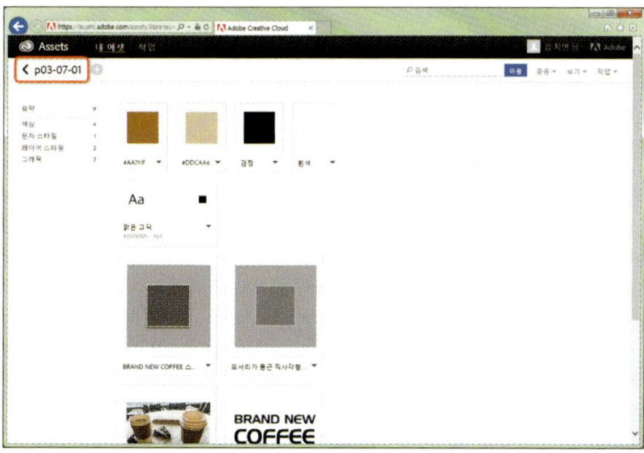

▲ Creative Cloud 데스크톱 앱에서 웹으로 보기를 실행했을 때

자세히 알아보기 Creative Cloud 라이브러리를 사용하여 에셋 공유

Creative Cloud 라이브러리는 팀원이 어디에 있든지 디자인 에셋을 간편하게 공유한다.

클라우드를 통한 지속적 동기화가 진행되어 팀 전체가 최신 상태의 동일한 에셋에 접속할 수 있고, 에셋을 링크하고 편집하게 되면 에셋의 업데이트에 대한 알림이 뜨고 업데이트 적용 여부를 선택할 수 있어 효율적인 협업이 가능하다.

공동 작업을 진행하기 위해 팀원을 추가할 때는 라이브러리 패널의 옵션 메뉴를 열고 공동 작업을 선택한 후 이메일 주소를 입력한다.

초대 버튼을 클릭하면 입력한 주소로 비공개 라이브러리를 사용할 수 있는 이메일 초대장이 전송된다. 추가한 공동 작업자에겐 사용 권한을 위임하여 각 공동 작업자가 할 수 있는 작업을 제한할 수 있다.

Step 03. 크리에이터의 생산과 협업을 돕는 모바일 앱

Creative Cloud 라이브러리를 통해 기기 간 연결된 작업 환경은 언제, 어디서든 에셋에 접근하고 제작한 에셋을 공유할 수 있어 공동 작업을 수행할 수 있는 기반이 된다. Adobe에서 제공하는 모바일 앱 중 Photoshop CC 데스크 앱과 연동해 사용할 수 있는 앱 중심으로 소개하겠다. 모바일 앱 아이콘 밑의 작은 아이콘은 함께 사용할 수 있는 모바일 앱을 표시한다.

Adobe Capture CC

Brush CC, Color CC, Shape CC가 하나로 통합되어 모바일 디바이스 카메라로 찍은 장면을 모양, 패턴, 색상, 룩, 브러시 에셋으로 변환할 수 있다.

일상 어디에서든 사진을 찍으면 이미지 가장자리를 따라 벡터 기반의 모양을 만들고 색상과 빛을 추출해 룩을 제작하거나 사진 일부를 이용해 패턴을 제작한다.

제작을 완료한 순간 Creative Cloud 라이브러리에 자동 저장되고 연동된 모바일 및 데스크톱 앱에서 즉시 사용할 수 있다.

Adobe Comp CC

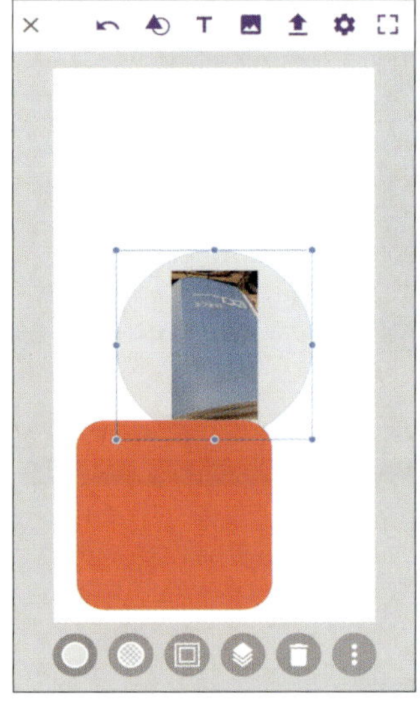

불현듯 떠오른 아이디어를 그리기 제스처로 스케치하면 개체로 변환하여 실제 에셋을 배치할 수 있다.

사전 설정된 장치 및 웹 사이즈를 선택해 레이아웃을 그리면 Creative Cloud Libraries로 이미지를 가져오거나 연동되는 Photoshop Mix 및 Fix로 이미지를 편집하고, Typekit으로 글꼴을 적용한 후 데스크톱 앱으로 보내 완성한다.

물 흐르듯 자연스러운 워크플로와 다른 앱과의 연동성으로 인쇄, 웹 또는 모바일용 레이아웃을 신속하게 디자인할 수 있다.

Adobe Photoshop Sketch

연필, 펜, 마커, 지우개, 두꺼운 아크릴, 잉크 브러시, 부드러운 파스텔 및 수채화 효과 페인트 브러시로 드로잉하여 아트워크를 제작한다. 리스택, 이름 변경, 변형 및 병합이 가능한 드로잉 레이어를 추가하고, 레이어를 그대로 유지한 스케치를 Photoshop 또는 Illustrator로 전송할 수 있다.

Adobe Illustrator Draw

다섯 종류의 펜촉과 이미지 및 드로잉 레이어를 사용하여 벡터 아트워크를 제작한다. 기본 모양 스텐실을 삽입하거나 Capture CC에서 새로운 벡터 모양을 삽입할 수 있고, 데스크톱에서 자동으로 열리는 편집 가능한 기본 파일을 보낼 수 있다.

Adobe Photoshop Mix

이미지 일부를 잘라 불투명도를 조절한 다른 이미지와 결합하거나 역광에서 찍어 노출 조정이 어려운 사진의 얼굴 부위만 밝게 조절하는 등의 작업을 정교하게 수행한다. Photoshop Fix를 오가며 손쉽게 이미지 작업을 하고 Photoshop이나 Lightroom같은 데스크톱 앱과 연동할 수 있다.

Adobe Photoshop Fix

사진 복구 및 수정 기능을 제공하는 리터치 애플리케이션이다. 얼굴 인식 유동화 기능으로 터치 한 번이면 얼굴 윤곽이나 눈 크기를 수정할 수 있다. 또한, 내용 인식 패치를 적용하거나 간단한 페인팅으로 피부, 배경 등을 매끄럽고 선명하게 보정한다.

Adobe Lightroom Mobile

40개 이상의 사전 설정이 제공되어 한 번의 터치로 색상을 적용하거나 비네팅을 추가해 멋진 사진을 완성할 수 있다.
편집한 내용은 모든 디바이스에서 자동 업데이트되므로 데스크톱 앱에서 세밀한 마무리를 할 수 있다. 30일 무료 평가판 사용이후 유료 앱으로 전환된다.

Adobe Photoshop Express

간단한 조작으로 사진 편집, 자동 수정 및 필터 적용이 가능한 사진 편집기이다. 원터치로 대비, 노출 및 화이트 밸런스를 자동 수정하거나 잡티 제거를 할 수 있고 사진을 잘라 콜라주를 만들 수 있다.
또한, 20개 이상의 필터와 RAW 파일을 지원하며, Adobe ID로 로그인하면 필터와 어두운 환경에서 촬영한 사진의 노이즈 제거, 안개 및 헤이즈 감소 기능을 추가 제공한다.

Adobe Preview CC

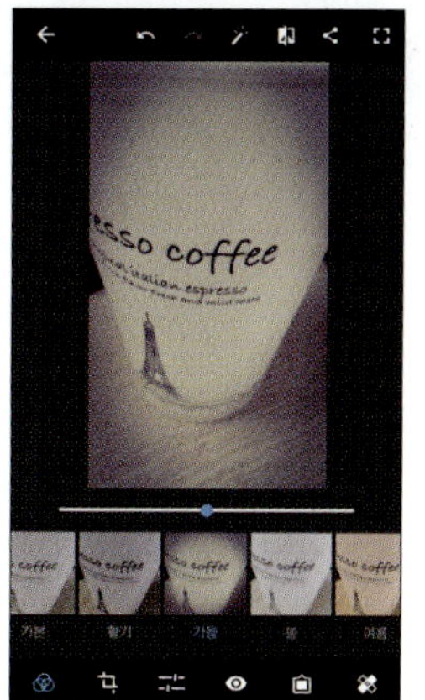

모바일 장치와 데스크톱을 연결하고 Photoshop CC에서 Device Preview 패널을 활성화하면 데스크톱에서 작업한 내용을 모바일 장치에서 미리 확인할 수 있다.
작업물이 실제 서비스되는 모습을 미리 확인하고 수정한 사항이 실시간 반영되기 때문에 디자인 프로세스를 빠르게 한다. 단, iOS 장치에서만 가능하다.

Step 04. Photoshop CC 신기능

자세히 알아보기 시작 작업 영역과 새 문서 만들기

Photoshop CC에서 가장 먼저 확인할 수 있던 변화는 완전히 새롭게 제공되는 시작 작업 영역이다. 프로그램을 실행하면 최근 파일과 Creative Cloud에 동기화된 CC파일 목록이 표시되며 하단에는 Adobe Stock에서 에셋을 검색할 수 있는 검색창이 제공된다.

새 문서 만들기 창은 드롭다운 방식에서 작업 목적별로 탭을 나누고 사전 설정 및 라이브러리를 썸네일 또는 리스트로 제공하여 시각화했다. 사전 설정 하단에는 Adobe Stock에서 제공하는 무료 템플릿이 표시되어 작업에 필요한 템플릿을 다운로드하여 작업할 수 있다.

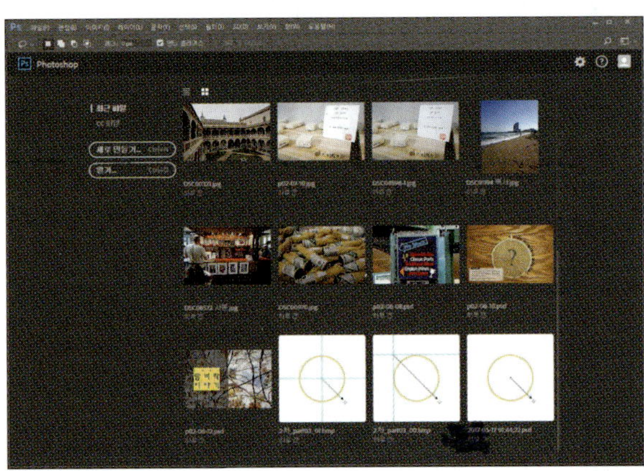

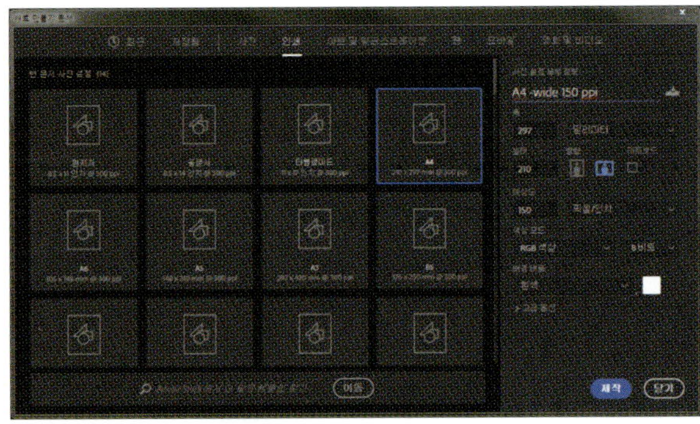

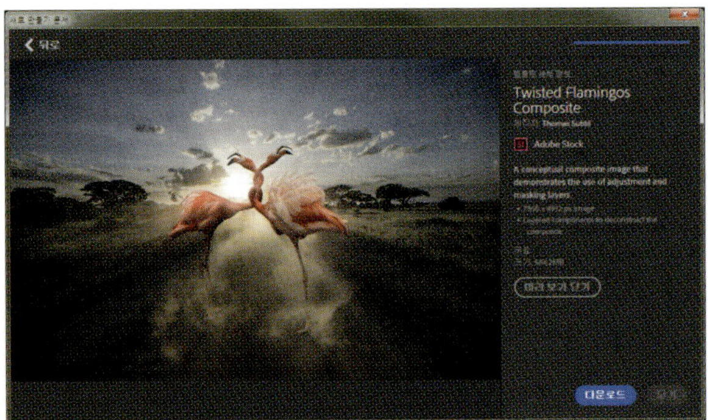

자세히 알아보기 통합 검색 기능

Photoshop CC 2017에는 Photoshop 기능 바로 가기 및 도움말이나 Adobe Stock의 콘텐츠 검색을 할 수 있는 기능이 추가되었다. Ctrl + F를 누르거나 옵션 막대 오른쪽 끝에 추가된 검색 아이콘(🔍)으로 검색창을 불러온다. 이전 버전에서 단축키 Ctrl + F가 할당됐던 필터 재적용은 Alt + Ctrl + F로 변경되었다. [편집]-[바로 가기 키 및 메뉴]에서 단축키를 재설정 할 수 있다.

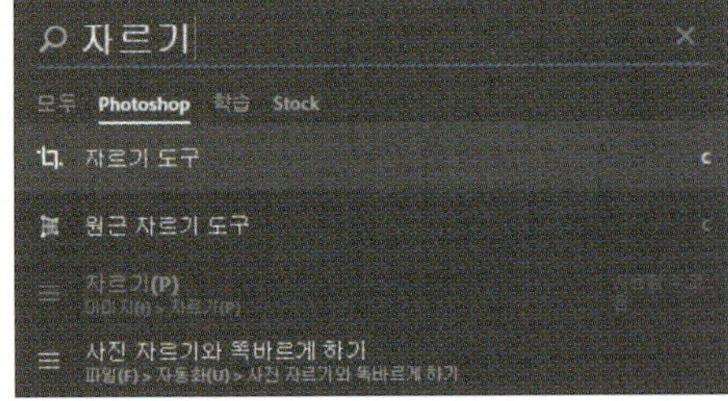

자세히 알아보기 안면 인식 픽셀 유동화

Photoshop CC 2015에 추가됐던 안면 인식 픽셀 유동화 기능이 강화되었다. 안면 인식 픽셀 유동화 기능이란 눈, 코, 입, 얼굴형을 자동 인식하여 이미지 위로 오버레이 되는 조절점을 움직이는 즉시 크기 및 모양, 각도가 주변 픽셀과 함께 수정되는 기능이다. 눈의 좌우 대칭 조절만 가능했던 이전 버전과 달리 Photoshop CC 2017에서는 왼쪽, 오른쪽 눈을 개별적으로 조정할 수 있다.

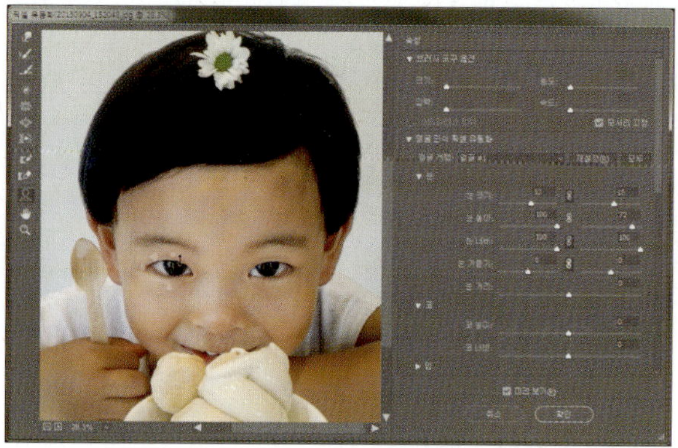

자세히 알아보기 내용 인식 자르기

Photoshop CC 2015에 추가된 기능으로, 이전 버전에서는 똑바르게 하기를 적용하거나 사진을 회전시켰을 때 생기는 여백을 없애기 위해 사진 안쪽으로 자르기 영역이 자동 설정되었다. 그러나 내용 인식 기능을 사용하면 자르기 영역의 크기를 수정하지 않는 이상 원본 크기를 유지하기 때문에 이미지를 회전시켰을 때 생기는 여백을 주변 환경을 인식해 자동으로 채운다.

자세히 알아보기 Typekit으로 글꼴 검색 및 추가

Typekit은 데스크톱 애플리케이션 및 웹 사이트에서 사용되는 글꼴을 호스팅해주는 웹 서비스로 [문자]-[Typekit 에서 글꼴 추가] 메뉴를 실행하거나 문자 도구 옵션 막대의 글꼴 팝업 메뉴에서 Typekit 아이콘을 클릭하면 브라우 저에서 웹 사이트가 열린다. 또는, Creative Cloud 데스크탑 앱의 글꼴 탭에서 TypeKit 글꼴 추가를 클릭한다.

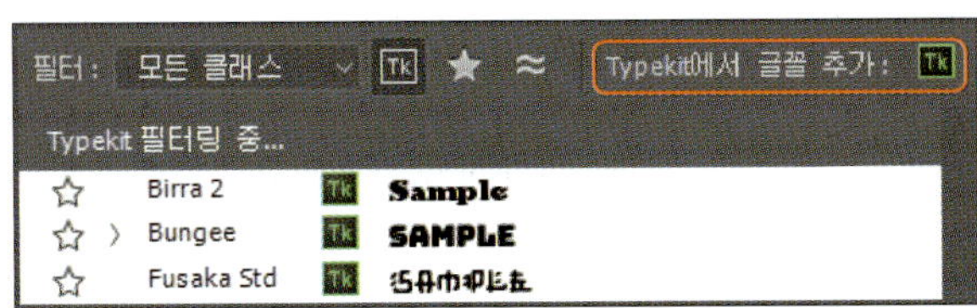

Typekit 사이트에서 추가한 글꼴은 Creative Cloud 데 스크톱 앱에 동기화 되며 Photoshop CC를 열어 문자 도구 옵션 막대의 글꼴 팝업 메뉴에서 적용할 수 있다. 모든 글꼴은 글꼴의 분류나, 시각적 유사성, 즐겨찾기, Typekit으로 필터링하여 빠르게 찾을 수 있다.

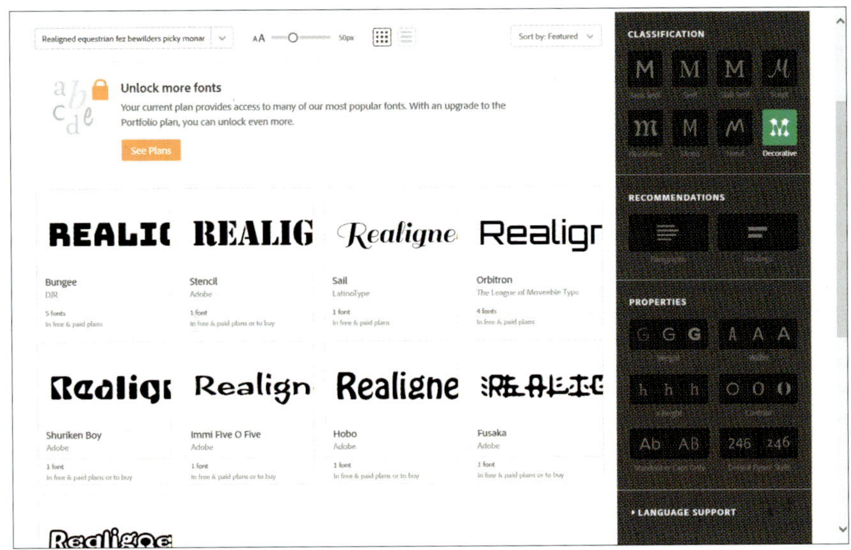

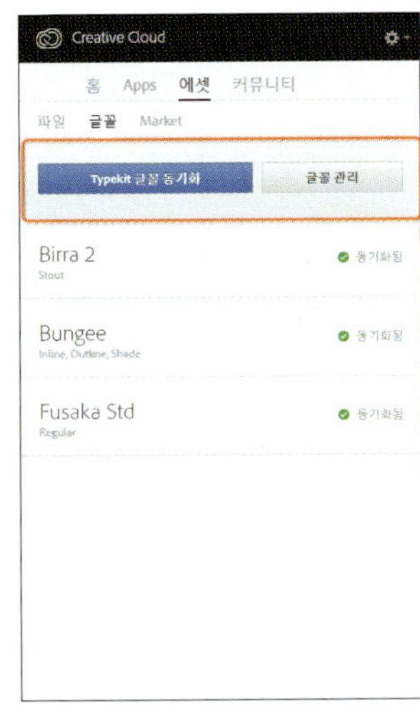

자세히 알아보기 일치하는 글꼴 찾기와 글꼴 대체하기

사진이나 이미지에 포함된 글꼴을 선택 영역으로 지정하고 [문자]-[일치하는 문자] 메뉴를 실행하면 사용자 컴퓨 터에 설치된 글꼴과 같거나 유사한 글꼴을 찾아준다. 동기화 할 수 있는 Typekit의 글꼴 표시에 체크하면 Typekit 에서 유사한 글꼴이 표시되어 즉시 글꼴을 추가하고 사용할 수 있다.

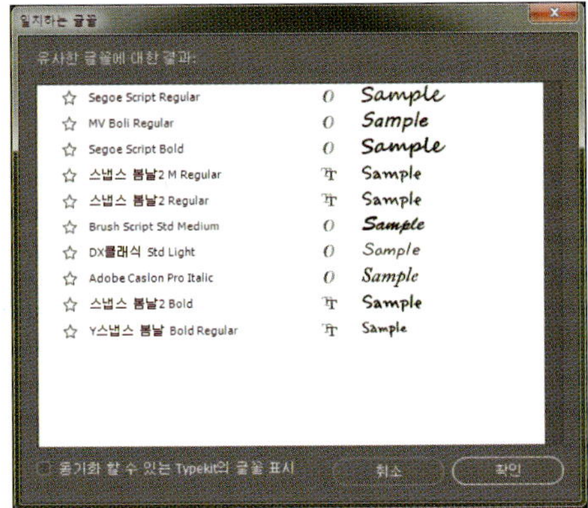

자세히 알아보기 OpenType SVG 글꼴 지원

Photoshop CC부터 특수 문자를 입력하는 글리프 패널이 제공되면서 Photoshop CC 2017에는 OpenType SVG 글꼴을 지원하기 시작했다. SVG 글꼴로는 Trajan Color Concept와 EmojiOne 글꼴을 제공한다. SVG 글꼴은 문자를 표시할 때 SVG 상형문자로 표시하므로 대부분 글리프 패널을 통해서 입력할 수 있다.

Trajan Color Concept에는 은, 구리색, 강철빛, 대리석과 같은 각 문자에 대한 20개의 다른 스타일 세트가 포함되어 있고, Emoji 글꼴에는 웃는 얼굴, 깃발, 도로명 게시판, 동물, 사람, 음식, 랜드마크와 같은 여러 가지 화려한 그래픽 캐릭터가 포함되어 있다.

자세히 알아보기 다양한 크기로 빠른 내보내기

내보내기 형식이 제공되면서 빠르고 간편하게 파일을 저장할 수 있게 되었다. 먼저, [파일]-[내보내기]-[내보내기 기본 설정]에서 자주 사용하는 파일 포맷과 저장 폴더 옵션을 설정해두면 [파일]-[내보내기]-[빠른 내보내기]를 클릭한 즉시 파일이 저장된다.

하나의 문서, 대지, 레이어 및 그룹에서 다양한 크기의 이미지나 에셋을 저장할 때는 [파일]-[내보내기]-[내보내기 형식] 메뉴를 사용한다. 내보내기 형식을 실행하면 왼쪽에 각 대지가 표시되는데 전체 대지를 선택해 저장 옵션을 통일하거나 대지별로 설정을 달리 할 수 있다. 게다가 왼쪽 상단의 모든 비율 조정에서 크기 비율을 추가하면 다양한 크기로 한 번에 저장된다.

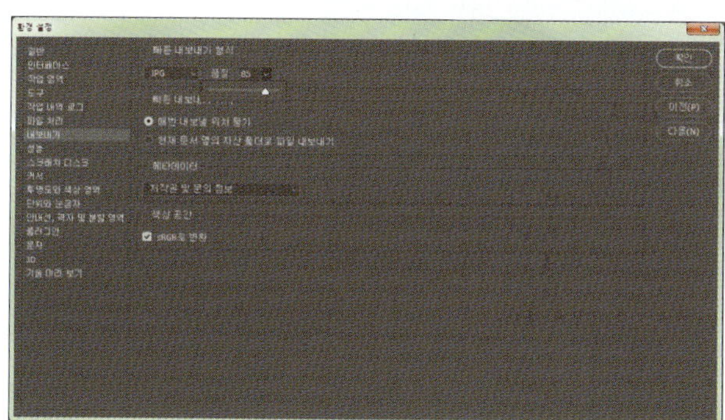

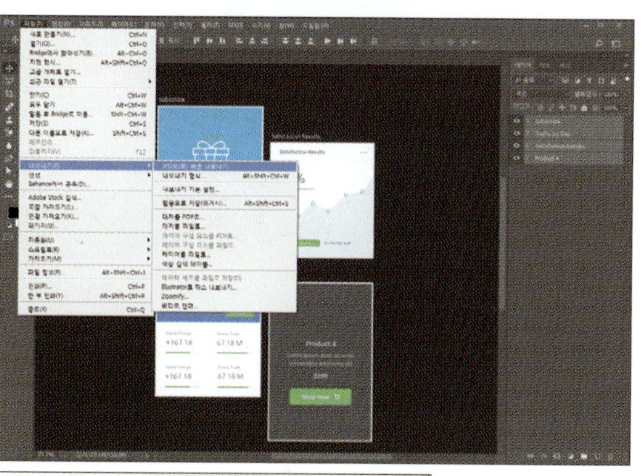

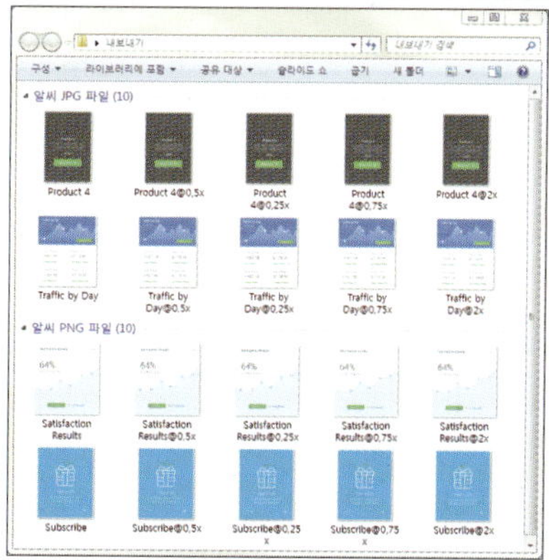

Photoshop CC 살펴보기

포토샵의 설치를 완료하고 [시작]-[모든 프로그램]-[Adobe Photoshop CC]를 선택하거나 바탕 화면의 바로 가기 아이콘을 더블 클릭한다. Photoshop CC가 실행되면 새롭게 추가된 시작 작업 영역이 표시된다. `ESC` 를 눌러 작업 영역을 숨긴 후 Photoshop CC의 기본 화면 구성과 도구 패널 및 각 패널에 대해 알아보자.

Step 01. Photoshop CC 기본 구성

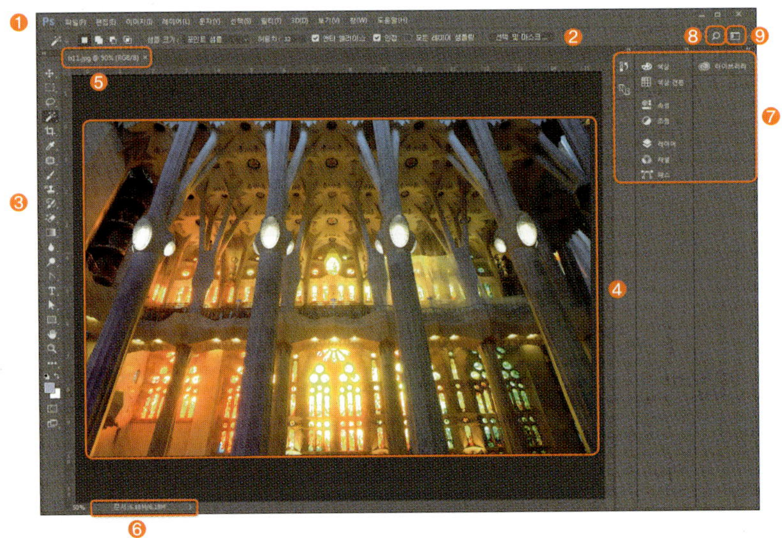

❶ 메뉴 바

화면 상단의 각 메뉴를 클릭하면 세부 메뉴 목록이 팝업 창으로 나타난다.

❷ 옵션 막대

선택한 도구의 세부 옵션을 설정한다.

❸ 도구 패널

이미지 편집을 위한 도구를 모아 놓은 상자로 유사한 기능의 도구끼리 묶여있다. 도구 편집 기능이 추가되어 사용자 임의 구성이 가능하다.

❹ 문서창

작업이 이루어지는 영역으로 작업 창 상단의 이미지 탭과 하단의 상태 표시줄에서 문서 정보를 볼 수 있다.

❺ 이미지 탭

파일명, 보기 배율, 이미지 모드가 표시된다. 이미지 탭을 클릭하여 문서창을 이동할 수 있고 하나의 문서 창에 여러 개의 탭을 추가할 수 있다.

❻ 상태 표시줄

문서 보기 배율을 수정할 수 있고 문서 치수, 레이어 개수, 선택된 도구 등 문서의 세부 정보를 알 수 있다.

❼ 패널

메뉴나 도구 패널과 연계하여 좀 더 향상된 작업을 할 수 있는 기능들이 모여 있다. 작업 목적, 사용 빈도, 동선에 따라 패널을 배치하거나 그룹으로 묶어 사용할 수 있다. 보이지 않는 패널은 [창] 메뉴에서 불러온다.

❽ 검색

Photoshop CC 2017에서 새롭게 추가된 기능으로 포토샵 기능, 도움말 및 학습 컨텐츠, Adobe Stock의 에셋을 검색할 수 있다.

❾ 작업 영역

[창]−[작업 영역] 메뉴에서 전환해야 했던 작업 영역을 아이콘으로 손쉽게 전환할 수 있다.

자세히 알아보기 도구 패널

이미지 편집을 위해 자주 사용되는 도구를 모아 놓았기 때문에 어떤 도구가 있는지, 도구의 사용법은 무엇인지 충분히 숙지해 두어야 한다. 가 도구 위로 마우스를 가져가면 도구의 이름과 단축키가 팁으로 니다나고, 도구를 잠시 누르고 있거나 마우스 오른쪽 버튼을 클릭하면 유사한 기능의 숨은 도구가 나타난다.

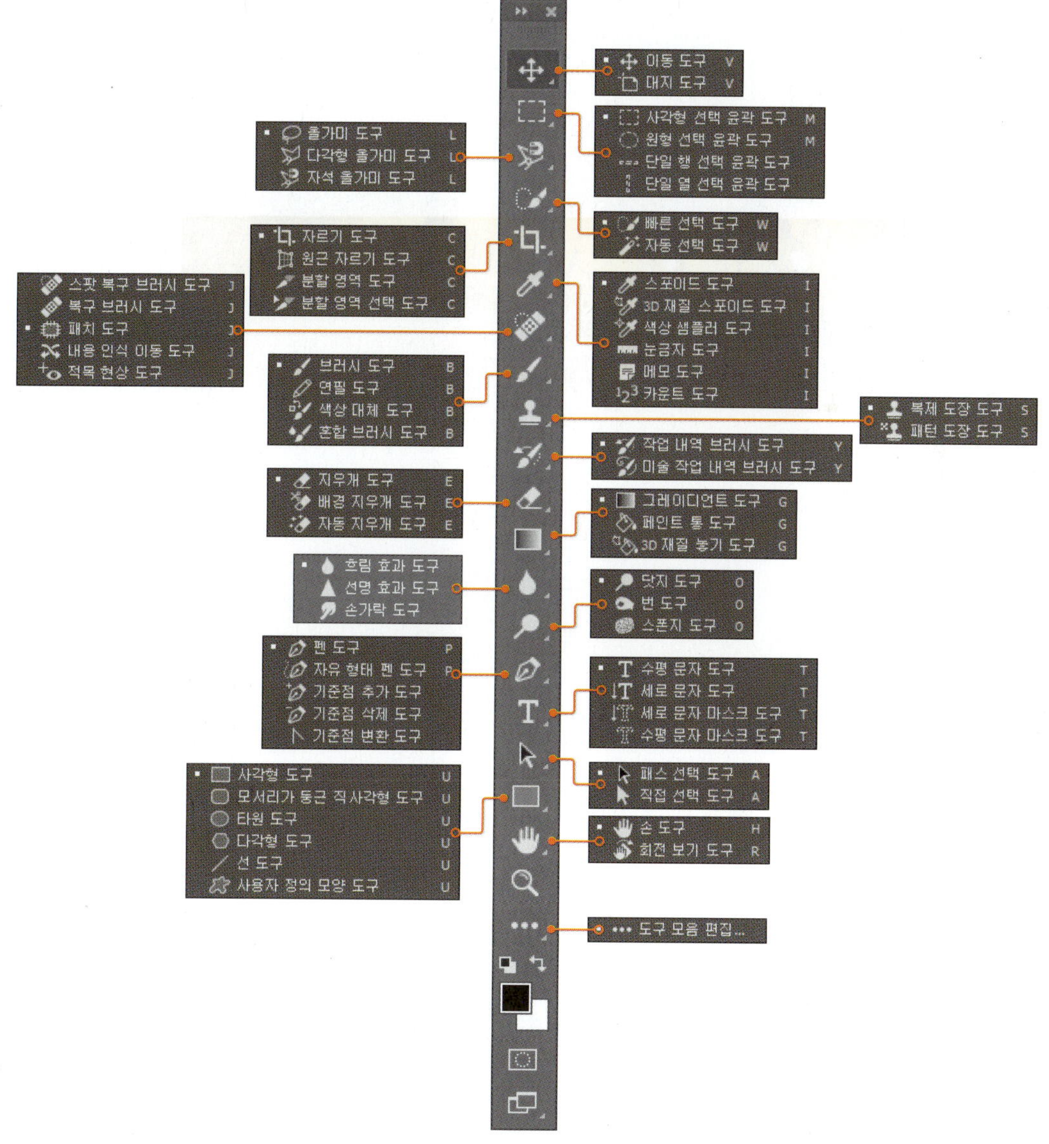

❶ 선택물 도구

이동 도구 : 선택한 요소를 이동한다.

대지 도구 : 새롭게 추가된 도구로 대지 문서 작업 시 대지를 추가, 복제, 편집한다.

사각형 선택 윤곽 도구 : 사각형 모양으로 선택 영역을 만든다.

원형 선택 윤곽 도구 : 원형 모양으로 선택 영역을 만든다.

단일 행 선택 도구 : 세로 1px의 가로 선을 선택한다.

단일 열 선택 도구 : 가로 1px의 세로 선을 선택한다.

올가미 도구 : 자유롭게 드래그하여 선택 영역을 만든다.

다각형 올가미 도구 : 클릭한 지점을 직선으로 연결하여 다각형 형태의 선택 영역을 만든다.

자석 올가미 도구 : 색상 경계를 자동으로 인식하여 선택 영역을 만든다.

빠른 선택 도구 : 브러시를 사용하여 이미지를 그리듯 드래그하면 선택 영역이 지정된다.

자동 선택 도구 : 색상의 차이를 기준으로 비슷한 색상을 가진 영역을 한 번에 선택한다.

❷ 자르기 및 분할 영역 도구

자르기 도구 : 이미지를 원하는 크기로 자른다.

원근 자르기 도구 : 이미지의 원근을 변형하며 자른다.

분할 영역 도구 : 이미지의 영역을 나눈다.

분할 영역 선택 도구 : 분할 영역 도구로 나눈 분할 영역을 선택, 이동, 복사 및 삭제한다.

❸ 측정 도구

스포이드 도구 : 이미지에서 클릭한 부분의 색상을 추출한다.

3D 재질 스포이드 도구 : 3D 개체의 재질을 추출한다.

색상 샘플러 도구 : 클릭 지점의 색상 정보를 데이터로 확인하고 저장한다. 최대 10까지 저장된다.

눈금자 도구 : 지정한 두 점 사이의 거리와 각도, 위치를 측정한다.

메모 도구 : 지정한 지점에 메모를 입력하여 이미지에 첨부한다.

카운트 도구 : 이미지의 특정 부분을 순서대로 표시할 수 있다.

❹ 재손질 도구

스팟 복구 브러시 도구 : 클릭한 지점의 주변 픽셀을 자동으로 감지하여 복원한다.

복구 브러시 도구 : 복제 지점을 지정하고 드래그하여 이미지를 복원한다.

패치 도구 : 선택 영역을 자유롭게 지정한 후 드래그하여 선택 영역을 복제한다. 복제된 영역은 복제 지점의 주위 환경에 최적화된다.

내용 인식 이동 도구 : 선택 영역을 이동하면 주위 환경을 인식하여 선택 영역과 이동 지점의 영역을 자연스럽게 채운다. 선택 영역 이동 후 크기 조절 기능이 추가되었다.

적목 현상 도구 : 적목 현상을 제거한다.

복제 도장 도구 : 이미지의 특정 부분을 복제한다.

패턴 도장 도구 : 이미지의 특정 부분을 패턴으로 채운다.

지우개 도구 : 이미지의 특정 부분을 지우개로 지운다.

배경 지우개 도구 : 이미지를 지우면 지워진 부분이 투명으로 변경된다.

자동 지우개 도구 : 자동 선택 도구처럼 클릭한 지점과 유사한 색상을 한 번에 지운다. 지운 부분은 투명으로 변경된다.

흐림 효과 도구 : 이미지를 흐리게 한다.

선명 효과 도구 : 이미지를 선명하게 한다.

손가락 도구 : 손가락으로 페인트를 찍어 그림을 그리는 것처럼 클릭 지점의 색상을 가지고 드래그 방향으로 픽셀을 연장한다.

닷지 도구 : 이미지를 밝게 한다.

번 도구 : 이미지를 어둡게 한다.

스폰지 도구 : 이미지의 채도를 높이거나 낮춘다.

❺ 페인팅 도구

브러시 도구 : 붓의 크기와 모양, 색상을 선택하여 그림을 그리거나 칠한다.

연필 도구 : 브러시 도구와 비슷한 기능으로 거친 선을 그릴 수 있다.

색상 대체 도구 : 색상을 변경한다.

혼합 브러시 도구 : 색상을 혼합하여 채색한다.

작업 내역 브러시 도구 : 작업 내역 패널에서 지정한 작업 내역 소스를 현재 이미지 창에 페인팅한다.

미술 작업 내역 브러시 도구 : 회화적인 느낌을 추가하여 작업 내역 소스로 복원한다.

그레이디언트 도구 : 두 가지 이상의 색상 사이에서 자연스러운 혼색을 만들어 선택 영역을 채운다.

페인트 통 도구 : 같은 색 범위를 인식하여 특정 색이나 패턴으로 채운다.

3D 재질 놓기 도구 : 페인트 통 도구와 비슷하다. 옵션 막대에서 재질을 선택하고 3D 개체를 클릭하면 바로 재질이 입혀진다.

❻ 그리기 및 문자 도구

펜 도구 : 클릭하여 직선, 곡선의 패스를 그린다.

자유 형태 펜 도구 : 자유롭게 드래그하여 패스를 만든다.

![기준점 추가 도구] **기준점 추가 도구** : 패스 위에 기준점을 추가하여 패스를 수정한다.

![기준점 삭제 도구] **기준점 삭제 도구** : 필요 없는 기준점을 삭제한다.

![기준점 변환 도구] **기준점 변환 도구** : 핸들을 삭제하거나 생성시켜 기준점의 속성을 바꾼다.

![수평 문자 도구] **수평 문자 도구** : 가로로 문자를 입력한다.

![세로 문자 도구] **세로 문자 도구** : 세로로 문자를 입력한다.

![세로 문자 마스크 도구] **세로 문자 마스크 도구** : 가로로 문자를 입력하고 문자 경계를 선택 영역으로 만든다.

![수평 문자 마스크 도구] **수평 문자 마스크 도구** : 세로로 문자를 입력하고 문자 경계를 선택 영역으로 만든다.

![패스 선택 도구] **패스 선택 도구** : 패스를 선택하고 이동한다.

![직접 선택 도구] **직접 선택 도구** : 패스나 도형의 기준점, 방향점을 선택하여 수정할 수 있다.

![사각형 도구] **사각형 도구** : 사각형 모양의 벡터 형식 도형, 패스를 만들거나 사각형 모양으로 픽셀을 채운다.

![모서리가 둥근 직사각형 도구] **모서리가 둥근 직사각형 도구** : 모서리가 둥근 사각형 모양의 벡터 형식 도형, 패스를 만들거나 모서리가 둥근 사각형 모양으로 픽셀을 채운다.

![타원 도구] **타원 도구** : 원형 모양의 벡터 형식 도형, 패스를 만들거나 원형 모양으로 픽셀을 채운다.

![다각형 도구] **다각형 도구** : 다각형 모양의 벡터 형식 도형, 패스를 만들거나 다각형 모양으로 픽셀을 채운다.

![선 도구] **선 도구** : 선이나 화살표 모양의 벡터 형식 도형, 패스를 만들거나 픽셀을 채운다.

![사용자 정의 모양 도구] **사용자 정의 모양 도구** : 사용자 정의 모양의 벡터 형식 도형, 패스를 만들거나 그린 모양대로 픽셀을 채운다.

❼ 내비게이션 도구

![손 도구] **손 도구** : 화면에서 보이지 않는 부분으로 이동한다.

![회전 보기 도구] **회전 보기 도구** : 이미지 변형없이 이미지를 회전시켜 본다.

![돋보기 도구] **돋보기 도구** : 이미지를 확대하거나 축소한다.

❽ 기타

![도구 모음 편집] **도구 모음 편집** : 도구 패널의 구성을 사용자 임의대로 변경할 수 있다.

![전경색/배경색] **전경색/배경색** : 전경색과 배경색을 기본 색상으로 변경하거나 색상 박스를 클릭하여 색상을 지정한다.

![빠른 마스크 모드로 편집] **빠른 마스크 모드로 편집** : 클릭하면 빠른 마스크 모드로 전환된다.

![표준 모드로 편집] **표준 모드로 편집** : 클릭하면 표준 모드로 전환된다.

![화면 모드 변경] **화면 모드 변경** : 표준 모드, 전체 화면 모드 등의 여러 가지 화면 모드로 변경할 수 있다.

자세히 알아보기 패널 알아보기

도구가 하나의 기능을 적용한다면 패널은 그 기능을 다양하게 활용하고 컨트롤한다고 할 수 있다. 모든 패널은 상단의 [창] 메뉴를 클릭하여 불러오거나 닫을 수 있다.

3D 패널

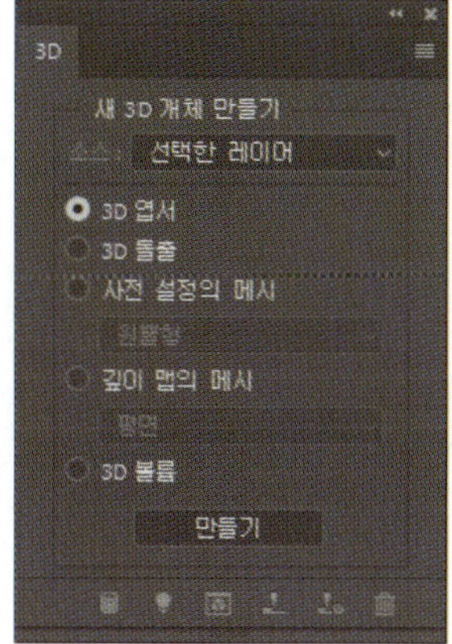

선택한 레이어, 작업 패스, 현재 선택 및 파일 중 하나를 소스로 선택한 후 3D 엽서, 돌출, 메시 등의 3D 개체나 환경을 조성한다.

Device Preview

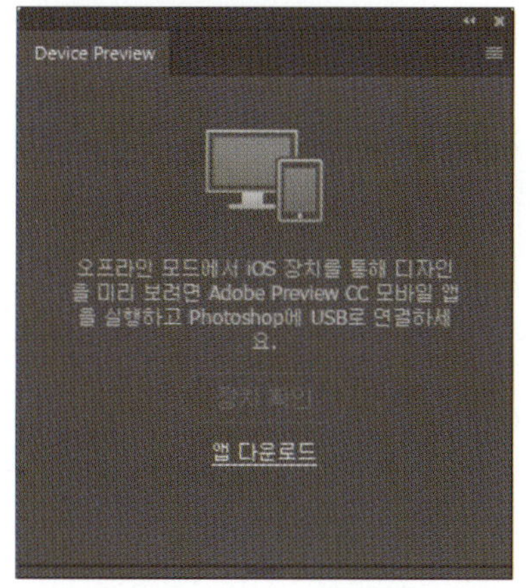

연결된 IOS 장치로 디자인을 미리 볼 수 있다.

글리프 패널

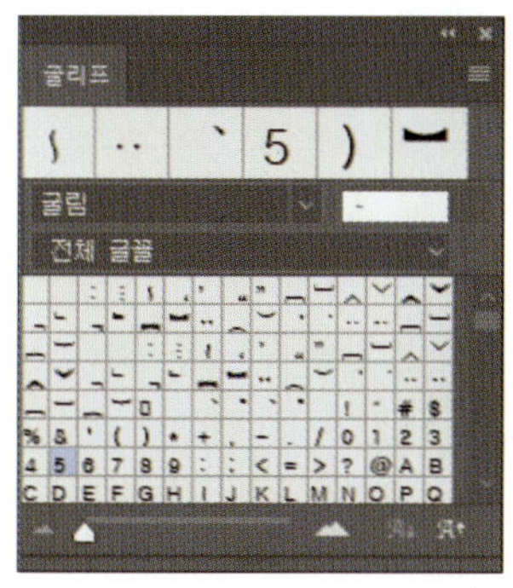

글꼴 별로 할당된 특수 문자를 입력한다.

내비게이터 패널

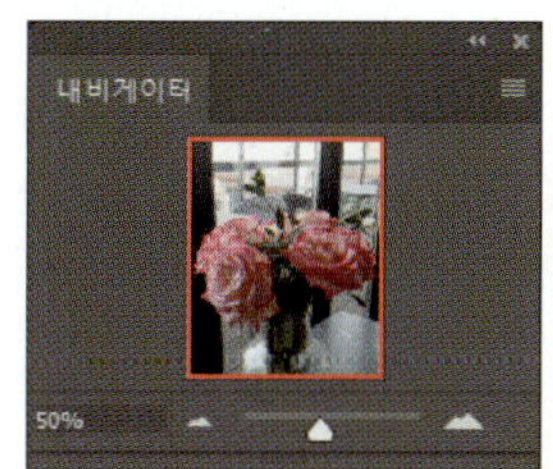

화면에 보이는 이미지를 빨간 박스로 표시하고 하단의 슬라이드를 움직이거나 수치를 입력하여 화면 보기 배율을 조정한다.

단락 패널

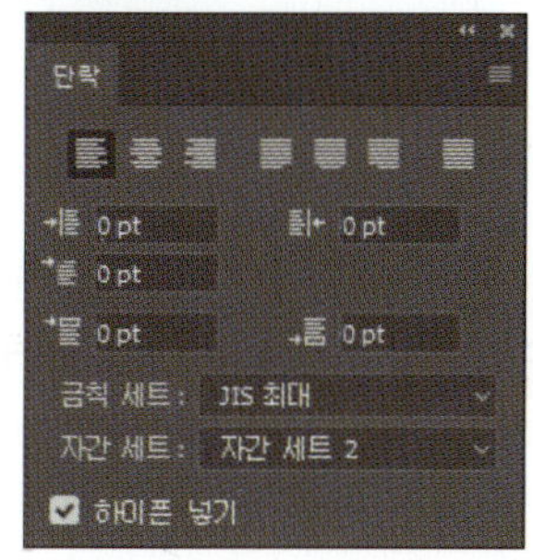

단락의 정렬, 들여쓰기, 내어쓰기 등의 옵션을 설정한다.

단락 스타일 패널

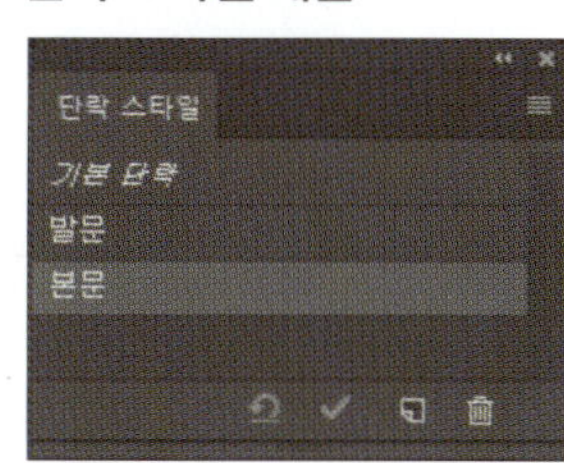

지정된 단락 옵션을 스타일로 등록하고 관리한다.

도구 사전 설정 패널

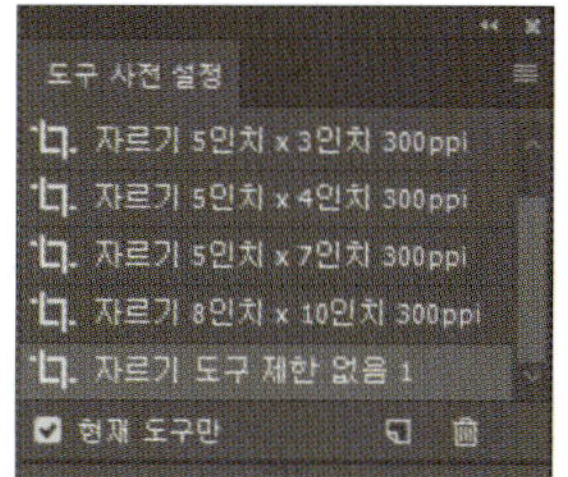

모든 도구의 사전 설정을 관리한다. 현재 도구만 항목에 클릭하면 현재 선택된 도구의 사전 설정만 표시된다.

라이브러리 패널

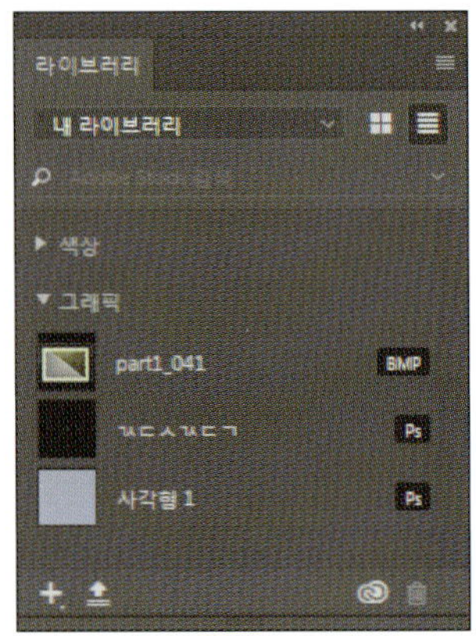

라이브러리를 새로 만들고 에셋을 추가하거나 라이브러리에 등록된 에셋을 문서로 가져올 수 있다. 패널 옵션 메뉴에서 공동 작업자를 추가하거나 링크를 공유한다.

레이어 패널

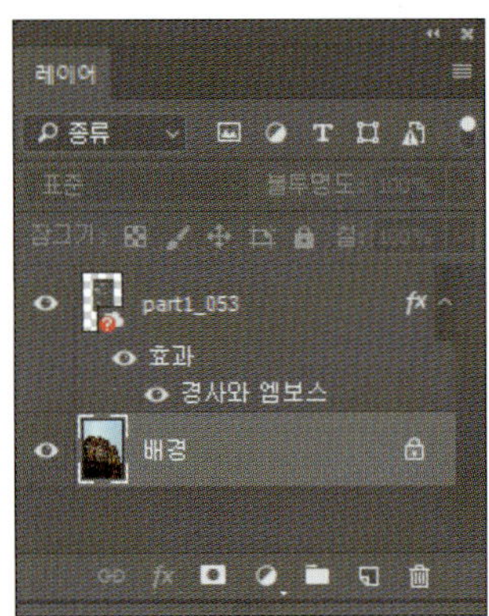

포토샵을 사용할 때 가장 중요한 패널로 모든 문서에는 하나 이상의 레이어가 포함되어 있어야 한다. 문서에 포함된 모든 요소는 각각의 레이어로 관리되고, 요소에 따라 레이어 종류 및 속성도 달라진다.

레이어 구성 요소 패널

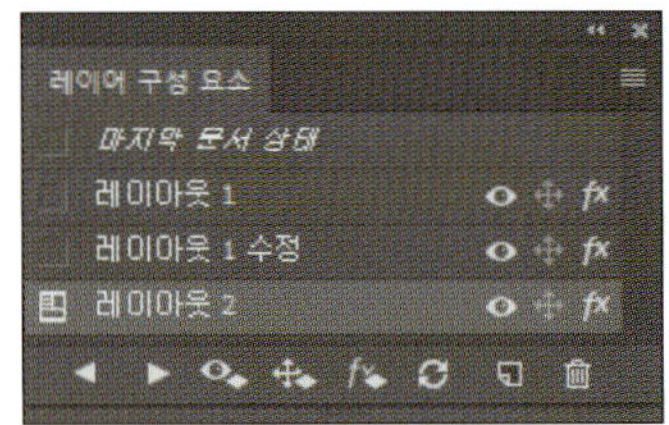

레이어들의 위치, 효과 등 레이어 구성 요소를 저장하고 관리한다.

막대 그래프 패널

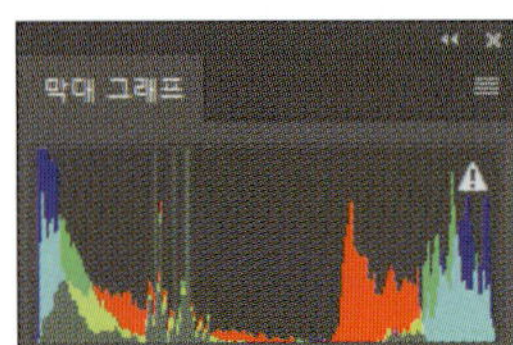

이미지 색상 정보를 그래프로 표시한다.

메모 패널

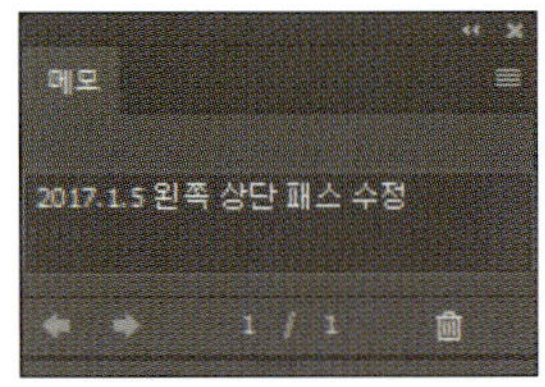

메모 도구로 작성한 메모를 확인하거나 삭제할 수 있다.

문자 패널

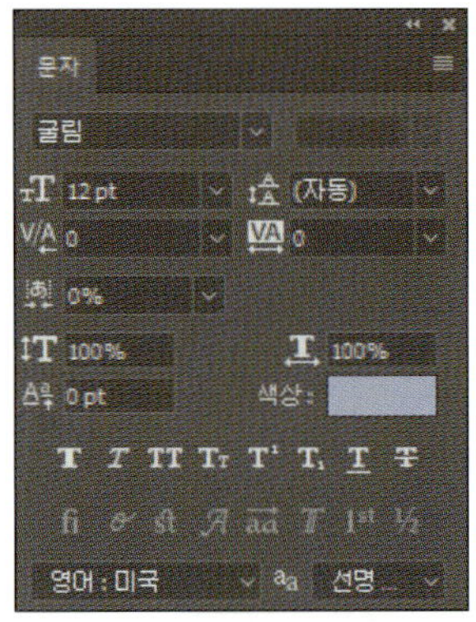

글꼴을 설정하고 크기, 행간, 자간 및 색상 등의 다양한 문자 옵션을 설정한다.

문자 스타일 패널

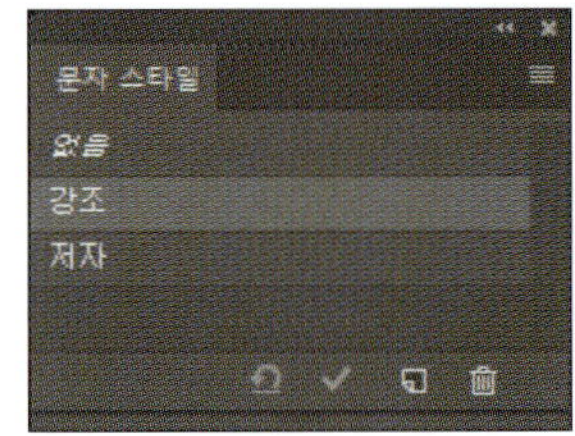

지정된 문자 서식을 스타일로 저장하여 다른 문자에 적용한다.

복제 원본 패널

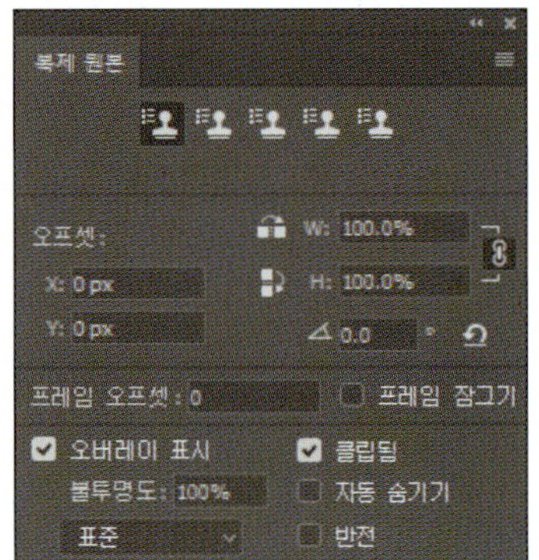

복제 도장 도구의 복제 소스 정보를 저장한다.
지정된 소스는 크기와 각도를 조정할 수 있다.

브러시 패널

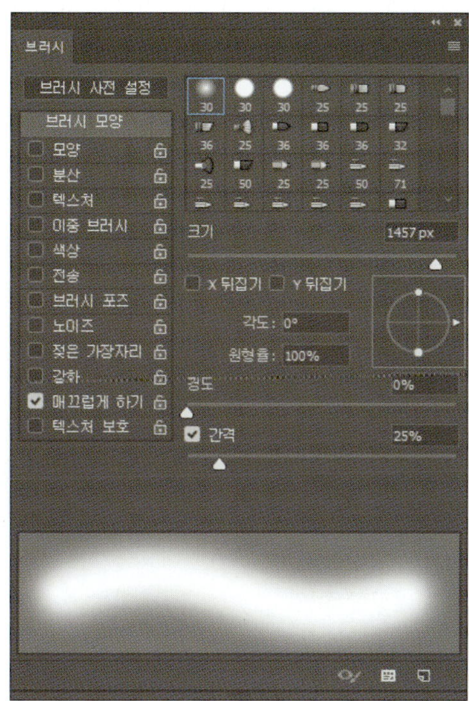

브러시 도구의 옵션을 설정한다. 패널 하단에서 현재 옵션이 적용된 브러시 획을 확인할 수 있다.

브러시 사전 설정 패널

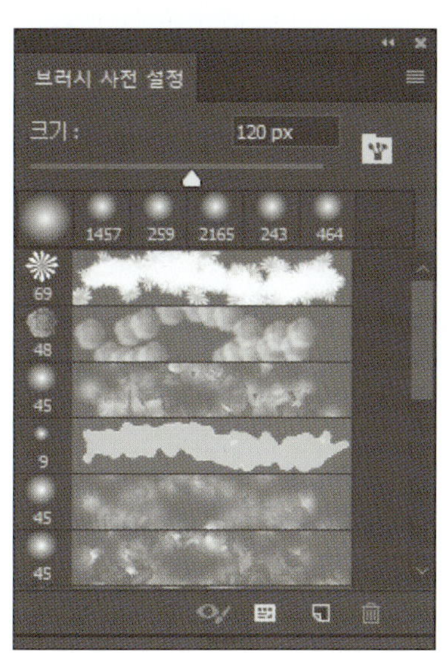

브러시 사전 설정 목록과 브러시 획 미리 보기를 제공한다.

색상 패널

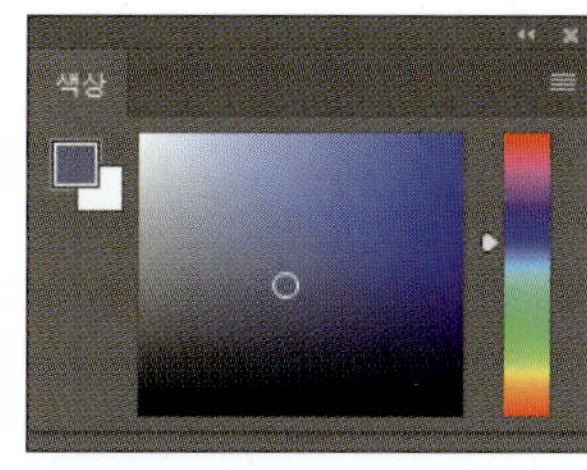

색상 모드별로 제공되는 색상 스펙트럼과 색상 필드로 색상을 선택한다.

색상 견본 패널

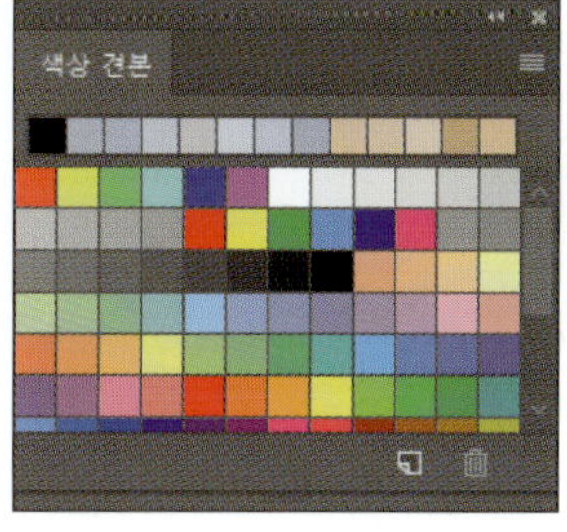

표준 색상으로 사용하는 색상표나 사진 필터 색상, 웹에 적합한 색상 등 분류별 색상 모음을 제공한다. 사용자가 자주 사용하는 색상도 등록하여 관리할 수 있다.

속성 패널

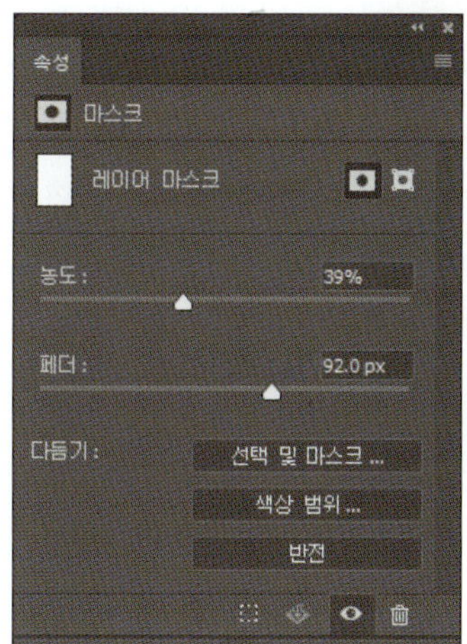

조정 레이어, 고급 개체, 3D 메뉴 등의 세부 속성을 관리한다.

스타일 패널

레이어 스타일로 만든 다양한 효과의 사전 설정을 제공한다. 새 스타일을 만들어 등록할 수 있다.

액션 패널

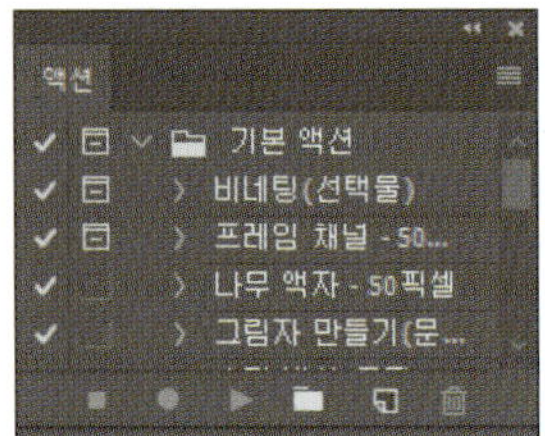

작업 순서 및 작업 내역을 기록하여 반복 작업을 쉽게 한다.

작업 내역 패널

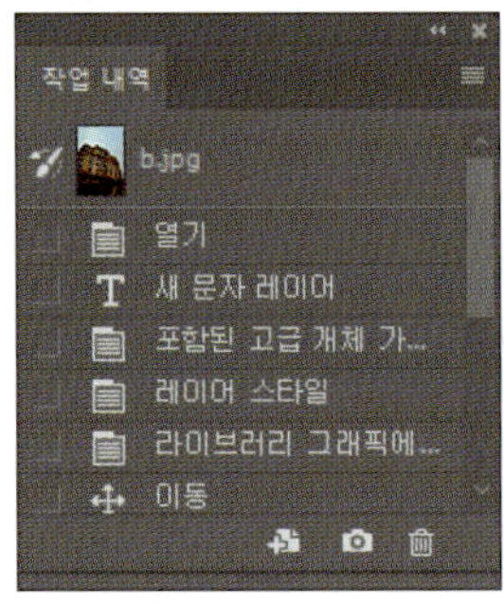

작업 과정을 순서대로 기록하고 현재 화면을 스냅숏으로 만들어 돌아갈 수 있다. 작업 내역 브러시 도구와 미술 작업 내역 브러시 도구를 사용할 때 작업 내역 패널에서 소스를 지정한다.

정보 패널

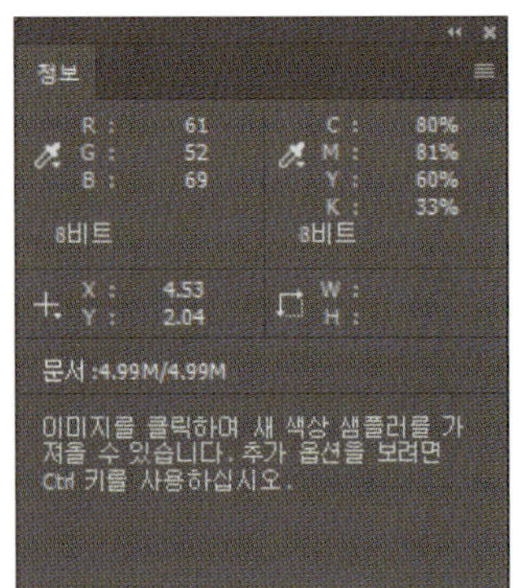

마우스 커서가 위치한 지점의 색상 정보와 크기를 알려준다. 색상 샘플러 도구로 클릭한 지점의 색상 정보를 기록한다.

조정 패널

16개의 이미지 보정 메뉴를 조정 레이어로 만들어 적용한다.

채널 패널

이미지 모드와 관련된 색상 정보를 보여주는 색상 채널

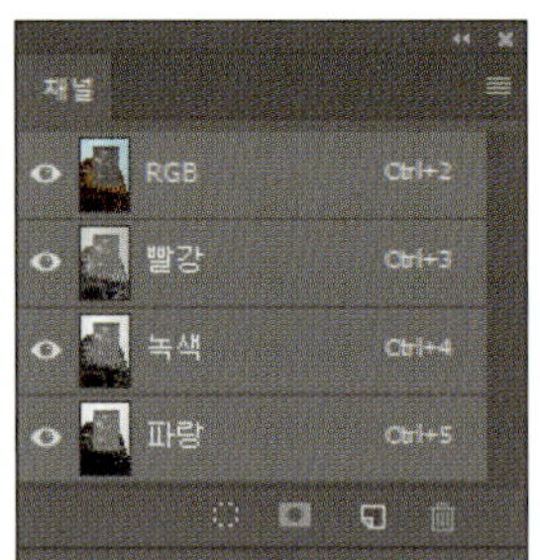

과 선택 영역을 저장하는 알파 채널을 편집하고 관리한다.

측정 로그 패널

눈금자 도구, 카운트 도구로 측정한 내용을 기록하고 별도의 파일로 저장할 수 있다.

타임라인 패널

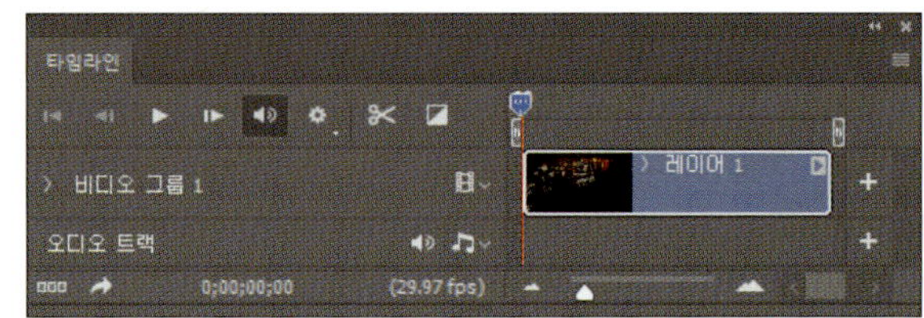

프레임 애니메이션 모드와 비디오 타임라인 모드가 있다. 프레임 애니메이션으로 움직이는 이미지를 만들거나 비디오 타임라인 모드로 동영상을 편집한다.

패스 패널

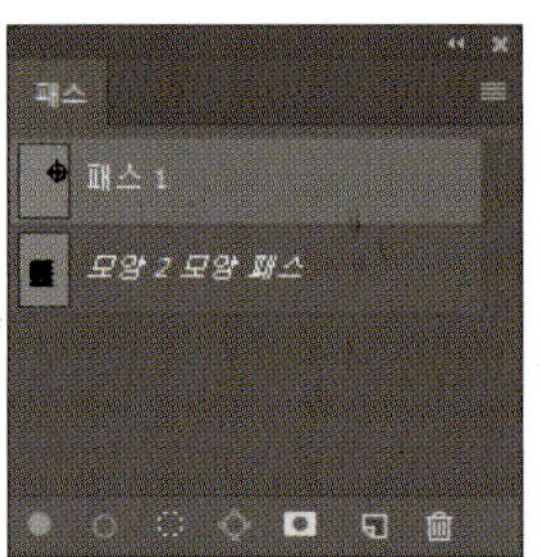

패스를 저장하고 관리한다.

Step 02. 작업 환경 관리하기

그동안 새로운 버전이 출시되면서 사용자 정의 기능은 계속 강화되었다. 다른 업체의 그래픽 프로그램들도 출시되고 프로그램 성능이 상향 평준화되면서 이제는 프로그램 선택의 기준이 성능 중심에서 사용자 중심으로 바뀌었다고 볼 수 있다. 그런 의미에서 이번 Photoshop CC에 추가된 도구 패널의 사용자 구성은 최적화된 워크플로 구축에 큰 도움이 될 것이다. 인터페이스부터 단축키, 작업 영역 및 도구 모음을 재구성하여 나에게 맞는 작업 환경을 구성해 보자.

자세히 알아보기 인터페이스 색상 변경하기

CS6에서부터 추가된 기능으로 기존의 밝은 회색 인터페이스 색상에 3가지 색상이 추가되어 검은색까지 총 4단계가 제공된다. [편집]-[환경 설정]-[인터페이스] 메뉴에서 사용자 취향에 맞게 색상 테마 및 기타 옵션을 선택할 수 있고, 단축키 Shift + F1 을 누르면 한 단계씩 어둡게, Shift + F2 를 누르면 한 단계씩 밝게 색상 테마가 변경된다.

• 변경 전 기본 인터페이스

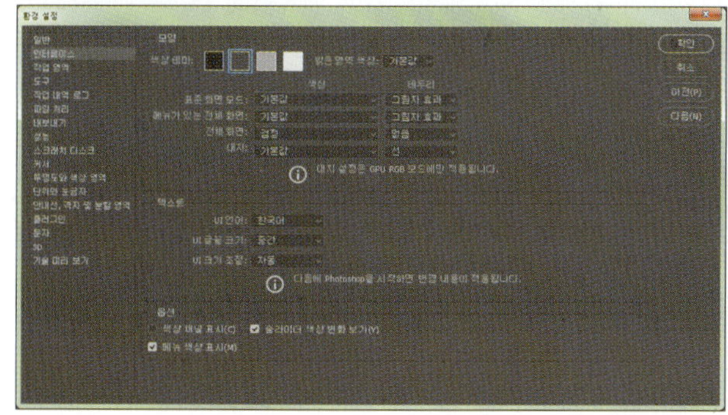

• 변경 후 인터페이스 : 색상 테마 및 표준 화면 모드에 있을 때 배경 채우기 색 변경

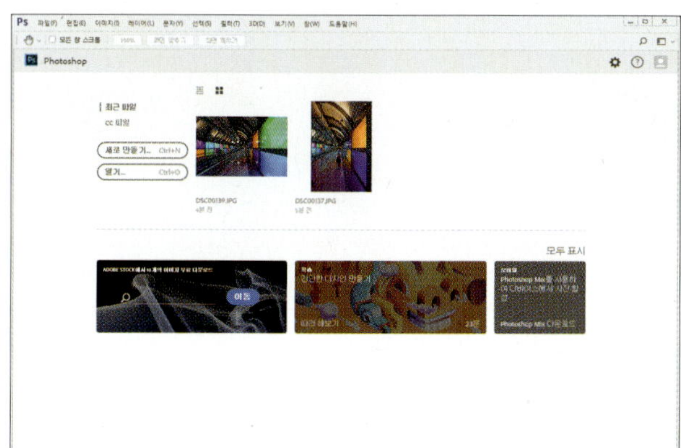
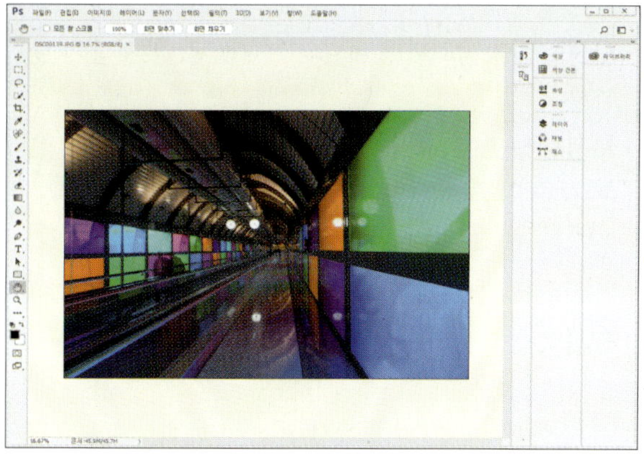

자세히 알아보기 도구 패널 구성하기

[편집]-[도구 모음] 메뉴를 선택하거나 도구 패널 하단의 ███을 마우스 오른쪽 버튼으로 클릭하여 도구 모음 편집을 선택한다. 도구 모음 사용자 정의 대화상자가 나타나면 왼쪽의 도구 리스트 중 사용 빈도가 낮은 도구를 선택하여 오른쪽 추가 도구란으로 이동시킨다. 선택한 도구를 묶고 싶은 도구의 위나 아래로 가져다 놓으면 도구 묶음도 재구성할 수 있다. ███████을 누르면 변경된 도구 패널 구성이 저장된다.

추가 도구로 이동시킨 도구는 도구 패널 하단의 ███을 눌러 사용할 수 있다.

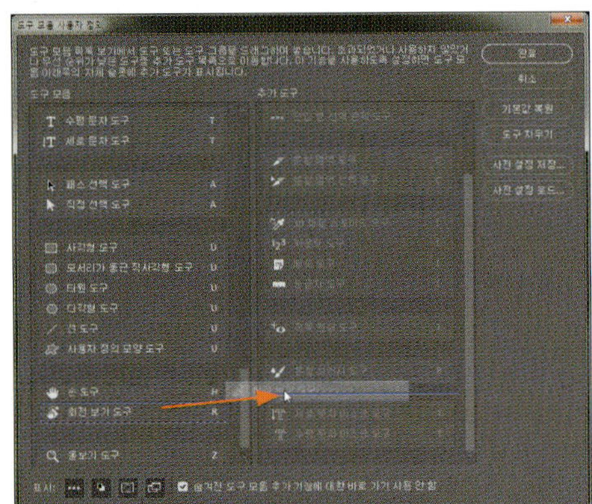
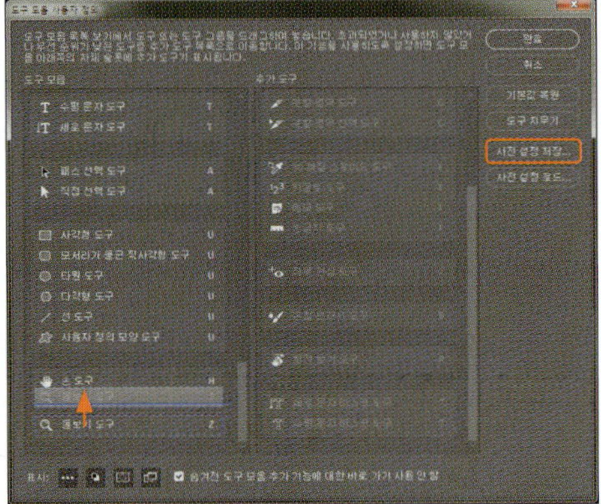
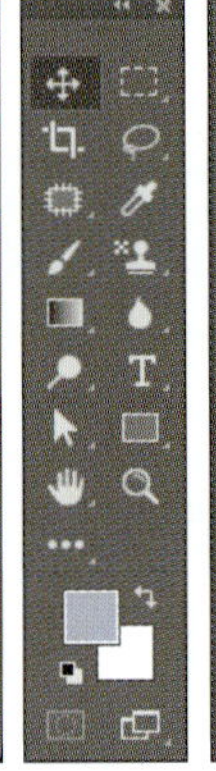

강의노트

작업 도중 도구 패널이 사라졌을 때 [Tab]을 누르면 다시 나타난다.

- [Tab] : 도구 패널, 옵션 막대, 패널을 한꺼번에 숨기거나 표시한다.
- [Shift]+[Tab] : 모든 패널을 한꺼번에 숨기거나 표시한다.

자세히 알아보기 도구 모음 사용자 정의 대화상자의 버튼들

- **기본값 복원** : 초기 상태의 도구 패널 구성으로 복원한다.
- **도구 지우기** : 클릭하면 모든 도구가 추가 도구로 이동한다.
- **사전 설정 저장** : 도구 패널의 재구성 값을 저장한다.
- **사전 설정 로드** : 이전에 저장한 사용자 정의 도구 모음을 불러온다. 사전 설정 값은 Adobe-Adobe Photoshop CC-Presets-Custom Toolbars 폴더에 저장된다.
- **표시** : '숨겨진 도구 모음 추가 기능에 대한 바로 가기 사용 안 함'에 체크하면 추가 도구 표시/숨기기, 전경/배경 색상 표시/숨기기, 빠른 마스크 모드 표시/숨기기, 화면 모드 표시/숨기기 토글 버튼을 클릭하여 표시하거나 숨길 수 있다.

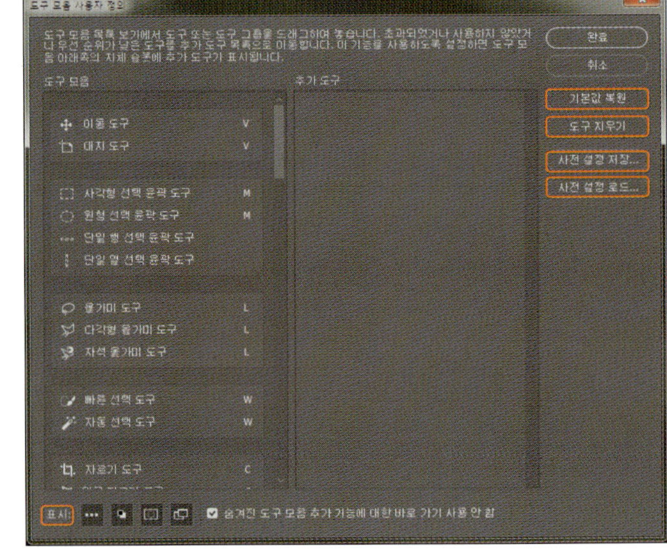

자세히 알아보기   자주 사용하는 도구 옵션 등록하기

도구를 선택하면 화면 상단의 옵션 막대에 도구 세부 옵션이 표시된다. 자주 사용하는 옵션 설정을 저장해두면 도구 패널에서 도구를 선택하고 옵션을 재설정하는 과정이 생략되기 때문에 작업 효율을 높일 수 있다.

❶ 옵션 막대에서 옵션 설정을 한 후 왼쪽의 도구 아이콘을 클릭하면 도구 사전 설정 전체 목록이 표시된다. 목록의 사전 설정을 선택하면 즉시 선택 도구를 사용할 수 있다. '현재 도구만'에 체크하면 현재 도구의 사전 설정만 표시된다.

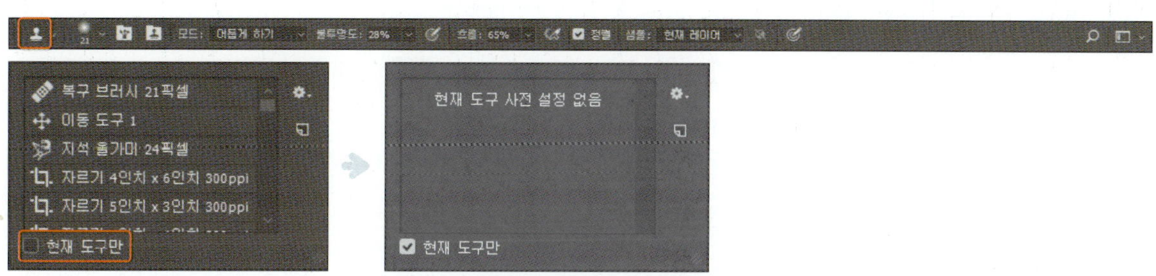

❷ 사전 설정 팝업창에서 새 사전 설정 만들기 아이콘( )을 클릭하고 이름을 설정한다.

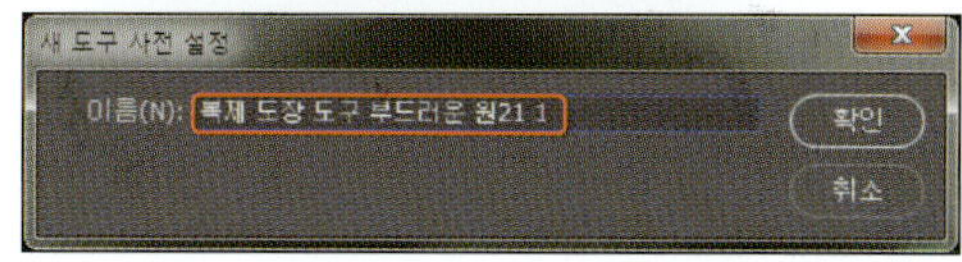

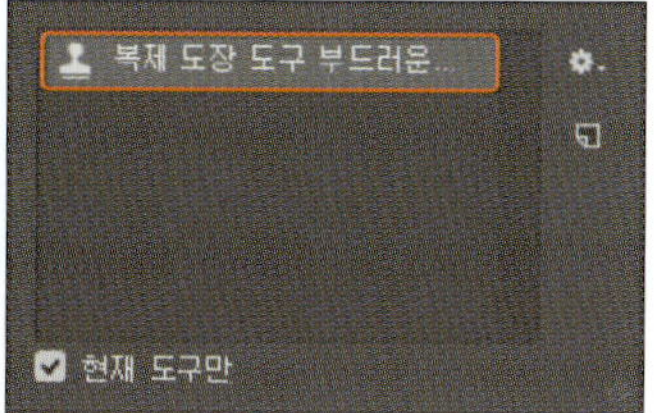

❸   을 눌러 팝업 메뉴의 [사전 설정 관리자]를 선택하거나 [편집]-[사전 설정]-[사전 설정 관리자] 메뉴를 선택하면 기본으로 제공하는 브러시, 스타일, 그레이디언트, 패턴 등의 사전 설정과 사용자가 등록한 모든 사전 설정을 관리할 수 있다.

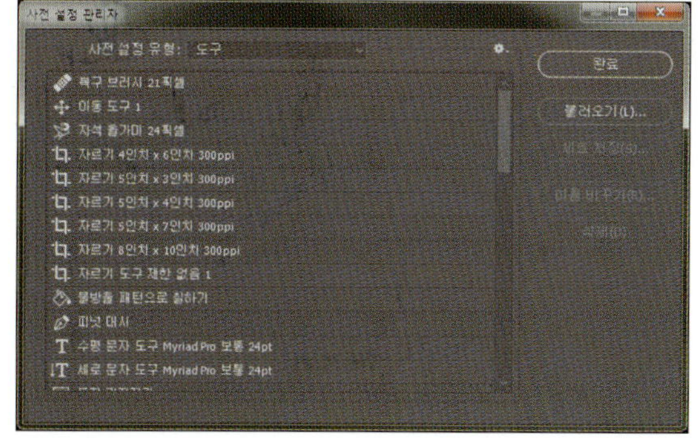

자세히 알아보기   사전 설정 마이그레이션

이전 버전에서 사용하던 사전 설정을 최신 버전으로 가져올 수 있다. [편집]-[사전 설정]-[사전 설정 마이그레이션] 메뉴를 선택하면 이전 버전에서 마이그레이션 하겠는지에 대한 대화창이 나타난다. 예 버튼을 클릭한다.

자세히 알아보기 패널 다루기

메뉴 바를 제외한 도구 패널, 옵션 막대, 패널, 문서창은 모두 도크에서 분리하여 사용자가 편의에 맞는 동선으로 재배치할 수 있다. 도구 패널을 제외한 모든 패널은 크기를 조절하거나 아이콘으로 표시도 가능하다.
패널의 종류에 따라 옵션과 내용은 조금씩 다르나 기본적인 구성은 유사하다.

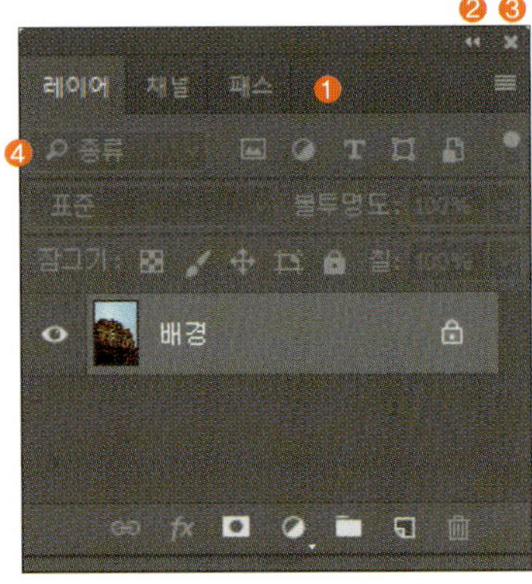

❶ 탭 : 패널 이름을 표시하며 그룹으로 묶인 패널의 경우 각 탭을 클릭하면 해당 패널의 내용이 나타난다. 탭이 있는 바를 드래그하면 패널 그룹을 이동할 수 있다.

❷ ◀◀ 은 패널이 확장되었을 때, ▶▶ 은 아이콘 모양일 때 나타나며 클릭하여 패널을 확장하거나 아이콘으로 축소할 수 있다.

❸ 패널 도크에서 분리된 패널에 나타나며 ✖ 를 클릭하면 패널이 화면에서 숨겨진다. 숨겨진 패널은 [창] 메뉴를 통해 다시 불러올 수 있다.

❹ 패널의 하위 메뉴가 나타난다.

자세히 알아보기 작업 영역 구성하기

Photoshop CC는 사전 설정된 6가지의 작업 영역을 제공하고 있으며 수정, 삭제하거나 새로 등록할 수 있다. [창]−[작업 영역] 메뉴를 선택하거나 옵션 막대 오른쪽의 ▦ 아이콘을 클릭하면 사전 설정된 작업 영역 리스트와 메뉴가 표시된다. 작업 도중 패널 구성을 변경하면 현재의 작업 영역에 자동으로 반영되며 초기 상태로 돌아가고 싶을 때는 팝업 메뉴의 재설정을 선택한다.

참고 : Photoshop CC의 사전 설정 작업 영역 일부는 도구 패널도 재구성되어 일부 도구가 누락된 것으로 보인다. 도구 패널에서 ⋯ 을 마우스 오른쪽으로 클릭하거나 [편집]−[도구 모음] 메뉴를 선택하고 도구 모음 사용자 정의 대화상자에서 기본값 복원을 선택하면 숨겨진 도구를 볼 수 있다.

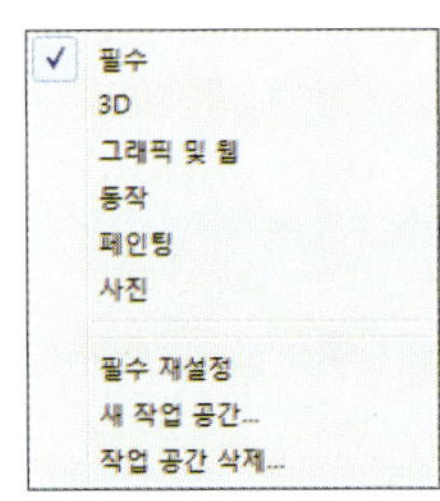

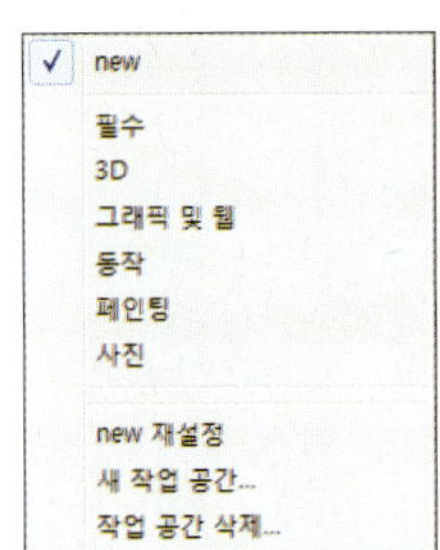

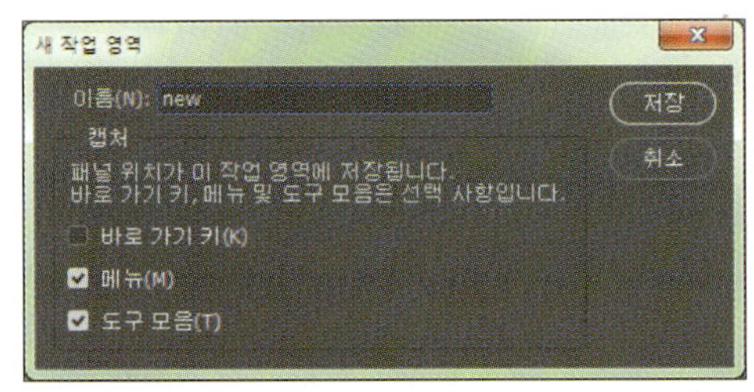

자세히 알아보기 나만의 단축키와 메뉴 구성하기

[편집]-[바로 가기 키], [편집]-[메뉴] 또는 [창]-[작업 영역]-[바로 가기 키 및 메뉴] 메뉴를 실행하면 바로 가기 키 및 메뉴 대화상자가 나타난다. 기본적으로 저장되어 있는 단축키와 메뉴를 나의 작업 환경에 맞추어 새롭게 구성할 수 있다. 자주 사용하는 메뉴를 단축키로 지정하면 작업 속도를 향상시켜 작업의 효율성을 높여준다.

단축키 구성

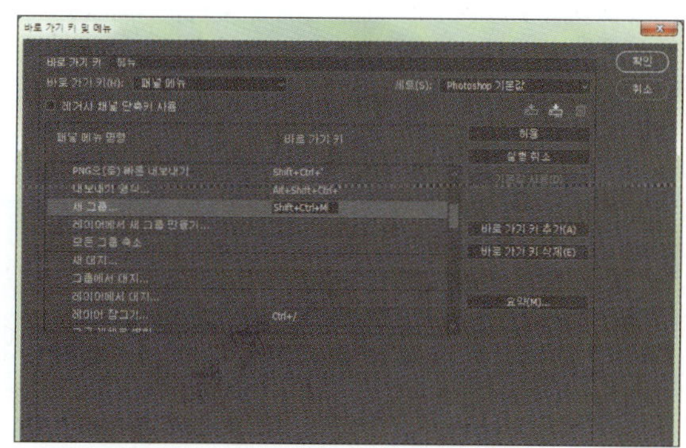

❶ 응용 프로그램 메뉴와 패널 메뉴, 도구 패널 중 단축키를 지정할 대상을 선택한다.

❷ 선택한 대상의 종류 목록이 표시된다. 하나를 선택해서 클릭하면 하위 메뉴와 지정된 단축키가 나타나고 단축키가 지정되지 않으면 아무 표시가 없다.

❸ 바로 가기 키 란을 클릭한 후 새로 지정할 단축키를 누르면 자동으로 변경, 추가된다.

❹ 메뉴에서 새롭게 지정할 단축키는 Ctrl 을 포함하거나 F 키가 포함되어야 한다.

강의노트

다른 기능의 단축키와 겹치면 대화상자 하단에 경고 메시지가 표시되며 허용 버튼을 클릭하면 기존의 단축키 할당이 제거된다. 를 클릭하면 변경한 단축키 세트를 저장할 수 있다.

메뉴 구성

❶ 단축키와 마찬가지로 응용 프로그램 메뉴와 패널 메뉴 중 새롭게 구성하고자 할 대상을 선택한다.

❷ 선택한 대상의 종류와 하위 메뉴 목록이 표시된다. 가시성의 눈 아이콘을 눌러 메뉴를 숨기거나 표시하고 색상을 할당하여 자주 사용하는 메뉴를 눈에 띄게 표시할 수 있다.

❸ 숨겨진 항목이 있는 메뉴는 가장 밑에 모든 메뉴 항목 표시가 추가된다. 모든 메뉴 항목 표시를 클릭하면 일시적으로 숨겨진 항목이 표시된다.

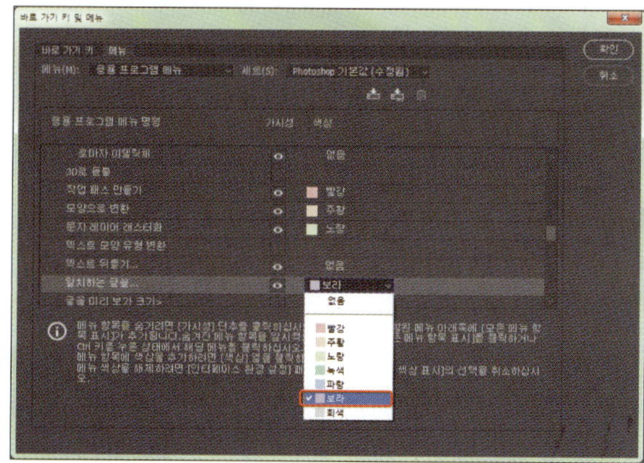

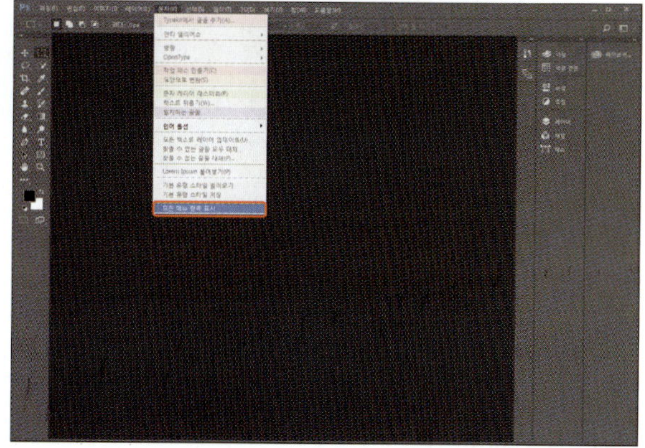

Step 03. 기본기 다지기

직접 해보기 | 새 문서 만들기

Photoshop CC부터 새 문서 만들기 창이 변경되었다. 작업 목적별로 분류한 탭을 클릭하면 작업에 맞게 사전 설정된 빈 문서가 썸네일이나 리스트로 표시되고, 문서창 하단에는 Adobe Stock에 등록된 템플릿 썸네일과 검색창이 제공된다. 선택한 사전 설정의 정보는 오른쪽 세부 정보 영역에서 확인하고, █을 클릭하면 사전 설정 옵션을 설정하고 등록할 수 있다.

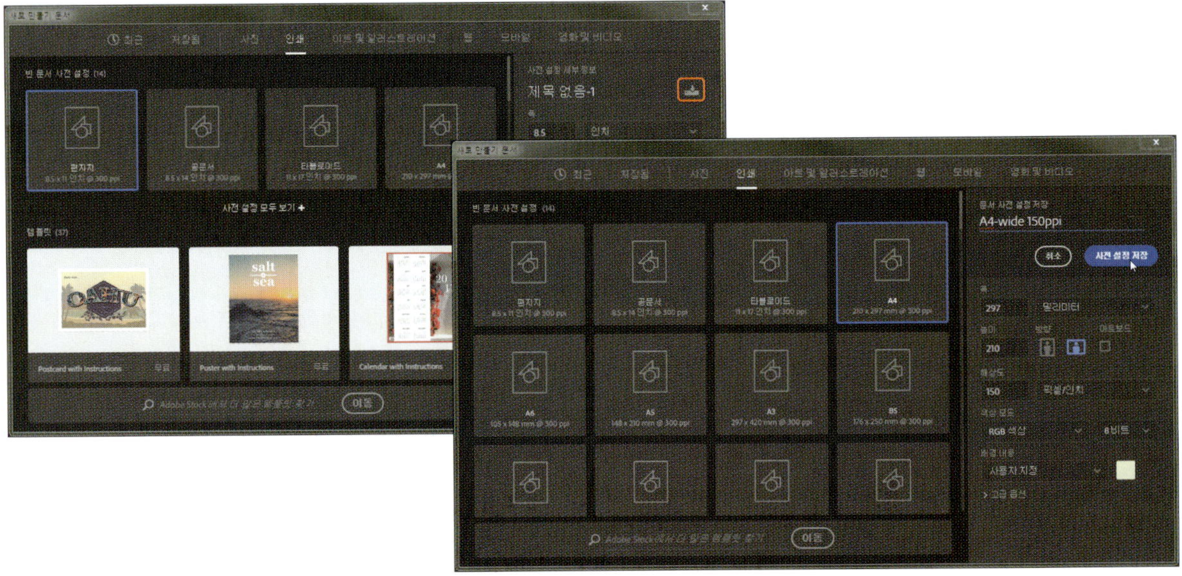

[편집]–[환경 설정]–[일반] 메뉴를 실행한 후 '레거시 "새 문서" 인터페이스 사용'에 체크하면 이전 버전에서 사용하던 새 문서 창을 불러올 수 있다.

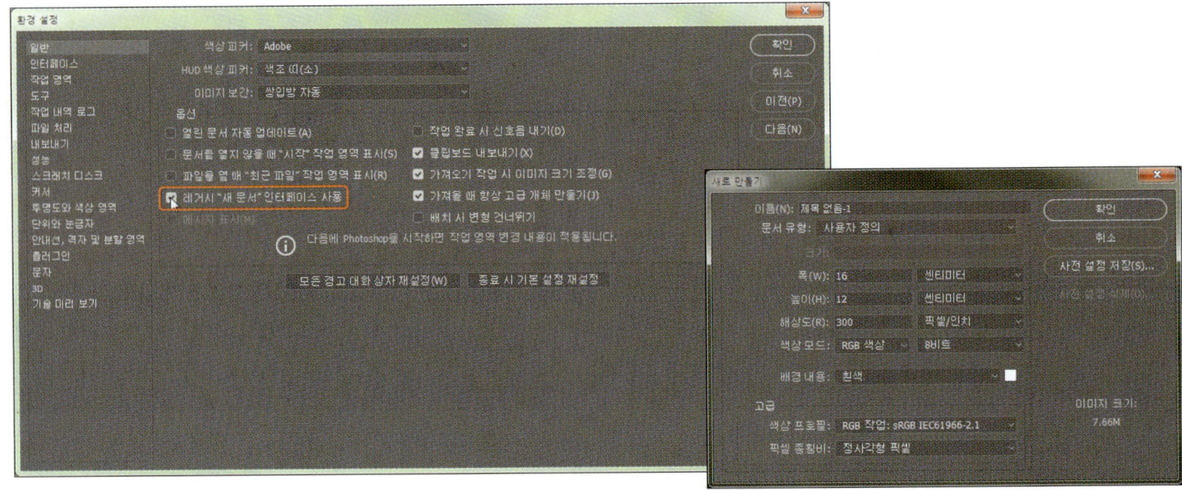

직접 해보기 대지 문서

대지란 레이어를 가진 특별한 그룹으로 다른 대지와 같이 한 캔버스에서 제어할 수 있다. 일반적인 포토샵 문서 여러 개를 한 캔버스에서 관리한다고 생각하면 이해하기 쉽다. 동일한 디자인을 화면 크기가 다른 장치에 맞추어 배치할 때나 한 화면 크기용으로 여러 페이지를 디자인 할 때 유용하다.

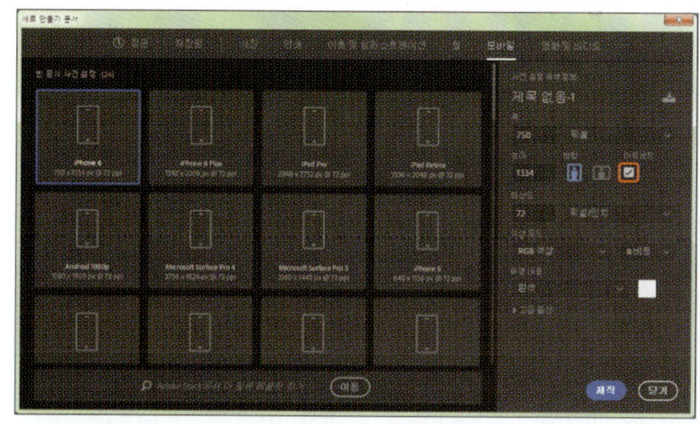
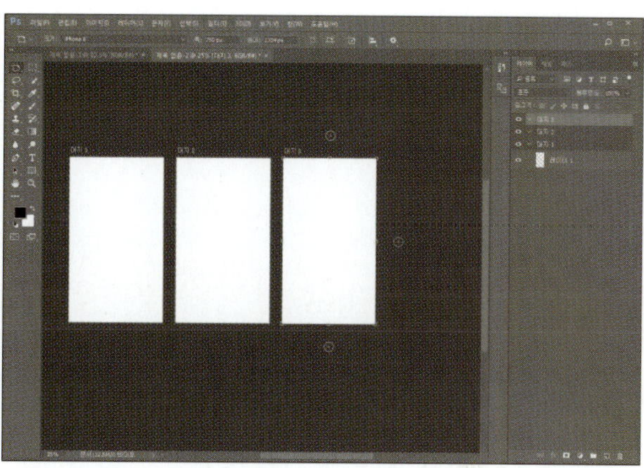

❶ [파일]–[새로 만들기] 메뉴를 실행하거나 Ctrl + N 을 눌러 새로 만들기 문서 창을 불러온다.

❷ 사전 설정을 선택하거나 문서 옵션을 설정하고 대지 항목에 체크한다.

❸ 대지 도구로 대지를 추가, 삭제하거나 크기 및 위치를 변경할 수 있다.

직접 해보기 Adobe Stock 템플릿 가져오기

Adobe Stock이란 디자이너와 기업에 5천5백만 여개의 사진, 비디오, 일러스트레이션, 벡터 그래픽, 3D 에셋, 템플릿 등을 제공하는 서비스다. Creative Cloud 데스크톱 앱 Market에서 라이브러리에 등록하고 사용하거나 새로 만들기 문서 창 하단의 템플릿 썸네일을 클릭하여 사용할 수 있다. 사용한 템플릿은 CC 라이브러리에 자동 등록된다. Creative Cloud 멤버가 아니어도 Adobe ID만 있으면 사이트를 통해 콘텐츠를 다운로드할 수 있다.

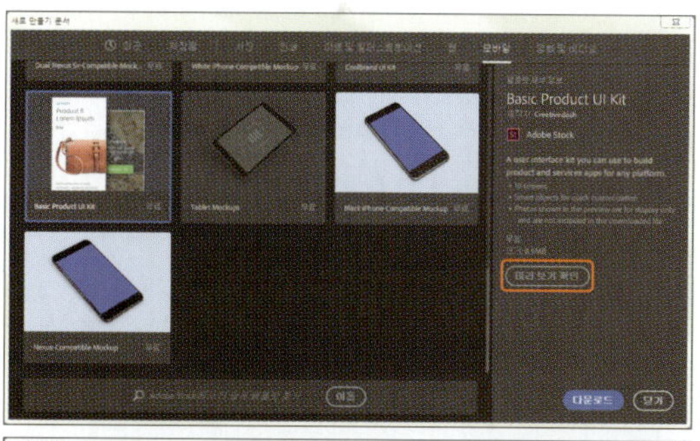
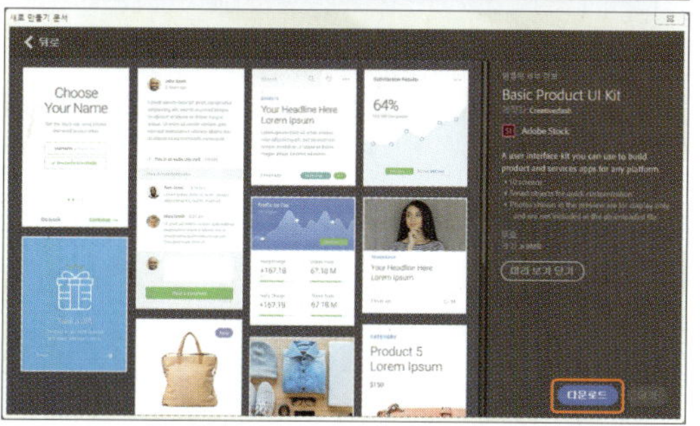

❶ 새로 만들기 문서 창의 템플릿 썸네일을 선택하면 오른쪽에 템플릿 구성, 가격, 크기 정보가 표시된다.

❷ 미리 보기를 클릭하면 템플릿 구성 내용을 확인할 수 있다.

❸ 다운로드 버튼을 클릭하고 다운이 완료되면 열기 버튼을 클릭한다.

❹ 템플릿의 내용이 각 레이어로 모두 제공되기 때문에 템플릿 내용을 기반으로 빠르게 새 작업물을 만들 수 있다.

직접 해보기 브릿지에서 파일 열기

[파일]-[브릿지에서 찾아보기] 메뉴를 선택하면 Adobe Bridge CC가 실행된다. 왼쪽의 폴더 탭에서 원하는 경로를 지정하면 폴더 안의 이미지 썸네일을 볼 수 있다. 이미지를 선택하면 해당 이미지의 데이터와 미리보기가 제공되고 키워드 및 레이블을 할당하여 파일 관리를 쉽게 할 수 있다.

선택한 썸네일을 더블 클릭하거나 [파일]-[열기] 메뉴를 선택하면 Photoshop CC에서 이미지가 열린다.

직접 해보기 문서창 이동하기

하나 이상의 이미지를 개별적으로 불러오면 도킹된 문서창에 각각의 이미지 탭으로 표시된다. 이미지 탭을 클릭하여 드래그하면 화면에 도킹된 문서창을 분리하거나 선택한 이미지 탭만 문서창에서 분리할 수 있다.

[편집]-[환경 설정]-[작업 영역] 메뉴에서 '탭으로 문서 열기' 항목의 선택을 해제하면 분리된 문서창으로 문서가 열린다. '유동 문서 창 및 도킹 사용' 항목에 체크하면 분리된 문서창을 다른 문서창 혹은 화면에 도킹할 수 있다.

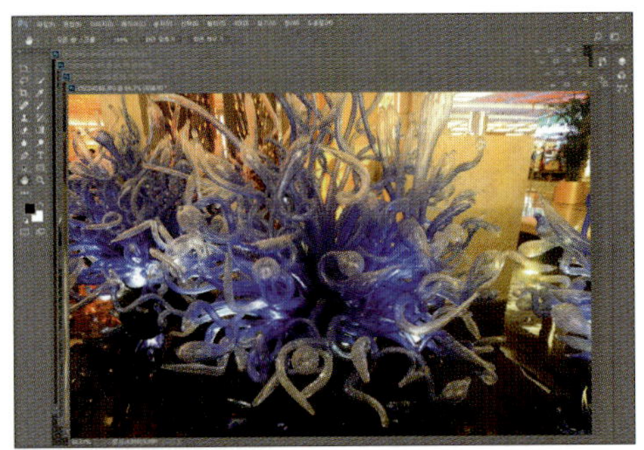

직접 해보기 문서창 메뉴 이용하기

문서창의 제목 표시줄을 마우스 오른쪽으로 클릭하면 팝업 메뉴가 표시된다. 작업 영역에 도킹된 상태일 때와 창이 분리되었을 때 메뉴가 달리 제공된다.

❶ 도킹된 문서의 제목 표시줄을 마우스 오른쪽 버튼으로 클릭하고 [탐색기에 나타내기] 메뉴를 선택한다.

❷ 탐색기 창이 열리면서 해당 문서가 포함된 폴더 내용이 표시된다.

❸ 이번에는 [새 창으로 이동] 메뉴를 선택한다.

❹ 분리된 문서창의 제목 표시줄을 마우스 오른쪽으로 클릭하고 [복제] 메뉴를 선택한다.

❺ 이미지 복제 대화상자가 나타나면 이름을 입력하고 [확인] 버튼을 클릭한다. 환경 설정에 따라 탭 혹은 창으로 문서가 복제된다.

직접 해보기 문서창 정렬하기

[메뉴]-[정돈] 메뉴를 선택하면 문서창을 정렬할 수 있는 메뉴 팝업창이 표시된다. 산발적으로 배치된 문서창을 일목요연하게 정돈할 수 있고 선택한 문서창의 배율, 위치, 각도를 나머지 문서창에 일괄 적용할 수 있어 보다 쉽게 다수의 문서창을 관리할 수 있다.

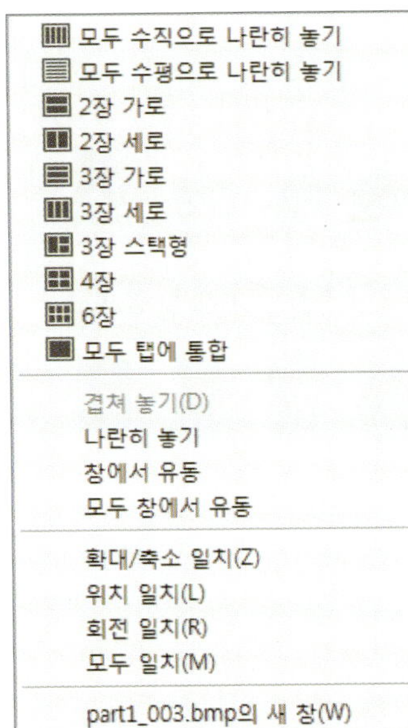

6장

3장 스택형

모두 일치

포토샵 CC 미리 알아두면 뼈가 되고 살이 되는 유용한 TIP

Adobe 사의 포토샵 CC에는 유용한 팁이 많다. 스크러비 슬라이더, 작업화면 그대로 새 레이어 만들기 등을 알아두면 작업의 효율을 높일 수 있어 편리하다.

❶ **스크러비 슬라이더** : 옵션 막대, 패널, 대화상자 등 수치를 입력하는 옵션 항목은 마우스 커서를 항목 이름으로 가져가면 커서 모양이 화살표가 달린 손가락으로 바뀐다. 좌, 우로 드래그하면 항목 값이 바로 조절된다.

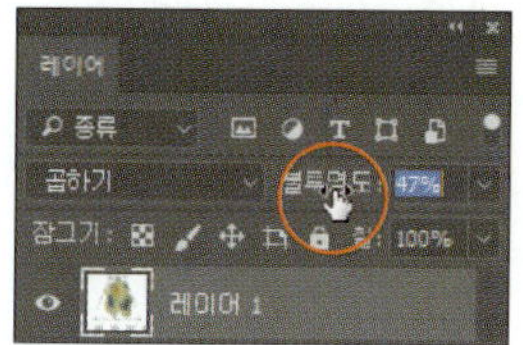

❷ **작업 화면 그대로 새 레이어 만들기** : [Shift]+[Ctrl]+[Alt]+[E]를 누르면 화면에 보이는 그대로 스크린 샷을 찍어 새 레이어에 붙여 넣어진다.

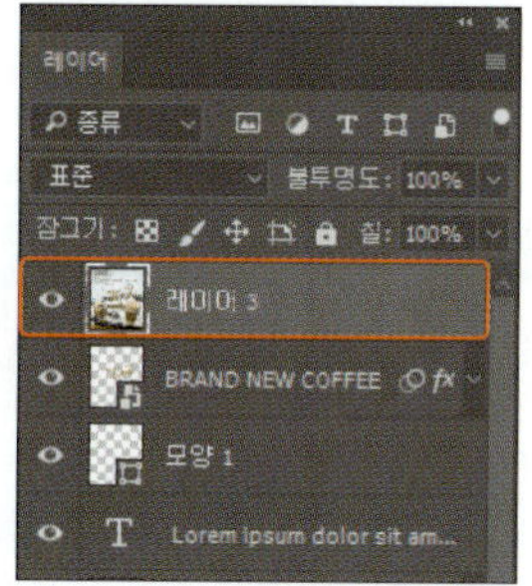

❹ **브러시 도구 크기 쉽게 변경하기** : 브러시를 사용하는 도구에 모두 적용된다.

4-1. [Alt]를 누른 채 마우스 오른쪽 버튼을 클릭하고, 클릭한 상태를 유지하면 브러시 크기와 경도를 조절할 수 있다. 위, 아래로 움직이면 경도가, 좌, 우로 움직이면 크기가 변경된다.

4-2. 화면을 마우스 오른쪽 버튼으로 클릭하면 브러시 팝업 메뉴가 화면에 표시되어 브러시 종류 및 크기, 경도를 조절할 수 있다.

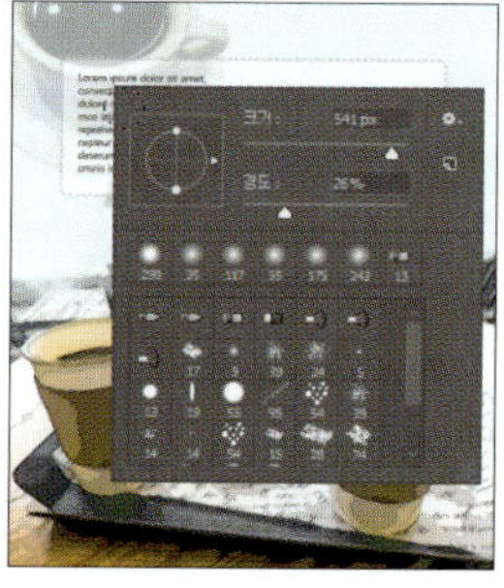

❸ **선택한 레이어만 나타내기** : 실제 디자인을 하다보면 레이어 수가 어마어마하게 많아지기도 한다. 그때 레이어 하나만 화면에 나타내고 싶다면, [Alt]를 누른 채 레이어 패널의 눈 아이콘을 클릭한다. [Alt]를 누른 채 다시 눈 아이콘을 클릭하면 이전의 보기 상태로 되돌린다.

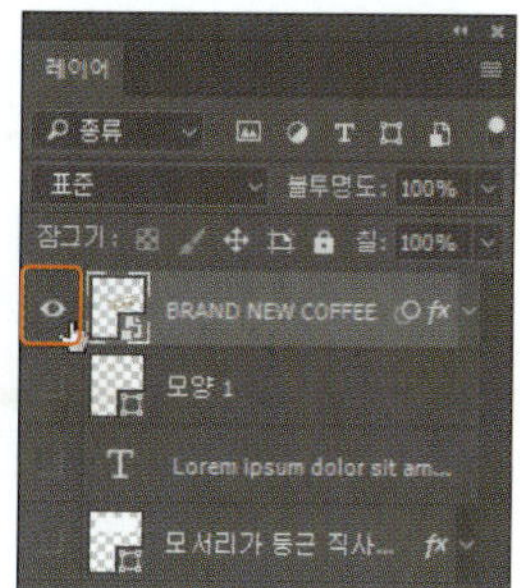

❺ **대화상자 초기화** : 옵션 항목을 설정했는데 처음부터 다시 세팅하고 싶을 때 취소를 눌러 대화상자를 닫았다가 다시 메뉴를 찾아 실행하지 않아도 된다. 포토샵의 모든 대화상자는 [Alt]를 누르면 취소 버튼이 재설정 버튼으로 바뀌고 재설정 버튼을 클릭하면 모든 설정 값을 초기화 할 수 있다.

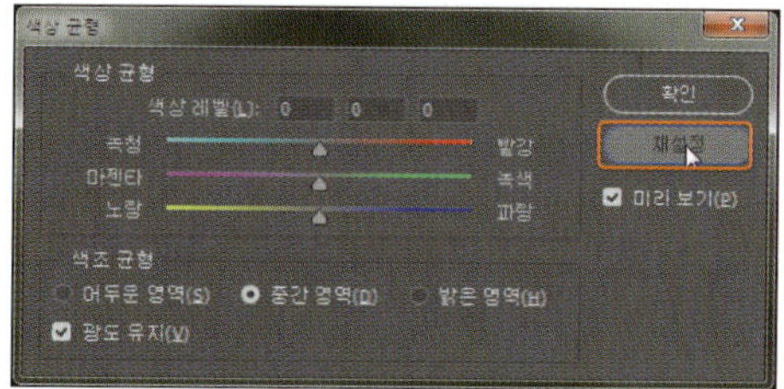

PHOTOSHOP CC

디자이너로서 당신이 디자인하는 모든 것이
사람들의 삶에 영감을 준다는 것을 기억하라.

—다니엘 보야스키—

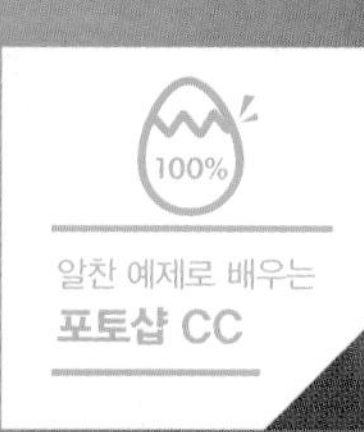

Part **02**

포토샵 초보자를 위한
기본학습

자, 앞에서 Photoshop CC에 대해서 간단하게 살펴봤다면 지금부터는
직접 만져보고, 사용해 볼 시간이다. part 02에서는 체계적인 학습을 위해
기본 도구부터 시작해서 연습이 필요한 도구까지 하나씩 모두 다뤄볼 것이다.
난이도를 조절한 예제를 통해 도구 사용법을 설명하기 때문에 포토샵을
처음 접하는 초보자들도 쉽게 따라올 수 있다.
천 리 길도 한 걸음부터라는 속담을 마음속에 새기며
포토샵 완전 정복을 위한 첫걸음을 내디뎌 보자.

선택 기능과 이미지 편집 도구 익히기

포토샵을 사용할 때 사용 빈도가 가장 높고 모든 작업의 기초가 되는 도구는 선택과 이동 도구이다. 주변에 영향을 끼치지 않고 원하는 부분에만 채색, 보정 등의 작업을 하거나 변형, 이동을 할 때 선택 영역 지정을 해야 한다. 선택 영역을 지정하는 도구에는 사각형 같이 정형화된 형태부터 깃털같은 복잡한 형태까지 선택을 보다 쉽게 도와주는 여러 가지 도구가 있다. 선택 영역을 지정하는 다양한 도구들의 사용법과 선택 영역을 이동, 변형하는 도구들에 대해 학습해 보자.

Zoom In
알찬 예제로 배우는
선택 도구 +
글리프 탭

Keypoint Tool

_ **이동 도구** 선택 영역, 레이어 및 안내선을 이동시킨다.
_ **선택 도구** 정해진 형태와 자유 형태를 그리거나 클릭하여 선택 영역으로 지정한다.

Knowhow

_ 자르기 도구나 올가미 및 다각형 선택 도구를 사용하던 중 ESC 를 누르면 자르기 모드는 해제되고, 선택 영역을 지정하던 경로는 삭제된다.
_ 선택 영역을 지정하고 자르기 도구를 실행하면 선택 영역 가장자리로 자르기 상자가 만들어진다.

직접 해보기 이동 도구(Move Tool)

선택 영역, 레이어 및 안내선을 이동시킨다.

01 [파일]-[열기] 메뉴를 실행하여 "Sample〉part02" 폴더안의 "p02-03-01.psd" 파일을 불러온 후 선택한 레이어의 크기를 조정하고 복제하여 보자.

02 도구 패널에서 이동 도구( )를 선택하고 옵션 막대의 변형 컨트롤 표시 항목에 체크한다. 현재 선택된 레이어의 이미지 가장자리로 바운딩 박스가 나타난다.

03 Shift 를 누른 채 바운딩 박스의 오른쪽 모서리를 왼쪽으로 드래그하면 이미지가 축소된다. Enter 를 클릭하거나 옵션 막대의 확인 을 클릭한다.

강의노트

Shift 를 누른 채 바운딩 박스의 조절점을 드래그하면 가로, 세로 비율을 유지한 채 크기를 변경할 수 있다.

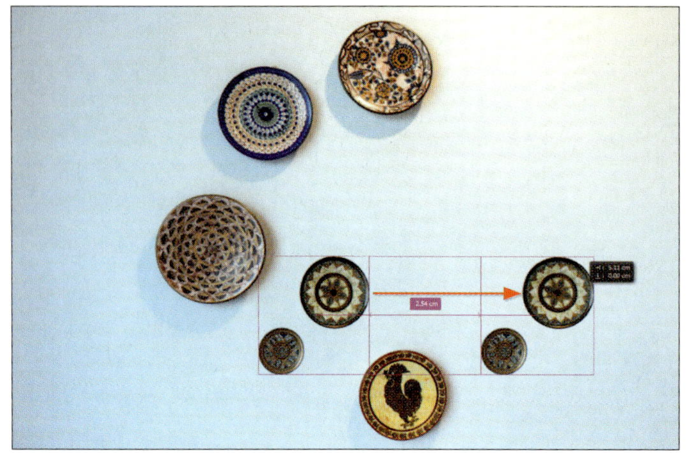

04 [Alt] + [Shift]를 누른 채 오른쪽으로 드래그하여 이동한다.

강의노트

이동 도구 사용 시 [Alt]를 누른 채 드래그하면 오브젝트를 복사할 수 있다.

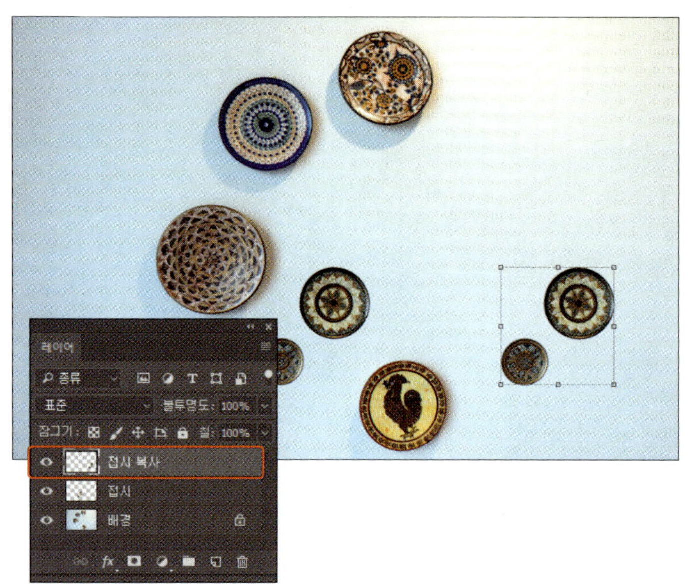

05 이동한 공간에 이미지가 복사된 것을 확인할 수 있다.

06 [Shift]를 누른 채 바운딩 박스의 왼쪽 상단 조절점을 드래그하여 이미지를 확대한다. 바운딩 박스 조절점 근처로 커서를 두었을 때 회전 포인트로 바뀌면 드래그하여 기울기를 변경한다.

보충수업 이동 도구 옵션 막대

❶ 자동 선택
클릭한 지점의 픽셀이 포함된 가장 상위 레이어 혹은 그룹을 자동으로 선택한다.

❷ 변형 컨트롤 표시
배경 레이어를 제외한 레이어, 그룹 혹은 선택 영역 가장자리에 바운딩 박스가 나타나 별다른 명령 없이 조절점을 이동하여 이미지를 변형할 수 있다.

❸ 정렬
두 개 이상의 레이어를 선택하면 활성화된다. 선택된 레이어의 이미지를 기준으로 위, 아래, 수직 중앙, 왼쪽, 오른쪽, 수평 중앙 정렬을 할 수 있다.

❹ 분포
세 개 이상의 레이어를 선택하면 활성화된다. 선택된 레이어의 이미지를 기준으로 레이어 간의 간격을 균등하게 정렬한다.

❺ 레이어 자동 정렬
파노라마 사진을 합성할 때 레이어를 자동 정렬한다.

❻ 3D 모드
3D 개체를 선택했을 때 활성화 되며 3D 개체를 다룰 수 있다.

보충수업 바운딩 박스 다루기

이동 도구의 변형 컨트롤 표시나 [이미지]–[변형] 메뉴, [선택]–[선택 영역 변형] 메뉴 또는 자르기 도구 등 형태를 변형하는 기능을 사용할 때 바운딩 박스가 표시된다. 박스의 각 조절점으로 커서를 가져가면 커서의 모양이 회전 포인트, 높이/너비 변환 포인트, 전체 크기 변환 포인트로 바뀌어 오브젝트의 크기 및 기울기를 변경할 수 있다.

❶ **중심 포인트** : 회전 시 중심 포인트를 기준으로 회전한다. 중심 포인트를 드래그하여 위치를 변경할 수 있다.

❷ **회전 포인트** : 원하는 기울기로 회전시킨다.

❸ **높이 변환 포인트** : 높이를 변경한다. 안쪽으로 중심 포인트를 지나 조정하면 상하가 바뀐다.

❹ **너비 변환 포인트** : 너비를 변경한다. 안쪽으로 중심 포인트를 지나 조정하면 좌우가 바뀐다.

❺ **전체 크기 변환 포인트** : 높이, 너비 변경을 동시에 할 수 있다.

❻ [Ctrl], [Shift], [Alt]와 함께 조절점을 움직이면 더 자유로운 변형이 가능하다.

- [Ctrl] : 조절점을 자유롭게 움직인다.
- [Shift] : 회전 포인트의 경우 15°씩 기울기를 변경하고, 전체 크기 변환 포인트는 정비율로 크기 변형에 제한을 둔다. [Ctrl]과 함께 사용하면 한쪽 변 기울기만 변형할 수 있다.
- [Alt] : 중심 포인트를 기준으로 변형한다.

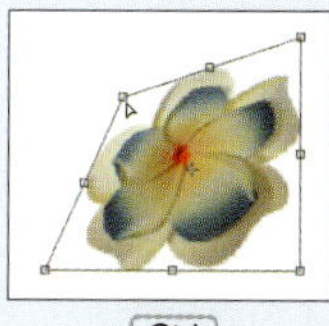

[Ctrl]

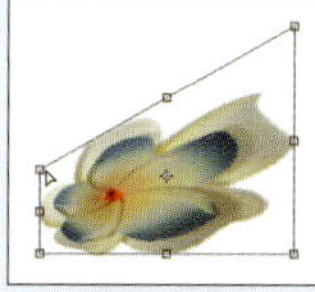

[Ctrl]+[Shift]

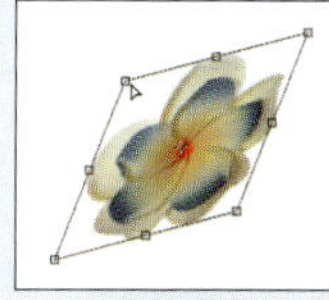

[Ctrl]+[Alt]

[Shift]+[Alt]

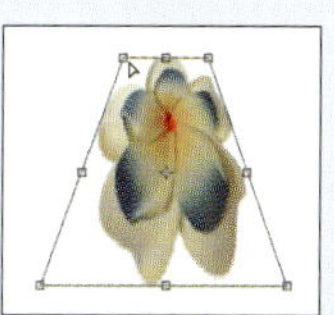

[Ctrl]+[Shift]+[Alt]

직접 해보기 대지 도구(Artboard Tool)

대지 문서로 작업하면 다양한 화면 크기에 맞춰 디자인하고 전체 디자인 워크플로우를 확인하는 데 유용하다. 대지 도구는 이런 대지 문서 작업을 할 때 보다 쉽게 대지를 추가하거나 복제, 수정할 수 있다.

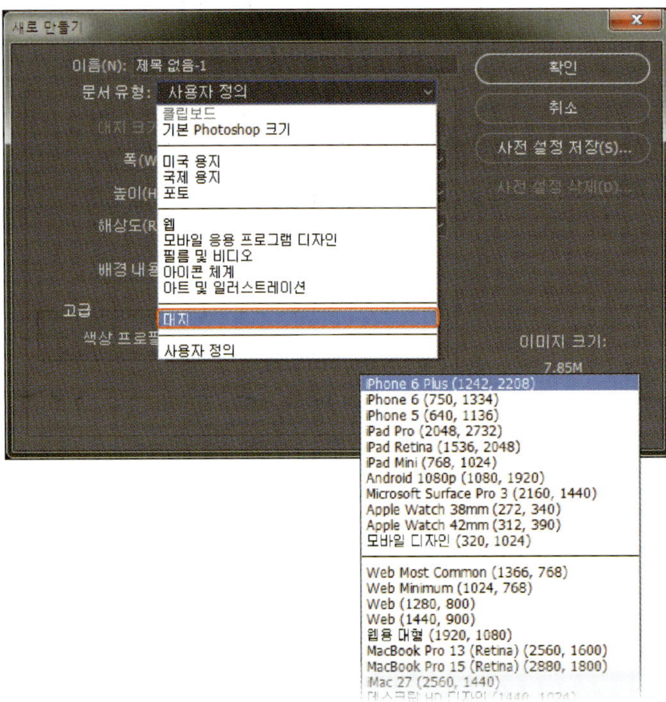

01 [파일]−[새로 만들기] 메뉴를 실행하면 대화상자가 나타난다. 문서 유형을 대지로 설정하면 대지 크기 항목이 활성화된다. 대지 크기에는 모바일 장치 및 반응형 사이트의 크기가 사전 설정되어 있다. iPhone 6 Plus를 선택하고 [확인] 버튼을 클릭한다.

강의노트

[편집]−[환경 설정]−[일반] 메뉴를 실행한 후 '레거시 "새 문서" 인터페이스 사용'에 체크하면 이전 버전에서 사용하던 새 문서 창을 불러올 수 있다.

02 새 문서창에 선택한 크기의 대지가 만들어지고 레이어 패널에 대지와 대지에 속한 레이어가 생성된다.

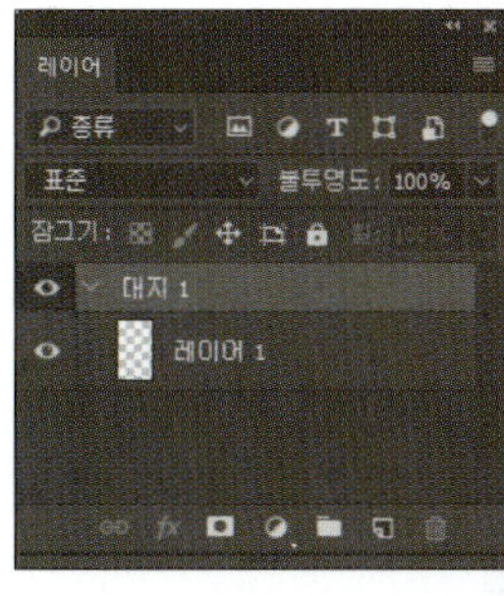

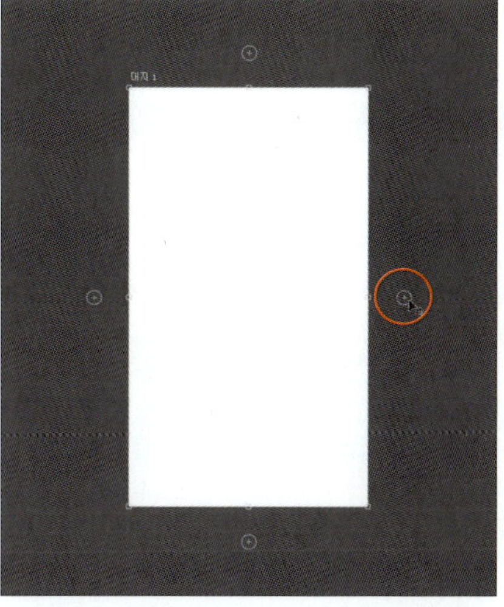

03 레이어 패널에서 대지 1을 선택한 후 도구 패널에서 대지 도구(⬜)를 선택하면 대지 주변에 + 아이콘이 표시된다.

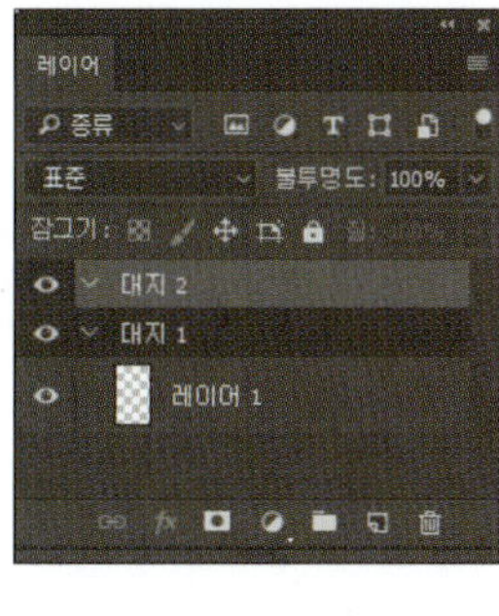

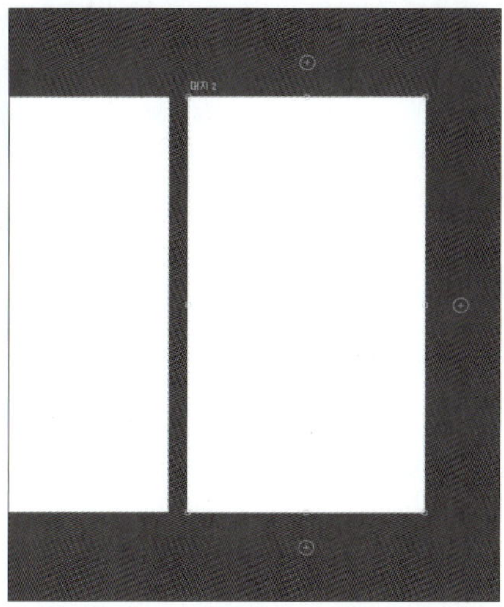

04 + 아이콘을 클릭하면 대지가 추가된다.

강의노트

기존 문서를 대지 문서로 변환할 수 있다. 레이어 그룹이나 레이어를 선택하고 마우스 오른쪽 버튼을 클릭한 후 레이어에서 대지 또는 그룹에서 대지를 선택한다.

05 이번에는 오른쪽 빈 공간을 드래그해본다. 드래그한 크기만큼의 새로운 대지가 추가된다. 대지 테두리의 박스 조절점을 드래그하여 대지 크기를 수정하거나 대지를 드래그하여 위치를 조절한다.

강의노트

생성한 대지를 개별 파일 혹은 pdf로 내보낼 수 있다. [파일]-[내보내기]-[대지를 PDF] 혹은 [파일]-[내보내기]-[대지를 파일로] 메뉴를 실행한다.

보충수업 대지 도구 옵션 막대

크기: 사용자 정의   폭: 920 px   높이: 1244 px

❶   ❷   ❸ ❹ ❺ ❻ ❼

❶ 크기

사전 설정 값을 선택하거나 사용자 정의 크기를 지정하면 선택된 대지의 크기가 변경된다. 또는 크기 설정 후 새 대지 추가를 누르고 드래그하면 지정한 크기의 대지가 추가된다.

❷ 폭/ 높이

사전 설정 크기의 폭과 높이를 표시한다. 수치를 직접 입력하여 사용자 정의 크기를 만들 수 있다.

❸ 세로 방향 만들기

선택한 대지를 세로 방향으로 전환한다.

❹ 가로 방향 만들기

선택한 대지를 가로 방향으로 전환한다.

❺ 새 대지 추가

새 대지를 추가한다.

❻ 정렬 및 분포

대지를 정렬, 분배할 수 있다.

❼ [대지 동작] 설정

대지 동작을 설정한다.

☑ 레이어 자동 중첩
☑ 캔버스 크기 자동 조절
☑ 레이어를 다시 정렬하는 동안 상대 위치 유지
☐ 저장 시 캔버스 축소 및 마무리

- 레이어 자동 중첩 : 캔버스 위의 대지 위치에 따라 대지 안팎으로 레이어 이동을 허용한다.
- 캔버스 크기 자동 조절 : 캔버스가 모든 아트워크를 포함하는 데 필요한 확대/축소를 허용한다.
- 레이어를 다시 정렬하는 동안 상대 위치 유지 : 레이어 패널을 사용하여 대지에서 대지로 이동할 때 레이어가 상대 위치를 유지하도록 한다.
- 저장 시 캔버스 축소 및 마무리 : 저장 시 모든 대지를 포함하기 위해 필요한 최소 크기로 축소한다.

보충수업 모바일 앱 및 웹 사이트 디자인 실시간 미리보기

새롭게 추가된 대지 기능은 한 디자인을 여러 종류의 장치 크기에 맞춰 재배치하거나 애플리케이션처럼 여러 화면이 필요한 작업 시 화면 간 콘텐츠 복제를 수월하게 하고 전체 흐름을 검토하는데 유용하다. 그리고 Device Preview 패널과 Adobe Preview CC 모바일 앱으로 작업 내용을 iOS 장치에서 실시간 확인할 수 있다.

❶ iOS 장치에서 Adobe Preview CC 모바일 앱을 다운받고 실행한다.

❷ 동일한 네트워크 상의 WIFI 또는 USB로 장치와 PC를 연결한다.

❸ 포토샵에서 모바일과 연동해서 볼 문서를 열고 Device Preview 패널을 활성화한다.

❹ Device Preview 패널에서 장치 [확인] 버튼을 클릭하면 연결된 장치 목록이 표시되고, 장치 화면에서 열려 있는 문서를 볼 수 있다. 수정된 사항이 실시간으로 모바일 장치 화면에 반영된다.

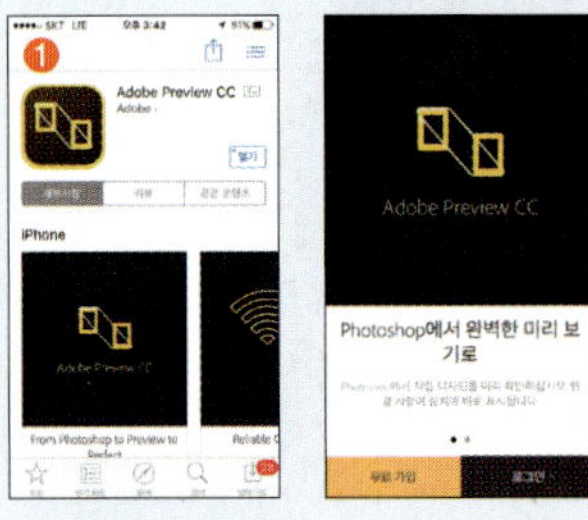

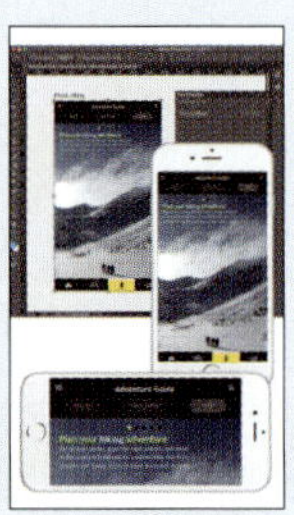

직접 해보기　　사각형 선택 윤곽 도구(Rectangular Marquee Tool)

사각 형태로 선택 영역을 만든다. 선택 영역을 지정하면 영역 둘레에 깜박거리는 점선이 생긴다.

01 [파일]-[열기] 메뉴를 실행하여 "Sample〉part02" 폴더안의 "p02-03-02.jpg" 파일을 불러온다. 도구 패널에서 사각형 선택 윤곽 도구(　)를 선택하고 그림 액자를 드래그하여 선택 영역을 만든다.

02 옵션 막대의 선택 옵션 모드를 선택 영역에 추가로 설정하고 액자 옆의 네임택도 드래그하여 선택한다.

03 [선택]-[반전] 메뉴와 [이미지]-[조정]-[채도 감소] 메뉴를 차례로 실행한다.

강의노트

[반전] 메뉴는 현재 선택된 영역을 반전시키는 기능으로 선택하려는 영역이 광범위할 때 유용하다. 자주 사용하는 기능이므로 단축키를 숙지해두면 좋다. 단축키는 Ctrl + Shift + I 이다.

04 Ctrl + D 를 눌러 선택을 해제한다.

강의노트 

Ctrl + D 를 누르거나 새 선택 영역 모드의 선택 도구가 지정된 상태에서 선택 영역 밖을 클릭하면 선택이 해제된다.

보충수업 선택 도구 옵션 막대

❶ 현재 선택된 도구를 보여준다. 옆의 화살표를 누르면 도구 사전 설정 목록을 볼 수 있다. 자주 사용하는 도구의 옵션 값을 저장하여 다음 작업 때 불러 올 수 있다.

❷ **선택 옵션 모드**
- 새 선택 영역 : 새로운 선택 영역을 만든다.
- 선택 영역에 추가 : 기존에 선택된 영역에 새로운 선택 영역을 추가한다.
- 선택 영역에서 빼기 : 기존에 선택된 영역에서 새로운 영역을 제거한다.
- 선택 영역과 교차 : 기존에 선택된 영역과 새로 선택한 영역의 교차 영역만 남긴다.

❸ **페더**
지정한 수치만큼 선택 영역의 가장자리를 부드럽고 흐리게 만든다.

❹ **앤티 앨리어스**
체크 시 선택 영역의 경계를 부드럽게 만들어 사선이나 곡선 주위의 계단 현상을 부드럽게 해준다.

❺ **스타일**
- 표준 : 자유롭게 드래그하여 선택 영역을 설정한다.
- 고정비 : 입력한 수치의 가로, 세로 비율로 선택 영역을 설정한다.
- 크기 고정 : 폭과 높이를 지정하여 선택 영역을 설정한다.

❻ **선택 및 마스크**
Photoshop CC에서는 선택 영역의 윤곽선을 섬세하게 다듬어 보다 정교하게 선택할 수 있었던 가장자리 다듬기 기능이 한층 강화되었다. 선택 도구의 옵션 막대에서 선택 및 마스크를 클릭하면 전용 작업 영역으로 전환된다.

페더 0p

15px

50px

ⓐ 선택 및 마스크 작업 영역 인터페이스

- 도구
가장자리 다듬기 브러시 도구 : 가장자리를 리터칭하면서 세세한 부분을 더욱 정교하게 선택한다. 나머지 도구는 도구 패널의 도구들과 사용법이 동일하다.

- 도구 옵션
선택한 도구의 옵션을 표시한다.

- 조정 가능한 속성
선택 작업 영역의 항목들을 미세 조정할 수 있다.

ⓑ 보기 모드 : 보기 팝업 메뉴에서 7가지 보기 모드 중 하나를 선택한다. 사용자가 상황에 맞는 비주얼 환경에서 리터칭 할 수 있다.

- 어니언 스킨 : 선택 영역 외의 영역을 반투명하게 표시한다.
- 개미들의 행진 : 선택 영역 테두리를 점선으로 표시한다.
- 오버레이 : 선택 영역을 색상 오버레이 배경 위에 표시한다. 기본색은 빨간색이다.
- 검정 바탕 : 선택 영역을 검정 배경 위에 표시한다.
- 흰색 바탕 : 선택 영역을 흰색 배경 위에 표시한다.
- 흑백 : 선택 영역을 흑백 마스크로 표시한다.
- 레이어 바탕 : 선택 영역 외의 영역을 투명하게 표시한다.

어니언 스킨

개미들의 행진

오버레이

검정 바탕

흰색 바탕

흑백

레이어 바탕

- 가장자리 표시 : 다듬기 영역을 표시한다.
- 원본 표시 : 원래의 선택 영역을 표시한다.
- 고화질 미리 보기 : 미리 보기를 고화질로 표현한다.
- 투명도/불투명 : 보기 모드의 투명도/불투명도를 설정한다.

ⓒ 가장자리 감지
- 반경 : 가장자리 다듬기를 적용할 반경을 설정한다. 가장자리를 선명하게 하려면 반경을 작게 설정한다.
- 고급 반경 : 선택 영역 가장자리 둘레에 자동으로 반경을 적용한다.

반경   고급 반경

ⓓ 전역 다듬기
- 매끄럽게 : 선택한 영역의 가장자리를 매끄럽게 만든다.
- 페더 : 값이 클수록 가장자리 부분이 부드럽게 흐려진다.
- 대비 : 선택한 부분의 경계선을 선명하게 만들어 주기 때문에 흐릿한 부분이나 노이즈를 제거할 수 있다.
- 가장자리 이동 : 음수 값을 주면 선택 영역이 축소되고 양수 값을 주면 확대되므로 가장자리에 원하지 않는
  배경이 많이 선택되었을 때 음수 값을 적용한다.

매끄럽게   페더   대비   가장자리 이동

ⓔ 출력 설정
- 색상 정화 : 경계면의 색상을 근처 전체 선택된 픽셀 색으로 대체한다. 색상 정화를 선택하면 픽셀 색이 변
  경되기 때문에 새 레이어 또는 새 문서에 출력해야 한다.
- 출력 위치 : 가장자리 다듬기가 완료된 선택 영역을 현재 레이어의 선택 영역, 마스크, 새 레이어 또는 새
  문서로 내보낸다.

직접 해보기 원형 선택 윤곽 도구(Elliptical Marquee Tool)

원형 모양으로 이미지 영역을 선택한다.

01 [파일]-[열기] 메뉴를 실행하여 "Sample〉part02" 폴더안의 "p02-03-03.jpg" 파일을 불러온다. 도구 패널에서 원형 선택 윤곽 도구( )를 선택하고 화분의 안쪽 테두리에 맞추어 러프하게 드래그한다.

02 [선택]-[선택 영역 변형] 메뉴를 선택하면 선택 영역에 바운딩 박스가 나타난다. 바운딩 박스의 조절점을 드래그하여 화분 안쪽 테두리에 정확히 맞게 선택 영역을 변형한다. Ctrl 을 누른 채 조절점을 클릭하면 자유롭게 이동시킬 수 있다. 바운딩 박스 안을 더블 클릭하여 변형을 완료한다.

03 [선택]-[선택 영역 저장] 메뉴를 선택한다. 대화상자가 나타나면 아래 옵션으로 설정하고 [확인] 버튼을 클릭한다.

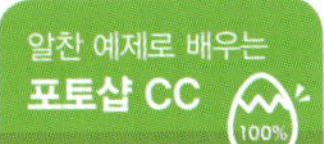

04 다시 [선택]–[선택 영역 변형] 메뉴를 선택하고 바운딩 박스가 나타나면 화분 바깥 테두리에 맞추어 선택 영역을 변형한다. 변형을 완료하면 박스 안을 더블 클릭한다.

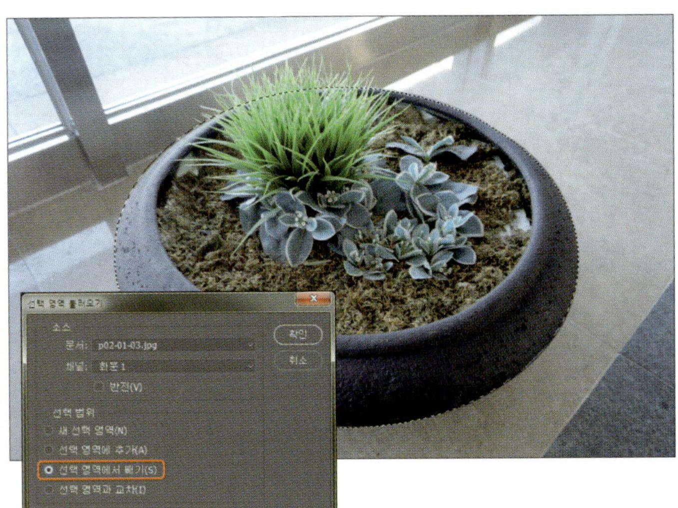

05 이번에는 [선택]–[선택 영역 불러오기] 메뉴를 선택한다. 대화상자가 나타나면 선택 영역에서 빼기를 선택한 후 [확인] 버튼을 클릭한다.

06 3번에서 저장했던 선택 영역이 제거된 것을 확인하고 [필터]–[픽셀화]–[수정화] 메뉴를 선택한다. 대화상자가 나타나면 셀 크기를 20으로 설정한 후 [확인] 버튼을 클릭한다.

07 선택 영역에 필터가 적용되면 Ctrl + D 를 눌러 선택을 해제한다.

보충수업 선택 영역 저장 대화상자

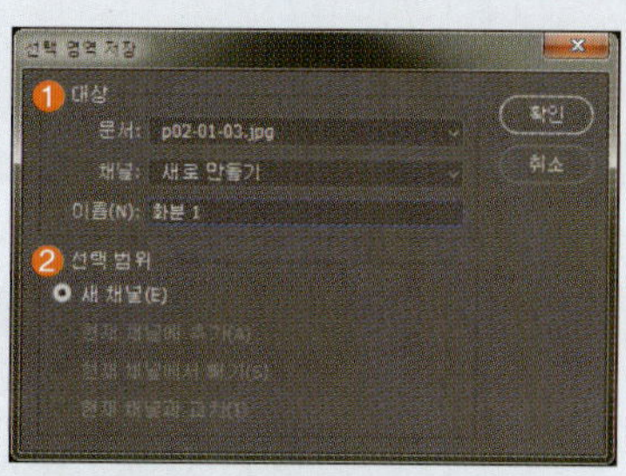

① 대상
- 문서 : 선택 영역을 저장할 파일을 지정한다.
- 채널 : 선택 영역을 저장할 채널을 지정한다.
- 이름 : 저장할 선택 영역의 이름을 설정한다.

② 선택범위

위 옵션에서 선택한 채널 영역에 선택 영역을 추가, 제거 혹은 교차하여 저장할지 설정한다. 채널을 새로 만들면 새 채널 항목만 활성화된다. 저장한 선택 영역은 [선택]−[선택 영역 불러오기] 메뉴를 선택하여 불러오거나 채널 패널에서 불러온다.

보충수업 선택 영역 불러오기 대화상자

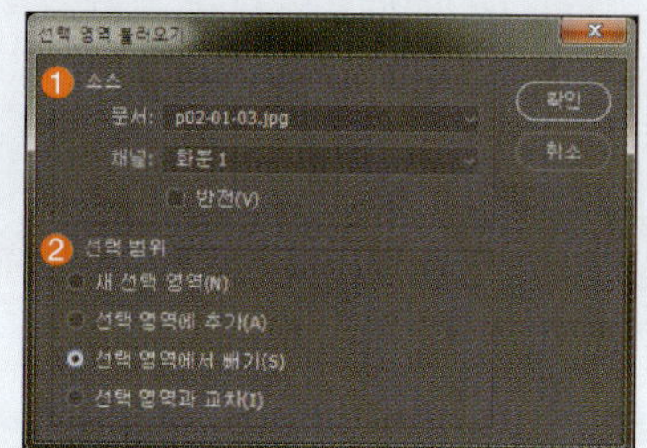

① 소스
- 문서 : 선택 영역을 불러올 파일을 지정한다.
- 채널 : 선택 영역으로 불러올 채널을 지정한다.
- 반전 : 체크하면 선택 영역을 반전시켜 불러온다.

② 선택범위

불러올 선택 영역을 새로 불러올지 현재 선택 영역에 추가, 제거할지 혹은 현재 선택 영역과 교차된 부분만 선택 영역으로 남길지 설정한다.

보충수업 [선택]−[수정] 메뉴

입력한 픽셀 수만큼 선택 영역을 수정한다.

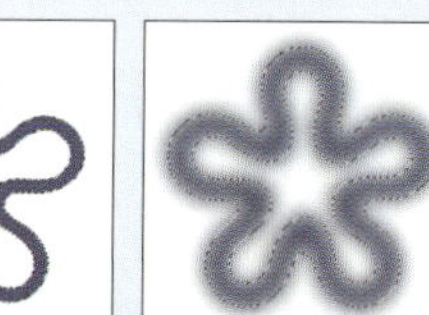

| 원본 | 테두리 10픽셀 | 매끄럽게 20픽셀 | 확대 5픽셀 | 축소 5픽셀 | 페더 10픽셀 |

직접 해보기　[ ]단일 행, [ ]단일 열 선택 도구(Single Row, Column Marquee Tool)

단일 열 또는 단일 행 선택 영역을 만든다.

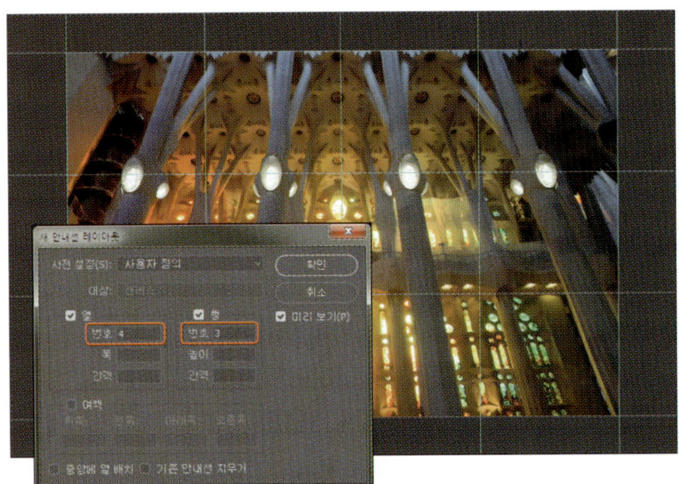

01 [파일]-[열기] 메뉴를 실행하여 "Sample〉part02" 폴더안의 "p02-03-04.jpg" 파일을 불러온 후 단일 행([ ]) 및 열 선택 윤곽 도구([ ])로 이미지를 분할하여 보자.

02 [보기]-[새 안내선 레이아웃] 메뉴를 선택하고 대화상자가 나타나면 열과 행의 번호를 각각 4, 3으로 설정한다. 이미지를 세로 4등분, 가로 3등분한 안내선이 표시된다.

강의노트 🖉

[보기]-[눈금자] 혹은 Ctrl + R 을 눌러 눈금자를 불러온 후 눈금자를 클릭, 드래그하여 원하는 지점에 놓는 방법으로도 안내선을 만들 수 있다.

03 도구 패널에서 단일 행 선택 윤곽 도구([ ])를 선택하고 두 번째 가로 안내선을 클릭하면 세로 1픽셀 크기의 가로선 선택 영역이 만들어진다.

04 Shift 를 누르면 단일 행 선택 도구 커서 모양에 +가 추가된다. 세 번째 가로 안내선을 클릭하여 선택 영역을 추가한다.

05 이번에는 도구 패널에서 단일 열 선택 도구(   )를 선택한 후 Shift 를 누른 채 새로 안내선을 클릭하여 세로선을 추가한다.

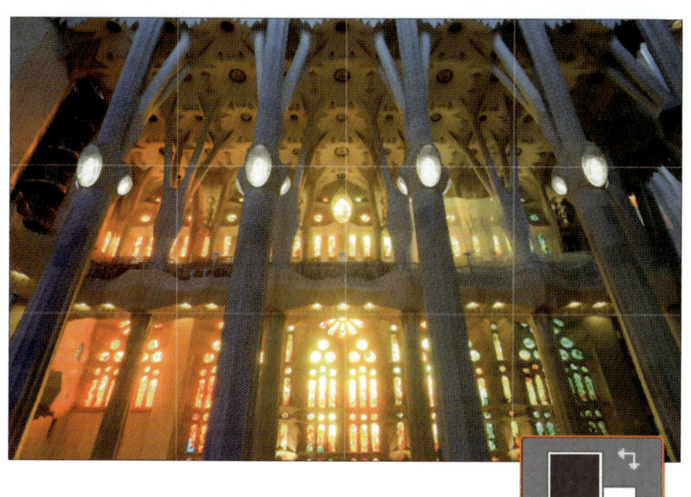

06 도구 패널 하단의 기본 전경색과 배경색(   )을 클릭하고 Ctrl + Delete 를 눌러 선택 영역을 흰색으로 채운다.

강의노트 ✏️

Alt + Delete 는 선택 영역 혹은 이미지 전체를 전경색으로 채우고, Ctrl + Delete 는 배경색으로 채운다. [보기]-[안내선 지우기] 메뉴를 선택하면 안내선이 지워진다.

07 도구 패널에서 사각형 선택 윤곽 도구(▨)를 선택한다. 분할 영역을 한 칸씩 띄어가며 Shift 를 누른 채 드래그하여 선택 영역으로 지정한다.

08 [이미지]-[조정]-[채도 감소] 메뉴를 실행하여 선택 영역을 흑백으로 변환한 후 Ctrl + D 를 눌러 선택 영역을 해제한다.

📍 **보충수업** 단축키로 선택 영역 추가/삭제하기

❶ Shift +드래그 : 드래그할 때마다 선택 영역이 추가된다.

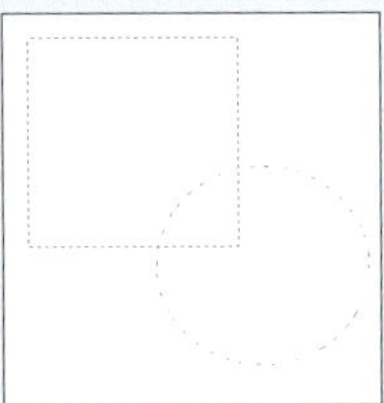 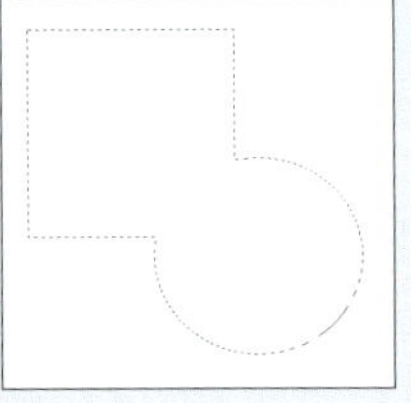

❷ Alt +드래그 : 기존 선택 영역에서 드래그 영역이 제거된다.

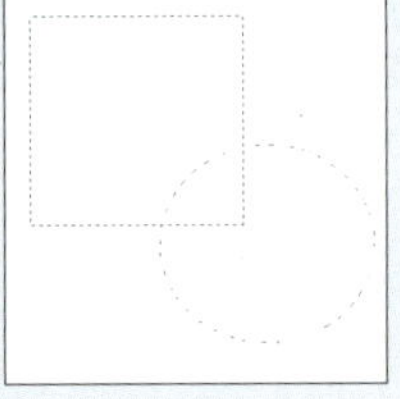 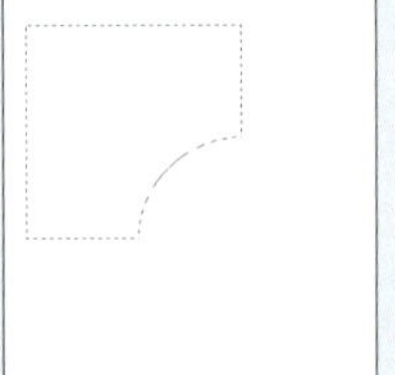

❸ Shift + Alt +드래그 : 선택 영역과 드래그한 영역의 교차 부분만 선택된다.

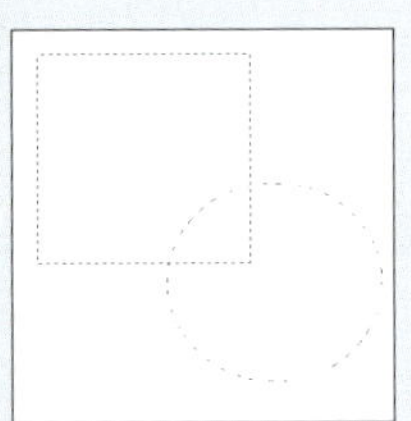 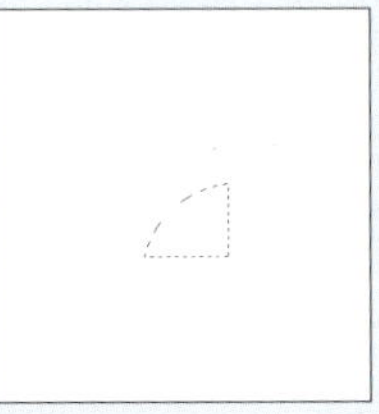

직접 해보기   올가미 도구(Lasso Tool)

불규칙한 형태의 이미지를 선택할 때 사용하며 원하는 영역을 마우스로 자유롭게 드래그하여 선택한다. 마우스 버튼을 클릭한 상태에서 한 번에 드래그하여 선택하기 때문에 특정 영역을 빠르게 선택할 수 있다.

01 [파일]-[열기] 메뉴를 실행하여 "Sample〉part02" 폴더안의 "p02-03-05.jpg" 파일을 불러온 후 올가미 도구(   )로 해파리를 빠르게 선택하고 복제하여 보자.

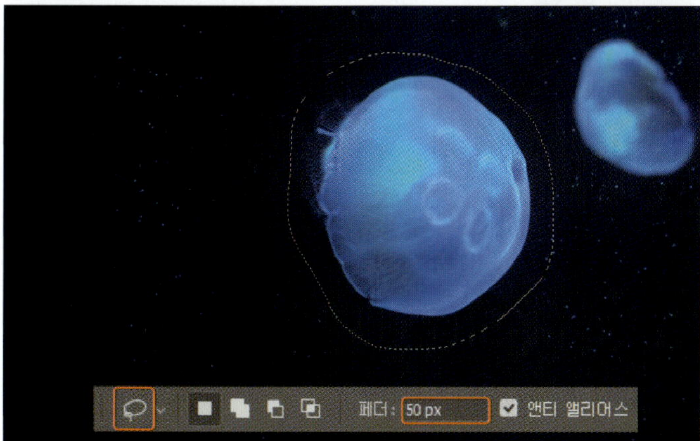

02 도구 패널에서 올가미 도구(   )를 선택하고 옵션 막대의 페더 값을 50 px로 설정한다. 문서창으로 돌아가 해파리 크기보다 여유 있게 드래그하여 선택 영역으로 지정한다.

강의노트

페더 기능은 선택 영역 경계를 수정하는 기능이다. 값이 높을수록 부드럽게 퍼지는 정도가 많아진다.

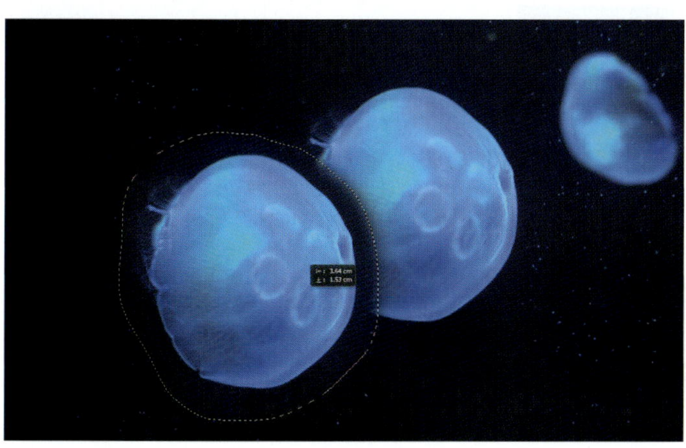

03 [Ctrl]+[Alt]를 누른 채 왼쪽 빈 공간으로 드래그하면 선택 영역의 이미지가 복사된다.

04 Ctrl + T 를 눌러 바운딩 박스가 나타나면 Shift 를 누른 채 박스의 모서리 조절점을 드래그하여 크기를 축소한다. 커서를 회전 포인터로 바꿔 박스를 회전시킨 후 박스 안을 더블 클릭한다.

05 이번에는 Ctrl + C , Ctrl + V 를 차례로 누르면 선택 영역이 복사된 새 레이어가 생성된다. Ctrl + T 를 눌러 크기와 위치를 변경하고 Enter 를 누른다. 이번에는 Ctrl + C 와 Ctrl + V 를 차례로 눌러 선택 영역을 복사, 붙여 넣는다. 레이어 패널에 복사된 선택 영역이 새 레이어로 생성된다.

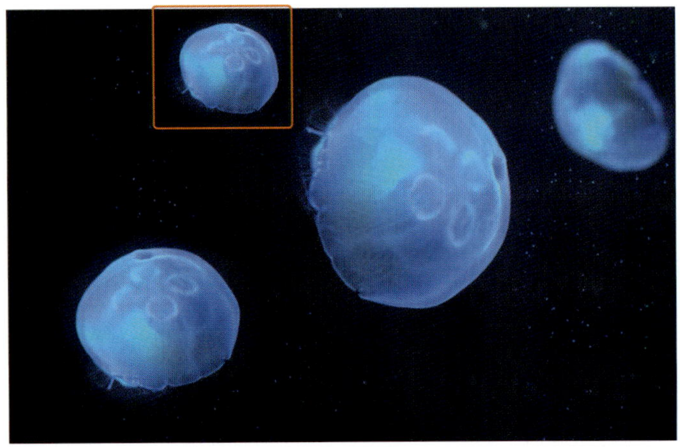

06 Ctrl + T 를 눌러 크기와 위치를 변경하고 Enter 를 눌러 작업을 완료한다.

직접 해보기 다각형 올가미 도구(Polygonal Lasso Tool)

다각형 올가미 도구는 클릭한 지점을 직선으로 연결하여 선택 영역을 설정하므로 각이 진 형태의 이미지를 선택할 때 유용하다.

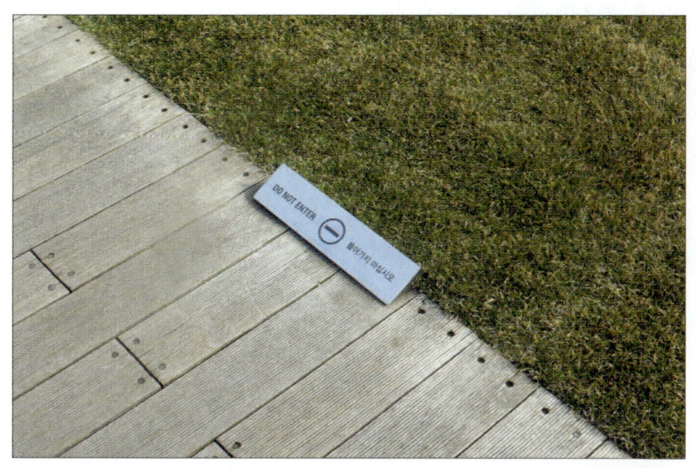

01 [파일]-[열기] 메뉴를 실행하여 "Sample〉part02" 폴더안의 "p02-03-06.jpg" 파일을 불러온 후 다각형 올가미 도구( )로 잔디를 선택하고 채도를 조정하여 보자.

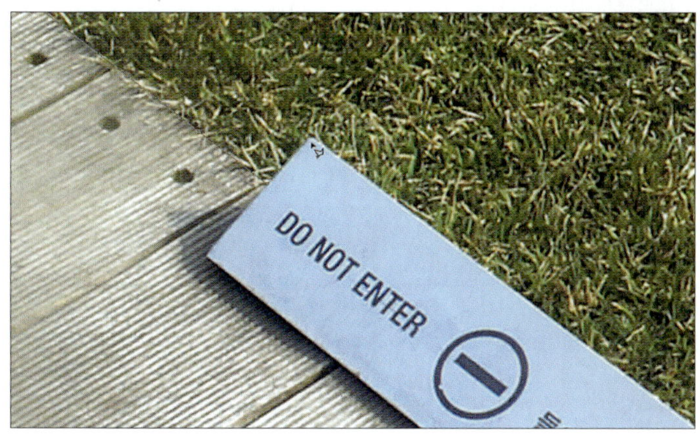

02 잔디의 경계선을 따라 클릭하여 선택 영역을 만든다. 푯말의 테두리를 따라 선택 영역을 지정할 땐 이미지를 확대하여 정확하게 테두리를 클릭한다. 다각형 올가미 도구를 사용하는 도중에는 돋보기 도구를 사용할 수 없으므로 Ctrl + + 를 눌러 이미지를 확대한다.

강의노트 🖉

Spacebar 를 누르면 손 도구로 전환되어 화면에 보이지 않는 영역으로 이동할 수 있다.

03 시작점으로 되돌아간 후 커서의 모양이 일 때 클릭하면 선택 영역이 완성된다.

강의노트 🖉

선택 영역 설정 도중 Delete 를 누르면 클릭한 점이 차례대로 삭제된다.

04 [이미지]-[조정]-[활기] 메뉴를 실행한 후 대화상자가 나타나면 활기와 채도를 모두 100으로 설정하고 [확인] 버튼을 클릭한다. Ctrl + D 를 눌러 선택을 해제하고 작업을 완료한다.

 **보충수업** 빠른 마스크 모드로 선택하기

빠른 마스크 모드는 브러시 도구로 칠하면서 마스크 영역 혹은 선택 영역을 색상으로 구분한다. 빠른 마스크 모드로 전환하면 전경색과 배경색이 기본 설정인 검은색과 흰색으로 변경되고 브러시로 칠한 검은색 영역은 옵션에서 설정한 색상으로 표시된다. 칠한 영역을 지울 때는 지우개 도구를 사용하거나 전경색을 흰색으로 지정하고 칠한다. 브러시 도구를 사용하기 때문에 사용법이 간단하고 페더, 불투명도를 선택 영역에 반영할 수 있다.

❶ 빠른 마스크 옵션

도구 패널 하단의 편집 모드 아이콘을 더블 클릭하면 빠른 마스크 옵션이 나타난다. 브러시로 칠한 영역을 마스크 처리할 것인지 선택 영역으로 지정할 것인지에 대한 설정과 브러시로 칠한 영역을 표시할 색상과 불투명도 설정 옵션이 있다.

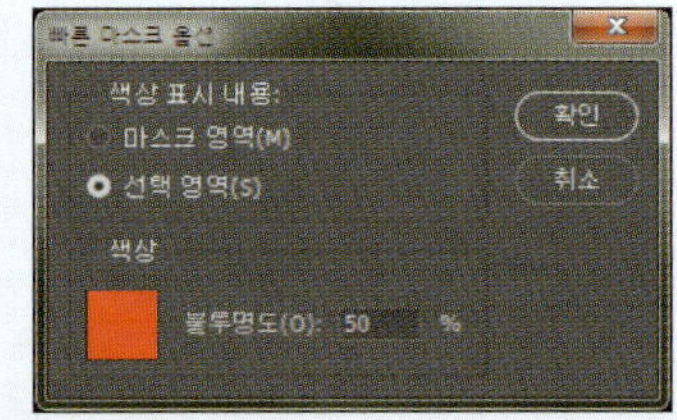

❷ 마스크 영역 지정하기

먼저, 빠른 마스크 옵션에서 색상 표시 내용이 마스크 영역으로 설정된 것을 확인한다. 표준 편집 모드에서 도구 패널 하단의 아이콘을 클릭하면 빠른 마스크 모드로 전환된다. 브러시 도구로 이미지를 칠하고 다시 도구 패널 하단의 아이콘을 클릭하면 브러시로 칠하지 않은 영역이 선택 영역으로 지정된다.

  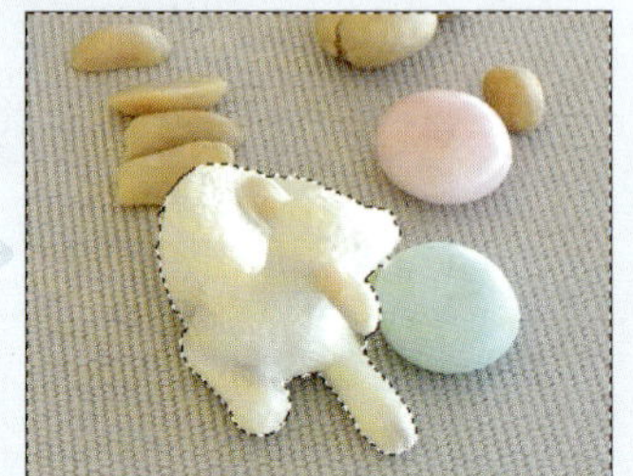

직접 해보기   자석 올가미 도구(Magnetic Lasso Tool)

선택하려는 이미지와 배경의 명도차가 클 때는 이미지 경계부분에 마우스를 대면 자동으로 선택이 되는 자석 올가미 도구를 사용한다.

01 [파일]-[열기] 메뉴를 실행하여 "Sample〉part02" 폴더안의 "p02-03-07.jpg" 파일을 불러온 후 자석 올가미 도구( )로 버섯을 선택하고 강조하여 보자.

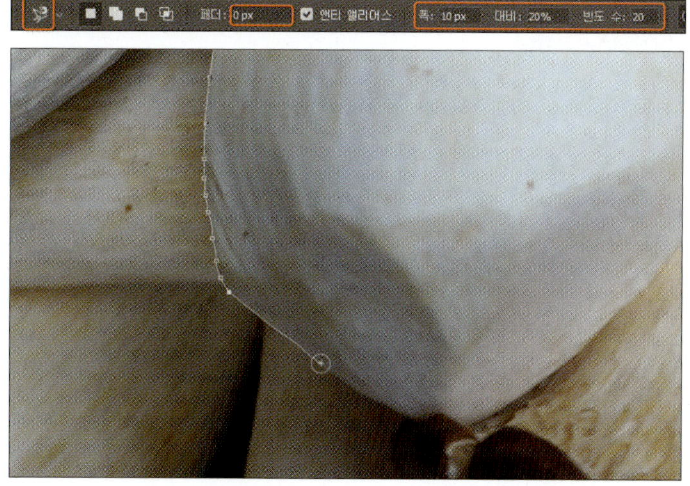

02 도구 패널에서 자석 올가미 도구( )를 선택하고 그림과 같이 옵션 막대 항목을 설정한다. Ctrl + + 를 여러 번 눌러 이미지를 확대한 후 가운데 버섯 테두리 한 곳을 클릭한다. 버섯의 테두리를 따라 커서를 이동시키면 자동으로 고정점이 만들어진다.

강의노트

Caps Lock 을 누르면 커서의 모양이 가장자리 감지 폭을 나타내는 원 모양으로 변경된다.

03 색상 경계가 뚜렷하지 않은 곳은 클릭하여 고정점을 만들어주고 잘못 지정된 곳은 Delete 를 눌러 삭제한다. 시작점이 있는 곳까지 되돌아가면 더블 클릭하거나 시작점을 클릭하여 선택 영역을 완성한다.

강의노트

마지막 고정점과 시작점을 직선으로 연결하려면 Alt 를 누른 채 더블 클릭한다.

04 Ctrl + T 를 눌러 크기를 조절한 후 [선택]-[반전] 메뉴를 선택하여 선택 영역을 반전시킨다.

05 [필터]-[흐림 효과]-[가우시안 흐림 효과] 메뉴를 실행하고 대화상자가 나타나면 반경을 7로 설정한다. [확인] 버튼을 클릭하면 배경에 흐림 효과가 적용된다.

06 Ctrl + D 를 눌러 선택을 해제하고 작업을 완료한다.

보충수업 자석 올가미 도구 옵션 막대

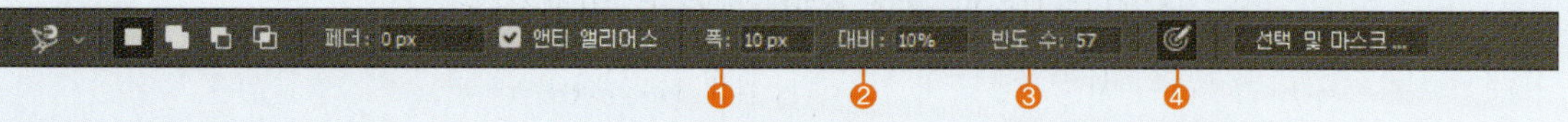

❶ **폭** : 가장자리를 감지하는 폭을 지정한다. 1~256 픽셀 사이의 값을 입력하며 입력한 수치 범위 안에 있는 경계선을 감지하므로 수치가 낮을수록 정교하게 선택된다. [Ctrl]을 누르면 커서의 모양이 가장자리 감지 폭을 나타내는 원형으로 변경된다.

❷ **대비** : 1. 1~100 % 사이의 값을 입력하여 가장자리의 색상, 명도, 채도 대비에 대한 민감도를 지정한다. 값이 높을수록 배경과 선명하게 대비되는 가장자리만 감지하기 때문에 경계가 부드럽게 선택된다.

❸ **빈도 수** : 1~100 사이의 값을 입력하여 올가미가 가장자리를 감지하여 고정점을 생성하는 속도를 지정한다. 높은 값일수록 선택 영역 테두리가 제자리에 빠르게 고정된다.

빈도 수 20

빈도 수 60

❹ **태블릿 압력** : 태블릿을 사용할 때 마우스 펜의 압력을 감지한다.

직접 해보기 📷 빠른 선택 도구(Quick Selection Tool)

브러시를 이용해 이미지를 드래그하면 선택 영역이 확장되어 빠르게 선택할 수 있다. 드래그한 자리의 색상을 기준으로 비슷한 색상을 가진 영역까지 선택된다.

01 [파일]-[열기] 메뉴를 실행하여 "Sample〉part02" 폴더안의 "p02-03-08.jpg" 파일을 불러온 후 빠른 선택 도구(📷)로 자몽과 사과를 선택하고 대비를 강하게 보정해 보자.

02 도구 패널에서 빠른 선택 도구(📷)를 선택하고 옵션 막대에서 브러시의 크기를 조절한다. 자동 향상에 체크 표시하고 자몽을 드래그하면 선택 영역이 확장되며 빠르게 선택된다.

강의노트 🖍

자동 향상 기능은 가장자리의 대비와 반경을 수정한 것처럼 가장자리를 자동으로 향상시켜 보다 매끄럽게 선택된다.

03 자몽을 모두 선택한 후 사과를 드래그하여 선택 영역에 추가한다. 잘못된 영역은 Alt 를 누른 채 다시 드래그하면 선택 영역에서 제거할 수 있다.

강의노트 🖍

새 선택 영역이 만들어지면 드래그 할 때마다 자동으로 선택 영역이 추가된다.

04 자몽과 사과를 모두 선택한 후 Ctrl + J 를 두 번 눌러 선택 영역을 새 레이어에 붙여 넣는다. 레이어 패널에서 선택 영역이 각각 레이어 1과 레이어 1 복사에 복사된 것을 확인할 수 있다.

05 레이어 1 복사를 선택하고 혼합 모드를 스크린, 불투명도를 60%로 설정한다. 레이어 1의 혼합 모드는 색상 번, 불투명도는 20으로 설정한다.

06 복사한 두 레이어로 대비를 높여 원본 이미지보다 선명한 이미지가 만들어진다.

보충수업　빠른 선택 도구 옵션 막대

① 새 선택 영역 : 새 선택 영역을 만든다. 처음 선택 영역이 만들어지면 자동으로 선택 영역에 추가로 바뀐다.

② 선택 영역에 추가 : 기존의 선택 영역에 새로운 영역을 추가한다.

③ 선택 영역에 빼기 : 기존의 선택 영역에서 새로운 영역을 뺀다.

④ 브러시 옵션 : 선택 영역을 만드는 브러시의 크기, 경도, 모양 등의 옵션을 설정한다.

⑤ 모든 레이어 샘플링 : 모든 레이어를 기준으로 선택 영역을 만든다.

⑥ 자동 향상 : 체크하면 선택 영역이 이미지 가장자리를 향해 자동으로 흐르게 되고 가장자리의 대비와 반경을
수정한 것처럼 자동으로 가장자리가 향상되어 경계선을 좀 더 매끄럽게 선택한다.

직접 해보기　자동 선택 도구(Magic Wand Tool)

클릭 지점의 색상을 기준으로 설정한 허용치 내의 색상을 단번에 선택할 수 있어 단일 색상의 배경 이미지를 추출할 때
효과적이다.

01 [파일]-[열기] 메뉴를 실행하여 "Sample〉part02" 폴더안의 "p02-03-09.jpg" 파일을 불러온 후 자동 선택 도구(🪄)로 해바라기를 선택하고 밝게 보정하여 보자.

02 도구 패널에서 자동 선택 도구(🪄)를 선택한 후 옵션 막대의 허용치를 50으로 입력하고 인접의 체크를 해제한다.

03 이미지의 오른쪽 상단을 클릭하면 허용범위 내의 색상까지 선택이 된다. Shift 를 누른 채 선택되지 않은 배경을 선택하면 잎과 줄기 사이의 배경까지 모두 선택된다.

강의노트

옵션 막대의 인접 항목에 체크하면 허용치 범위 안의 연결된 픽셀만 선택되고, 체크를 해제하면 이미지 전체에서 허용치 범위 안의 모든 픽셀이 선택된다.

04 Ctrl + Shift + I 를 눌러 선택 영역을 반전시키고 [이미지]-[조정]-[레벨] 메뉴를 선택한다. 대화상자가 나타나면 입력 레벨 값을 왼쪽부터 차례로 5, 1.13, 181로 입력하고 [확인] 버튼을 클릭한다.

05 선택 영역이 전보다 밝아진 것을 확인하고 Ctrl + D 를 눌러 선택 해제한다.

보충수업 자동 선택 도구 옵션 막대

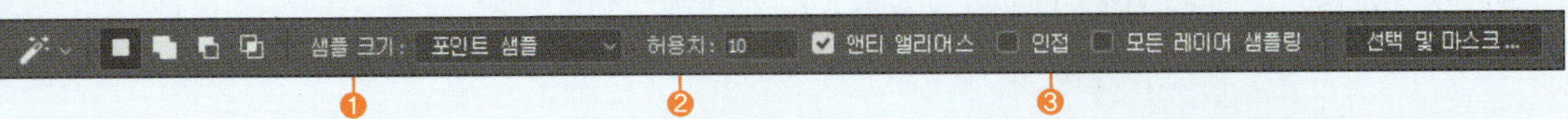

❶ **샘플 크기** : 클릭한 지점을 중심으로 샘플 크기 안의 평균 색상을 기준 색상으로 추출한다.

❷ **허용치** : 0~255 사이의 정수를 입력하여 기준 색상의 범위를 결정한다. 허용치 값이 커질수록 선택 영역이 넓어진다.

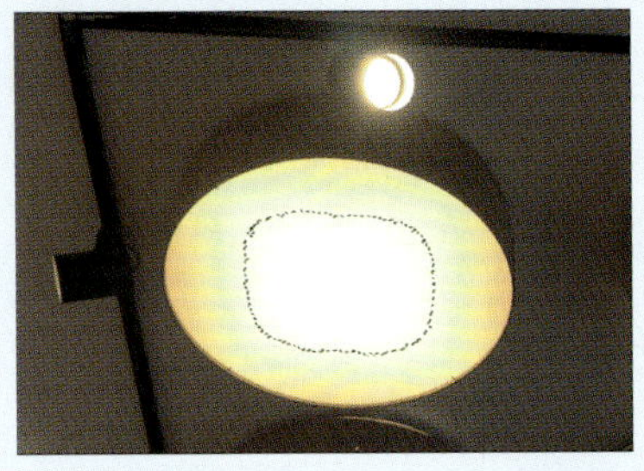

허용치 20

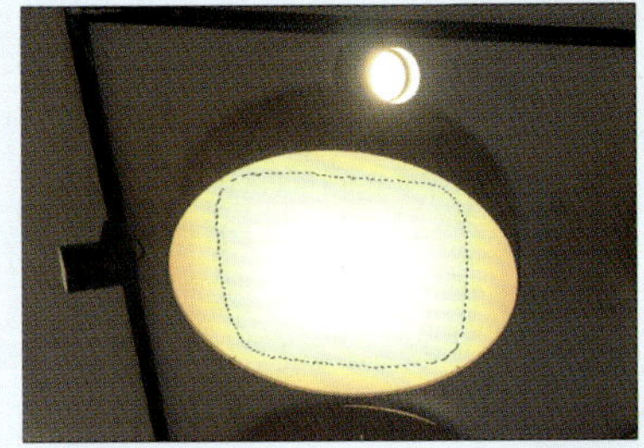

허용치 60

❸ **인접** : 체크 시 허용 범위 안의 연결된 픽셀만 선택된다. 해제하면 이미지 전체에서 허용 범위 안의 픽셀을 선택한다.

인접 항목에 체크했을 때

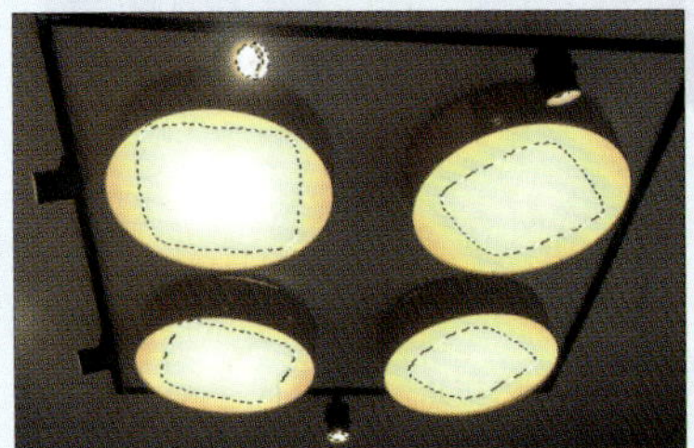

인접 항목의 체크를 해제했을 때

직접 해보기 자르기 도구(Cut Tool)

구조를 수정하거나 불필요한 이미지를 자를 때 사용한다. CS6 부터 잘려나간 픽셀이 유지되는 옵션이 추가되어 원본을 훼손하지 않으면서 이미지를 잘라낼 수 있다. 또한, 똑바르게 하기 기능은 버튼 하나로 기울어진 이미지를 바로 잡는다.

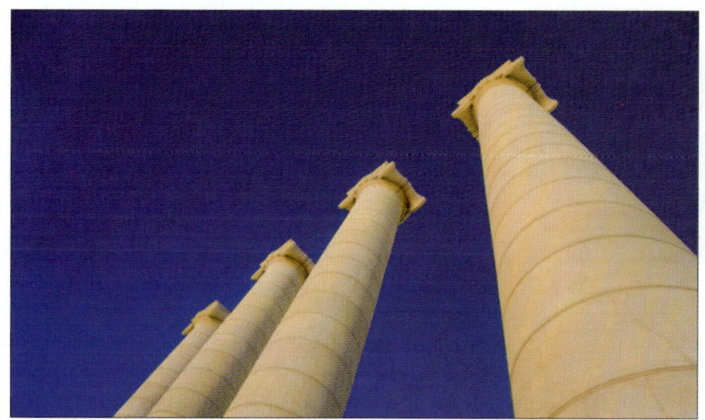

01 [파일]-[열기] 메뉴를 실행하여 "Sample〉part02" 폴더안의 "p02-03-10.jpg" 파일을 불러온 후 자르기 도구( )로 원래 크기를 유지하며 이미지를 똑바르게 만들어 보자.

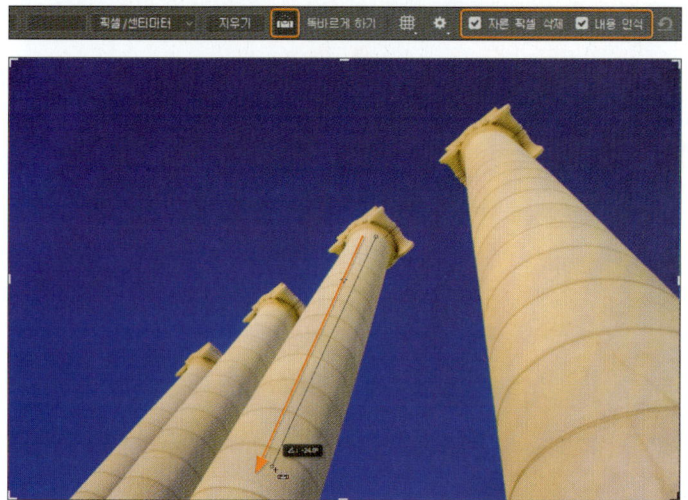

02 도구 패널에서 자르기 도구( )를 선택하면 이미지 가장자리에 자르기 상자가 점선으로 표시된다. 옵션 막대에서 똑바르게 하기 아이콘 을 클릭하고 자른 픽셀 유지, 내용 인식 항목에 체크한 후 가운데 기둥의 중심부를 세로로 드래그한다.

강의노트
자르기 도구를 선택하고 이미지 가장자리의 자르기 상자를 조절하거나 새 자르기 영역을 그려 자르기 테두리를 지정할 수 있다.

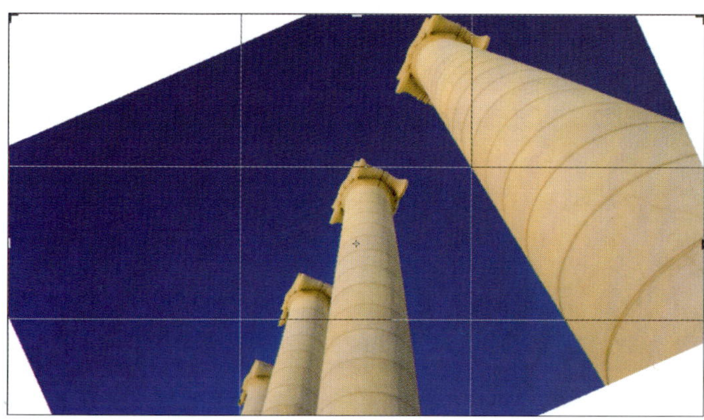

03 이미지의 기울기가 변경되면서 자르기 상자 안에 여백이 생긴다. 옵션 막대에서 을 클릭하거나 자르기 상자 안을 더블 클릭한다.

강의노트
자르기 상자 안의 여백은 배경색으로 채워진다.

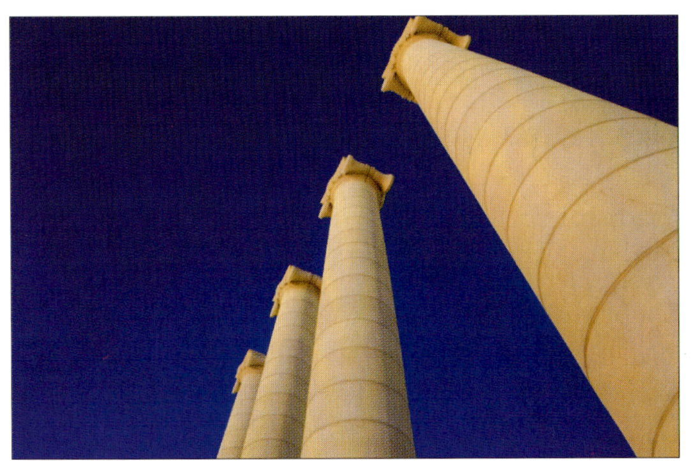

04 여백이 생긴 곳이 원래 이미지를 인식하여 자동으로 채워진다.

강의노트 ✏️

내용 인식은 CC 버전에 새롭게 추가된 기능이다. 원본의 내용을 기반으로 자르기 후 생기는 여백을 자연스럽게 채운다.

📍 보충수업 자르기 도구 옵션 막대

❶ 자르기 상자의 가로, 세로 크기나 비율을 선택한다. 또는 사전 설정 값을 선택하거나 사전 설정 값을 등록할 수 있다.

❷ 가로, 세로, 해상도 값을 입력하여 자를 수 있다.

❸ 자르기 상자의 입력된 수치 값을 지운다.

❹ 드래그한 선을 기준으로 수평, 수직을 맞춘다.

❺ 자를 때 삼등분 선, 격자, 골든 비율 등의 안내선을 표시하여 자른 후의 이미지 비율을 미리 볼 수 있다.

❻ **추가 자르기 옵션**

• 클래식 모드 사용 : 체크하면 이미지는 고정하고

자르기 상자를 움직여 자를 영역을 설정한다.

• 자른 영역 표시 : 체크하면 잘려나갈 영역을 보여준다.

• 자동으로 가운데 미리 보기 : 체크하면 캔버스 중앙에 미리 보기를 배치한다.

• 자르기 방패 활성화 : 잘려나갈 영역의 투명도 및 색상을 지정한다.

보충수업 선택 영역으로 자르기

알아두면 굉장히 편리한 기능이다. 선택 영역을 지정한 후 자르기 도구로 이미지를 클릭하면 선택 영역이 자르기 상자로 전환되고 상자 안을 더블 클릭하면 바로 자르기가 실행된다.

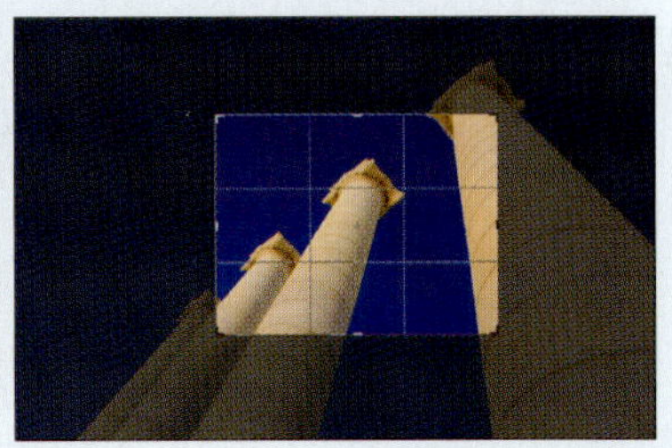

직접 해보기 ▣ 원근 자르기 도구(Perspective Crop Tool)

이미지의 원근을 변형하며 자르는 도구로 왜곡된 이미지를 수정하거나 이미지의 원근을 왜곡시킬 수 있다.

01 [파일]-[열기] 메뉴를 실행하여 "Sample>part02" 폴더안의 "p02-03-11.jpg" 파일을 불러온 후 원근 자르기 도구(▣)로 정면에서 바라본 액자를 만들어 보자.

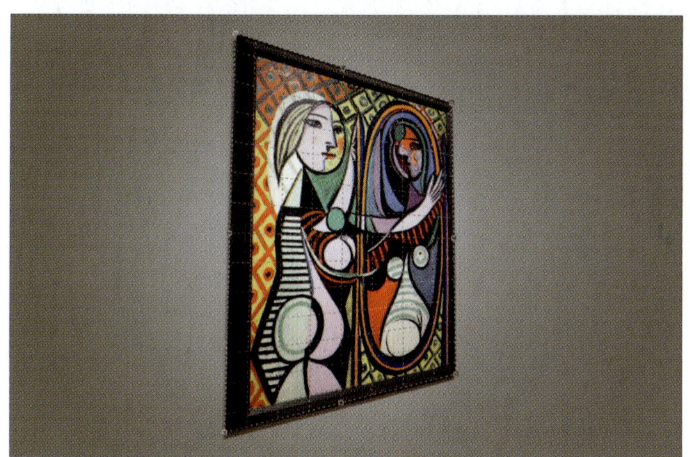

02 도구 패널에서 원근 자르기 도구(▣)를 선택한 후 액자의 모서리를 차례대로 클릭하면 바운딩 박스가 표시된다.

03 마우스 휠을 위로 굴리거나 Ctrl + + 를 눌러 확대한 후 액자 테두리와 바운딩 박스를 잘 맞춘다. Spacebar 를 눌러 손 도구로 전환되면 화면을 이동시켜 나머지 모서리도 정확하게 맞춰준다.

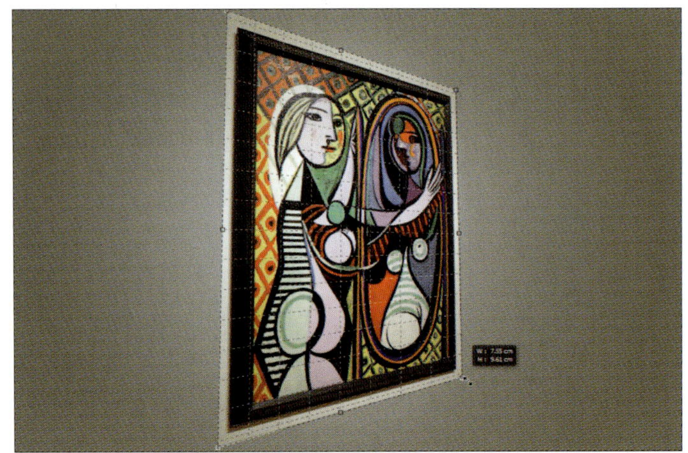

04 Shift + Alt 를 누른 채 왼쪽 상단 모서리 조절점을 드래그하면 윗면과 왼쪽면을 같은 비율로 조절할 수 있다. 오른쪽 하단 모서리 조절점도 드래그하여 바운딩 박스의 크기를 키운 후 박스 안을 더블 클릭한다.

강의노트 ✏️

ESC 를 누르면 자르기 모드가 해제된다.

05 원근 자르기가 완료되면 원근감이 제거되어 정면에서 바라본 액자가 완성된다.

📍 보충수업 원근 자르기 도구 옵션 막대

❶ 가로, 세로 값을 입력하여 잘라낼 이미지의 크기를 설정한다.
❷ 잘라낼 이미지의 해상도를 설정한다.
❸ 클릭하면 현재 열려있는 이미지의 크기, 해상도가 자동으로 입력된다.
❹ 입력된 값들을 모두 지운다.
❺ 체크하면 자르기 모드일 때 격자를 표시한다.

직접 해보기　분할 영역 도구(Slice Tool)

이미지를 나누어 분할 영역을 만들 수 있다.

01 [파일]-[열기] 메뉴를 실행하여 "Sample〉part02" 폴더안의 "p02-03-12.jpg" 파일을 불러온다. 분할 영역 도구(　)를 선택하고 오른쪽 꽃대 부분을 드래그하면 이미지 분할 영역이 표시된다.

강의노트
이미지를 분할하고 노란색으로 분할 영역이 선택되어 있으면 분할 선을 움직여 수정할 수 있다.

02 같은 방법으로 이미지를 드래그하여 영역을 분할한다.

강의노트
분할 영역은 분할 영역 도구를 사용하거나 레이어 기반 분할 영역을 작성하여 만들 수 있다.

 **보충수업**　레이어 기반 분할 영역 만들기

레이어를 선택하고 [레이어]-[레이어 기반 새 분할 영역] 메뉴를 실행하면 선택한 레이어 내용 크기의 분할 영역을 만들 수 있다. 레이어 기반 분할 영역은 레이어의 픽셀 데이터를 포함하기 때문에 레이어 내용을 편집하면 분할 영역이 자동으로 조정된다.

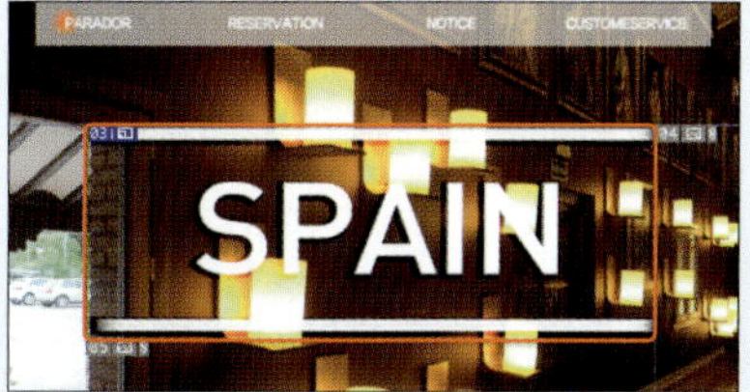

또한, 레이어의 내용으로 영역이 정의되므로 레이어 분할 영역을 이동하거나 결합, 나누기, 크기 조정, 정렬을 할 수 없다. 레이어 기반 분할 영역을 편집하려면 분할 영역 선택 도구를 선택하고 옵션 막대의 [승격] 버튼을 눌러 사용자 분할 영역으로 변환한다.

직접 해보기 분할 영역 선택 도구(Slice Select Tool)

분할 영역을 선택, 이동, 복사 및 삭제할 수 있고, 분할 영역 옵션으로 링크를 걸 수 있다. 분할 영역 이미지는 [웹용으로 저장] 메뉴를 실행하여 웹 페이지에 최적화한다.

01 이번에는 분할된 이미지에 링크를 걸어본다. 분할 영역 선택 도구()를 선택하고 왼쪽 꽃대 이미지를 더블 클릭한다. 분할 영역 옵션 대화상자가 나타나면 URL 항목에 웹 문서 주소를 입력하고 대상 항목으로 _blank를 입력한 후 [확인] 버튼을 클릭한다.

02 분할 이미지와 웹 문서를 만들기 위해 [파일]-[내보내기]-[웹 문서로 저장(레거시)] 메뉴를 선택한다.

03 웹용으로 저장 대화상자가 나타나면 파일 형식을 지정하고 [확인] 버튼을 클릭한다.

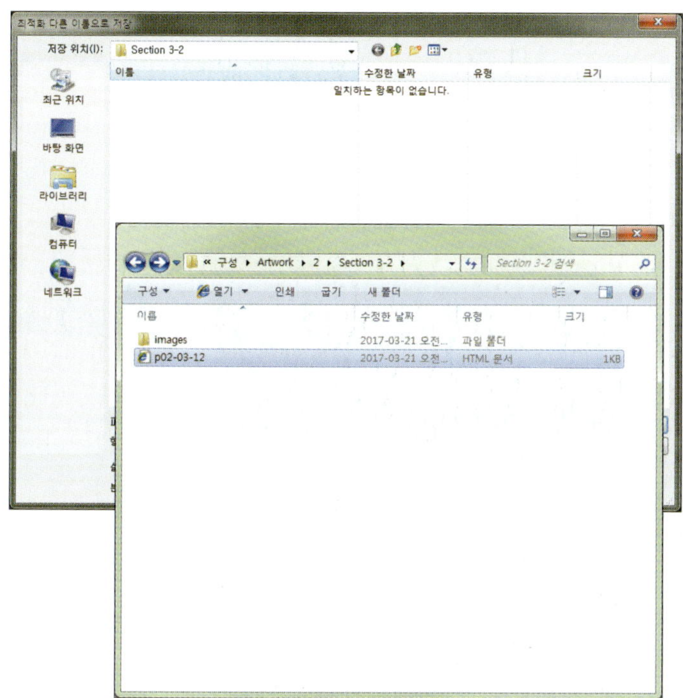

04 최적화 다른 이름으로 저장 대화 상자에서 파일 이름을 입력하고 파일 형식을 HTML 및 이미지로 설정한 후 [저장] 버튼을 클릭한다. 지정한 경로에 이미지 폴더와 HTML 문서가 만들어져 나타난다. HTML 문서를 더블 클릭하고 링크를 걸었던 왼쪽 꽃대 이미지를 클릭하면 해당 사이트로 이동한다.

보충수업 분할 영역의 유형

분할 영역을 만드는 방식으로 분류하면 분할 영역에는 3가지 유형이 있다. 분할 영역 도구로 만드는 사용자 분할 영역과 레이어 내용으로 지정되는 레이어 기반 분할 영역 그리고 나머지 영역에 자동으로 만들어지는 자동 분할 영역이다.
사용자 분할 영역과 레이어 기반 분할 영역은 실선으로 정의되는 반면 자동 분할 영역은 점선으로 정의되고 영역의 내용과 번호를 표기하는 색도 파란색과 회색으로 구분된다. 자동 분할 영역은 웹에 최적화하기 위해 자동으로 생성되므로 사용자 분할 영역이나 레이어 기반 분할 영역을 추가하거나 편집하면 다시 만들어 진다. 분할 영역 선택 도구의 옵션 막대에서 자동 분할 영역 표시를 숨기거나 표시할 수 있고, 사용자 분할 영역으로 변환할 수도 있다.

자동 분할 영역 표시

자동 분할 영역 숨기기

실전문제

01. 선택 도구를 이용하여 곰돌이를 스탠드가 있는 책상 위로 옮겨보자.

준비파일 | Sample〉part02〉p02-03-13.jpg, 14.jpg

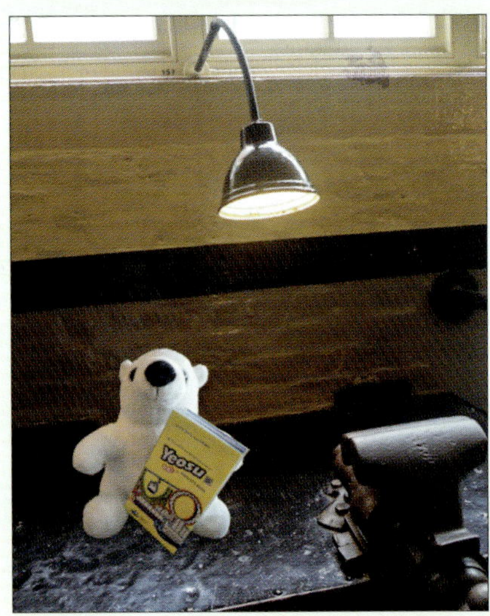

완성파일 | Artwork〉part02〉p02-03-14.psd

Hint 1. 준비된 두 파일을 열고 도구 패널에서
빠른 선택 도구를 선택한다.

2. 옵션 막대에서 브러시 크기를 조절하고
자동 향상에 체크한 후 곰돌이와
팜플렛을 드래그한다. 곰돌이가
선택되면 Ctrl + C 를 눌러 클립보드에
복사한다.

3. 책상 이미지에서 Ctrl + V 를 눌러
곰돌이를 붙여 넣은 후 Ctrl + T 를
눌러 크기가 위치를 조절한다.

4. 레이어 1을 더블 클릭한 후 레이어
스타일 대화상자가 나타나면 드롭
섀도에 체크하고 각도를 90°으로
설정한다.

실전문제

02. 준비된 이미지의 색감을 조정하여 잎과 배경보다 튤립이 눈에 더욱 띄도록 만들어보자.

준비파일 | Sample〉part02〉p02-03-15.jpg

완성파일 | Artwork〉part02〉p02-03-15.jpg

Hint 1. 준비된 파일을 열고 도구 패널에서 자동 선택 도구를 선택한다.

2. 옵션 막대에서 선택 모드를 선택 영역에 추가로 설정한 후 허용치를 입력한다. 인접에 체크를 해제한 후 노란 튤립과 빨간 튤립을 클릭한다.

3. 잘못 선택된 영역은 선택 모드를 선택 영역에서 빼기로 설정한 후 클릭하거나 다른 선택 도구로 [Alt]를 누른 채 선택 영역으로 지정한다.

4. 색상 경계를 자연스럽게 표현하기 위해 [선택]-[수정]-[페더] 메뉴를 실행하고 가장자리에 페더를 적용한다.

5. [이미지]-[조정]-[활기] 메뉴에서 활기와 채도 값을 높여 튤립의 색감이 더욱 선명하고 화려하게 조정한다.

6. [Ctrl]+[Shift]+[I]를 눌러 선택 영역을 반전시키고 다시 [이미지]-[조정]-[활기] 메뉴를 실행한다. 이번에는 활기와 채도 값을 낮게 조정하고 [Ctrl]+[D]를 눌러 선택을 해제한다

03. 원본 비율을 유지하며 다리가 사진의 중심이 되도록 이미지를 편집해 보자.

준비파일 | Sample〉part02〉p02-03-16.jpg

완성파일 | Artwork〉part02〉p02-03-16.jpg

Hint 1. 준비된 파일을 열고 자르기 도구를 선택한다. 옵션 막대의 똑바르게 하기 아이콘을 누르고 강을 가로지르는 다리를 드래그한다.

2. 자르기 상자의 오버레이를 삼등분으로 지정한 후 가운데에 다리를 배치한다.

3. [Shift]를 누른 채 자르기 상자의 크기를 조절하고 자르기 상자 안을 더블 클릭한다.

이미지 복원 및 브러시 도구 익히기

이번 장에서 학습할 복원 및 복제 도구와 페인팅에 관련된 도구들은 많은 사람들이 포토샵을 사용하는 이유이다. 포토샵에서 제공하는 복원 및 복제 도구는 사용법이 간단하지만 매우 효과적이며 복원 대상이나 복제 소스에 맞춰 도구를 선택할 수 있고, 실제 붓의 터치감을 살린 브러시 도구를 포함해 다양한 기능이 탑재된 페인팅 도구들은 사용자 편의와 의도에 맞춰 원하는 결과를 만들 수 있기 때문이다.

그렇기 때문에 더더욱 각 도구들의 특징과 사용 대상에 대해 충분히 이해하고 많이 연습해야 한다. 특히, 이미지 복원 도구나 페인팅 도구들은 대부분 브러시로 원하는 부분을 칠해 효과를 적용하므로 브러시 도구의 옵션 사항과 세부 기능에 대한 심도 있는 학습이 필요하다.

Zoom In
알찬 예제로 배우는
이미지 복원
활용하기

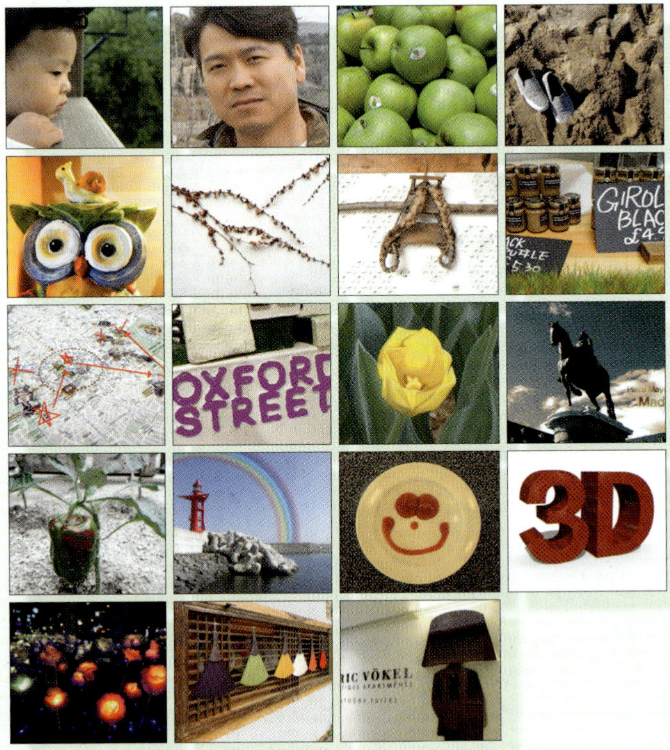

Keypoint Tool

_ **이미지 복원 도구** 복원 영역에 따라 다양한 도구를 지원한다. 주변 픽셀 정보를 기반으로 결함을 제거하므로 성능이 뛰어나다.

_ **페인팅 도구** 브러시로 칠하며 색을 채우거나 샘플링 색상과 유사한 영역을 감지해 채운다.

Knowhow

_ **작업 효율** 브러시를 사용하는 도구들은 마우스 오른쪽 버튼으로 이미지를 클릭하면 브러시 옵션 팝업 창이 나타난다.

_ **[편집] 메뉴** 선택 영역을 패턴이나 브러시로 등록, 사용할 수 있다.

직접 해보기 스팟 복구 브러시 도구(Spot Healing Brush Tool)

브러시로 복구 지점을 클릭하거나 문지르면 주변 픽셀을 자동으로 인식하여 수정한다. 인물의 점이나 먼지 같이 작은 흠집을 신속히 제거할 수 있다.

01 [파일]-[열기] 메뉴를 실행하여 "Sample〉part02" 폴더안의 "p02-04-01.jpg" 파일을 불러온 후 스팟 복구 브러시 도구( )로 얼굴의 흉터와 난간의 흠집을 제거하여 보자.

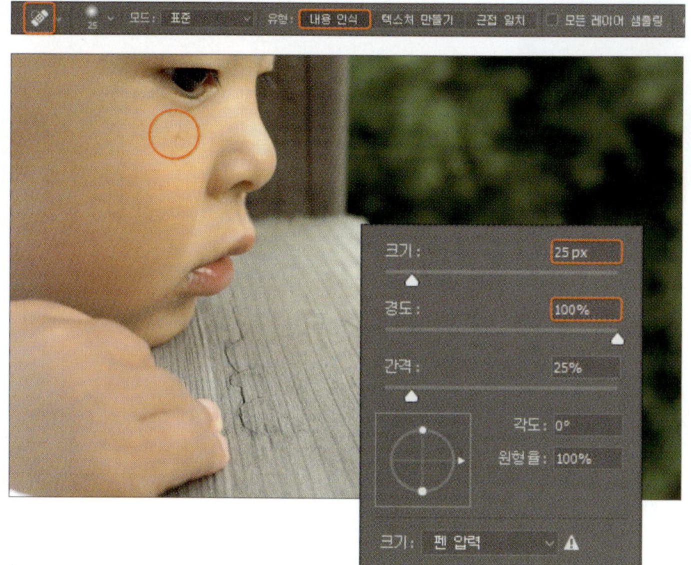

02 먼저 돋보기 도구( )로 아이 얼굴과 난간 부분을 확대하고 스팟 복구 브러시 도구( )를 선택한다. 옵션 막대의 브러시 미리 보기를 클릭하면 브러시 옵션 창이 나타난다. 그림과 같이 브러시의 크기와 경도를 설정하고 유형 항목은 내용 인식으로 지정한다. 아이의 눈 밑에 있는 흉터를 클릭하면 깨끗하게 지워진다.

강의노트

[편집]-[환경 설정]-[도구] 메뉴를 실행하고 대화상자의 '스크롤 휠로 확대/축소' 항목에 체크하면 돋보기 도구를 선택하지 않아도 이미지를 확대할 수 있다.

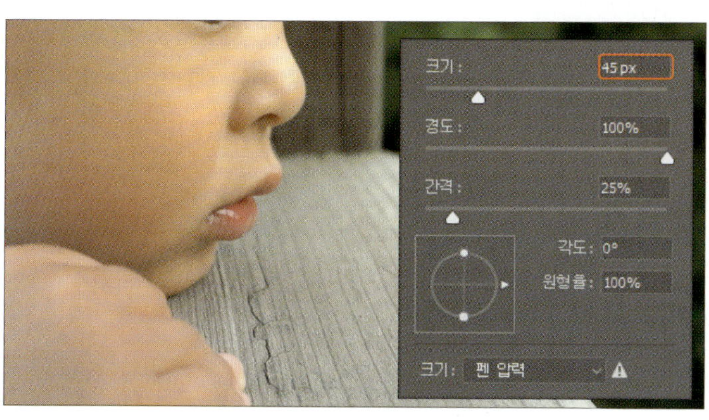

03 이번에는 화면을 마우스 오른쪽 버튼으로 클릭한다. 브러시 옵션 창이 나타나면 브러시 크기를 45 px로 설정한다.

강의노트

브러시를 사용하는 도구들은 마우스 오른쪽 버튼으로 이미지를 클릭하여 브러시 옵션 창을 불러올 수 있다.

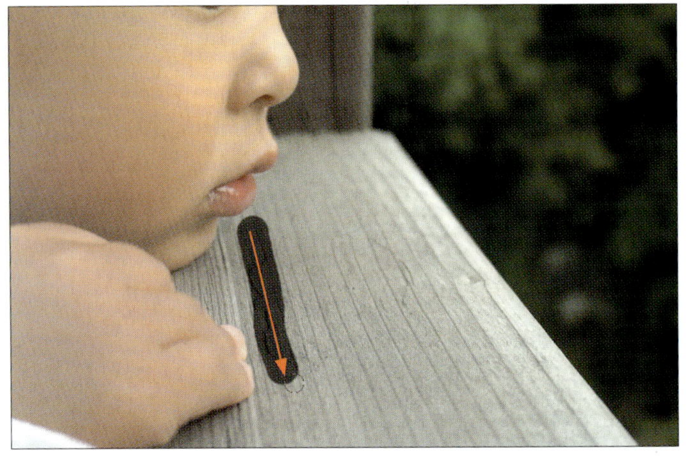

04 난간의 갈라진 부분을 드래그하면 주변 이미지 정보를 기반으로 흠집이 자연스럽게 제거된다.

강의노트

작업 도중 Spacebar 를 누르면 커서 모양이 손바닥으로 바뀌어 빠르게 화면을 이동시킬 수 있다.

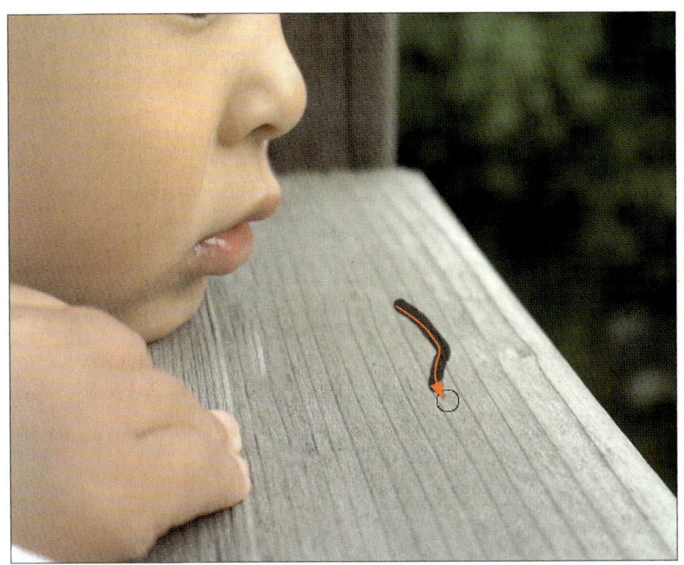

05 이번에는 난간의 작은 흠집을 제거해보자. 키보드의 [를 여러 번 눌러 흠집 크기에 맞게 브러시 크기를 줄이고 갈라진 부분을 드래그한다.

강의노트

키보드의 [를 누르면 브러시 크기가 작게 조절되고]를 누르면 크게 조절된다.

06 추가로 제거하고 싶은 흠집을 수정하고 작업을 마무리한다.

보충수업 스팟 복구 브러시 도구 옵션 막대

❶ **브러시 옵션** : 브러시 크기와 모양을 설정한다.
- **크기** : 브러시의 크기를 조절한다.
- **경도** : 브러시 테두리의 페더를 조절한다.
- **간격** : 브리시 획을 그었을 때 브러시 자국 사이의 거리를 조절한다.

간격 25%

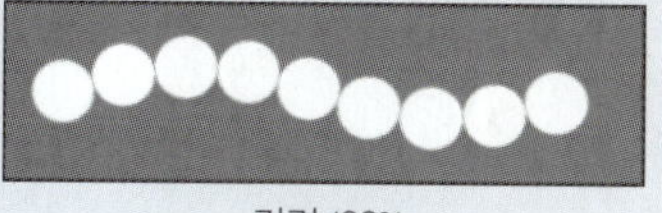

간격 100%

❷ **모드** : 픽셀의 혼합 모드를 설정한다.

❸ **유형**
- **내용 인식** : 선택 영역을 주변 배경과 합성하여 복원한다.
- **텍스처 만들기** : 선택 영역의 픽셀을 사용하여 텍스처를 만든다.
- **근접 일치** : 선택 영역 인근의 픽셀을 기반으로 클릭 지점을 복구한다.

복구 지점

내용 인식

텍스처 만들기

근접 일치

❹ **모든 레이어 샘플링** : 여러 개의 레이어로 만든 파일일 때 레이어 상관없이 화면에 보이는 대로 사용한다.

❺ 태블릿 사용시 태블릿 압력으로 크기를 조정한다.

직접 해보기 복구 브러시 도구(Healing Brush Tool)

복원할 부분과 유사한 부분을 복구 소스로 지정한 후 복원할 부분을 드래그하면 주변 이미지의 텍스처, 조명, 투명도 및 음영을 반영하여 자연스럽게 복원된다. 주로 좁은 영역을 보정할 때 사용하며 Alt 를 누른 채 클릭하여 복구 소스를 지정한다.

01 [파일]-[열기] 메뉴를 실행하여 "Sample〉part02" 폴더안의 "p02-04-02.jpg" 파일을 불러온 후 돋보기 도구( )로 인물의 눈가를 확대한다.

02 복구 브러시 도구( )를 선택한 후 옵션 막대에서 브러시 크기를 20 px, 경도를 0 px로 설정한다. 눈 밑의 주름을 제거하기 위해 Alt 를 누른 상태에서 주름이 없는 부위를 클릭하여 복원 소스로 지정한다.

03 없애려는 주름을 드래그하면 소스 정보를 바탕으로 주름이 자연스럽게 없어진다.

04 다시 [Alt]를 눌러 새로운 영역을 지정하고 눈 옆의 주름도 복원시켜 나간다. 이때 브러시 크기를 적당한 크기로 조절해가면서 섬세하게 작업한다. 주름을 모두 제거하였으면 스팟 복구 브러시 도구()로 점을 제거한다.

보충수업 복구 브러시 도구 옵션 막대

❶ 복제 원본 패널을 불러오거나 숨긴다.

❷ **모드** : 혼합 모드를 설정한다.

❸ **소스** : 복구에 사용할 소스를 지정한다. 샘플은 현재 이미지를 소스로 사용하고 패턴은 선택한 패턴을 소스로 사용한다.

소스 지점과 복구 지점

소스

패턴

❹ **정렬** : 체크하면 드래그 도중 손을 떼어도 연결해서 복구할 수 있다. 체크 해제하면 복구를 다시 시작할 때마다 소스의 처음부터 복제된다.

❺ **샘플** : 지정한 레이어에서 소스를 샘플링한다.
- 현재 레이어 : 현재 작업 레이어에서만 복구 소스를 샘플링한다.
- 현재 이하 : 작업 레이어와 밑에 있는 레이어에서 복구 소스를 샘플링한다.
- 모든 레이어 : 모든 레이어에서 복구 소스를 샘플링한다.

❻ 아이콘을 켜면 조정 레이어를 무시하고 복구한다.

직접 해보기   패치 도구(Patch Tool)

선택 영역을 지정하고 복제할 영역으로 드래그하면 그림자, 빛, 질감 등의 속성을 유지하며 복제된다. 복구 브러시 도구에 비해 넓은 영역을 효율적으로 복구할 수 있다.

01 [파일]-[열기] 메뉴를 실행하여 "Sample〉part02" 폴더안의 "p02-04-03.jpg" 파일을 불러온 후 패치 도구( )로 스티커를 감쪽같이 옮겨보자.

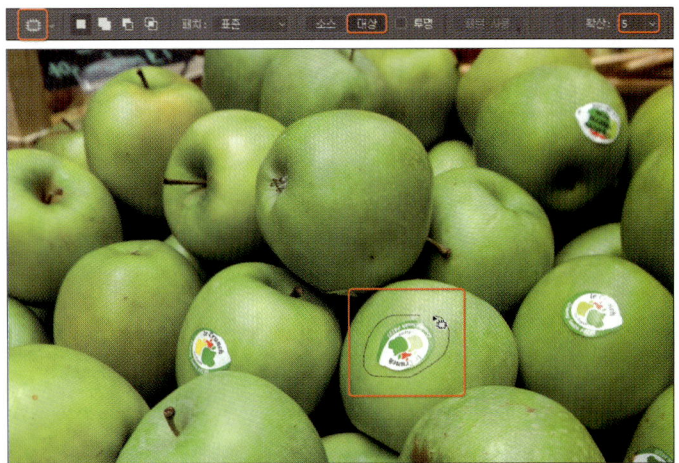

02 도구 패널에서 패치 도구( )를 선택하고 그림과 같이 옵션 막대 옵션을 설정한다. 사과에 붙은 스티커를 드래그하여 선택한다.

03 선택 영역으로 지정한 스티커를 옆의 사과로 이동시키면 원래 있던 스티커처럼 자연스럽게 복제된다.

04 이번에는 옵션 막대에서 소스를 선택하고 다시 처음의 스티커를 드래그하여 선택 영역으로 지정한다. 그 후 선택 영역 주변의 빛과 유사한 지점으로 드래그한다.

05 Ctrl + D 를 눌러 선택 영역을 해제하고 부자연스러운 부분은 위와 같은 방법이나 복구 브러시 도구( )로 수정한다.

보충수업 패치 도구 옵션 막대

❶ 패치 : 복구 방법을 선택한다.

❷ 소스 : 대치 영역을 복제 소스로 사용하여 선택 영역을 복구한다. 선택 영역을 이동하면 마우스를 놓기 전 해당 위치의 이미지를 미리 볼 수 있고, 마우스를 놓으면 해당 위치의 이미지가 자연스럽게 복제된다.

❸ 대상 : 선택 영역을 복제 소스로 사용하여 대치 영역을 복구한다.

❹ 투명 : 단색이나 하늘같은 그레이디언트 배경일 때 체크하면 배경은 제거되고 대상물만 깔끔하게 추출할 수 있다.

❺ 패턴 사용 : 선택 영역에 지정한 패턴이 적용된다.

❻ 확산 : 1~7까지 수치를 입력한다. 수치가 클수록 선택 영역 가장자리의 픽셀이 많이 확산된다.

투명 항목 체크 해제   투명 항목 체크

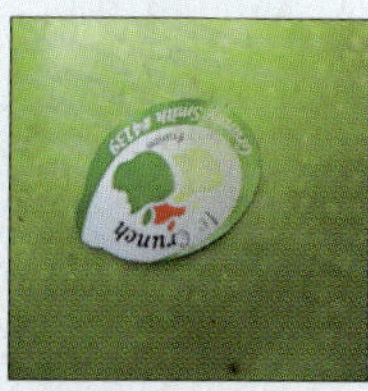

확산 1   확산 7

직접 해보기 ⤭ 내용 인식 이동 도구(Content-Aware Move Tool)

일부 영역을 선택하고 이동하면 선택 영역이 있던 위치가 주변과 어울리도록 재구성되어 채워진다. 이동된 선택 영역의 이미지 또한 옮긴 위치의 주변 픽셀과 어울리도록 복사된다.

01 [파일]-[열기] 메뉴를 실행하여 "Sample〉part02" 폴더안의 "p02-04-04.jpg" 파일을 불러온 후 내용 인식 이동 도구(⤭)로 모래에 파묻힌 신발을 만들어 보자.

02 도구 패널에서 내용 인식 이동 도구(⤭)를 선택한 후 그림과 같이 옵션을 설정한다. 옵션 설정 후 화면의 신발을 드래그하여 선택한다.

03 선택 영역을 왼쪽으로 드래그하면 복제된 이미지와 바운딩 박스가 나타난다. 바운딩 박스로 기울기를 조절하고 바운딩 박스 안을 더블 클릭한다.

04 신발이 있던 원래 위치는 모래로 채워지고 복제한 신발은 자연스럽게 모래에 파묻힌 이미지로 수정된다. Ctrl + D 를 눌러 선택을 해제한다.

보충수업 내용 인식 이동 도구 옵션 막대

❶ 모드

- 이동 : 선택 영역을 대치 영역으로 이동하고 선택 영역은 주변 픽셀을 재구성하여 채운다.
- 확장 : 선택 영역을 대치 영역에 복제한다.

❷ 구조 : 1~7까지 수치를 입력하여 원본 구조가 보존되는 정도를 조정한다.

구조 1

구조 7

❸ 색상 : 1~10까지 수치를 입력하여 원본 색상의 수정 정도를 조정한다.

색상 1

색상 10

❹ 놓을 때 변형 : 체크하면 선택 영역을 드래그하고 마우스를 놓을 때 바운딩 박스가 표시되어 크기와 기울기를 조절할 수 있다. 형태 변형은 안 되기 때문에 Shift 를 누르지 않고 바운딩 박스의 조절점을 이동해도 원본의 비율이 유지된다.

직접 해보기 적목 현상 도구(Red Eye Tool)

어두운 곳에서 사진 촬영을 할 때 플래시로 눈동자가 붉게 찍히는 적목 현상을 제거한다. 눈동자의 크기와 어두운 정도를 조절하여 간단하고 자연스럽게 수정할 수 있다.

01 [파일]-[열기] 메뉴를 실행하여 "Sample〉part02" 폴더안의 "p02-04-05.jpg" 파일을 불러온 후 부엉이의 붉은 눈동자를 검은 눈동자로 보정하여 보자.

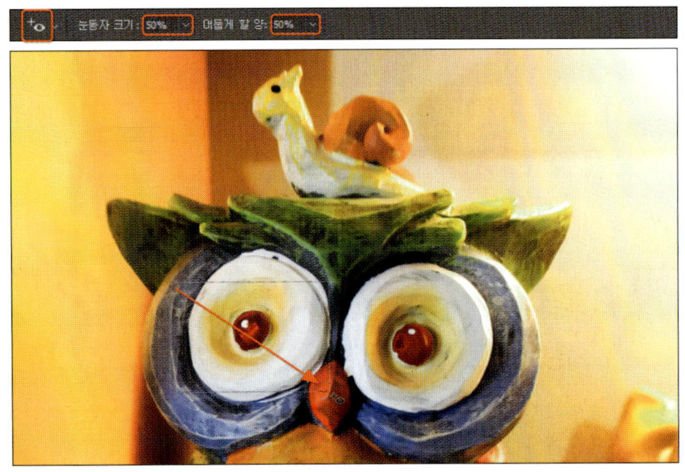

02 도구 패널에서 적목 현상 도구( )를 선택하고 옵션 막대의 눈동자 크기와 어둡게 할 양을 모두 50%로 설정한다. 눈동자가 가운데 위치하도록 드래그하면 눈동자 색상이 검은색으로 변경된다.

강의노트

드래그 영역은 눈동자보다 충분히 크게 지정한다.

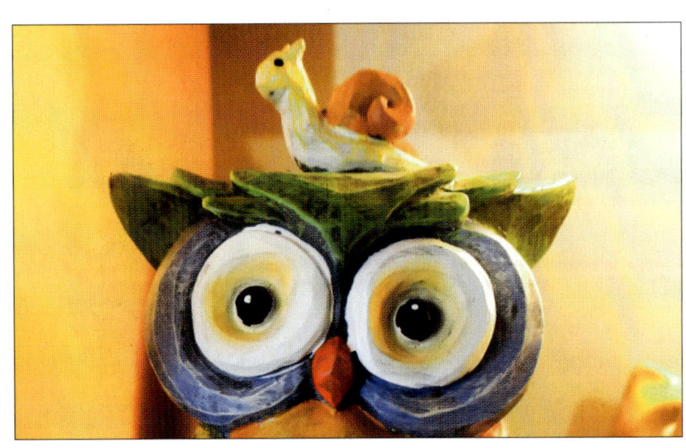

03 이번에는 영역을 지정하지 말고 눈동자의 빨간 부분을 클릭해 본다. 영역을 지정했을 때와 마찬가지로 단번에 적목 현상이 제거된다.

보충수업 적목 현상 도구 옵션 막대

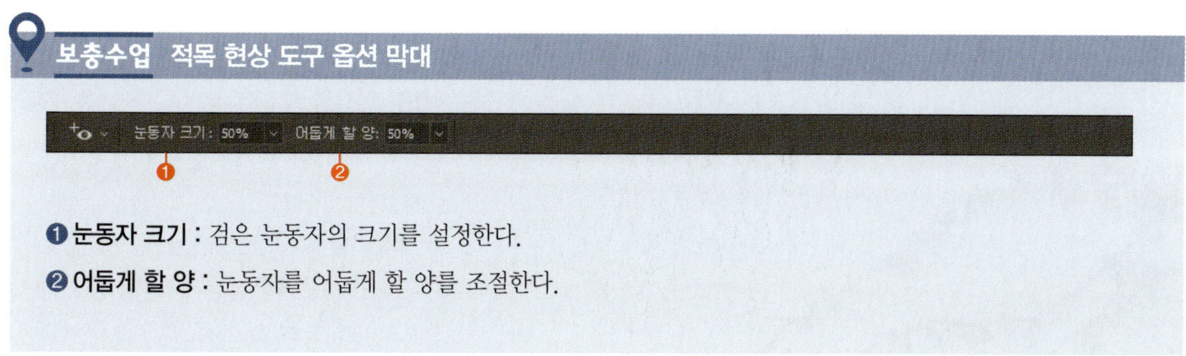

❶ **눈동자 크기** : 검은 눈동자의 크기를 설정한다.

❷ **어둡게 할 양** : 눈동자를 어둡게 할 양를 조절한다.

직접 해보기 복제 도장 도구(Clone Stamp Tool)

선택한 이미지를 그대로 복제하거나 복제 원본 패널 옵션을 설정하여 크기, 각도를 다르게 복제할 수 있다.

01 [파일]-[열기] 메뉴를 실행하여 "Sample〉part02" 폴더안의 "p02-04-06.jpg" 파일을 불러온 후 복제 도장 도구( )로 이미지의 빈 공간을 채워보자.

02 먼저 돋보기 도구( )로 이미지를 확대하고 복제 도장 도구( )를 선택한다. 옵션 막대에서 브러시 모양과 크기를 설정한 후 복제 원본 패널 아이콘을 클릭한다. 복제 원본 패널이 나타나면 ⬚를 클릭한다.

강의노트 ✏

복제 원본 패널은 복제 소스의 옵션을 설정한다. ⬚는 복제 시 소스의 좌우를 뒤집어 복제하는 기능이다.

03 `Alt`를 누른 채 가장 위의 줄기를 클릭하여 복제 시작 지점으로 정하고 이미지 상단의 오른쪽 모서리를 드래그한다. 복제 소스가 가로로 뒤집어져 복제되고 복제 소스 위치는 십자로 표시된다. 줄기 끝부분은 원본의 줄기가 지워지지 않도록 브러시 크기를 줄여가며 복제한다.

강의노트 ✏

키보드의 `[`와 `]`를 누르면 브러시 크기를 줄이거나 키울 수 있다.

04 다시 복제 원본 패널로 돌아가 두 번째 복제 원본을 선택한 후 🔲 을 클릭하고 가로, 세로 크기를 80%, 각도를 −30°으로 설정한다.

05 `Alt`를 누른 채 가운데 길게 뻗친 줄기를 클릭하고 위에서 복제한 줄기에 붙여 드래그한다. 복제 원본 패널에서 설정한 대로 변경된 크기와 각도로 복제된다.

06 브러시가 너무 크면 주변의 줄기를 지울 수 있으니 확대한 후 작은 크기의 브러시를 사용하여 복제한다.

보충수업 복제 도장 도구 옵션 막대

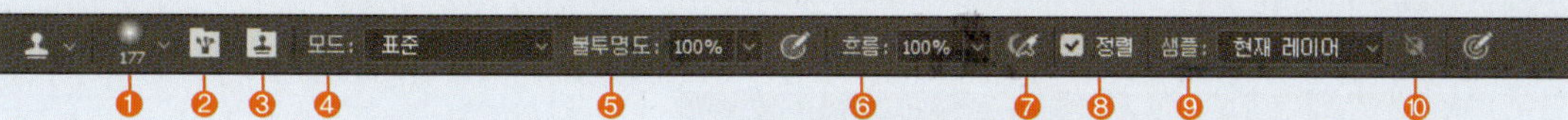

❶ 브러시의 크기와 모양을 지정한다.

❷ 브러시 패널을 불러오거나 숨긴다.

❸ 복제 원본 패널을 불러오거나 숨긴다.

❹ 복제 시 원본과의 색상 혼합 모드를 지정한다.

❺ 복제 시 투명도를 조절한다.

❻ 마우스를 움직일 때 복제되는 양을 설정한다.

❼ 에어스프레이를 분사하는 것처럼 마우스 버튼을 누르고 있는 동안 복제 양이 늘어난다.

❽ 체크하면 드래그 도중 마우스에서 손을 떼어도 연결해서 복제할 수 있다. 체크 해제하면 클릭할 때마다 소스의 처음부터 복제된다.

❾ **샘플** : 지정한 레이어에서 소스를 샘플링한다.

• 현재 레이어 : 현재 작업 레이어에서만 복제 소스를 샘플링한다.

• 현재 이하 : 작업 레이어와 밑에 있는 레이어에서 복제 소스를 샘플링한다.

• 모든 레이어 : 모든 레이어에서 복제 소스를 샘플링한다.

❿ 아이콘을 켜면 복제할 때 조정 레이어를 무시한다.

보충수업 복제 원본 패널

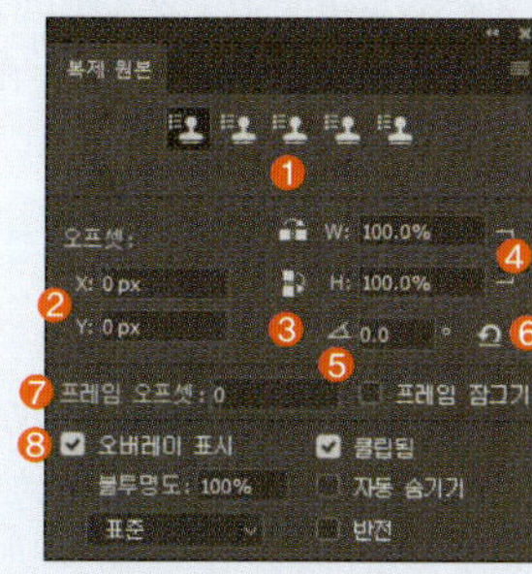

❶ 최대 5개의 복제 소스 설정을 등록하고 관리할 수 있다.

❷ X, Y : 복제 소스의 위치를 기준점으로 세팅하고 복제 위치와의 거리를 나타낸다.

❸ 붙여 넣을 복제 소스의 상/하, 좌/우를 뒤집는다.

❹ W, H : 붙여 넣을 복제 소스의 크기를 조절한다.

❺ 붙여 넣을 복제 소스의 각도를 조절한다.

❻ 설정 값을 초기화한다.

❼ 애니메이션에서 원본 애니메이션과 복제 소스 프레임의 관계를 설정한다.

❽ 체크하면 원하는 영역에 마우스가 위치하였을 때 복제되는 모습을 미리 볼 수 있다.

직접 해보기　패턴 도장 도구(Pattern Stamp Tool)

선택한 패턴으로 드래그 영역을 채운다. [편집]−[패턴 정의] 메뉴로 패턴을 등록하고 사용할 수 있다.

01 [파일]−[열기] 메뉴를 실행하여 "Sample〉part02" 폴더안의 "p02-04-07.jpg" 파일을 불러온 후 패턴 도장 도구(　)로 흰 벽을 꾸며 보자.

02 먼저 패턴을 적용할 흰 벽을 선택 영역으로 지정한 후 패턴 도장 도구(　)를 선택한다. 옵션 막대의 패턴 피커를 열고 　를 클릭한 후 사전 설정 패턴 목록에서 컬러 용지를 선택한다. 알림창의 [첨부] 버튼을 클릭하면 기존 패턴 아래로 컬러 용지 패턴이 추가된다. 이 중 나뭇잎 패턴을 선택한다.

강의노트

패턴은 위 방법처럼 사전 설정된 패턴을 불러오거나 [편집]−[패턴 정의] 메뉴로 패턴을 등록하여 사용할 수 있다.

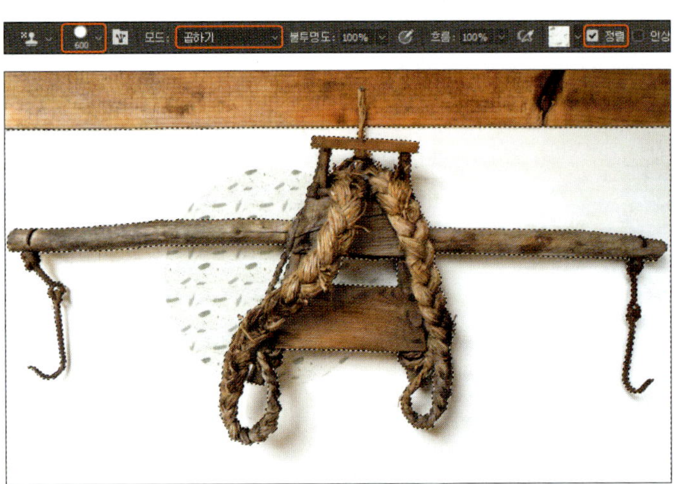

03 옵션 막대의 모드를 곱하기로 설정하고 정렬 항목에 체크한 후 브러시를 큰 크기의 테두리가 선명한 모양으로 설정한다. 이미지를 클릭하면 흰 벽에 나뭇잎 패턴으로 채워진 도트 무늬가 그려진다.

강의노트

모드를 곱하기로 설정하면 그림자가 있는 부분은 패턴이 어둡게 적용되어 자연스럽다.

04 브러시 크기를 달리하며 배경에 무늬를 그려 넣는다. 정렬 항목에 체크했기 때문에 브러시 자국이 겹치는 영역도 패턴 모양이 일치한다. 같은 곳을 여러 번 클릭하면 패턴이 진해진다.

05 같은 방법으로 나머지 공간에도 무늬를 그려 넣고 작업이 완료되면 Ctrl + D 를 눌러 선택을 해제한다.

보충수업 패턴 도장 도구 옵션 막대

❶ 패턴 피커를 열어 사용할 패턴을 지정한다. 옵션 항목으로 기본 패턴 외에 사전 설정된 패턴을 불러올 수 있다.

❷ 인상주의 효과를 적용한다. 패턴을 페인트 두드리기로 렌더링하므로 패턴이 뭉개져 보인다.

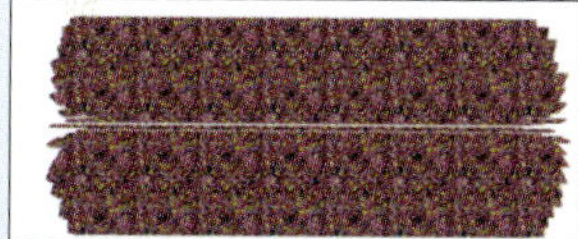

사용 안 함 / 강모 브러시

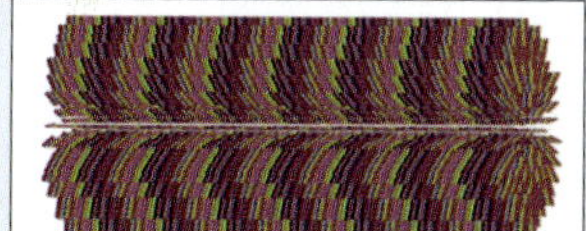

사용 / 강모 브러시

사용 / 원형 브러시

직접 해보기 브러시 도구(Brush Tool)

전경색으로 이미지 위에 그림을 그리거나 원하는 영역을 채색한다. 브러시 크기나 경도를 비롯해 브러시 획의 텍스처나 브러시 자국의 분산 등 다양한 옵션이 제공되며 선택 영역을 브러시로 등록하여 사용할 수 있다.

01 [파일]−[열기] 메뉴를 실행하여 "Sample〉part02" 폴더안의 "p02-04-08.jpg" 파일을 불러온 후 브러시 도구( )로 빈 종이를 채우고 이미지를 꾸며 보자.

02 도구 패널에서 브러시 도구( )를 선택한다. 마우스 오른쪽 버튼으로 이미지를 클릭한 후 분필 느낌을 내는 브러시 모양을 선택하고 적당한 크기로 설정한다. 전경색은 흰색으로 지정한다.

강의노트

도구 패널 하단의 와 아이콘을 차례로 클릭하면 전경색이 흰색으로 지정된다.

03 Ctrl + + 를 눌러 화면을 확대하고 이미지 하단의 오른쪽 종이로 이동한 후 마우스를 움직여 글씨를 만든다. Spacebar 를 누르면 도구를 바꿔 선택하지 않아도 손 도구를 사용할 수 있다.

04 브러시 크기를 작게 조정한 후 왼쪽 빈 종이에도 메뉴를 적어 넣는다.

05 이번에는 브러시 사전 설정 피커에서 풀 모양 브러시를 선택하고 크기를 조정한다. 전경색과 배경색을 초록색 계열로 변경한 후 화면 아래를 드래그한다. 여러 번 드래그하여 무성하게 그려 넣는다.

강의노트 ✏️

사전 설정 브러시의 옵션은 브러시 패널에서 수정할 수 있다.

06 풀에 음영을 넣어주기 위해 브러시 도구 옵션 막대에서 모드를 선형 번, 불투명도를 25로 설정한 후 풀 사이사이를 드래그한다.

보충수업 브러시 도구 옵션 막대

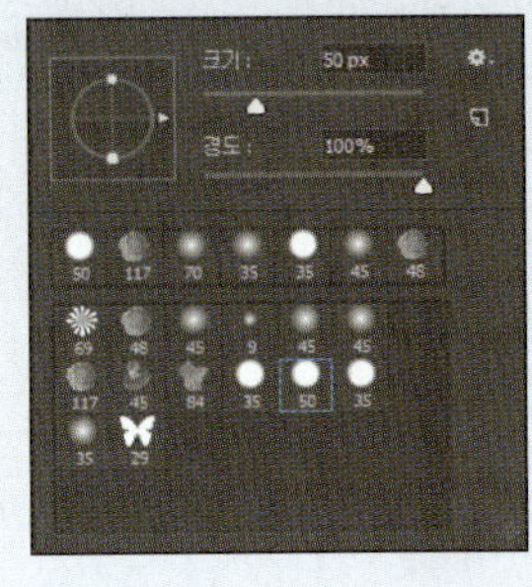

❶ • 크기 : 브러시 크기를 조절한다.
  • 경도 : 브러시 경계의 부드러운 정도를 조절한다.
  • 최근에 사용한 브러시를 표시한다.

❷ 브러시 패널을 불러오거나 숨긴다.

❸ **모드** : 브러시 적용 시 색상 혼합 모드를 설정한다.

❹ **불투명도** : 적용하는 색의 투명도를 설정한다. 마우스 버튼을 누르고 있는 동안은 같은 지점을 반복해서 칠해도 설정한 불투명도를 넘지 않지만 마우스를 떼고 다시 그리면 불투명도 값의 색상이 겹쳐 칠해진다.

❺ 마우스를 움직일 때 색상이 적용되는 속도를 설정한다.

❻ 에어스프레이를 분사하는 것처럼 마우스 버튼을 누르고 있는 동안 페인트가 지속적으로 분사된다.

❼ 태블릿 사용 시 태블릿 압력 단추로 브러시의 투명도와 크기를 조절한다.

보충수업 브러시 패널

브러시 끝 옵션 : 브러시의 부드러움 정도나 움직임, 혼합 속성 등을 설정하여 브러시가 적용되는 방식을 지정한다.

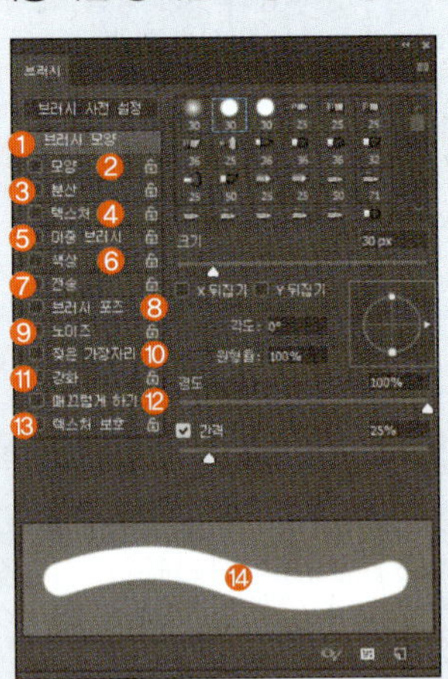

❶ 브러시 모양 : 사전 설정 브러시 목록이 표시되고 선택한 브러시의 크기, 각도, 경도, 간격을 설정한다. 특수 브러시 선택시 특수 브러시의 옵션이 표시된다.

❷ 모양 : 브러시 모양의 크기, 각도, 원형율 불규칙성을 설정한다.

❸ 분산 : 브러시 분산 정도 및 개수를 설정한다.

❹ 텍스처 : 브러시에 패턴을 적용하여 텍스처를 만든다.

❺ 이중 브러시 : 브러시를 추가로 선택하면 두 브러시가 교차하는 영역만 페인트된다.

❻ 색상 : 색상 불규칙성을 설정한다.

❼ 전송 : 불투명도 불규칙성을 설정한다.

❽ 브러시 포즈 : 브러시의 각도, 위치를 조절한다.

❾ 노이즈 : 개별 브러시에 불규칙성을 추가로 지정한다.

❿ 젖은 가장자리 : 수채화 효과를 낸다.

⓫ 강화 : 이미지에 색조를 점진적으로 적용한다.

⓬ 매끄럽게 하기 : 체크하면 획을 그을 때 곡선을 더 매끄럽게 표현한다.

⓭ 텍스처 보호 : 텍스처를 사용하는 모든 사전 설정 브러시에 같은 패턴과 비율을 적용한다.

⓮ 브러시 미리 보기 : 브러시 설정을 반영한 브러시 끝을 표시한다.

강의노트

[편집]-[브러시 사전 설정 정의] 메뉴를 실행하면 선택 영역 혹은 이미지 전체를 브러시 모양으로 등록할 수 있다. 페인팅할 때 경도 조정이 되지 않으므로 부드러운 가장자리를 가진 브러시를 만들려면 페더 수치를 높인다.

 **보충수업 특수 브러시 끝 옵션**

Photoshop CC에서는 실제 붓이나 크레용, 스프레이로 그린 것 같은 특수 브러시 옵션을 제공한다.

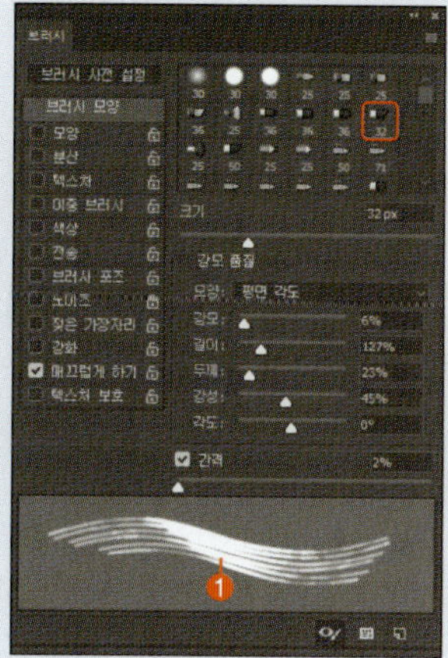
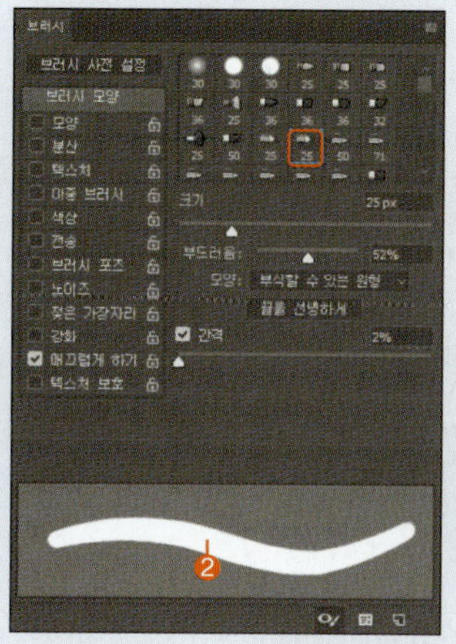
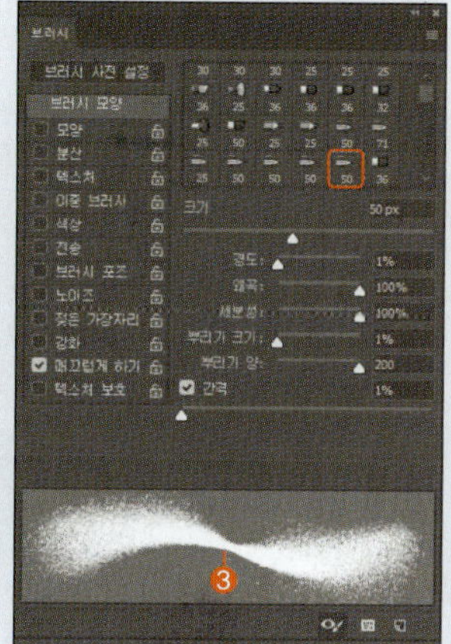

❶ 강모 끝 옵션 : 붓으로 그린 것 같은 자연스러운 획을 만들 수 있다.

- **모양 :** 강모의 전체 정돈을 결정한다.
- **강모 :** 전체 강모의 조밀도를 조절한다.
- **길이 :** 강모 길이를 변경한다.
- **두께 :** 개별 강모의 두께를 조절한다.
- **강성 :** 강모 유연성을 제어한다. 값이 낮을수록 브러시 모양이 쉽게 변형된다.
- **각도 :** 브러시 끝 각도를 결정한다.

❷ 부식 끝 옵션 : 연필과 크레파스의 끝처럼 브러시를 사용하면 끝이 자연스럽게 마모되는 정도를 설정한다. 라이브 브러시 끝 미리 보기로 마모 정도를 확인할 수 있다.

- **부드러움 :** 마모 비율을 조절한다.
- **모양 :** 브러시 끝 모양을 조절한다.
- **끝을 선명하게 :** 마모된 브러시 끝을 마모 전으로 되돌린다.

❸ 에어브러시 끝 옵션 : 에어스프레이건으로 뿌린 것 같은 획을 만든다.

- **경도 :** 브러시 가장자리의 부드러움 정도를 조절한다.
- **왜곡 :** 페인트 스프레이에 적용할 왜곡을 조절한다.
- **세분성 :** 페인트 입자가 흩어지는 정도를 조절한다.
- **뿌리기 크기 :** 뿌려지는 페인트의 입자 크기를 조절한다.
- **뿌리기 양 :** 뿌려지는 페인트의 양을 조절한다.

강의노트

특수 브러시를 사용할 때 브러시 패널의 ⬛를 활성화하면 문서창에서 브러시 끝 모양을 확인하며 사용할 수 있다. 연필이나 크레파스 같은 브러시의 경우 실제 연필심이 닳는 것처럼 브러시 사용량과 방향에 따라 브러시 끝이 마모되기 때문에 실시간 모양 브러시 미리 보기로 체크하며 사용하는 것이 좋다.
미리보기 창은 [편집]–[환경 설정]–[설정]–[그래픽 프로세서 설정]에서 '그래픽 프로세서 사용' 항목에 체크해야 표시된다.

직접 해보기 연필 도구(Pencil Tool)

연필 도구는 브러시 자국 테두리의 경계선이 분명하여 딱딱하고 거친 느낌으로 획을 그린다. 따라서 부드러운 느낌의 브러시 도구보다 선명한 획을 그릴 수 있다.

01 [파일]–[열기] 메뉴를 실행하여 "Sample>part02" 폴더안의 "p02-04-09.jpg" 파일을 불러온다. 도구 패널에서 연필 도구( )를 선택한 후 옵션 막대에서 브러시 크기를 조절한다. 전경색은 빨간색으로 지정한다.

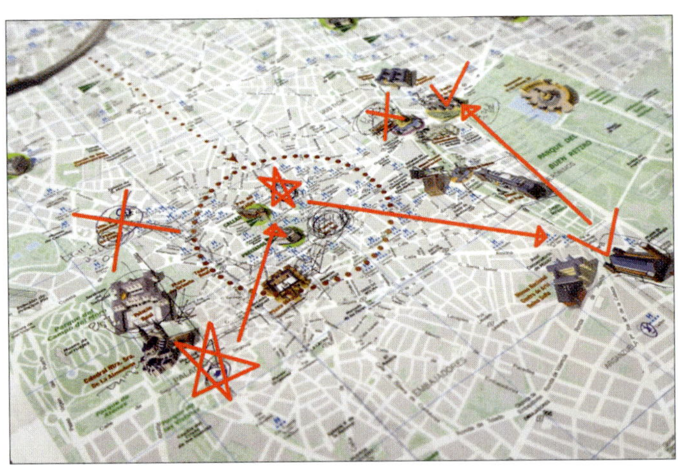

02 지도의 중요 부분에 별표와 체크 표시를 하고 동선을 그려본다. 이미지를 클릭하고 Shift 를 누른 채 다른 지점을 클릭하면 라인이 일직선으로 연결된다. 잘못 그린 경우는 Ctrl + Z 을 눌러 실행을 취소하고 다시 그린다.

강의노트

Ctrl + Z 은 가장 마지막 작업 내역을 지우거나 되돌린다. Ctrl + Alt + Z 은 한 번 클릭할 때마다 최근 작업 내역을 순차적으로 되돌린다.

 보충수업 연필 도구 옵션 막대

❶ **자동 지우기** : 전경색이 칠해진 영역 위를 배경색으로 칠한다.

직접 해보기 색상 대체 도구(Color Replace Tool)

별도의 선택 영역 지정 없이 클릭한 지점의 색상을 대체 색상으로 변경하기 때문에 빠르게 색상을 대체할 수 있다. 이미지의 질감이나 음영을 유지하며 색상을 대체하므로 어두운 색상은 색조/채도 조정이 필요할 수 있다.

01 [파일]-[열기] 메뉴를 실행하여 "Sample〉part02" 폴더안의 "p02-04-10.jpg" 파일을 불러온 후 색상 대체 도구( )로 이미지의 문자 색상을 변경하여 보자.

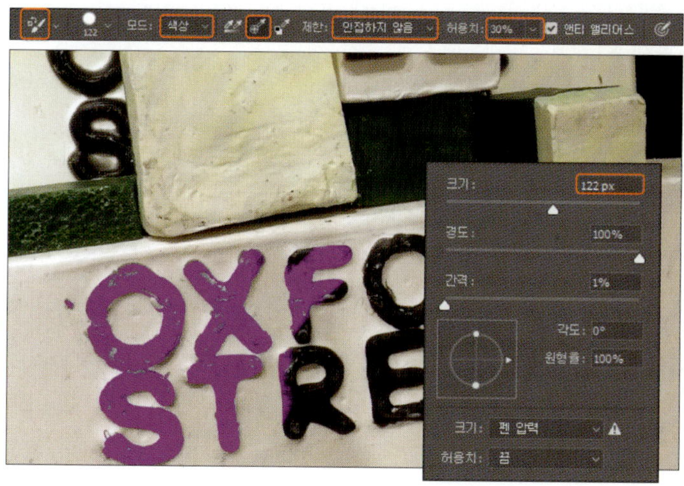

02 도구 패널에서 색상 대체 도구( )를 선택한다. 옵션 막대에서 브러시 크기와 옵션을 왼쪽 그림과 같이 설정한 후 도구 패널 하단의 전경색 아이콘을 클릭해 전경색을 보라색으로 지정한다. OXFORD STREET의 한 곳을 클릭, 드래그하면 글씨의 색상이 보라색으로 대체된다.

03 나머지 글씨도 마저 드래그하여 색상을 대체한다.

강의노트

순검정과 순백색에는 색상 교체 도구를 적용할 수 없다.

보충수업 색상 대체 브러시 도구 옵션 막대

❶ **모드** : 색상 교체 방법을 설정한다.

- 색조 : 원본의 명도와 채도는 유지한 채 전경색의 색상으로 교체한다.
- 채도 : 지정한 전경색의 채도로 교체한다.
- 색상 : 원본의 명도는 유지한 채 전경색의 색상과 채도로 교체한다.
- 광도 : 원본의 색상과 채도는 유지한 채 전경색의 명도로 교체한다.

❷ **샘플링 옵션** : 브러시 영역 안의 십자 포인트로 샘플 컬러를 지정한다.

- 계속 : 드래그하는 동안 계속해서 색상을 샘플링한다.
- 한 번 : 클릭한 지점의 색상을 샘플 색상으로 지정하여 다시 클릭하지 않는 한 샘플 색상이 바뀌지 않는다.
- 배경 색상 견본 : 현재 설정된 배경색과 같은 색상에만 적용한다.

❸ **제한**

- 인접하지 않음 : 픽셀 위치에 관계없이 샘플 색상을 대체한다.
- 인접 : 인접해 있는 색상을 포인터 바로 아래 색상으로 대체한다.
- 가장자리 찾기 : 색상의 가장자리를 구별하여 샘플 색상을 대체한다.

❹ **허용치** : 색상 적용 범위를 조절한다. 수치가 낮을수록 색상 적용 범위는 좁아진다.

❺ **앤티 엘리어스** : 채색되는 경계 부분의 계단 현상을 없애고 부드럽게 나타낸다.

직접 해보기 혼합 브러시 도구(Mixer Brush Tool)

이미지 색상과 지정한 색상을 물감처럼 혼합하며 채색한다. 수채화 재질 브러시를 사용하면 더욱 회화적으로 표현할 수 있다.

01 [파일]-[열기] 메뉴를 실행하여 "Sample〉part02" 폴더안의 "p02-04-11.jpg" 파일을 불러온 후 혼합 브러시 도구( )로 사실적인 회화 느낌을 만들어 보자.

02 혼합 브러시 도구(　)를 선택한 후 옵션 막대의 브러시 피커 대화 상자에서 크기 70 px의 원형 점 딱딱한 브러시를 선택한다. 그림과 같이 옵션을 설정하고 꽃과 잎의 어두운 부분을 드래그하여 강조한다. 불러오기 색과 브러시 크기를 변경해 가면서 칠한다.

강의노트 🖍

원본보다 음영을 더 강하게 넣기 위한 과정이다. 축축함과 혼합 수치를 줄이면 불러오기 색상의 비율을 높일 수 있다.

03 위의 과정이 끝나면 　을 눌러 브러시에 색이 섞이는 것을 방지한다. 축축함과 혼합 항목을 모두 100%로 변경한 후 나머지 부분을 드래그하여 회화 느낌의 이미지를 표현한다.

📍 보충수업　혼합 브러시 도구 옵션 막대

❶ **현재 브러시 불러오기** : 색상 창을 클릭하면 색상 피커 대화상자가 나타나 색상을 지정할 수 있다. `Alt`를 누른 채 캔버스를 클릭하면 선택되어 있는 브러시 모양 그대로 클릭 지점의 이미지가 브러시 색상에 반영된다. 클릭 지점의 색상만 원한다면 팝업 메뉴에서 단색만 불러오기를 선택한다.

❷ 각 획을 처리한 후 브러시 색상을 불러온다.

❸ 각 획을 처리한 후 브러시 색상을 제거한다. 선택하지 않으면 이전 획의 끝 색상이 다음 획에 묻어 나온다.

❹ 옵션 항목별로 페인트 색상과 캔버스 색상의 혼합 비율이 사전 설정되어 있다.

❺ **축축함** : 브러시가 캔버스에서 선택하는 페인트 양을 조절한다.

❻ **불러오기** : 브러시 페인트의 양을 지정한다. 불러오기 비율이 낮을수록 페인트 획이 빨리 건조된다.

❼ **혼합** : 캔버스 페인트와 브러시 페인트의 비율을 조절한다. 비율이 높아질수록 캔버스 페인트 비율이 높아진다. 축축함 옵션의 설정에 따라 혼합 비율이 적용되기 때문에 축축함을 0으로 설정하면 혼합 옵션은 활성화되지 않는다.

직접 해보기 ✏ 작업 내역 브러시 도구(History Brush Tool)

작업 내역 패널에서 지정한 작업 내역 소스를 현재 이미지 창에 페인팅한다. 따로 지정하지 않으면 파일의 초기 상태로 페인팅한다.

01 [파일]-[열기] 메뉴를 실행하여 "Sample〉part02" 폴더안의 "p02-04-12.jpg" 파일을 불러온 후 작업 내역 브러시 도구(✏)로 색다른 느낌을 연출하여 보자.

02 [이미지]-[조정]-[레벨] 메뉴를 실행한다. 그림과 같이 입력 레벨을 입력하고 [확인] 버튼을 클릭한다.

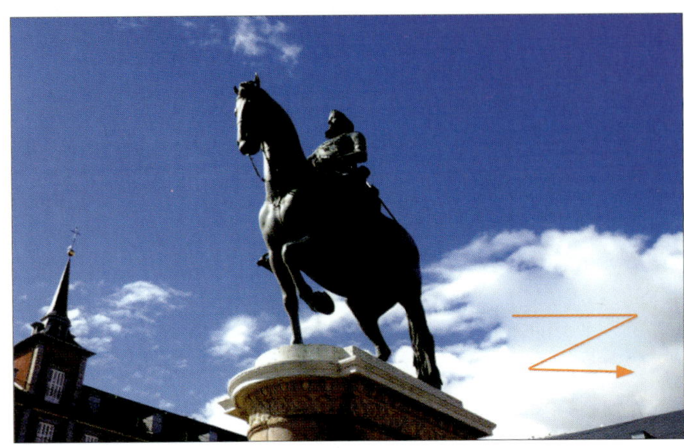

03 이번에는 도구 패널의 패치 도구(⬡)로 오른쪽 하단의 글씨를 제거한다.

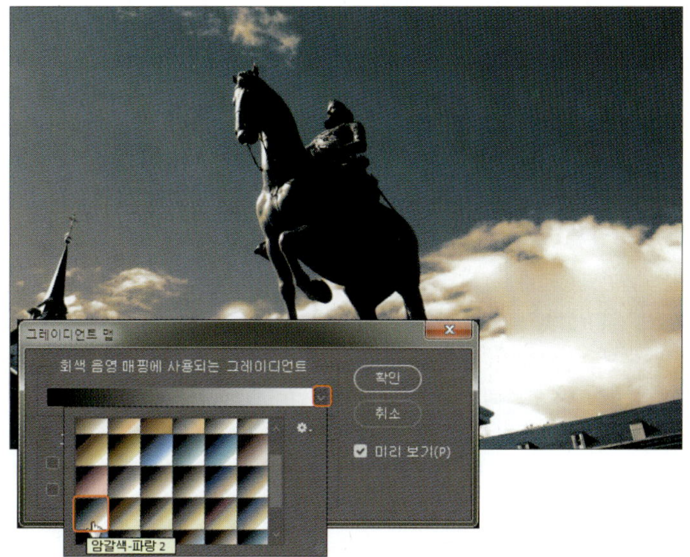

04 글씨를 모두 제거하면 [이미지]-[조정]-[그레이디언트 맵] 메뉴를 선택한다. 대화상자가 나타나면 를 ⌄ 누르고 ⚙. 메뉴에서 사진 토닝 사전 설정을 그레이디언트 피커에 불러온다. 그 중 암갈색- 파랑 2를 선택하고 [확인] 버튼을 눌러 적용시킨다.

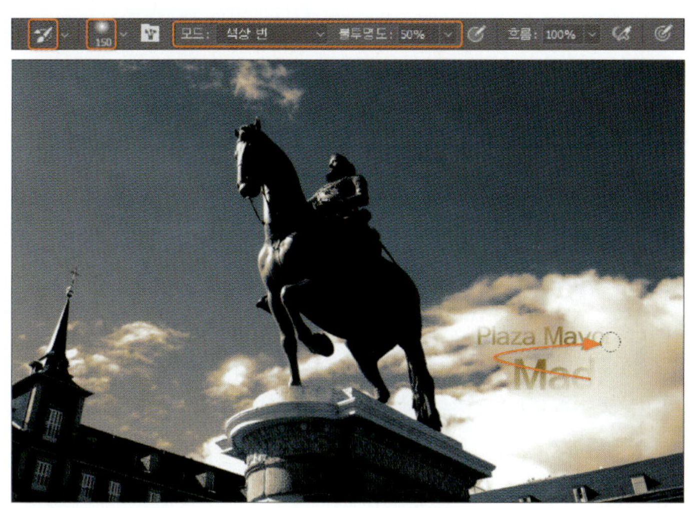

05 도구 패널에서 작업 내역 브러시 도구( )를 선택한 후 옵션 막대에서 브러시의 크기와 경도를 각각 150, 0, 모드를 색상 번, 불투명도를 50%로 설정한다. 글씨가 있던 부분을 드래그하면 글씨가 나타난다.

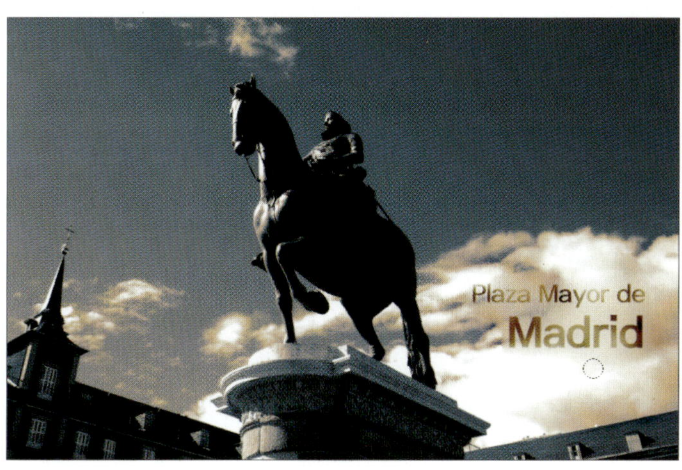

06 글씨가 있던 부분을 살짝 살짝 터치하여 글씨가 구름 속에서 자연스럽게 나타나는 느낌을 연출한다.

강의노트 ✎

이미지 크기, 캔버스 크기 또는 색상 모드를 변경하면 작업 내역 브러시를 적용할 수 없다.

보충수업 작업 내역 패널

❶ 작업 내역 브러시 소스를 표시한다.

❷ **스냅숏** : 파일의 초기 상태가 스냅숏으로 자동 생성된다. 작업 화면을 스냅숏으로 찍어두고 이름을 지정하면 어떤 단계의 이미지인지 쉽게 구별할 수 있고 작업 내역 이 뒤로 밀려 사라지더라도 언제든지 예전 상태로 돌아갈 수 있다.

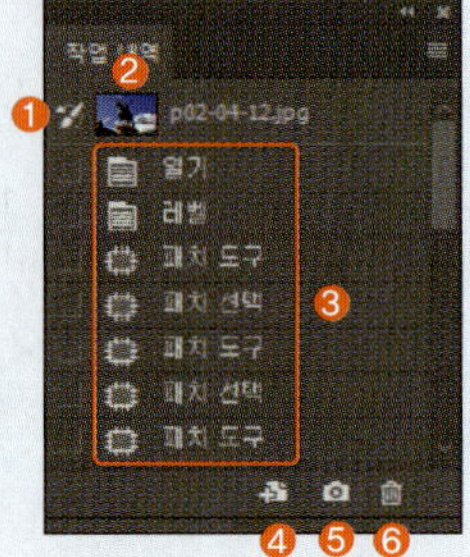

❸ 작업 내역 목록이 표시된다. 작업 목록을 선택하면 해당 단계로 되돌아가며 새 작 업을 추가하면 되돌아 간 단계 이후의 작업 내역은 지워진다. 작업 내역 옵션의 비 연속 작업 내역 허용에 체크하면 모든 작업 내역을 보존할 수 있다. 작업 내역에 기 록되는 내역의 수는 [편집]-[환경 설정]-[성능]의 '작업 내역 상태' 항목에서 지정한다.

❹ 작업 내역이나 스냅숏을 새 작업창으로 만든다.

❺ 클릭하면 현재 화면을 스냅숏으로 등록한다.

❻ 작업 내역이나 스냅숏을 선택하고 아이콘을 클릭하거나 아이콘 위로 드래그하면 삭제된다.

직접 해보기 미술 작업 내역 브러시 도구(Art History Brush Tool)

작업 내역 패널에서 지정한 소스 데이터로 현재 이미지를 페인팅할 때 다양한 스타일의 획을 적용한다.

01 [파일]-[열기] 메뉴를 실행하여 "Sample〉part02" 폴더안의 "p02-04-13.jpg" 파일을 불러온 후 미 술 작업 내역 브러시 도구( )로 특수 효과를 만들어 보자.

02 빠른 선택 도구( )로 파프리카 를 선택 영역으로 지정한다.

03 [이미지]-[조정]-[색조/채도] 메뉴를 실행하고 색조 값을 변경하면 선택 영역의 색상이 변경된다.

04 이번에는 Ctrl + Shift + I 를 클릭하여 선택 영역을 반전시키고 [이미지]-[조정]-[채도 감소] 메뉴를 실행한다. 선택 영역이 흑백으로 변한 것을 확인하고 Ctrl + D 를 눌러 선택 해제한다.

05 [창]-[작업 내역] 메뉴로 작업 내역 패널을 불러온 후 미술 작업 내역 브러시 도구( )를 선택한다. 왼쪽 그림과 같이 옵션 막대를 설정하고 파프리카를 클릭하면 작업 내역에 미술 작업 내역 브러시가 추가된다.

강의노트

작업 내역 패널에서 스냅숏 혹은 작업 내역 왼쪽의 박스를 클릭하면 작업 내역 브러시 소스로 지정할 수 있다. 따로 지정하지 않으면 원본 스냅숏이 작업 내역 브러시 소스로 설정된다.

06 파프리카의 나머지 부분과 줄기를 살짝 살짝 터치하는 느낌으로 드래그하면 파프리카 원본 색상의 실타래가 파프리카를 타고 오르며 감싸는 느낌을 연출 할 수 있다.

보충수업 미술 작업 내역 브러시 도구 옵션 막대

❶ 미술 작업 내역 페인트 획의 모양을 지정한다.

원본	 단단히 짧게	 단단히 중간
 느슨하게 중간	 느슨하게 길게	 두드리기
 길게 단단히 감기	 느슨하게 감기	 느슨하고 길게 감기

❷ 영역 : 페인트 획으로 그려지는 영역을 지정한다. 수치 값이 클수록 페인팅 되는 영역이 넓어지고 획의 수가 많아진다.

❸ 허용치 : 0%부터 100%까지의 수를 입력하여 페인트 획을 적용하는 영역을 제한한다. 허용치가 0%이면 이미지의 모든 부분에 제한 없이 페인트 할 수 있고 허용치가 높으면 스냅숏의 색상과 매우 다른 영역에만 페인트 획이 적용된다.

직접 해보기 그레이디언트 도구(Gradient Tool)

두 가지 이상의 색이 혼합되는 방식을 설정하고 선택 영역 혹은 이미지 전체에 그레이디언트를 채운다.

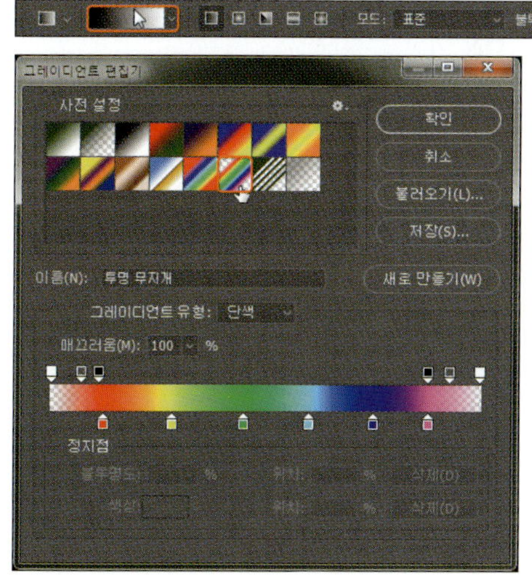

01 [파일]-[열기] 메뉴를 실행하여 "Sample〉part02" 폴더안의 "p02-04-14.jpg" 파일을 불러온 후 그레이디언트 도구(▭)로 무지개를 만들어 보자.

02 빠른 선택 도구(✎)로 배경을 드래그하여 선택 영역으로 지정한다.

03 그레이디언트 도구(▭)를 선택하고 옵션 막대에서 그레이디언트 편집기를 불러온다. 편집기 대화상자가 나타나면 사전 설정 목록에서 투명 무지개를 선택한다.

강의노트 ✐

사전 설정된 그레이디언트의 정지점을 수정한 후 [새로 만들기] 버튼을 클릭하면 수정된 그레이디언트가 사전 설정 목록에 추가된다.

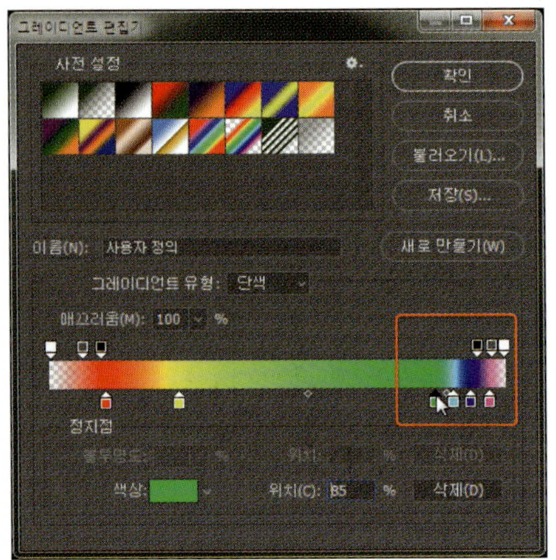

04 조절 막대 하단의 정지점들을 분홍색부터 차례대로 오른쪽으로 이동시켜 빨강색부터 보라색까지 모두 오른쪽으로 모이도록 수정한다.

05 그레이디언트 편집을 마친 후 옵션 막대에서 방사형 스타일을 선택하고 불투명도를 25%로 설정한다. 투명도 항목에 체크되어 있는지 확인하고 등대 아래에서 문서창 오른쪽 밑까지 드래그한다.

강의노트

투명도에 체크하지 않으면 좌, 우의 투명 영역이 빨간색과 분홍색으로 채워진다.

06 등대 뒤로 그레이디언트가 적용되면 Ctrl + D 를 눌러 선택 영역을 해제한다.

강의노트

마우스로 클릭한 지점부터 그레이디언트의 왼쪽 색상이 순차적으로 적용된다. 클릭점 위치와 드래그 거리에 따라 다양한 형태로 적용되며 Shift 를 누른 채 드래그하면 0°, 45°, 90° 각도로 드래그 할 수 있다.

조절막대 좌측의
투명한 영역

 보충수업 그레이디언트 도구 옵션 막대

❶ **클릭하여 그레이디언트 편집** : 클릭하면 그레이디언트 편집기 대화
상자가 나타난다.

- 사전 설정 : 그레이디언트 사전 설정 기본 목록이 표시된다. ⚙.
  을 눌러 포토샵에서 제공하는 10종류의 사전 설정 그레이디언트
  를 기본 목록에 첨부하거나 기본 목록과 교체할 수 있다.
- 이름 : 현재 선택한 그레이디언트의 이름을 확인하거나 수정한다.
- 그레이디언트 유형 : 색상 단계를 표현하는 방식을 설정한다. 단
  색으로 표현하는 solid 방식과 라인으로 표현하는 Noise 방식이
  있다.
- 매끄러움 : 수치가 높을수록 색상 변화가 부드럽게 표현된다.
- 그레이디언트 조절막대 : 현재 선택한 그레이디언트의 정보를 표시한다. 조절막대 상단의 정지점은 불투명
  도, 하단은 색상 정보를 담고 있다. 조절막대 빈 곳을 클릭하면 정지점이 추가되고 정지점을 바깥쪽으로 드
  래그하면 삭제된다. 정지점과 정지점 사이의 마름모를 드래그하면 좌, 우의 정지점 혼합 비율이 변경된다.
- 정지점 : 선택한 정지점의 정보가 표시되며 수치를 입력하여 수정하거나 삭제할 수 있다.

❷ **클릭하여 그레이디언트 피커 열기** : 그레이디언트 사전 설정 목록이 팝업 메뉴로 나타난다.

❸ 그레이디언트 스타일을 선택한다.

선형 그레이디언트

방사형 그레이디언트

각진 그레이디언트

반사 그레이디언트

다이아몬드 그레이디언트

❹ **반전** : 그레이디언트 색상 순서를 반대로 바꿔 표현한다.

❺ **디더** : 색상 경계를 부드럽게 처리한다.

❻ **투명도** : 그레이디언트를 적용할 때 투명도 적용 여부를 결정한다. 체크하지 않으면 투명 영역은 그레이디언트의
가장자리 색으로 채워진다.

투명도 사용

투명도 사용 안 함

직접 해보기  페인트 통 도구(Paint Bucket Tool)

클릭 지점의 색을 인식하여 유사한 색상 범위를 전경색이나 패턴으로 한 번에 채색한다.

01 [파일]-[열기] 메뉴를 실행하여 "Sample〉part02" 폴더안의 "p02-04-15.jpg" 파일을 불러온다. 페인트 통 도구( )를 선택하고 그림과 같이 옵션을 설정한 후 전경색을 연한 노란색으로 지정한다.

02 하얀색 접시를 클릭하면 전경색이 흰색과 곱하기 모드로 혼합되어 채색된다.

📍 보충수업 페인트 통 도구 옵션 막대

❶ 전경색과 패턴 중 하나를 선택하여 채색 영역의 소스로 지정한다.

❷ **허용치** : 0~255 사이의 정수를 입력하여 기준 색상의 범위를 결정한다. 허용치 값이 커질수록 채색 영역이 넓어진다.

❸ **인접** : 체크 시 허용 범위 안의 연결된 픽셀에만 채색이 된다.

직접 해보기　3D 재질 놓기 도구(3D Material Drop Tool)

3D 개체의 재질을 변경한다. 사전 설정된 재질을 입히거나 새 재질을 불러올 수 있다.

01 [파일]-[열기] 메뉴를 실행하여 "Sample〉part02" 폴더안의 "p02-04-16.psd" 파일을 불러온 후 3D 재질 놓기 도구(　)로 개체의 재질을 변경하여 보자.

02 도구 패널에서 3D 재질 놓기 도구(　)를 선택한다. 옵션 막대의 드롭 다운 메뉴 화살표(　)를 클릭하여 재질 피커를 불러오고 원하는 재질을 선택한다. 3D 오브젝트의 앞면을 클릭하면 선택 재질로 변경된다.

강의노트

[보기]-[표시]의 팝업 메뉴에서 3D 보조 보기, 3D 지표 평면, 3D 조명 등을 표시하거나 숨길 수 있다.

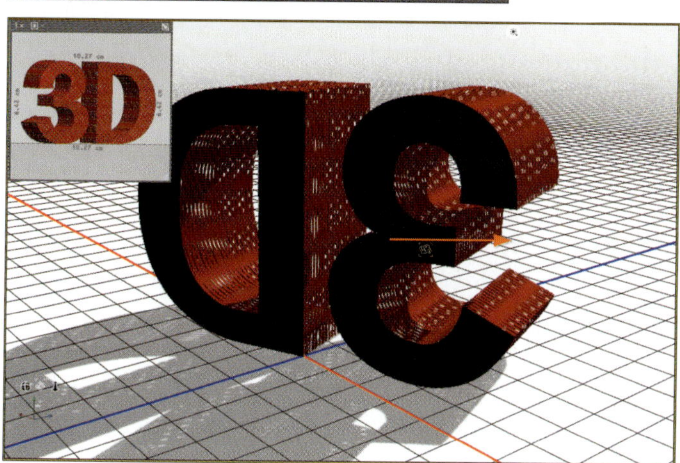

03 옆면도 클릭하여 선택한 재질로 입히고 이동 도구(　)를 선택한다. 옵션 막대에서 3D 카메라 궤도 회전을 클릭하고 배경을 왼쪽에서 오른쪽으로 드래그하면 개체의 뒷면을 볼 수 있다.

강의노트

카메라를 제어할 때 문서창에 노란색 테두리가 표시된다. 3D 모드 도구로 개체를 클릭하면 개체 제어가 가능하다.

04 다시 3D 재질 놓기 도구()를 선택하고 뒷면을 클릭하면 앞, 옆면과 같은 재질로 변경된다.

05 이동 도구의 3D 카메라 궤도 회전 도구로 앞면이 나타나도록 화면을 드래그한다.

📍 **보충수업** 3D 재질 놓기 도구 옵션 막대

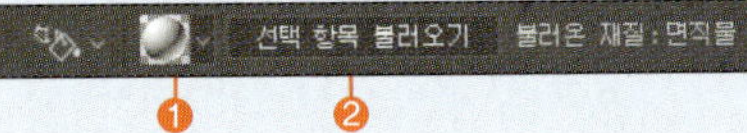

❶ 재질 피커를 불러오고 사전 설정으로 제공되는 재질 중 선택하거나 재질 파일을 불러온다. 총 36개의 사전 설정 재질이 제공된다.

❷ **선택 항목 불러오기** : 현재 선택한 재질을 재질 페인트 통에 불러온다.

**보충수업** 이동 도구의 3D 모드 옵션 막대

3D 개체와 카메라를 제어한다. 이동 도구를 선택하고 3D 개체를 클릭하면 개체 주위에 3D 메시 테두리 상자가 나타나면서 옵션 막대에는 3D 개체 제어 도구가 표시된다. 배경을 클릭하면 문서창 테두리에 노란색 테두리가 나타나고 옵션 막대에는 카메라 제어 도구가 표시된다.

[3D 개체 제어 도구] 

❶ **3D 개체 회전** : X, Y 축을 기준으로 회전시킨다. Alt 를 누른 채 드래그하면 3D 개체 돌리기 도구로 전환된다.

❷ **3D 개체 돌리기** : Z 축 기준으로 회전시킨다. Alt 를 누른 채 드래그하면 3D 개체 회전 도구로 전환된다.

❸ **3D 개체 드래그** : X, Y 축 기준으로 이동시킨다. Alt 를 누른 채 드래그하면 X, Z 축 기준으로 이동시키고, Shift 를 누른 채 드래그하면 한 축으로 이동을 제한한다.

❹ **3D 개체 슬라이드** : X, Z 축 기준으로 이동시킨다. Alt 를 누른 상태에서 드래그하면 X, Y 축 기준으로 이동시키고, Shift 를 누른 채 드래그하면 한 축으로 이동을 제한한다.

❺ **3D 개체 비율 조정** : 개체 전체 크기를 확대, 축소하거나 X, Y, Z 축 비율을 변경한다. 위로 드래그하면 개체 크기가 커지고 아래로 드래그하면 작아지며, Shift 를 누른 채 드래그하면 X 축이나, Y 축, Alt 를 누른 채 드래그하면 Z축 비율이 변경된다.

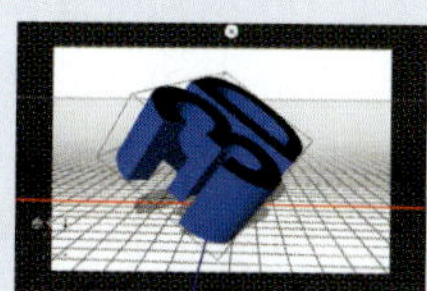
3D 개체 회전

3D 개체 돌리기

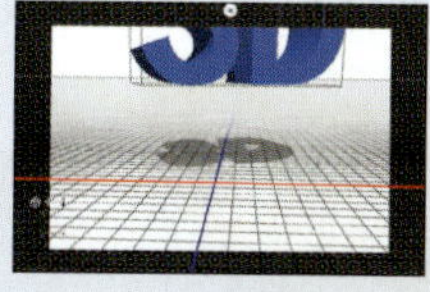
3D 개체 드래그

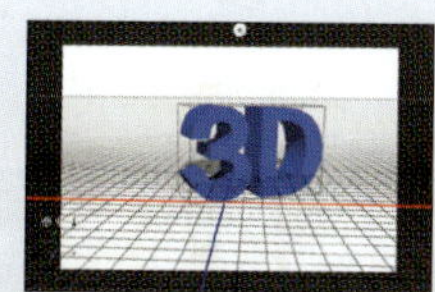
3D 개체 슬라이드

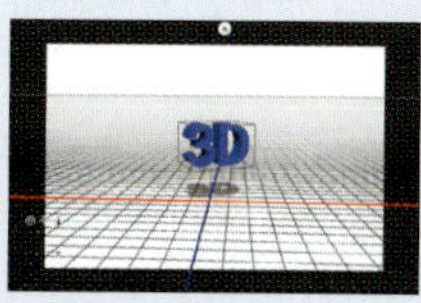
3D 개체 비율 조정

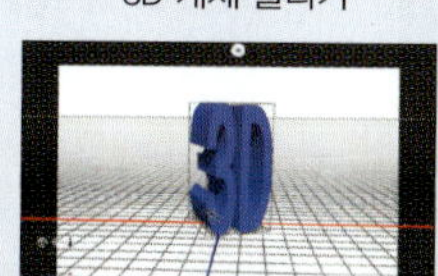
3D 개체 비율 조정+shift(X 축)

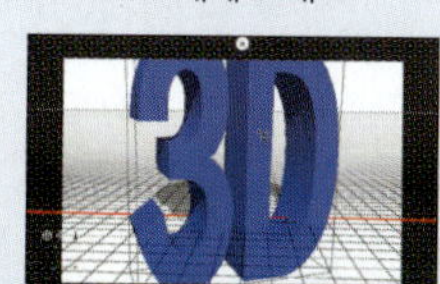
3D 개체 비율 조정+shift(Y 축)

3D 개체 비율 조정+Alt

[카메라 제어 도구] 

❶ **3D 카메라 궤도 회전** : X, Y 축을 기준으로 회전시킨다. Alt +드래그하면 3D 카메라 돌리기 도구로 전환된다.

❷ **3D 카메라 돌리기** : Z 축 기준으로 회전시킨다. Alt +드래그하면 3D 카메라 궤도 회전 도구로 전환된다.

❸ **3D 카메라 팬** : X, Y 축 기준으로 이동시킨다. Alt +드래그하면 X, Z 축 기준으로 이동시킬 수 있다.

❹ **3D 카메라 이동** : X, Z 축 기준으로 이동시킨다. Alt +드래그하면 X, Y 축 기준으로 이동시킬 수 있다.

❺ **3D 카메라 확대/축소** : 개체와 카메라 거리를 조절한다. 위로 드래그할 수록 가까워진다.

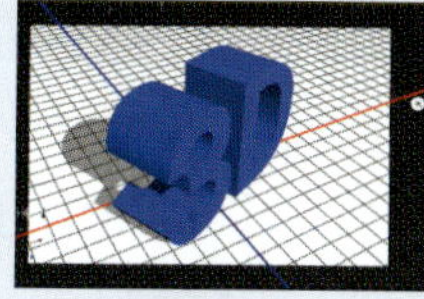
3D 개체 회전

3D 개체 회전

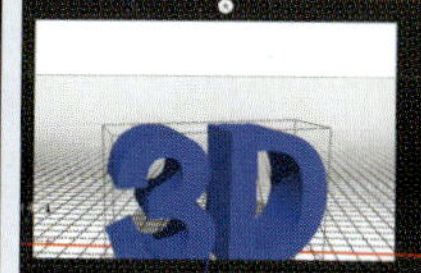
3D 개체 회전

3D 개체 회전

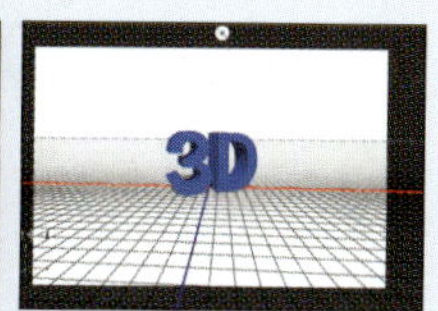
3D 개체 회전

직접 해보기 지우개 도구(Eraser Tool)

도구 모드를 지우개, 연필, 블록 중 하나로 설정하고 드래그하면 해당 영역의 픽셀 내용을 지운다. 배경 레이어의 경우 배경색으로 채워진다.

01 [파일]-[열기] 메뉴를 실행하여 "Sample〉part02" 폴더안의 "p02-04-17.psd" 파일을 불러온 후 레이어 패널에서 레이어 1을 선택한다.

02 도구 패널에서 지우개 도구( )를 선택한 후 옵션 막대에서 브러시 크기와 경도를 조절하고 불투명도를 70%로 설정한다. 이미지 상단을 드래그하면 레이어 1의 내용이 삭제되어 배경 레이어 내용이 나타난다.

보충수업 지우개 도구 옵션 막대

❶ **모드** : 지우개 모양을 브러시, 연필, 블록 모양 중 하나로 선택한다.

❷ **작업 내역으로 지우기** : 체크 표시하면 작업 내역 패널에서 소스로 지정한 내역 혹은 스냅숏으로 복원한다.

직접 해보기 배경 지우개 도구(Background Eraser Tool)

마우스로 클릭한 지점의 색상을 샘플링하여 유사한 색상 영역을 지운다. 드래그 영역을 투명하게 지우며 샘플링 옵션과
허용치 옵션으로 투명도 범위와 경계의 선명도를 조절할 수 있다.

01 [파일]-[열기] 메뉴를 실행하여 "Sample〉part02" 폴더안의 "p02-04-18.jpg" 파일을 불러온 후 배경 지우개 도구(   )로 흰 벽을 투명하게 지워보자.

02 도구 패널에서 배경 지우개 도구(   )를 선택한다. 옵션 막대에서 브러시 크기와 경도를 설정한 후 샘플링 방법을 한 번을 선택하고 제한을 인접으로 설정, 허용치에 30%을 입력한다. 이미지의 흰 벽을 클릭하고 드래그하면 배경이 지워져 투명해진다.

03 마우스에서 손을 떼지 않은 채 이미지를 자유롭게 드래그하면 처음 클릭 지점과 같은 색상인 흰 벽만 지워진다.

보충수업 배경 지우개 도구 옵션 막대

① 샘플링 : 브러시 중앙의 색상을 배경색으로 샘플링하는 방식을 결정한다.

- 계속 : 드래그하는 동안 계속해서 샘플 색상을 변경한다.
- 한 번 : 처음 클릭한 지점의 색상을 배경색으로 지정하여 지운다.
- 배경 색상 견본 : 도구 패널의 배경색과 같은 색상 영역을 지운다.

② 제한

- 인접하지 않음 : 브러시 모양 안에서 인접하지 않은 샘플 색상도 지운다.
- 인접 : 브러시 모양 안에서 인접한 샘플 색상만 지운다.
- 가장자리 찾기 : 샘플링 색상이 들어 있는 연결된 영역을 지울 때 가장자리를 선명하게 유지하며 지운다.

③ 허용치 : 1~100% 사이로 설정하여 기준 색상의 범위를 결정한다. 허용치 값이 커질수록 지워지는 영역이 넓어진다.

허용치 10%

허용치 60%

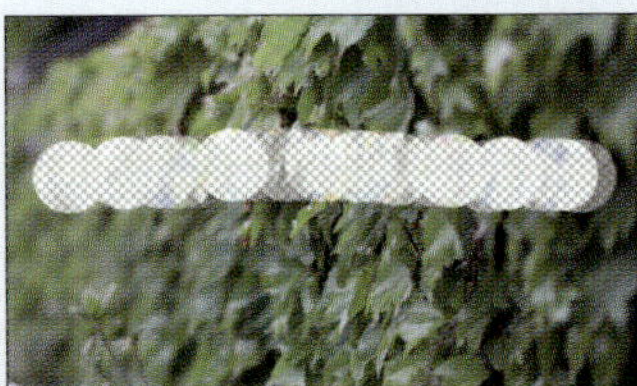

허용치 100%

④ 전경색 보호 : 도구 패널의 전경색과 동일한 색상은 지우지 않고 보호한다.

직접 해보기 자동 지우개 도구(Magic Eraser Tool)

클릭한 순간 클릭 지점의 색상과 유사한 색상을 모두 지워 투명하게 만든다. 배경 레이어는 자동으로 일반 레이어로 전환된다.

01 [파일]-[열기] 메뉴를 실행하여 "Sample〉part02" 폴더안의 "p02-04-19.jpg" 파일을 불러온 후 자동 지우개 도구( )로 같은 색상 영역을 간단히 지워 보자.

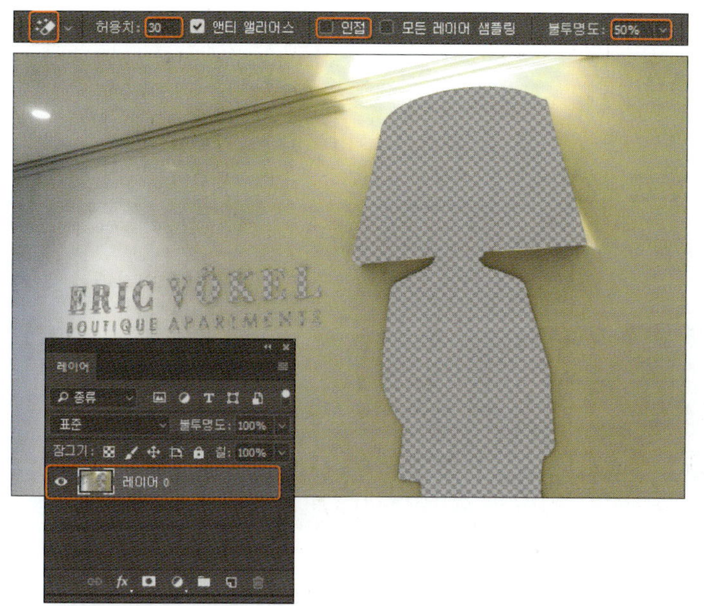

02 도구 패널에서 자동 지우개 도구 ( )를 선택한 후 옵션 막대에서 허용치와 불투명도를 각각 30, 50으로 설정하고 인접 항목의 체크를 해제한다. 마우스로 전등을 클릭하면 배경 이미지가 일반 레이어로 전환되고 유사한 색상 영역 모두 반투명으로 지워진다.

강의노트

투명도가 잠긴 레이어는 배경색으로 채워진다.

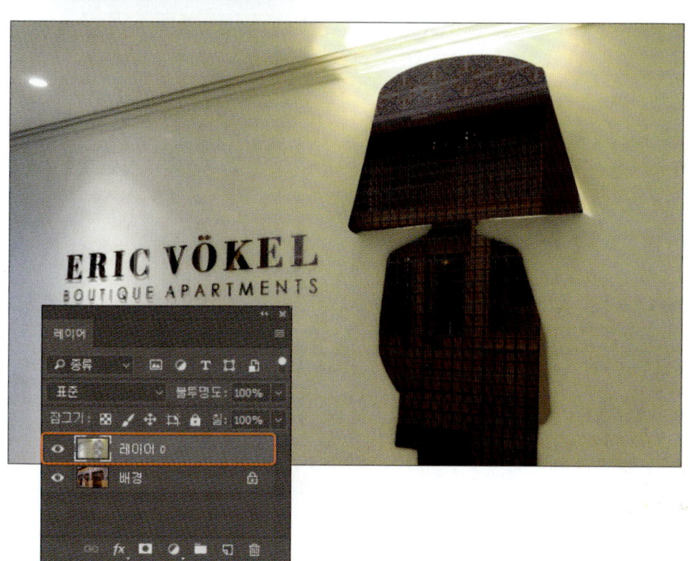

03 [파일]-[열기] 메뉴를 실행하여 “Sample〉part02” 폴더안의 “p02-04-20.jpg” 파일을 불러온다. 이동 도구( )를 선택하고 Shift 를 누른 채 전등 이미지를 상점 이미지로 이동시킨다.

강의노트

Shift 를 누른 채 이미지를 다른 창으로 이동시키면 이동 전 위치와 동일한 위치에 붙여 넣을 수 있다.

📍 보충수업　자동 지우개 도구 옵션 막대

❶ **앤티 엘리어스** : 지운 영역의 가장자리를 매끄럽게 처리한다.

❷ **인접** : 체크하면 클릭 지점의 픽셀과 연결된 픽셀만 지운다.

❸ **불투명도** : 지우기 강도를 설정한다. 100%면 픽셀을 완전히 지우고, 불투명도를 낮추면 설정 강도만큼 부분적으로 지운다.

실전문제

01. 준비한 이미지를 도시 야경 느낌으로 꾸며 보자.

준비파일 | Sample〉part02〉p02-04-21.jpg   **완성파일** | Artwork〉part02〉p02-04-21.jpg

Hint 1. 준비된 파일을 불러온 후 그레이디언트 도구를 선택하고 그레이디언트 편집기 대화상자에서 보라, 주황을
선택한다. 그레이디언트 스타일과 모드, 불투명도를 설정한 후 위에서 아래로 화면을 드래그한다.
2. 이번에는 도심의 불빛을 표현하기 위해 도구 패널에서 브러시 도구를 선택한다. 옵션 막대에서 🔳을 눌러
브러시 패널을 불러온 후 모양, 분산, 색상, 전송 옵션을 설정한다.
3. 전경색과 배경색을 노란색, 흰색으로 각각 설정한 후 브러시 크기를 조절하고 강변을 따라 일자로 드래그한다.
전경색의 색상과 브러시 크기 및 불투명도를 조절하며 건물 주위를 드래그한다.

02. 이미지 복원 도구로 준비된 이미지의 흠집을 깨끗하게 제거해 보자.

준비파일 | Sample〉part02〉p02-04-22.jpg   **완성파일** | Artwork〉part02〉p02-04-22.jpg

Hint 1. 준비된 파일을 불러온 후 도구 패널에서 돋보기 도구로 작업할 버섯 부분을 확대한다.
2. 패치 도구를 선택하고 버섯의 갈라진 부분을 갈라지지 않은 부분으로 이동시켜 복구한다.
3. 작은 흠집은 복구 브러시 도구를 선택하고 [Alt]를 눌러 소스를 지정한 후 드래그하여 제거한다. 브러시 크기를
조절하며 반복적으로 터치하여 깨끗이 복원한다.

실전문제

03. 지우개 도구를 이용하여 두 이미지를 자연스럽게 합성해 보자.

준비파일 | Sample〉part02〉p02-04-23.jpg, 24.jpg

완성파일 | Artwork〉part02〉p02-04-23.psd

Hint 1. 준비된 두 파일을 불러온 후 Shift 를 누른 채 등대 이미지를 해변 이미지로 이동시킨다.

2. 도구 패널에서 배경 지우개 도구를 선택한 후 제한 항목을 가장자리 찾기로 설정한다. 브러시 크기와 허용치 값도 설정한 후 수평선 근처를 드래그한다.

3. 나머지 부분은 지우개 툴로 깨끗이 지워준다.

이미지 리터칭과 패스 도구 익히기

이미지 리터칭 도구들은 브러시를 이용하여 원하는 부위의 선명도 혹은 색상을 보정한다. 흔들리거나 주제가 부각되지 않거나 하는 등의 부족한 이미지를 쉽게 보정하고, 다양한 효과를 적용하여 더욱 사실감 넘치게 표현하기도 한다. 펜 도구는 선택 도구로 선택하기 힘든 복잡한 이미지를 선택하거나 비정형적인 모양을 만들어 낼 때 사용한다. 정교한 작업이 가능하고 벡터 기반의 패스가 생성되기 때문에 변형을 해도 손상이 없어 실무 작업 시 많이 사용한다. 하지만, 초보자에게는 펜 도구 사용법이 다소 까다롭기 때문에 충분한 연습이 필요하다.

Zoom In
알찬 예제로 배우는
리터칭+펜 도구
활용

Keypoint Tool

_ **이미지 보정 도구** 선명도, 밝기, 채도를 보정하거나 드래그 방향으로 픽셀을 연장시킨다.

_ **펜 도구** 기준점을 만들거나 자유롭게 드래그하여 모양 또는 패스를 만든다.

Knowhow

_ 이미지 보정 시 한 번에 효과를 많이 적용하지 말고 전체 이미지를 확인해가며 조금씩 적용해야 자연스럽다.

_ 패스를 선택 영역으로 전환하거나 선택 영역을 패스로 전환할 수 있다. 단, 선택 영역을 패스로 전환할 때 페더값은 제외된다.

직접 해보기　💧흐림 효과 도구(Blur Tool)

가장자리나 세부 묘사를 흐리게 만든다.

01 [파일]−[열기] 메뉴를 실행하여 "Sample〉part02" 폴더안의 "p02-05-01.jpg" 파일을 불러온 후 위, 아래 줄 상품을 흐리게 만들어 가운데 줄 상품을 부각시켜 보자.

02 도구 패널에서 흐림 효과 도구(💧)를 선택하고 옵션 막대에서 브러시 크기와 경도를 설정한다. 자연스럽게 이어지는 흐림 효과를 적용하기 위해 경도를 0%로 설정한다. 모드를 어둡게 하기로 설정 후 상단과 하단의 이미지를 드래그한다.

📍 보충수업　흐림 효과 도구 옵션 막대

❶ **강도** : 흐림 효과를 적용하는 강도를 설정한다. 수치가 커질수록 한 번에 많이 흐려진다.

❷ **모든 레이어 샘플링** : 이 항목에 체크하면 다수의 레이어 작업 시 화면에 보이는 모든 레이어에서 데이터를 가져와 흐림 효과를 적용한다.

직접 해보기 ▲ 선명 효과 도구(Shapen Tool)

가장자리의 대비를 높여 선명도를 향상시킨다.

01 [파일]-[열기] 메뉴를 실행하여 "Sample〉part02" 폴더안의 "p02-05-02.jpg" 파일을 불러온 후 흐릿한 이미지의 선명도를 높여보자.

02 도구 패널에서 선명 효과 도구(▲)를 선택하고 옵션 막대에서 브러시 크기와 경도를 조절한다. 고기와 잎 부분을 드래그하면 픽셀 경계의 대비가 높아져 이미지가 선명해진다.

📍 **보충수업** 선명 효과 도구 옵션 막대

▲ ∨ ☀ 13 ∨ 📁 모드: 표준 ∨ 강도: 50% ∨ 모든 레이어 샘플링 ❶ 세부 사항 보호 ❷ ✓

❶ **모든 레이어 샘플링** : 이 항목에 체크하면 다수의 레이어 작업 시 화면에 보이는 모든 레이어에서 데이터를 가져와 선명 효과를 적용한다.

❷ **세부 사항 보호** : 원본의 픽셀을 최대한으로 보호하면서 효과를 적용한다. 선택 해제하면 더 화려한 효과를 적용할 수 있으나 과하게 적용되면 픽셀이 깨진다.

직접 해보기   손가락 도구(Smudge Tool)

손가락으로 페인트를 찍어 그림을 그리는 것처럼 클릭 지점의 색상을 가지고 드래그 방향으로 문지른다. 손가락 도구를 사용하면 픽셀이 뭉개져 부드럽고 매끄럽게 보정된다. 피부의 요철이나 얼룩진 톤을 보정할 때 효과적이다.

01 [파일]-[열기] 메뉴를 실행하여 "Sample〉part02" 폴더안의 "p02-05-03.jpg" 파일을 불러온 후 손가락 도구( )로 부드러운 느낌의 꽃잎을 만들어 보자.

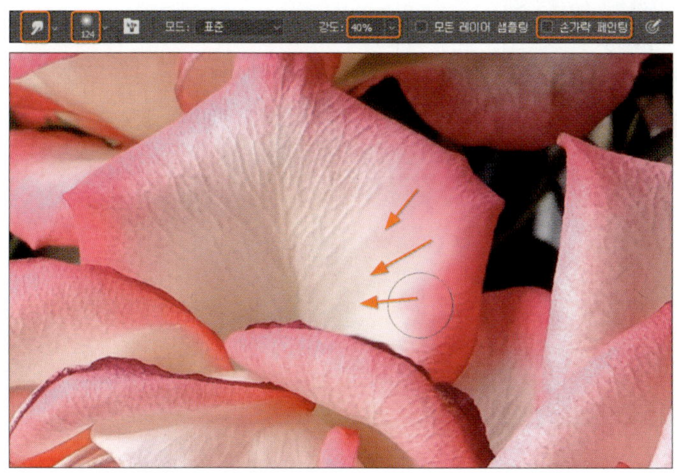

02 보다 섬세한 작업을 위해 돋보기 도구( )로 화면을 확대하고 손가락 도구( )를 선택한다. 옵션 막대에서 작업하려는 꽃잎보다 작은 크기의 가장자리가 부드러운 브러시를 선택하고 꽃잎 색상 변화가 전개되는 방향으로 짧게 드래그한다. 꽃잎의 가장자리 부분은 브러시 크기를 줄여 가장자리 픽셀이 뭉개지지 않도록 한다.

 보충수업 손가락 도구 옵션 막대

❶ 모든 레이어 샘플링 : 체크하면 화면에 보이는 모든 레이어에서 색상을 가져와 문지른다.

❷ 손가락 페인팅 : 체크하면 드래그할 때 전경색을 혼합하여 문지르고, 체크 해제하면 포인터 아래에 있는 색상을 사용한다.

> **03** 나머지 꽃잎도 강도 및 브러시 크기를 조절해가며 드래그한다

직접 해보기 닷지 도구(Dodge Tool)

드래그 영역을 밝게 보정한다.

> **01** [파일]-[열기] 메뉴를 실행하여 "Sample〉part02" 폴더안의 "p02-05-04.jpg" 파일을 불러온 후 나비를 밝게 보정해 보자.

보충수업 닷지 도구 옵션 막대

❶ **범위** : 어두운 영역, 중간 영역, 밝은 영역 중 하나를 선택하여 효과가 적용되는 범위를 설정한다.

❷ **노출** : 효과가 적용되는 정도를 조절한다. 노출 값이 클수록 한 번에 많이 밝아진다.

❸ **에어브러시** : 클릭하고 있으면 효과가 누적된다.

❹ **색조 보호** : 색상의 색조 변경을 방지하고 어두운 영역과 밝은 영역의 클리핑을 최소화한다.

02 도구 패널에서 닷지 도구(🔍)를 선택하고 옵션 막대에서 브러시 크기를 조절한다. 범위를 어두운 영역으로 설정하고 나비가 있는 왼쪽 영역을 드래그한다. 그림자가 진하게 드리워진 부분은 반복해서 클릭 혹은 드래그한다.

강의노트 ✏️

닷지 도구로 밝기를 조절할 때 처음부터 밝은 영역을 보정하다보면 음영 대비가 강하게 적용되어 주변 이미지와 조화롭지 않을 수 있다.

03 이번에는 범위를 중간 영역으로 설정하고 에어브러시에 체크한다. 브러시 크기를 나비보다 조금 큰 크기로 설정하고 나비를 클릭하고 있으면 나비를 중심으로 점차 밝게 보정된다. 마지막으로 범위를 밝은 영역으로 설정한 후 나비를 클릭한다.

직접 해보기 🐭 번 도구(Burn Tool)

드래그 영역을 어둡게 보정한다.

01 [파일]–[열기] 메뉴를 실행하여 "Sample〉part02" 폴더안의 "p02-05-05.jpg" 파일을 불러온 후 비네팅 효과를 적용하여 보자.

강의노트 ✏️

번 도구를 이용해서 사진 외곽이나 모서리가 어둡게 나오는 비네팅 효과를 쉽게 적용할 수 있다.

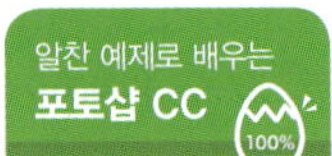

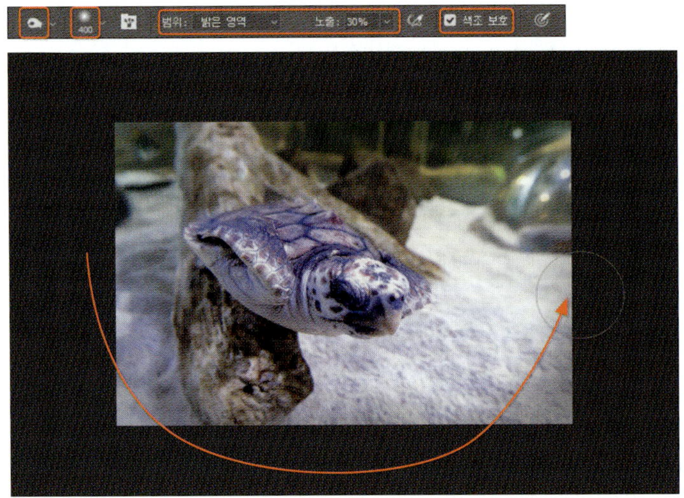

02 도구 패널에서 번 도구( )를 선택하고 브러시 크기를 조절한다. 이미지 테두리를 어둡게 만들기 위함이니 큰 사이즈의 부드러운 브러시를 선택한다. 범위와 노출을 각각 밝은 영역, 30%으로 설정하고 색조 보호에 체크한 후 이미지 하단 테두리에 u자를 그리며 드래그한다.

강의노트

문서창보다 캔버스 크기를 작게 하면 둥글게 이어서 드래그하기 쉽다.

03 이번에는 범위를 어두운 영역으로 설정하고 위와 마찬가지로 이미지의 외곽을 둥글게 드래그한다.

직접 해보기 스폰지 도구(Sponge Tool)

영역의 색상 채도를 변경한다.

01 [파일]-[열기] 메뉴를 실행하여 "Sample〉part02" 폴더안의 "p02-05-06.jpg" 파일을 불러온 후 이미지의 채도를 보정하여 보자.

02 도구 패널에서 스폰지 도구( ) 를 선택하고 브러시 크기를 조절한다. 모드를 채도 증가로 설정하고 활기에 체크한 후 이미지의 오른쪽 음료를 드래그한다. 점점 채도가 높아져 색이 선명해지는 것을 확인할 수 있다.

03 이번에는 옵션 막대에서 채도 감소를 선택하고 활기 항목에 체크를 해제한 후 왼쪽 음료를 드래그한다. 드래그를 반복할 때마다 채도가 낮아진다.

강의노트 

회색 음영 모드 이미지에서는 중간 톤을 추가 혹은 제거하여 이미지의 대비를 높이거나 감소시킨다.

보충수업 스폰지 도구 옵션 막대

❶ **모드** : 이미지의 채도를 높일지, 낮출지 설정한다.

❷ **흐름** : 스폰지 도구 효과가 적용되는 정도를 조절한다.

❸ **활기** : 원본 이미지의 톤을 보호하며 채도를 조절한다.

직접 해보기 🖋 펜 도구(Pen Tool)

모양, 패스, 선택 영역을 그린다. 펜 도구를 사용하면 개체의 가장자리를 따라 가장 정밀하고 깔끔하게 그릴 수 있기 때문에 유용한 도구이다.

01 [파일]–[열기] 메뉴를 실행하여 "Sample〉part02" 폴더안의 "p02-05-07.jpg" 파일을 불러온 후 펜 도구(🖋)로 불가사리를 정교하게 선택하여 보자.

02 정확한 가장자리를 보기 위해 돋보기 도구(🔍)로 불가사리를 확대한다. 펜 도구(🖋)를 선택하고 옵션 막대에서 선택 도구 모드를 패스로 설정한다. 불가사리 가장자리 한 곳을 시작점으로 클릭, 드래그한다.

강의노트 ✏

펜 도구로 처음 클릭하면 패스 시작점이 생성된다. 드래그없이 클릭으로 기준점을 생성하면 직선으로 이뤄진 패스를 만들고 클릭한 채 드래그하면 양쪽으로 방향선이 있는 기준점이 생성되어 곡선을 그릴 수 있다. 직선 기준점 후 클릭, 드래그하면 한쪽 방향선만 있는 곡선이 만들어 진다.

03 불가사리의 다른 지점을 클릭한 채 드래그하면 기준점과 곡선 패스가 생성된다. 마우스를 떼지 말고 방향점을 움직여 불가사리 가장자리에 패스를 맞춘다.

강의노트 ✏

Alt 를 누른 채 기준점을 클릭하면 패스 진행 방향의 방향선이 삭제된다.

04 가장자리를 따라 시작점까지 이동 후 커서의 모양이 [펜] 일 때 클릭하면 닫힌 패스가 완성된다.

강의노트

패스를 만드는 도중 [Ctrl]을 누르면 직접 선택 도구로 전환되어 기준점 및 방향점을 수정할 수 있다.

05 패스를 완성한 후 옵션 막대에서 선택을 클릭하면 선택 영역 만들기 대화상자가 나타난다. [확인] 버튼을 눌러 선택 영역으로 전환한다.

강의노트

완성된 패스는 [창]-[패스] 메뉴를 실행하여 패스 패널에서 확인할 수 있다. 패널 하단의 ◙ 을 누르거나 [Ctrl]을 누른 채 작업 패스 썸네일을 클릭하면 대화상자 없이 단번에 선택 영역으로 전환된다.

06 [Ctrl]+[C]를 눌러 선택 영역을 복사하고 [파일]-[열기] 메뉴로 "p02-05-08.jpg" 파일을 불러온다. [Ctrl]+[V]를 눌러 불가사리가 자갈 이미지에 붙여지면 [Ctrl]+[T] 명령으로 크기와 각도, 위치를 조정한다.

07 이번에는 불가사리 레이어의 보기를 끄고 배경 레이어를 선택한다. 손 부분을 확대하고 위와 같은 방법으로 손의 가장자리를 따라 패스를 만든다. 실수로 만든 기준점은 `Ctrl`+`Z`을 눌러 실행 취소 후 다시 만들 수 있다. `Ctrl`+`Alt`+`Z`은 기준점을 만든 역순으로 실행 취소한다.

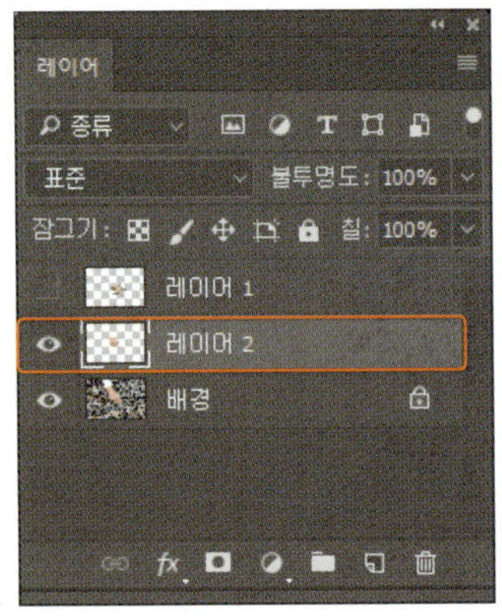

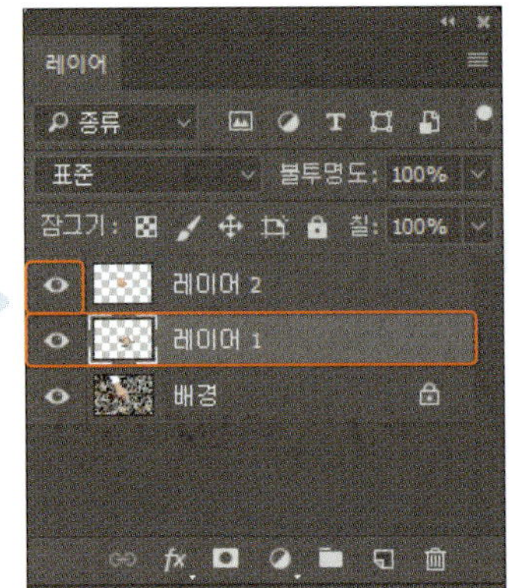

08 패스가 완성되면 패스 패널 하단의 🔘을 눌러 선택 영역으로 전환한 후 `Ctrl`+`J`를 누른다. 레이어 패널에서 복사된 선택 영역이 새 레이어로 만들어 것을 확인할 수 있다. 레이어 1을 레이어 2 아래로 이동시키고 레이어 1의 보기를 켠다.

09 레이어 패널에서 레이어 1이 선택된 것을 확인하고 번 도구(🔘)로 손가락 밑을 어둡게 처리한다.

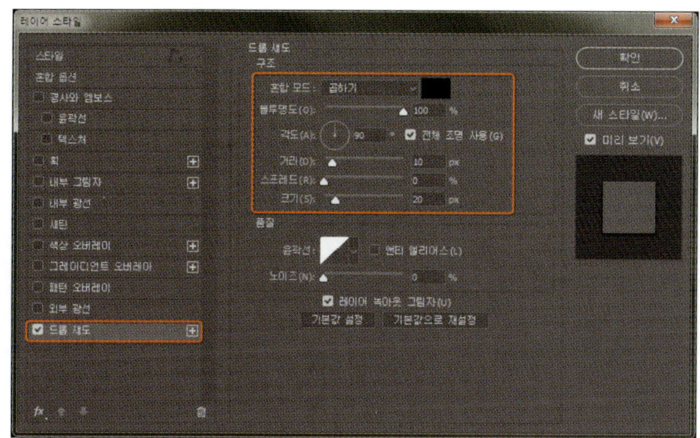

10 계속해서 레이어 1을 더블 클릭한다. 레이어 스타일 대화상자가 나타나면 그림과 같이 드롭 섀도를 적용한다.

11 손 도구(🖐)를 더블 클릭하여 전체 이미지를 확인한 후 작업을 완료한다.

📍 보충수업   패스 이해하기

패스 선은 두 개 이상의 점과 점들 사이를 연결하는 베지어 곡선으로 이뤄져 있다. 수학적 연산 정보인 벡터 속성을 가지기 때문에 확대/축소 시에도 손상이 없다. 시작점과 끝점이 연결된 닫힌 패스와 선 같이 열린 패스가 있다.

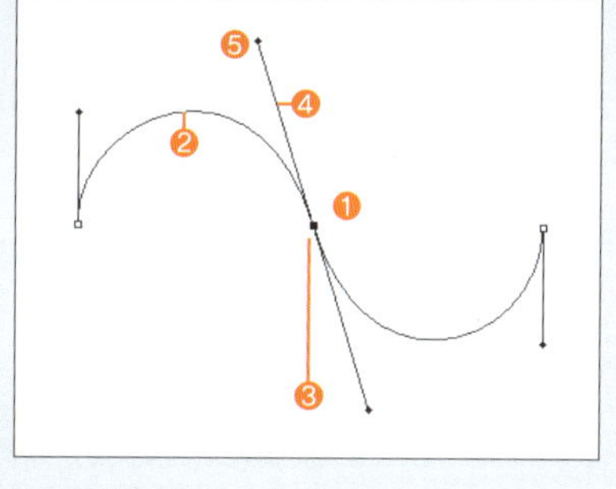

❶ **패스(Path)** : 여러 개의 선분이 연결된 선이다.

❷ **선분(Segment)** : 두 개의 기준점을 연결한다.

❸ **기준점(Anchor Point)** : 선과 선을 연결하도록 위치를 잡는다. 선택된 기준점은 검정 박스로 표시되고 선택되지 않은 기준점은 흰 박스로 표시된다.

❹ **방향선(Direction Line)** : 곡선의 형태를 조절한다.

❺ **방향점(Direction Point)** : 방향선 끝에 있는 점으로 방향선의 각도와 길이를 조절한다.

보충수업 패스를 선택 영역으로 전환

패스 패널의 메뉴를 실행하거나 펜 도구 옵션 막대의 선택 ... 를 누르면
선택 영역 만들기 대화상자가 나타나 사용자 설정 값으로 선택 영역을 만들
수 있다.

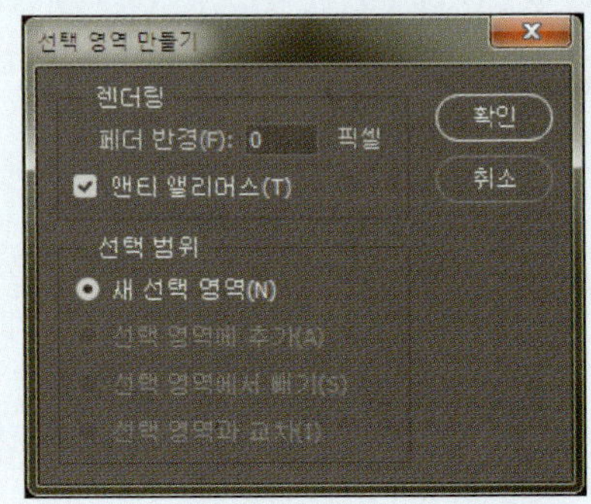

- 페더 반경 : 선택 영역 테두리 안과 밖으로 페더 가장자리가 확장되
  는 거리이다.
- 대화상자 없이 현재 설정 값으로 선택 영역을 만들 때는 패스 패널
  의 ⬚ 를 클릭한다.

보충수업 선택 영역을 패스로 전환

패스를 선택 영역으로 전환하듯 모든 선택 영역은 패스로 전환할 수 있다.
이때 선택 영역에 적용된 모든 페더는 제거된다.

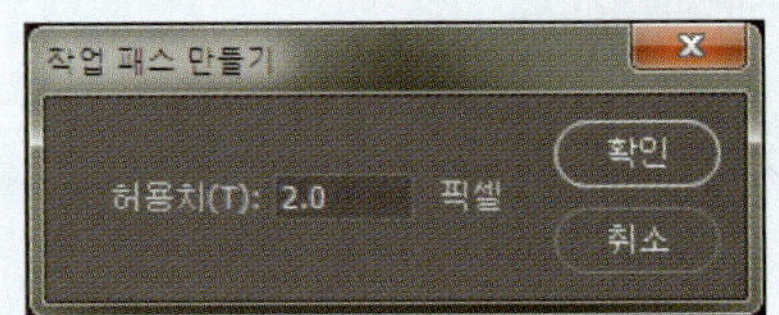

- 패스 패널 메뉴에서 작업 패스 만들기를 실행하면 대화상자가 나타
  난다.
- 허용치 : 0.5~10 픽셀까지 입력하여 선택 영역 모양이 패스로 변환되는 민감도를 제어한다. 허용치 값이 클
  수록 기준점 수가 적어져 매끈한 패스가 만들어지는 반면 형태의 정교함은 떨어진다.
- 대화상자 없이 현재 설정 값으로 작업 패스를 만들 때는 패스 패널의 ◇ 를 클릭한다.

보충수업 펜 도구 옵션 막대

펜 도구와 도형 도구는 그리기 모드에 따라 옵션 막대의 항목이 달라진다.

[그리기 모드]

❶ 모양 : 패스가 포함된 모양을 그리기 때문에 레이어 패널과 패스 패널에 각각 모양 레이어와 패스가 만들어
  진다.

❷ 패스 : 기준점과 실선으로 된 패스를 만들며 패스 패널에서 확인할 수 있다. 만들어진 패스는 선택 영역이나
  마스크, 모양으로 변환할 수 있다.

❸ 픽셀 : 도형 도구에서만 활성화된다. 배경 레이어나 일반 레이어에 그리는 도형의 모양대로 전경색이 칠해진다.

[모양 그리기 모드]

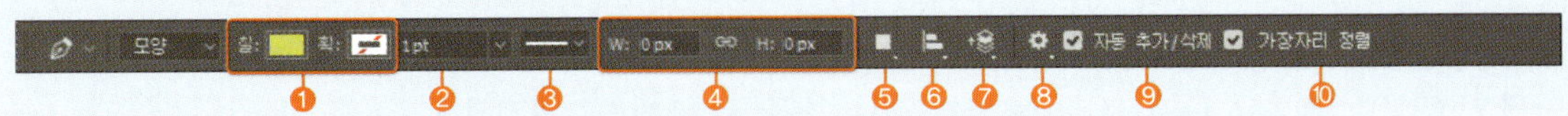

❶ 칠/획 : 면과 획의 색을 지정한다.

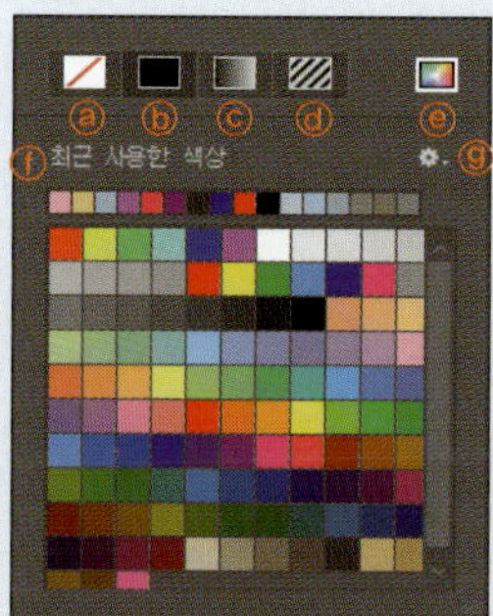

ⓐ 색 없음으로 설정한다.

ⓑ 단색으로 채운다.

ⓒ 그레이디언트로 채운다.

ⓓ 패턴으로 채운다.

ⓔ 색상 피커 대화상자를 불러와 색을 지정한다.

ⓕ 최근 사용한 색상 목록을 보여준다.

ⓖ 색상 견본 패널에 등록된 색상 견본을 보여준다.

❷ 획 두께를 설정한다.

❸ 획 유형과 획의 위치 및 획 끝, 모서리 처리 방식을 지정한다.

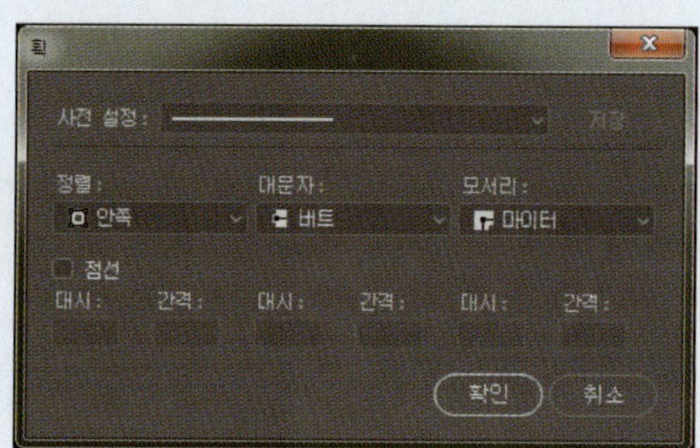

❹ 모양의 가로, 세로 크기를 확인하거나 수치를 입력하여 크기를 조절할 수 있다.

❺ 패스 작업 : 겹치는 모양의 처리 방식을 설정한다.

❻ 패스 정렬 : 패스 구성 요소를 정렬 및 배분한다.

❼ 패스 배열 : 모양의 순서를 설정한다.

❽ 고무 밴드 : 다음 지점을 클릭하기 전에 패스를 미리 보여준다.

❾ 자동 추가/삭제 : 체크하면 기준점 추가, 삭제 도구로 자동 전환되어 도구 변경없이 기준점을 추가 또는 삭제할 수 있다. 선분을 클릭하면 기준점이 추가되고 기준점을 클릭하면 기준점이 삭제되며, 패스를 그리는 도중에도 기준점을 추가, 삭제할 수 있다.

❿ 가장자리 정렬 : 픽셀 격자에 모양 가장자리를 정렬한다.

[패스 그리기 모드]

❶ 제조사 : 패스를 선택하고 각각의 단추를 누르면 패스 모양의 선택 영역, 벡터 마스크, 모양 레이어를 만든다.

보충수업 기준점 추가/삭제/변환 도구

❶ 기준점 추가 도구(Add Anchor Point Tool) : 패스 선분을 클릭하면 기준점이 추가된다.

❷ 기준점 삭제 도구(Delete Anchor Point Tool) : 기준점을 클릭하면 기준점이 삭제된다.

❸ 기준점 변환 도구(Convert Point Tool) : 기준점 변환 도구를 선택하거나 펜 도구 사용 중 Alt 를 누른 채 기준점을 클릭 혹은 드래그하면 직선 또는 곡선 기준점으로 변환된다.

보충수업 패스를 선택할 수 있는 도구

❶ 패스 선택 도구(Path Selection Tool) : 패스 전체를 선택한다. Ctrl 을 누른 채 화면을 클릭할 때마다 직접 선택 도구와 패스 선택 도구가 번갈아 선택된다. Shift 를 누른 채 패스를 클릭하면 여러 패스를 선택할 수 있다.

• 여러 패스 선택하기

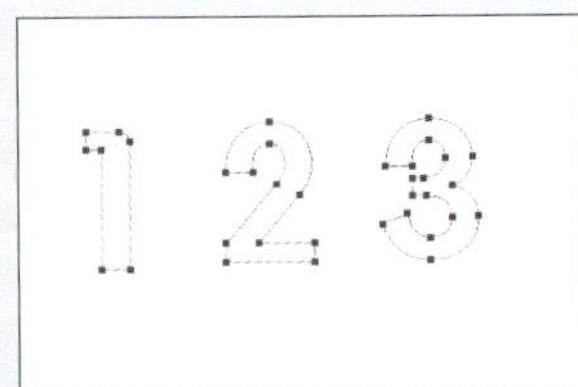 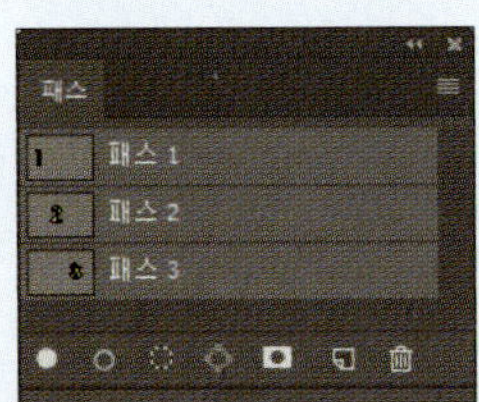

❷ 직접 선택 도구(Direct Selection Tool) : 기준점이나 방향점, 선분을 움직여 패스 모양을 변경한다. 기준점이나 선분을 선택하고 ← 혹은 Delete 를 누르면 선택 기준점이나 선분이 삭제된다. 백스페이스 키나 Delete 를 다시 누르면 나머지 패스가 모두 지워진다.

• Alt 를 누른 채 패스 안을 클릭하면 전체 패스가 선택된다.

• 다른 도구가 선택되어 있을 때 Ctrl 을 누르고 있는 동안 직접 선택 도구로 전환할 수 있다. Ctrl 을 누른 채 패스로 커서를 가져간다.

❸ 제한 패스 드래그

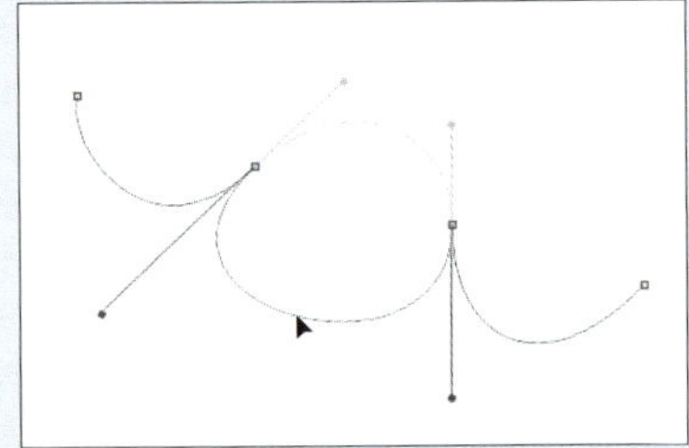 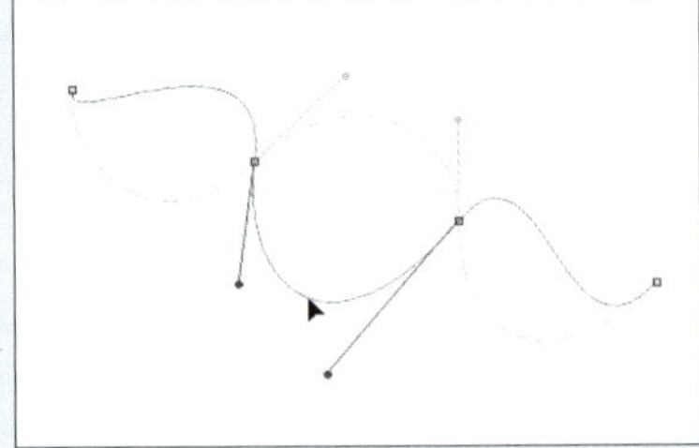

제한 패스 드래그 사용   제한 패스 드래그 사용 안 함

Photoshop CC 및 CS6에서는 패스 선분을 조정하면 관련 선분도 조정되므로 패스 모양을 직관적으로 변형할 수 있다. 이전 Photoshop 버전처럼 선택한 기준점 사이의 선분만 편집하려면 패스 선택 도구의 옵션 막대에서 제한 패스 드래그 항목에 체크한다.

직접 해보기 　자유 형태 펜 도구(Freedom Pen Tool)

종이에 연필로 그림을 그리듯 클릭한 채 드래그하는 대로 패스가 그려진다. 자석 옵션을 사용하면 가장자리를 감지하여 패스가 만들어 진다.

01 [파일]-[열기] 메뉴를 실행하여 "Sample〉part02" 폴더안의 "p02-05-09.jpg" 파일을 불러온다. 돋보기 도구(　)로 흰색 고무신 부분을 확대하고 자유 형태 펜 도구(　)를 선택한다.

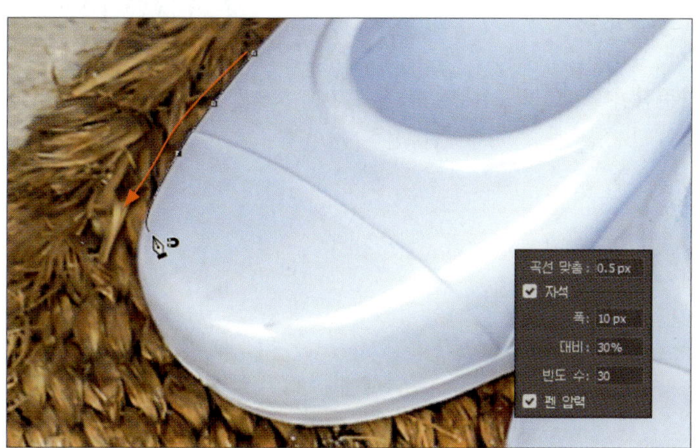

02 옵션 막대에서 그리기 모드를 패스로 설정한 후 　을 눌러 그림과 같이 옵션을 설정한다. 흰색 고무신 가장자리 한 곳을 클릭하여 시작점을 만들고 가장자리를 따라 마우스를 이동하면 자동으로 패스가 만들어 진다.

03 시작점까지 이동한 후 커서가 　 모양으로 바뀌면 클릭하여 패스를 완성한다.

강의노트

원하는 지점에 스냅되지 않으면 클릭하여 수동으로 기준점을 추가한다. 패스 생성 도중 Delete 를 누르면 마지막으로 만들어진 기준점이 삭제되고 ESC 를 누르면 모든 기준점이 삭제된다.

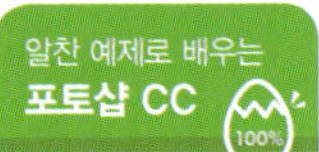

04 패스가 완성된 후 기준점에 커서를 가져가면 자동으로 기준점 삭제 도구(　)로 변환되고 선분으로 커서를 가져가면 기준점 추가 도구(　)로 변환된다. 불필요한 기준점을 클릭하여 삭제한다.

강의노트

도구가 자동 변환되지 않으면 옵션 막대의 자동 추가/삭제 항목에 체크한다.

05 패스 수정이 필요한 곳은 Ctrl 을 누른 채 드래그하여 방향점을 조절한다.

강의노트

패스의 기준점은 수가 적을수록 편집, 표시, 인쇄가 더 쉬워진다.

06 패스를 다듬은 후 패스 패널에서 작업 패스 레이어를 더블 클릭하면 패스 저장 대화상자 나타난다. 패스 이름을 입력하고 [확인] 버튼을 클릭하면 패스가 저장된다.

 보충수업 자석 펜 도구 옵션

자유 형태 펜 도구의 옵션으로 가장자리를 자동으로 감지하여 패스를 그린다. 자석 올가미 도구와 유사하며 자석 펜 사용 도중 [Alt]를 누른 채 클릭하면 직선을 그릴 수 있다.

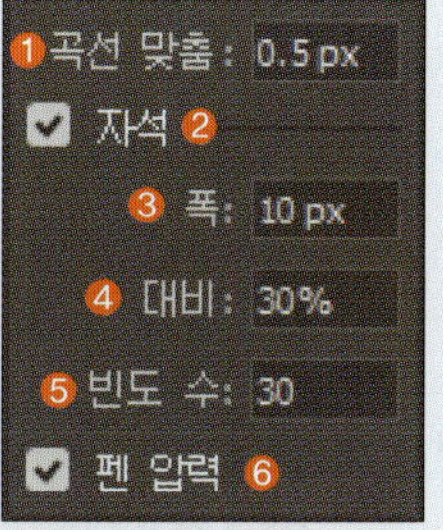

❶ **곡선 맞춤** : 0.5~10 픽셀 사이의 값을 입력한다. 패스의 곡선을 조정할 때 허용되는 오류 허용치로 값이 클수록 기준점 수가 적은 단순한 패스가 된다.

곡선 맞춤 : 0.5px   곡선 맞춤 : 10px

❷ **자석** : 체크하면 자석 펜 도구로 변환한다.

❸ **폭** : 1~256 픽셀 사이의 값을 입력하여 커서로부터 지정한 거리 안에 있는 가장자리만 감지한다.

❹ **대비** : 1~100% 사이의 값을 입력하여 가장자리로 인식할 픽셀 사이의 대비를 지정한다. 대비가 낮은 이미지는 높은 값으로 설정한다.

❺ **빈도 수** : 0~100 사이의 값을 입력하여 패스에 추가되는 포인트 빈도 수를 설정한다. 값이 클수록 패스가 제자리에 더 빠르게 고정된다. 포인트 그대로 선택 영역이 되는 자석 올가미 도구와 다르게 가장자리에 스냅된 포인트는 곡선 맞춤 옵션에 따라 기준점으로 변환된다.

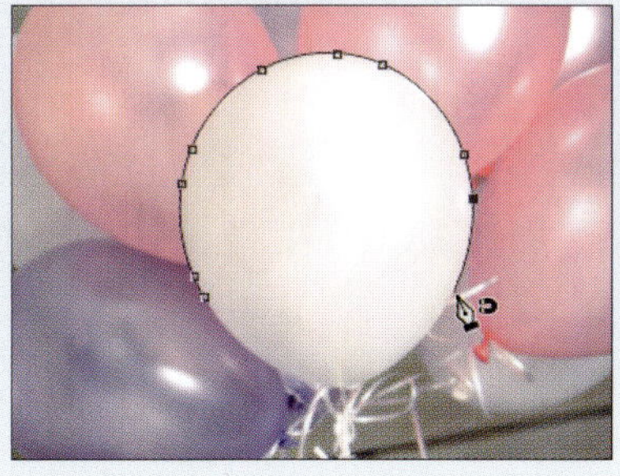

빈도 수 : 10   빈도 수 : 80

❻ **펜 압력** : 태블릿 사용 시 펜 압력에 체크하면 압력을 증가할 때마다 폭이 감소한다.

실전문제

01. 준비한 이미지의 팬케이크를 먹음직스럽게 보정해 보자.

준비파일 | Sample)part02)p02-05-10.jpg   **완성파일** | Artwork)part02)p02-05-10.jpg

Hint 1. 준비된 파일을 불러온 후 도구 패널에서 닷지 도구를 선택한다.
2. 옵션 막대에서 브러시 크기를 조절한 후 접시와 팬케이크를 드래그하여 밝게 보정한다.
3. 도구 패널에서 스폰지 도구를 선택하고 채도 증가 옵션으로 채도를 높게 보정한다.

02. 주어진 이미지의 피부를 매끄럽게 보정해 보자.

준비파일 | Sample)part02)p02-05-11.jpg   **완성파일** | Artwork)part02)p02-05-11.jpg

Hint 1. 준비된 파일을 불러온 후 손을 확대한다.
2. 도구 패널에서 손가락 도구를 선택하고 옵션 막대에서 브러시 크기와 강도를 설정한다. 손가락 가장자리 안으로
픽셀을 문질러 매끄럽게 보정한다.

실전문제

03. 주어진 두 이미지를 픽셀이 깨지지 않게 합성시켜 보자.

준비파일 | Sample〉part02〉p02-05-12.jpg, 13.jpg

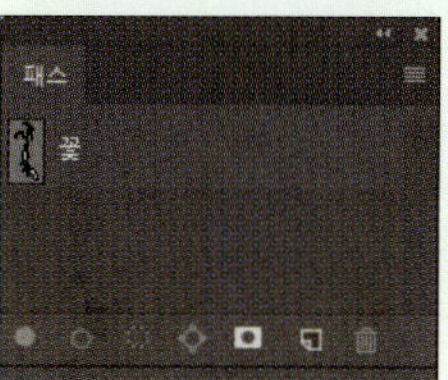

완성파일 | Artwork〉part02〉p02-05-12.psd, 13.psd

Hint 1. 준비된 두 파일을 불러온 후 글자 이미지 창을 선택한다. 자동 선택 도구로 글자를 선택 영역으로 지정한다.
2. [창]-[패스] 메뉴를 실행하여 패스 패널을 불러오고 [Alt]를 누른 채 [◈]를 누른다. 허용치를 설정하고 [확인] 버튼을 클릭하여 선택 영역을 패스로 전환한다.
3. 작업 패스를 더블 클릭하여 패스 이름을 꽃으로 입력한다.
4. 패스 패널의 꽃 패스를 벚꽃 이미지로 드래그하여 이동한다.
5. 펜 도구를 선택하고 패스 그리기 모드의 [모양]을 눌러 모양 레이어를 만든다.
6. 펜 도구의 그리기 모드를 모양으로 변경하고 모양의 칠 색을 변경한다. [Ctrl]+[T]를 눌러 크기와 위치를 조절한다.

타이포그래피와 모양 도구 익히기

포토샵은 비트맵 타입의 그래픽 프로그램이지만 펜 도구와 도형 도구를 이용하여 해상도에 구애받지 않는 벡터 타입의 그래픽 작업이 가능하다. 또한, 문자 도구로 입력한 텍스트도 일반 레이어로 전환하지 않는 이상 벡터 타입처럼 관리할 수 있다.

문자 도구로 간단한 글씨를 입력하는 방법부터 서식을 지정하거나 디자인하는 방법에 대해 알아보고, 도형 도구로 모양을 그리는 법 및 모양의 패스를 다루는 법에 대해 학습해 보자.

Zoom In
알찬 예제로 배우는
**벡터 타입+도형
활용**

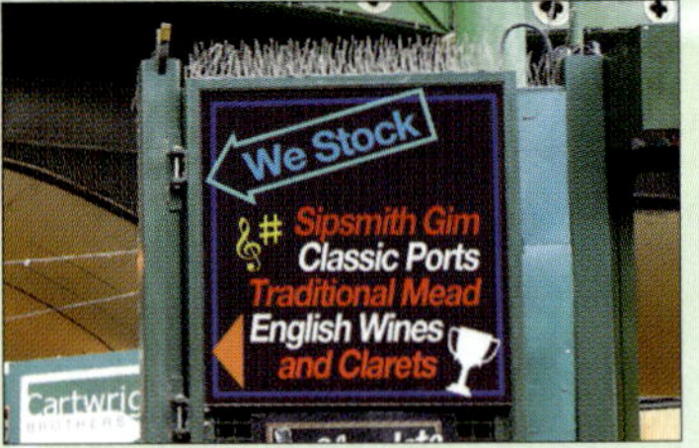

Keypoint Tool

_ **문자 도구** 수평, 수직 방향으로 문자를 입력하고 문자 레이어를 생성하거나 선택 영역을 만든다.

_ **도형 도구** 사각형, 타원, 다각형, 선, 사용자 정의 모양 도형을 그려 넣는다.

Knowhow

_ **문장 관리** 긴 문장은 글상자를 만들어 관리하면 편리하다.

_ **속성 패널** 사각형의 각 모서리 반경을 달리 지정할 수 있다.

직접 해보기   T 수평 문자 도구

가로로 문자를 입력한다. 벡터 속성의 문자 레이어가 생성되며 따로 작업 패스를 만들거나 문자 레이어를 모양 레이어로 전환할 수 있다.

01 [파일]-[열기] 메뉴를 실행하여 "Sample〉part02" 폴더안의 "p02-06-01.jpg" 파일을 불러온 후 간단한 문장을 입력하고 서식을 지정하여 보자.

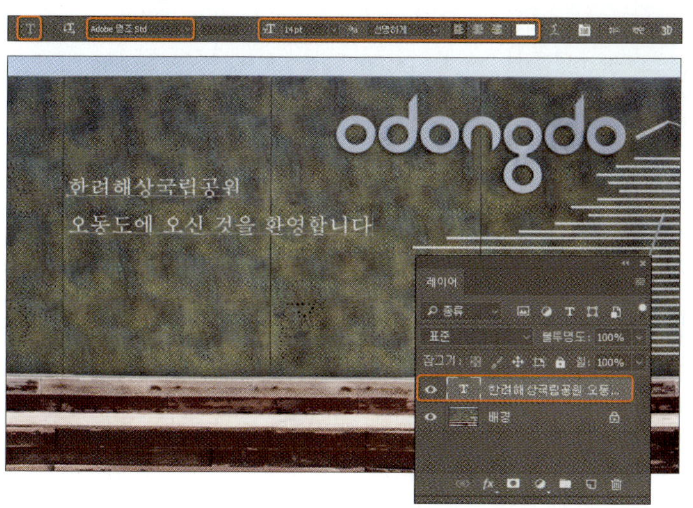

02 도구 패널에서 수평 문자 도구 (T)를 선택한 후 옵션 막대에서 글꼴 및 크기, 정렬 옵션을 설정한다. 마우스로 이미지를 클릭하고 입력 커서가 깜박이면 문구를 입력한 후 옵션 막대의 [확인] 버튼한다. 레이어 패널에서 문자 레이어가 생성된 것을 확인할 수 있다.

강의노트 ✎

문자 입력 중 [Ctrl]을 누르면 바운딩 박스가 나타나 위치 및 모양을 변형할 수 있다.

03 [창]-[문자] 메뉴를 실행하거나 옵션 막대에서 ▣을 눌러 문자 패널을 불러온 후 행간과 자간을 설정한다.

강의노트 ✎

문자 레이어 내용 전체에 변경한 서식이 적용된다.

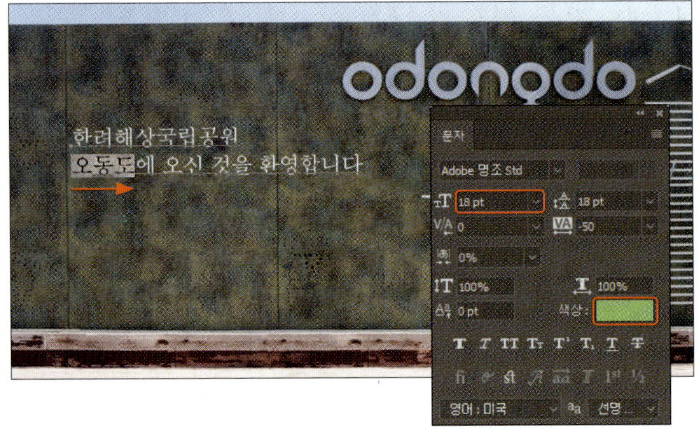

04 이번에는 입력한 문구에서 오동도를 드래그하여 선택하고 글자 크기와 색상을 변경한다.

강의노트
선택한 단어에만 변경한 서식이 적용된다.

05 변경을 완료하면 키패드의 Enter 를 눌러 문자 입력 모드를 마친다.

강의노트
문자 입력 모드는 옵션 막대의 확인 를 클릭하거나 키패드의 Enter 또는 Ctrl + Enter 를 눌러 완료한다. ESC 는 [편집]-[환경 설정]-[문자]의 사용자 설정에 의해 문자 입력 취소나 수행으로 지정할 수 있다.

 보충수업 수평 문자 도구 옵션 막대

❶ **텍스트 방향 켜기/끄기** : 입력한 문자의 방향을 바꾼다.

❷ 컴퓨터에 등록된 글꼴 목록을 보여준다. 최근 사용한 글꼴이나 개별 글꼴을 즐겨 찾기로 표시하여 자주 사용하는 글꼴을 빠르게 찾을 수 있다. 현재 사용 중인 글꼴과 비슷한 글꼴도 필터링하여 표시할 수 있다.

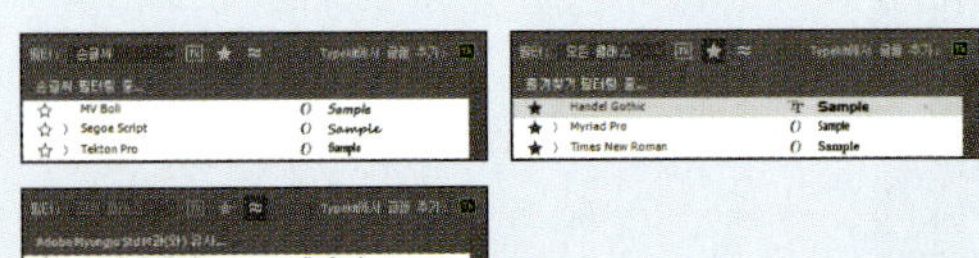

❸ Roman, Italic, Bold, Bold Italic 등의 글꼴 유형을 지정한다.

❹ 사전 설정 크기 목록에서 선택하거나 직접 입력하여 문자 크기를 설정한다.

❺ 문자 외곽선의 안티 엘리어싱 적용 방법을 지정한다.

❻ 문자 정렬 방식을 설정한다.

❼ 문자 색상을 설정한다.

❽ 문자를 여러 스타일로 왜곡한다.

❾ 문자 패널과 단락 패널을 표시하거나 숨긴다.

❿ 문자 입력, 편집을 취소하거나 완료한다.

⓫ 문자를 3D 개체로 변환한다.

직접 해보기 ↓T 세로 문자 도구(Vertical Type Tool)

문자를 세로로 입력한다.

01 [파일]-[열기] 메뉴를 실행하여 "Sample>part02" 폴더안의 "p02-06-02.jpg" 파일을 불러온 후 세로 문자와 한자를 입력하는 방법에 대해 알아보자.

02 도구 패널에서 세로 문자 도구(↓T)를 선택한 후 이미지 위를 마우스로 클릭하고 '전주 한옥마을 全州 韓屋村(전주 한옥촌)'이라고 입력한다. 한자는 한글로 한 글자씩 입력한 후 [한자] 키를 누르고 뜻이 맞는 한자를 선택한다.

03 문자 패널에서 글꼴 종류와 크기, 행간을 지정한 후 [Ctrl]을 눌러 문자 크기와 위치를 조절한다.

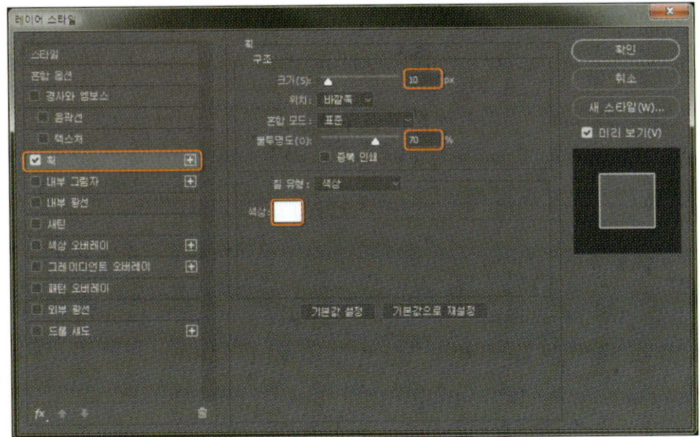

04 레이어 패널에서 문자 레이어를 더블 클릭한 후 획 명령으로 문자에 테두리를 적용한다.

05 완성된 모습을 확인하고 작업을 완료한다.

 **보충수업** 글리프 패널로 특수 문자 입력하기

Photoshop CC 버전에 특수 문자를 입력할 수 있는 글리프 패널이 추가되었다. 글리프 패널은 최근 입력 문자 목록, 글꼴 모음 설정, 글꼴 범주 설정, 특수 문자 목록으로 단순하게 구성되어 있고 특수 문자를 입력하는 방법 또한 간단하다.

❶ [창]-[글리프] 또는 [문자]-[패널]-[글리프] 메뉴를 실행하여 글리프 패널을 활성화한다.

❷ 글리프 패널에서 입력하려는 특수 문자를 찾는다. 글꼴 별로 지원하는 특수 문자가 다르기 때문에 글꼴 범주를 설정하고 상하 방향키로 글꼴 모음을 움직여 찾으면 간편하다.

❸ 문자 도구로 문서를 클릭하거나 글상자를 만들고, 글리프 패널에서 원하는 문자를 더블 클릭한다.

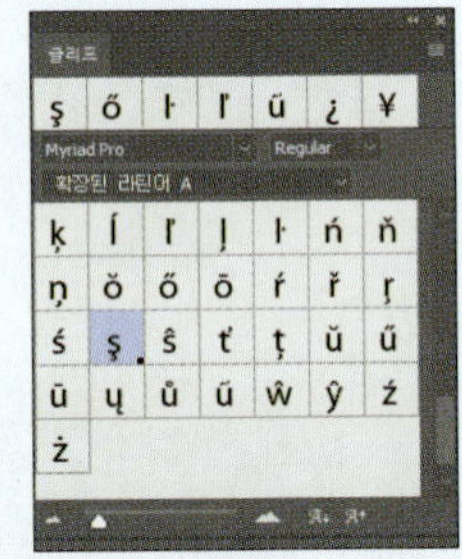

특수 문자 목록 중 오른쪽 아래에 검은색 사각형 표시가 있는 문자는 해당 문자에 대한 대체 항목이 있음을 뜻한다. 길게 클릭하거나 Alt 를 누른 채 클릭하면 대체 항목을 볼 수 있고, 문서창에 입력 후 문자를 선택하면 글리프 패널과 화면에 자동으로 대체 항목이 표시된다.

직접 해보기 세로 문자 마스크 도구, 수평 문자 마스크 도구

세로 또는 가로로 입력한 문자 모양의 선택 영역을 만든다.

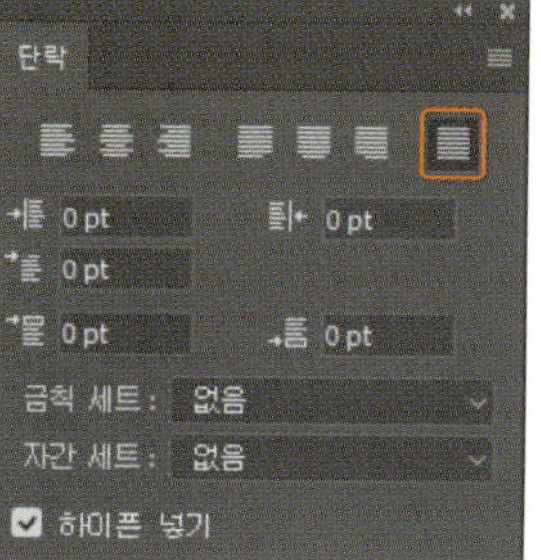

01 [파일]-[열기] 메뉴를 실행하여 "Sample>part02" 폴더안의 "p02-06-03.jpg" 파일을 불러온 후 수평 문자 마스크 도구( )로 선택 영역을 만들어 보자.

02 도구 패널에서 수평 문자 마스크 도구( )를 선택한다. 이미지를 드래그하면 드래그한 크기만큼 문자를 입력할 수 있는 글상자가 표시되면서 화면이 붉은 색으로 바뀐다.

강의노트

글상자는 긴 문장을 관리할 때 유용하다. 글상자를 만들면 상자 영역 안에서만 입력한 문장이 보이고 모서리의 조절점을 움직여 크기 및 기울기를 변경할 수 있다.

03 글상자에 '등잔 밑이 어둡다'라고 입력한 후 옵션 막대나 문자 패널에서 글꼴 및 크기를 지정한다. 단락 패널에서는 문자 정렬을 모두 강제 정렬로 선택한다.

강의노트

문자 입력 모드 중에 글상자 모서리를 움직여 크기 및 각도, 위치를 조절할 수 있다.

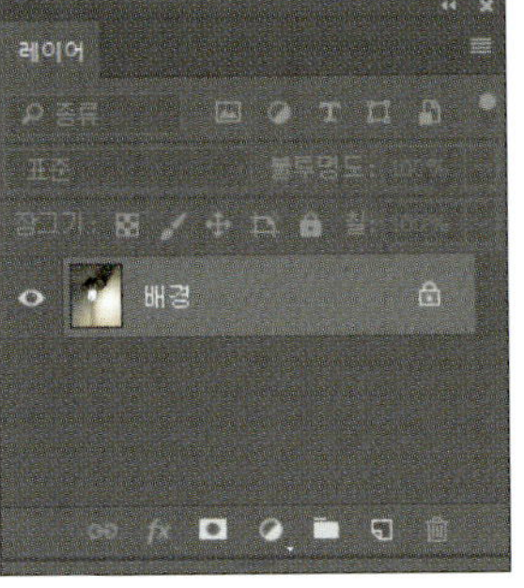

04 키패드의 Enter 를 클릭하면 입력한 문자가 선택 영역으로 변경된다. 레이어 패널에도 새 문자 레이어가 생성되지 않는다.

05 [선택]-[선택 영역 변형] 메뉴를 실행하고 벽면 원근에 맞춰 선택 영역을 변형한다. [이미지]-[조정]-[색조/채도] 메뉴를 실행하여 선택 영역의 색조 및 채도, 밝기를 조절한다.

06 Ctrl + D 를 눌러 선택 영역을 해제하고 작업을 완료한다.

직접 해보기 패스 따라 흐르는 문자 만들기

문자 도구로 패스 위를 클릭한 후 글자를 입력하면 패스 모양을 따라 글자가 배치된다.

01 [파일]-[열기] 메뉴를 실행하여 "Sample〉part02" 폴더안의 "p02-06-04.jpg" 파일을 불러온 후 유리잔을 따라 흐르는 글자를 입력하여 보자.

02 도구 패널에서 펜 도구( )를 선택한 후 옵션 막대에서 그리기 모드를 패스로 지정한다. 유리잔을 따라 고정점을 만들며 패스를 만든다.

03 도구 패널에서 수평 문자 도구(T)를 선택한 후 옵션 막대에서 문자 서식을 설정한다. 패스 시작 부분으로 커서를 가져가고, 커서의 모양이 로 바뀌면 클릭한다. 문자 입력 커서가 깜빡이면 문자를 입력한다.

04 입력한 글보다 패스가 짧으면 직접 선택 도구(▶)로 패스를 수정한다.

05 직접 선택 도구(▶)의 커서 모양이 ⬚ 일 때 클릭하고 왼쪽으로 드래그하면 패스 입력 방향이 바뀌고, 패스 위를 드래그하면 문자 시작 위치를 조정할 수 있다.

강의노트 🖊

패스의 문자 입력 공간이 충분하면 커서의 삼각형이 흰색으로 바뀐다.

06 키패드의 Enter 를 눌러 문자 입력을 마친다.

직접 해보기 뒤틀어진 텍스트 만들기

문자 레이어 내용을 15가지 스타일로 변형한다. 문자 레이어 상태에서만 적용되며 볼드체 스타일의 문자에는 적용되지 않는다.

01 [파일]-[열기] 메뉴를 실행하여 "Sample〉part02" 폴더안의 "p02-06-05.jpg" 파일을 불러온 후 케익 모양에 맞춰 문자를 변형하여 보자.

02 도구 패널에서 수평 문자 마스크 도구(□)를 선택하고 케이크 빈 공간에 맞춰 드래그한다.

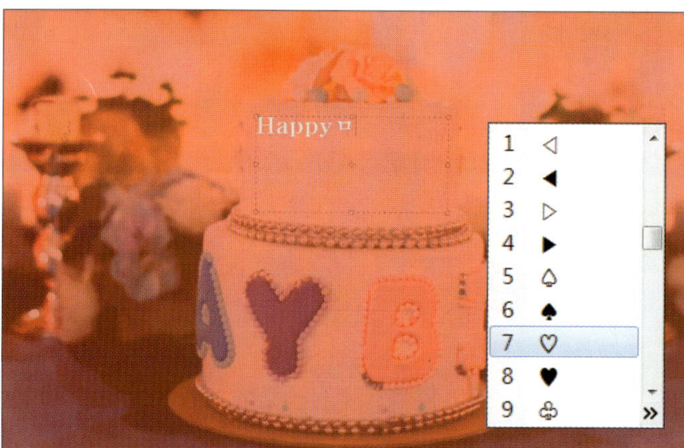

03 글상자가 표시되면 영문 'Happy' 와 국문 'ㅁ'을 이어서 입력하고 한자 키를 누른다. 'ㅁ'의 특수 문자 중 하트를 선택한다.

04 'Happy♡♡' 입력 후 Enter를 눌러 단을 바꾸고 'Birthday'를 입력한다. 옵션 막대에서 글꼴, 문자 크기, 정렬 등을 설정한다.

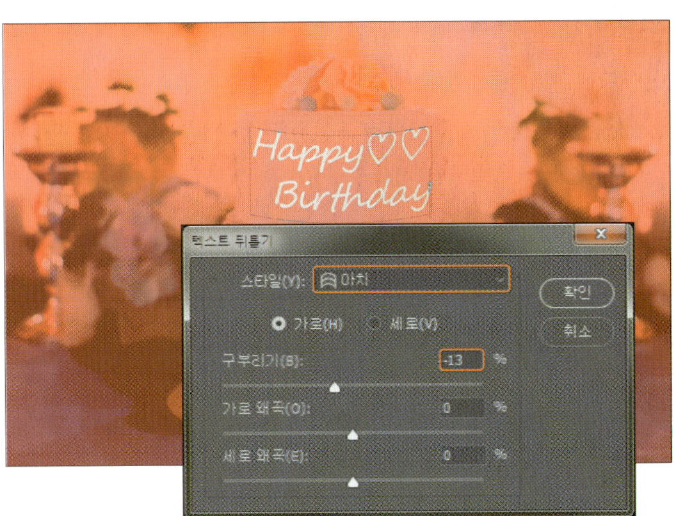

05 문자 서식 설정 후 옵션 막대의 ⬚를 클릭한다. 대화상자가 나타나면 아치 스타일의 왜곡을 가로 방향으로 적용시킨 후 키패드의 Enter를 클릭하여 입력 모드를 종료한다.

06 입력한 문구가 선택 영역으로 전환되면 Ctrl + J를 눌러 선택 영역을 새 레이어에 붙여 넣는다.

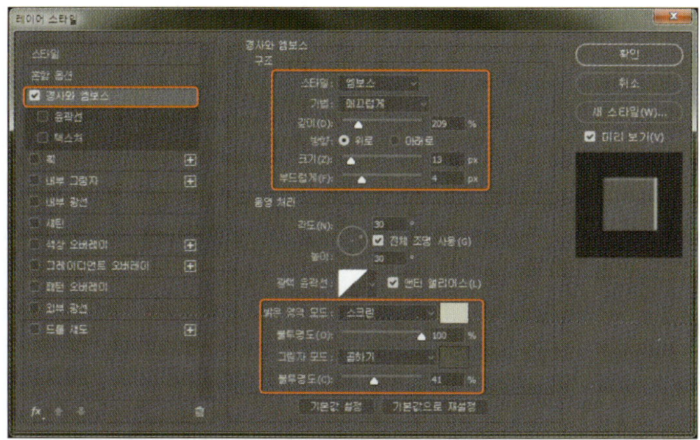

07 위에서 만든 새 레이어를 더블 클릭하고 경사와 엠보스 스타일을 적용한다.

강의노트 🖉

경사와 엠보스는 레이어 내용 혹은 선택 영역에 음영을 적용하여 입체적인 효과를 만든다.

08 케이크 모양에 맞춰 변형된 문자에 음영이 적용된 것을 확인하고 작업을 완료한다.

보충수업 뒤틀어진 텍스트 만들기

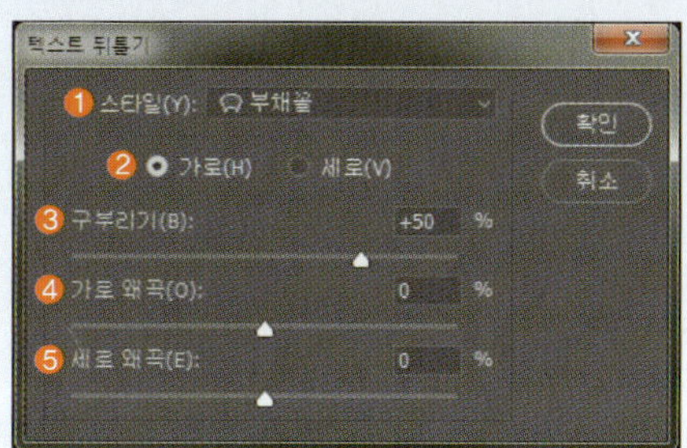

❶ **스타일** : 15가지 왜곡 스타일을 제공한다.
❷ 굴절 방향으로 가로, 세로 중 하나를 선택한다.
❸ **구부리기** : 휘는 정도를 조절한다.
❹ **가로 왜곡** : 좌우로 왜곡되는 정도를 조절한다.
❺ **세로 왜곡** : 상하로 왜곡되는 정도를 조절한다.

직접 해보기 사각형 도구(Rectangle Tool)

원하는 크기의 사각형을 모양, 패스, 픽셀 모드로 그릴 수 있다.

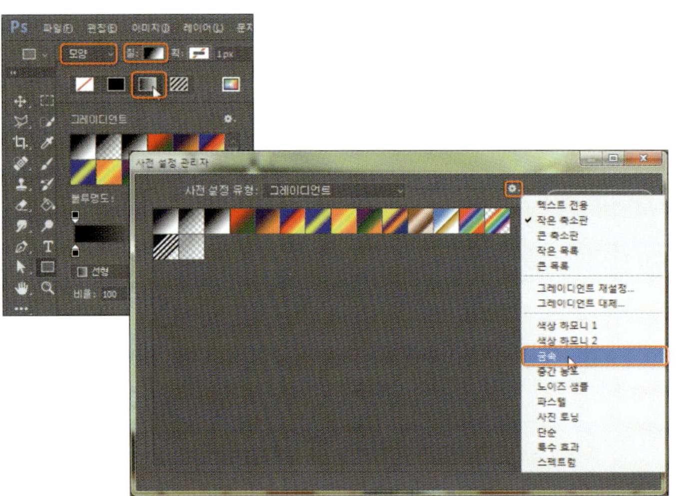

01 [파일]-[열기] 메뉴를 실행하여 "Sample〉part02" 폴더안의 "p02-06-06.jpg" 파일을 불러온 후 사각형 도구(□)로 세련된 금속 프레임 액자를 만들어 보자.

02 도구 패널에서 사각형 도구(□)를 선택한 후 옵션 막대의 모드를 모양으로 설정한다. 칠 박스를 누르고 그레이디언트를 선택한 후 ⚙.에서 사전 설정 관리자를 선택한다. 다시 ⚙.를 누르고 금속 그레이디언트 사전 설정을 불러온다.

03 금속 그레이디언트 목록에서 은 그레이디언트를 선택하고 각도를 45°로 설정한다. 같은 방법으로 획 박스를 클릭하고 선 없음을 선택한다.

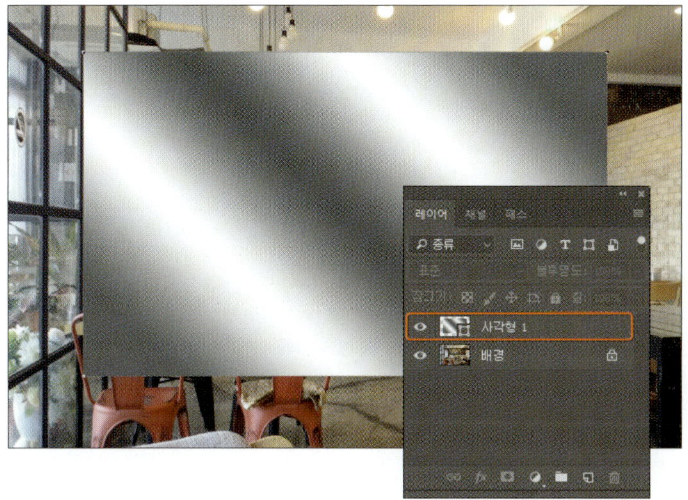

04 계속해서 옵션 막대의 패스 작업을 새 레이어로 설정하고 화면을 드래그하면 드래그한 영역만큼 그레이디언트로 채워진 사각형이 만들어 진다. 레이어 패널에는 모양 레이어가 생성된다.

05 다시 옵션 막대에서 패스 작업을 전면 모양에서 빼기로 설정하면 이미지 전체 크기에서 위에서 그린 사각형을 제외한 도형이 만들어 진다. 계속해서 옵션 막대의 패스 정렬을 캔버스에 정렬로 지정한 후 수평 가운데, 수직 가운데를 차례대로 클릭하면 뚫린 사각형의 위치를 문서 정 가운데에 맞출 수 있다.

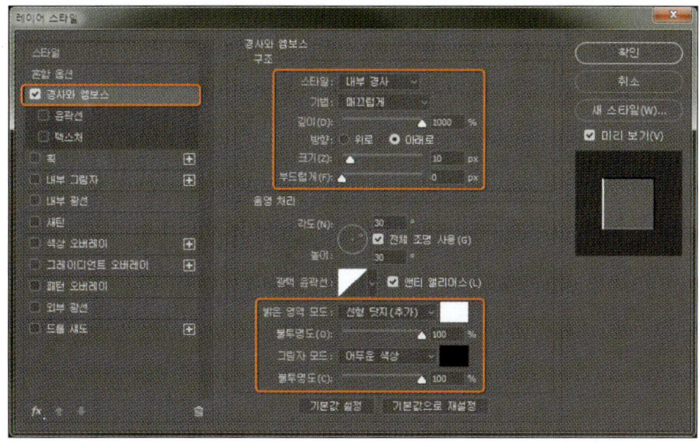

06 레이어 패널에서 모양 레이어를 더블 클릭한 후 레이어 스타일의 경사와 엠보스 효과를 적용한다.

07 레이어 스타일이 적용된 모습을 확인하고 작업을 완료한다.

 보충수업 사각형 도구 옵션 막대

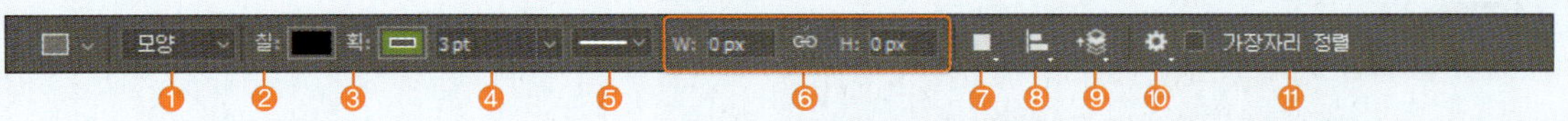

❶ 모드

- **모양** : 패스를 포함한 모양을 만든다. 레이어 패널과 패스 패널에 각각 모양 레이어, 모양 패스가 생성되며 직접 선택 도구로 모양 변형이 가능하다.
- **패스** : 도형의 윤곽선대로 패스만 만든다. 패스 패널에 작업 패스가 만들어진다.
- **픽셀** : 펜 도구에서는 활성화되지 않고 도형 도구에서만 활성화된다. 도형 모양대로 선택된 레이어를 전경색으로 채우기 때문에 따로 레이어나 패스가 만들어지지 않는다.

❷ **칠** : 면 색을 지정한다. 색 없음, 단색, 그레이디언트, 패턴으로 채울 수 있다.

❸ **획** : 테두리 선 색을 지정한다. 색 없음, 단색, 그레이디언트, 패턴으로 채울 수 있다.

❹ 획의 두께를 설정한다.

❺ 획 유형과 획의 위치 및 획 끝, 모서리 처리 방식을 지정한다.

❻ **W/H** : 가로, 세로 수치를 입력하여 도형을 만들거나 만들어진 도형의 크기를 확인한다. 수치를 변경하면 선택한 도형의 크기가 변경된다.

❼ 겹치는 모양의 처리 방식을 설정한다.

❽ 선택한 모양을 정렬하거나 배분한다.

❾ 모양의 순서를 설정한다.

❿ 클릭, 드래그하여 옵션을 적용한 도형을 그린다. 크기나 비율을 고정했어도 이미지를 클릭하면 도형 만들기 대화상자가 나타나 입력한 수치의 도형을 만들 수 있다.

- **제한 없음** : 마우스를 드래그하여 자유롭게 도형을 그린다.
- **정사각형** : 가로, 세로 비율을 1:1로 그린다.
- **크기 고정** : 정해진 크기의 도형을 그린다.
- **비율** : 가로, 세로 비율 값을 입력하여 동일한 비율로 도형을 그린다.
- **중앙부터** : 클릭한 지점을 중심으로 사각형이 그려진다.

⓫ **가장자리 정렬** : 픽셀 격자에 모양 가장자리를 정렬한다.

직접 해보기 ◻ 모서리 둥근 직사각형, ◻ 타원, ◻ 다각형, ／ 선 도구

모서리가 둥근 직사각형을 만들거나 타원 그리고 여러 가지 모양의 다각형 도형과 선을 만들 수 있다.

01 [파일]–[열기] 메뉴를 실행하여 "Sample〉part02" 폴더안의 "p02-06-07.jpg" 파일을 불러온 후 도형 도구로 이미지를 꾸며 보자.

02 도구 패널에서 다각형 도구(◻)를 선택한다. 옵션 막대에서 칠 색을 빨간색, 측면을 5로 지정한 후 ⚙을 눌러 별에 체크하고 측면 들여쓰기 기준을 50%로 설정한다. 이미지 좌측 상단을 드래그하면 꼭지점이 5개인 별이 그려진다.

03 Ctrl + Shift + Alt 를 누른 채 우측으로 드래그하여 별을 복제한다. 3번 더 반복하여 별 5개를 만든다.

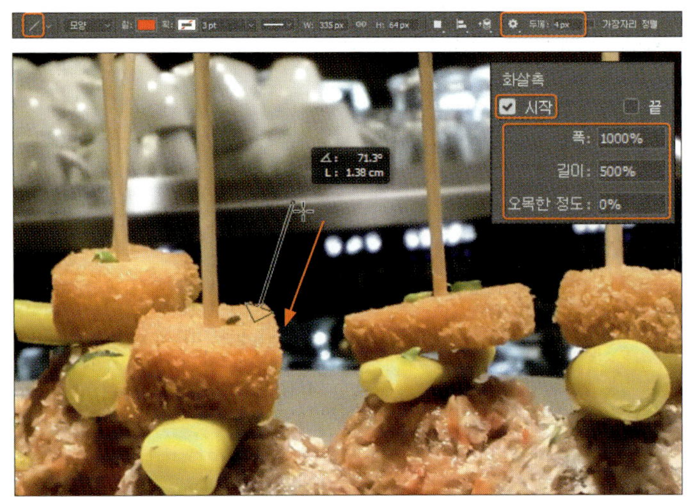

04 이번에는 선 도구()를 선택한다. 옵션 막대에서 ⚙을 눌러 시작에 체크하고 폭과 깊이, 오목한 정도를 설정한 후 두께를 4px로 입력한다. 이미지 중간의 감자를 클릭하고 드래그하면 시작점에 화살표가 있는 선이 그려지고 레이어 패널에는 모양 1 레이어가 생성된다.

보충수업 모서리가 둥근 직사각형 도구 옵션 막대

- 반경 : 모서리의 둥근 정도를 조절한다. 모서리에 모두 적용된다.
  도형을 그리면 속성 패널이 자동으로 활성화되어 모양 속성을 확인할 수 있다. 속성 패널 하단에 네 모서리 반경을 각각 조절할 수 있는 항목이 있다.

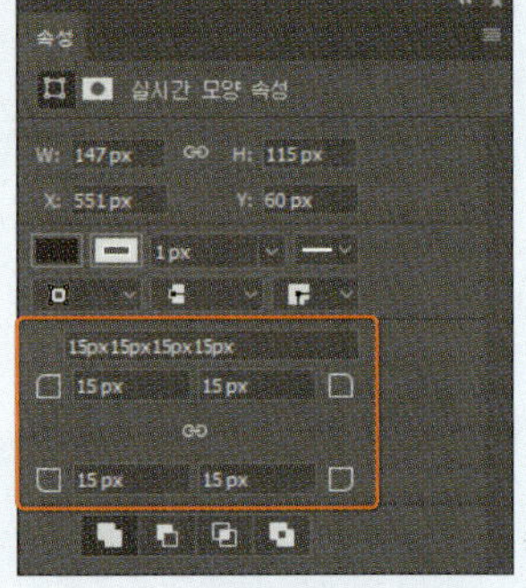

보충수업 타원 도구 옵션 막대

- 원 : 정원을 그린다.
  Shift 를 누른 채 그리는 것과 같다.

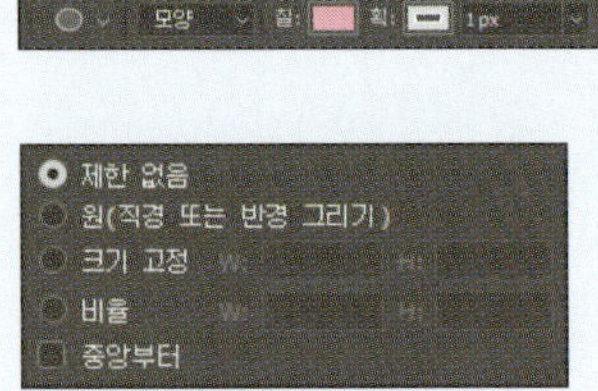

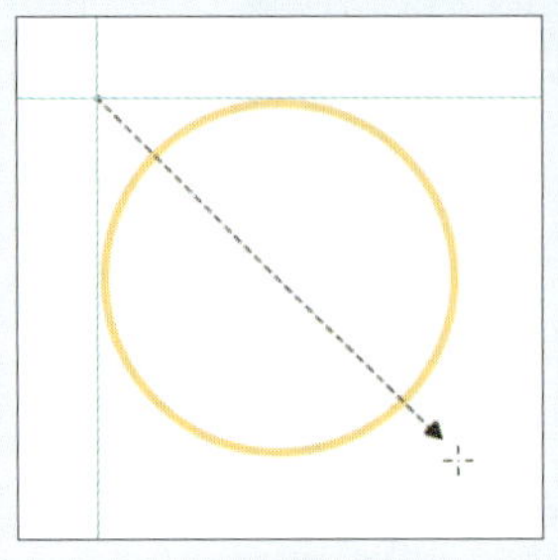

모퉁이부터 그리기

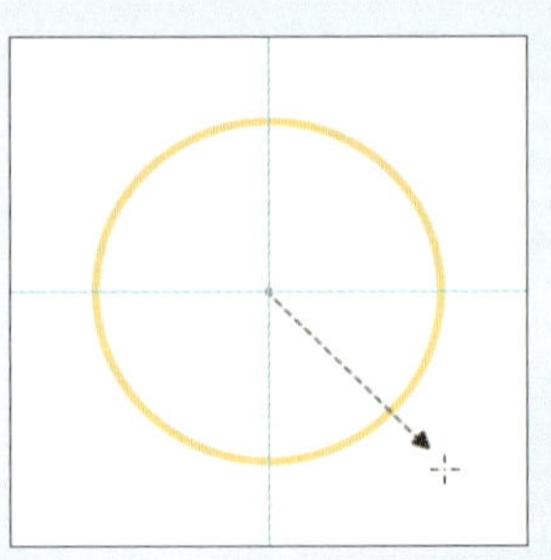

중심부터 그리기

- 중앙부터 : 클릭 지점을 중심으로 원을 그린다. Alt 를 누른 채 그리는 것과 같다.

05 옵션 막대에서 칠 색을 초록색으로 변경하면 화살표 색이 변경된다.

06 도구 패널에서 모서리가 둥근 직사각형 도구(□)를 선택한다. 옵션 막대에서 패스 작업을 모양 결합으로 지정하고 반경을 15px로 설정한다. 선 끝이 닿도록 가로로 길게 드래그하면 모서리가 둥근 직사각형이 그려지고 모양 1 레이어에 모양이 추가되어 새 모양 레이어는 생기지 않는다.

07 속성 패널에서 모퉁이 연결을 해제한 후 오른쪽 상단과 왼쪽 하단 모퉁이 반경을 0px로 설정하면 모서리가 둥근 직사각형의 모서리가 변경된다.

08 수평 문자 도구(T)를 선택하고 옵션 막대에서 서식을 지정한 후 설명을 입력한다.

09 위와 같은 방법으로 나머지 재료들도 지시선과 박스를 만들고 설명을 달아 준다.

보충수업 다각형 도구 옵션 막대

❶ **반경** : 다각형의 반지름 길이를 입력하여 크기를 조절한다.

❷ **모퉁이 매끄럽게** : 모퉁이를 둥글게 만들어 둥근 다각형을 그린다.

❸ **별** : 별 모양의 도형을 그린다.

❹ **측면 들여쓰기 기준** : 1%~99% 사이의 정수를 입력하여 안쪽으로 들어가는 모서리의 들여쓰기 정도를 조절한다. 수치가 클수록 날카로운 별이 만들어진다.

❺ **가장자리 매끄럽게** : 안쪽으로 들어가는 모서리가 곡선으로 표현된다.

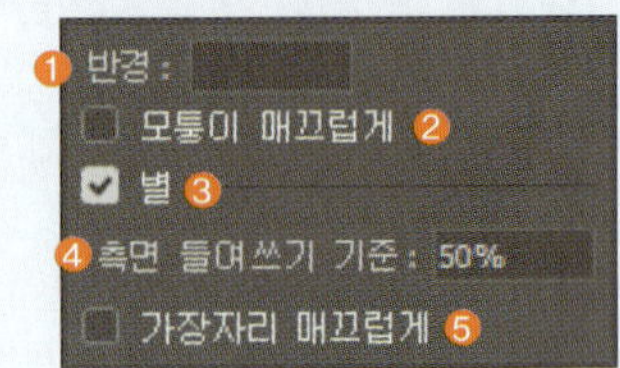

모퉁이 매끄럽게   모퉁이, 가장자리 매끄럽게   가장자리 매끄럽게   측면 들여쓰기 기준 : 50   측면 들여쓰기 기준 : 70

• 측면 : 그리려는 다각형의 면 수 또는 별의 꼭지점 수를 입력한다.

보충수업 선 도구 옵션 막대

① **획 옵션** : 모양 모드의 공통 옵션으로 획 위치, 선 끝 모양, 모퉁이 모양을 설정한다.

  • 정렬 : 모양 가장자리를 기준으로 획 위치를 설정한다.

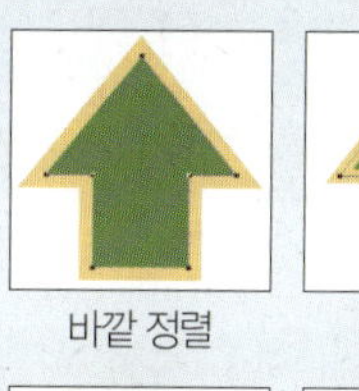 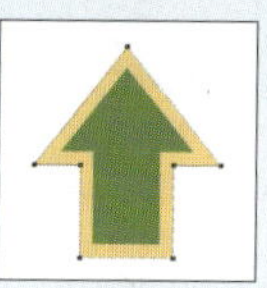

바깥 정렬   중앙 정렬   안쪽 정렬

  • 대문자 : 단면 끝점의 모양을 설정한다.

버트   원   정사각형

  • 모서리 : 모퉁이 점에서의 획 모양을 설정한다.

마이터   원   경사

② **화살촉 옵션** : 선의 시작과 끝 모양을 화살촉으로 만든다.

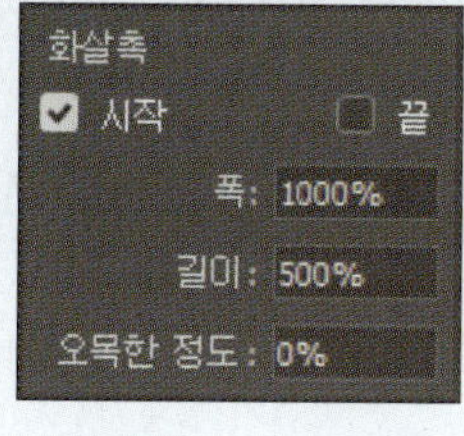

  • 시작/끝 : 체크한 지점에 화살촉을 만든다.

  • 폭 : 선 두께를 기준으로 10%~1000% 사이의 정수 값을 입력하여 화살촉의 폭을 설정한다.

  • 길이 : 선 두께를 기준으로 10%~5000% 사이의 정수 값을 입력하여 화살촉의 길이를 설정한다.

  • 오목한 정도 : −50%~50% 사이의 정수 값을 입력하여 화살촉의 모양을 조절한다.

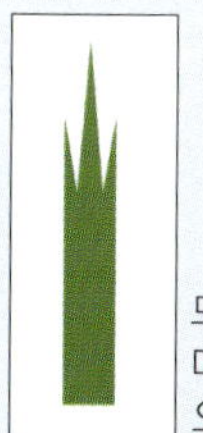   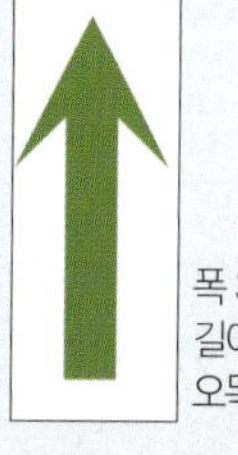 

모퉁이 매끄럽게 오목한 정도 0   폭 100 길이 300 오목한 정도 0   폭 300 길이 300 오목한 정도 0   폭 300 길이 300 오목한 정도 50   폭 300 길이 300 오목한 정도 −50

직접 해보기 ✿ 사용자 정의 모양 도구(Custom Shape Tool)

305개의 사전 등록된 사용자 정의 모양을 그려 넣을 수 있다.

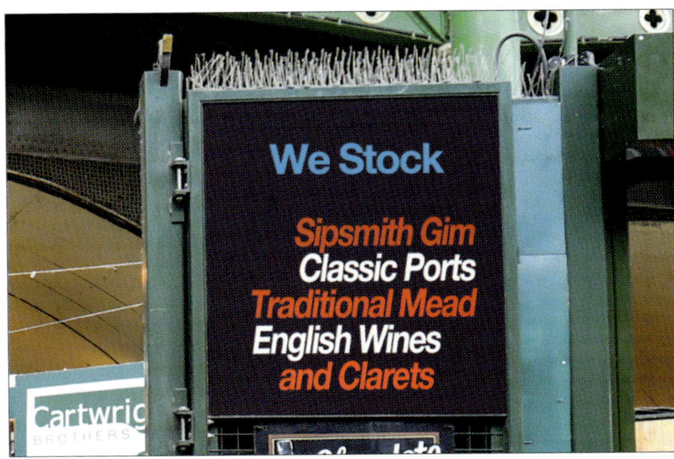

01 [파일]-[열기] 메뉴를 실행하여 "Sample〉part02" 폴더안의 "p02-06-08.psd" 파일을 불러온 후 도형 도구로 이미지를 꾸며 보자.

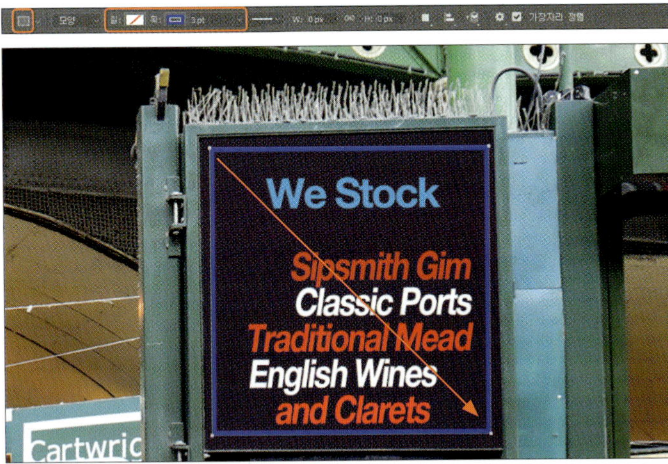

02 도구 패널에서 사각형 도구(□)를 선택한 후 옵션 막대에서 모양 모드로 설정한다. 칠 색 없음, 획 색 파란색, 획 두께를 3px로 설정한 후 칠판 보다 약간 작게 드래그하여 사각형을 그려 넣는다.

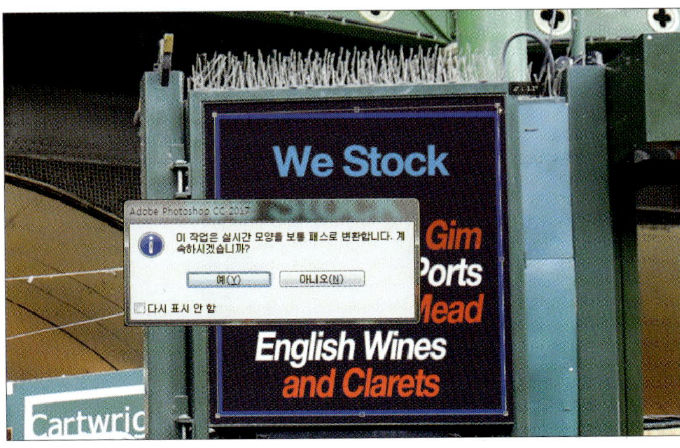

03 Ctrl +T 를 누르고 Ctrl 을 누른 채 각 모서리를 움직여 칠판 모양에 맞춰 변형한다. 알림창이 나오면 [예]를 클릭한다.

강의노트 ✏

모양이 틀어지면 모양 속성이 사라지고 패스 속성을 갖게 된다.

04 이번에는 사용자 정의 모양 도구 (✿)를 선택한다. 옵션 막대에서 모양 설정 드롭다운 메뉴를 클릭한 후 ✿.을 누르고 모두 메뉴를 선택한다. 모양 피커에 사전 설정 모양이 모두 표시되면 화살표를 선택하고 이미지 창을 드래그하여 화살표를 그려 넣는다.

05 도구 패널에서 직접 선택 도구 (▸)를 선택하고 화살표의 꼬리만 드래그하면 화살표 꼬리의 기준점만 선택된다.

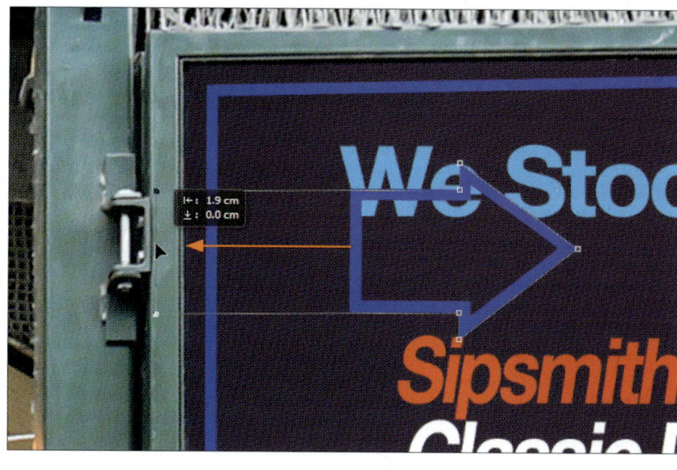

06 Shift 를 누른 채 왼쪽으로 드래그하여 화살표를 길게 변형한 후 Enter 를 눌러 기준점을 숨긴다.

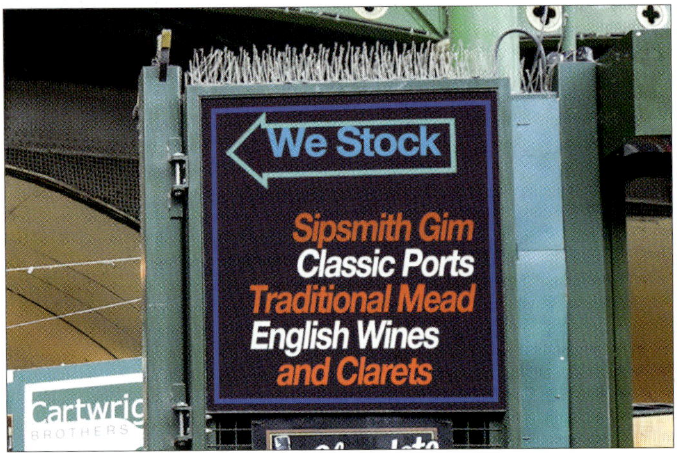

07 Ctrl+T를 눌러 모양을 180도 회전시킨 후 'We Stock' 보다 약간 크게 크기를 조정한다. 옵션 막대에서 화살표의 색상을 변경한다.

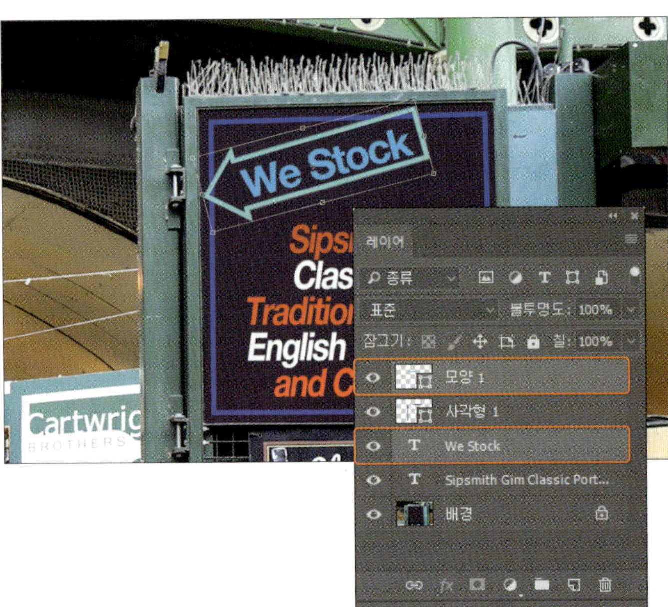

08 레이어 패널에서 Shift를 누른 채 We Stock 레이어를 클릭하면 화살표 레이어와 같이 선택된다. 도구 패널에서 이동 도구( )를 클릭한 후 옵션 막대의 수직 가운데 정렬을 눌러 화살표와 문구를 가운데 맞춤한다. Ctrl+T를 누르고 각도와 위치를 조절한 후 키패드의 Enter를 클릭한다.

09 다시 도구 패널에서 사용자 정의 모양 도구( )를 선택하고 간판의 남은 부분을 여러 가지 모양으로 꾸민다.

보충수업 사용자 정의 모양 도구 옵션 막대

305개의 사용자 정의 모양이 제공된다.

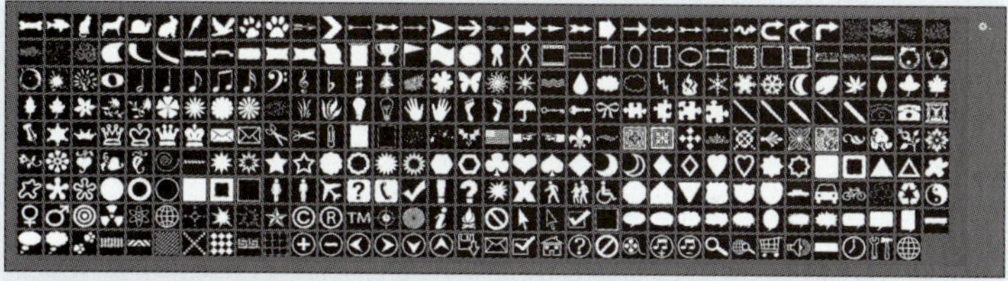

보충수업 사용자 정의 모양 등록하기

사전 설정으로 제공되는 사용자 정의 모양 외에 새로운 모양을 사용자 정의 모양으로 정의하면 모양 피커 목록에 추가된다. 추가된 목록은 사전 설정으로 저장하고 언제든지 불러올 수 있다.

❶ 문자 레이어를 선택하고 오른쪽 마우스 버튼으로 클릭한다. 팝업 메뉴에서 모양으로 변환을 선택한다.

❷ Ctrl 을 누른 채 모양 1 레이어를 클릭한다.

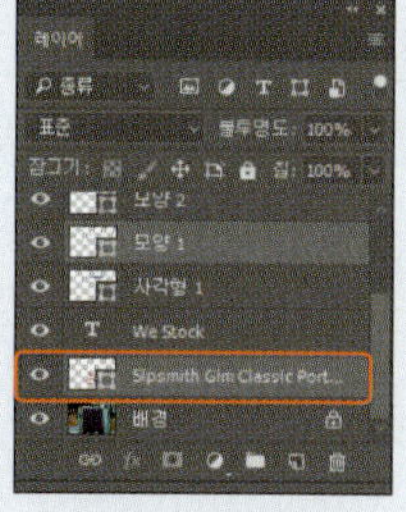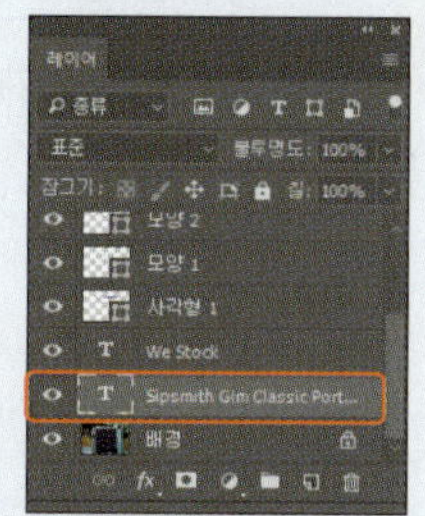

❸ [편집]-[사용자 정의 모양 정의] 메뉴를 실행한다.

❹ 모양 이름 대화상자가 나타나면 이름을 정하고 [확인] 버튼을 클릭한다. 왼쪽의 미리 보기 창에 등록될 모양이 표시된다.

❺ 사용자 정의 모양 도구를 선택하고 모양 피커를 열면 선택되어 있던 사전 설정 목록 끝에 모양으로 등록된 것을 확인할 수 있다.

❻ 모양 피커 옵션 아이콘을 클릭하고 모양 저장을 선택한다.

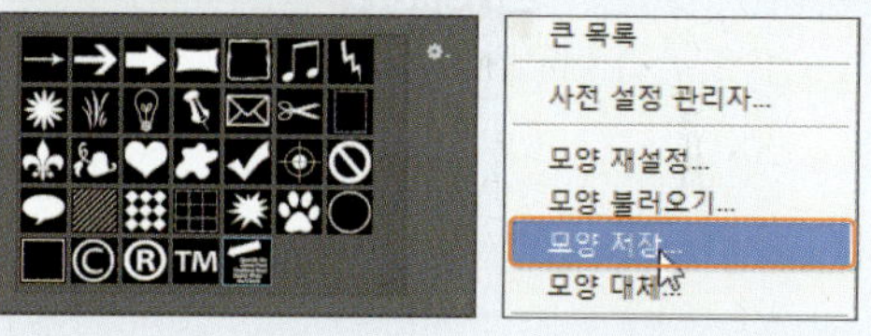

❼ 사전 설정 불러오기를 실행하면 저장한 사전 설정이 표시되고 모양 피커 팝업 메뉴에는 프로그램을 재실행해야 표시된다.

❽ 새로 만든 사용자 정의 모양을 저장한다.

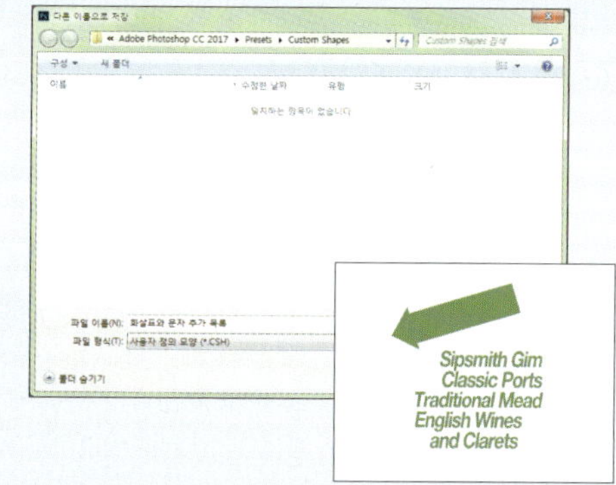

실전문제

01. 카드의 빈 공간에 맞추어 원하는 문장을 입력해 보자.

준비파일 ｜ Sample〉part02〉p02-06-09.jpg

완성파일 ｜ Artwork〉part02〉p02-06-09.psd

Hint 1. 준비된 파일을 불러온 후 도구 패널에서 수평 문자 도구를 선택한다.
　　 2. 카드 빈 공간에 맞춰 드래그한 후 문구를 입력한다. 문자 패널에서 글꼴 및 문자 크기, 행간, 자간을 지정하고
　　　 단락 패널에서 문자 정렬을 설정한다. [Ctrl]을 누른 채 글상자의 기울기를 조절한다.
　　 3. 옵션 막대의 ⊤를 클릭하고 왜곡 스타일 중 아치를 선택한다. 구부리기는 0으로 설정하고 이미지와 글상자를
　　　 확인하며 가로, 세로 왜곡을 조절한다. 키패드의 [Enter]를 눌러 문자 입력을 완료한다.

02. 문자 도구와 도형 도구를 이용하여 퀴즈 페이지를 만들어 보자.

준비파일 ｜ Sample〉part02〉p02-06-10.jpg

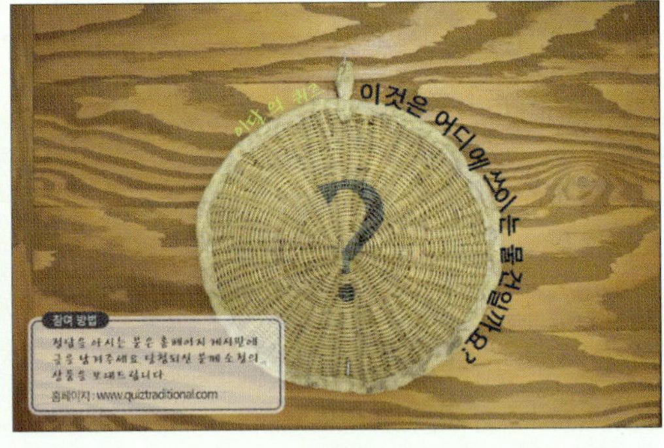

완성파일 ｜ Artwork〉part02〉p02-06-10.psd

Hint 1. 준비된 파일을 불러온 후 도구 패널에서 빠른 선택 도구로 깔개를 드래그하여 선택한다.
　　 2. 패스 패널 하단의 ◇을 눌러 선택 영역을 패스로 전환한다.
　　 3. 도구 패널에서 수평 문자 도구를 선택하고 패스를 클릭한 후 문구를 입력한다. 옵션 막대나 문자 패널에서 문자
　　　 서식을 지정한다.
　　 4. 이번에는 모서리가 둥근 직사각형 도구로 퀴즈 내용을 적을 직사각형을 그린다. 옵션 막대에서 칠, 획 서식을
　　　 지정하고 레이어 패널에서 불투명도와 획 레이어 스타일을 적용한다.
　　 5. 모서리 반경을 조정하고 4번 직사각형 보다 작게 드래그한 후 어두운 색으로 칠 색을 지정한다.
　　 6. 다시 수평 문자 도구를 선택하고 4, 5번에서 그린 도형에 맞춰 각각 문구를 입력한 후 서식을 지정한다.
　　 7. 이미지 가운데를 클릭하여 물음표를 입력하고 서식을 지정한다. 레이어 패널에서 레이어의 혼합 모드를 빼기로
　　　 설정한다.

실전문제

03. 도형 도구와 문자 도구를 이용하여 이미지를 꾸며 보자.

준비파일 | Sample〉part02〉p02-06-11.jpg   **완성파일** | Artwork〉part02〉p02-06-11.psd

Hint 1. 준비된 파일을 불러온다. 도구 패널에서 사각형 도구를 선택한 후 옵션 막대에서 칠 색을 검은색으로 지정한다. 이미지를 클릭한 후 배경 이미지의 절반 크기를 입력한다(배경 이미지 크기 : 1800px × 1200px).

2. 옵션 막대에서 패스 정렬을 캔버스에 정렬로 지정한 후 왼쪽 가장자리, 위쪽 가장자리를 차례대로 클릭한다. 레이어 패널에서 불투명도를 조절한다.

3. 이번에는 사각형 도구로 위 사각형보다 크기가 작은 사각형을 그려 넣는다.

4. 수평 문자 도구로 사각형 내부를 클릭하고 문자를 입력한 후 문자 패널과 단락 패널에서 문자 서식을 지정한다.

5. 레이어 패널에서 문자 레이어를 마우스 오른쪽 버튼으로 클릭한 후 모양으로 변환 메뉴를 실행한다. [Shift]를 누른 채 사각형 2 레이어를 클릭하고 이동 도구의 옵션 막대에서 수직 가운데 정렬, 수평 중앙 정렬을 클릭한다.

6. [Ctrl]+[E]를 눌러 선택한 두 레이어를 합친 후 패스 선택 도구를 선택한다. 옵션 막대에서 패스 작업의 모양 오버랩 제외 명령을 클릭한 후 옵션 막대에서 원하는 칠 유형 및 색을 지정한다.

7. 마지막으로 [Shift]를 누른 채 사각형 1 레이어를 클릭하고 이동 도구의 옵션 막대에서 수직 가운데 정렬, 왼쪽 가장자리 정렬, 수평 중앙 정렬을 차례대로 클릭한다.

작업 효율성 도구 익히기

최종 결과물에는 크게 영향을 끼치지 않지만 결과물을 만드는 과정에서 작업이 수월하게 진행되도록 도와주거나 문서 정보를 측정, 기록하는 도구들이 있다. 이 도구들을 손에 익히고 자유자재로 사용하게 되면 작업 시간을 단축 시켜 보다 효율적인 작업이 가능하다.

Zoom In
알찬 예제로 배우는
포토샵
작업 효율성

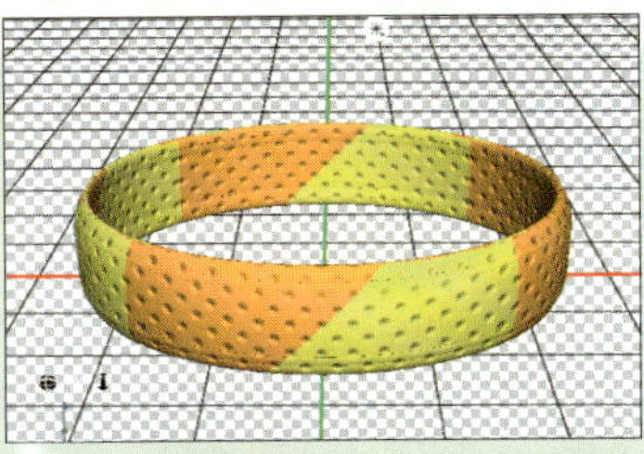

Keypoint Tool

_ **측정 도구** 색상이나 3D 재질을 샘플링하거나 색상 값, 거리, 각도, 개체 수 등을 측정한다.

_ **탐색 도구** 화면을 이동시켜 숨겨진 영역을 표시하거나 이미지 보기를 확대, 축소, 회전한다.

Knowhow

_ **측정 로그 패널** 측정 도구로 분석, 수집된 정보는 측정 로그 패널에 기록할 수 있다.

직접 해보기 스포이드 도구(Eyedropper Tool), 색상 샘플러 도구(Color Sample Tool)

스포이드 도구는 클릭 지점의 색상을 추출하여 전경색이나 배경색으로 지정하고, 색상 샘플러 도구는 클릭 지점의 색상 정보를 저장한다.

01 [파일]-[열기] 메뉴를 실행하여 "Sample>part02" 폴더안의 "p02-07-01.jpg" 파일을 불러온 후 젤리 색상을 전경색으로 지정하고 색상 정보를 알아내보자.

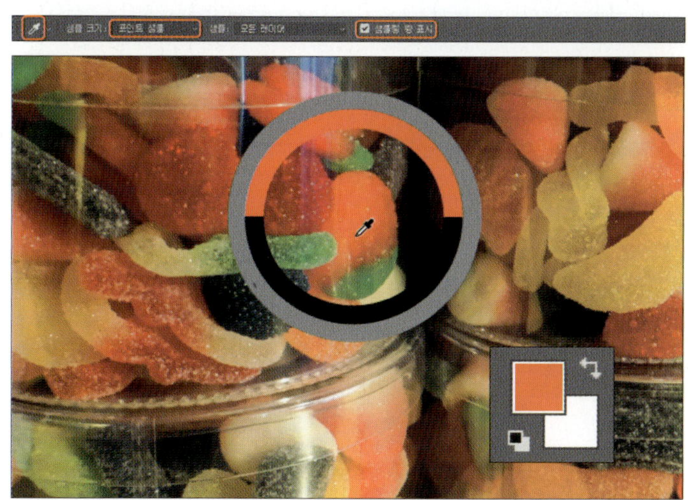

02 스포이드 도구()를 선택한 후 옵션 막대에서 샘플 크기를 포인트 샘플로 지정하고 샘플링 링에 체크한다. 이미지 중앙의 빨간 젤리를 클릭하면 샘플링 링이 나타나며 클릭 지점의 색이 전경색으로 추출된다.

강의노트

샘플링 링은 옵션 막대에서 표시하거나 숨길 수 있다. 링의 윗부분은 새로 지정한 색상을, 아랫부분은 현재 지정된 전경색 혹은 배경색을 표시한다. Alt 를 누른 채 클릭하면 배경색으로 추출된다.

03 이번에는 도구 패널에서 색상 샘플러 도구()를 선택한다. 색상 정보가 필요한 지점을 클릭하면 클릭 지점이 로 표시되고 정보 패널이 열리면서 색상 정보를 확인할 수 있다.

04 클릭 지점을 추가하면 정보 패널 #2에 색상 정보가 표시된다. 샘플러는 최대 10개까지 저장된다. 샘플러 표식은 드래그하여 위치를 변경할 수 있고, Alt 를 누른 채 클릭하여 삭제할 수 있다.

강의노트 🖉

이미지를 닫아도 색상 샘플러 정보가 저장된다.

보충수업 스포이드 도구 옵션 막대

| | 샘플 크기: 포인트 샘플 ∨ | 샘플: 모든 레이어 ∨ | ☑ 샘플링 링 표시 |

❶

❷

❶ 샘플 크기

- 포인트 샘플 : 단일 픽셀의 색상을 추출한다.
- 평균값 : 클릭 지점을 중심으로 지정 수치만큼의 픽셀 평균값을 추출한다.

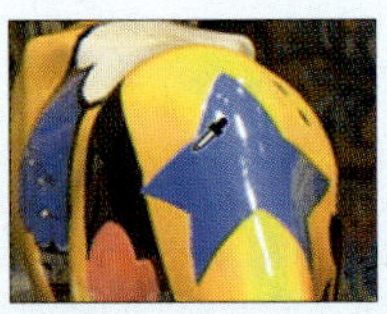

포인트 샘플

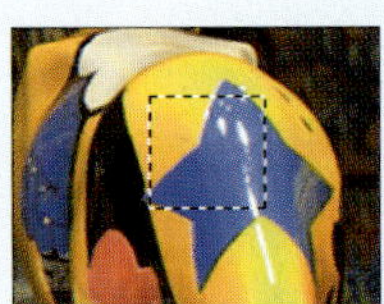

51×51 평균값

❷ 샘플링 링 표시

[편집]-[환경 설정]-[성능] 메뉴의 '그래픽 프로세서 사용'에 체크되어 있어야 활성화된다.

보충수업 색상 샘플러 도구 옵션 막대

| | 샘플 크기: 포인트 샘플 ∨ | 모두 지우기 |

❶

❷

❶ 샘플 크기

샘플 픽셀 영역의 범위를 지정한다.

❷ 모두 지우기

색상 샘플러를 모두 삭제한다.

직접 해보기　3D 재질 스포이드 도구(3D Material Eyedropper Tool)

3D 개체의 재질을 추출한다.

01 [파일]-[열기] 메뉴를 실행하여 "Sample〉part02" 폴더안의 "p02-07-02.psd" 파일을 불러온 후 재질을 추출하여 다른 개체에 적용시켜 보자.

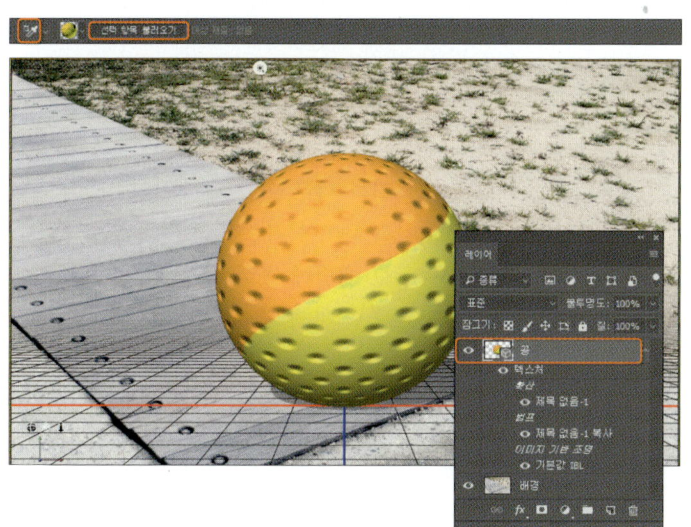

02 레이어 패널에서 공 레이어를 선택한 후 도구 패널의 3D 재질 스포이드 도구(　)를 선택한다. 스포이드로 공을 클릭하거나 옵션 막대의 선택 항목 불러오기를 클릭하면 공의 재질이 추출된다.

강의노트

불려온 재질은 옵션 막대의 재질 피커 미리보기에 표시되고 3D 재질 페인트 통에 저장된다.

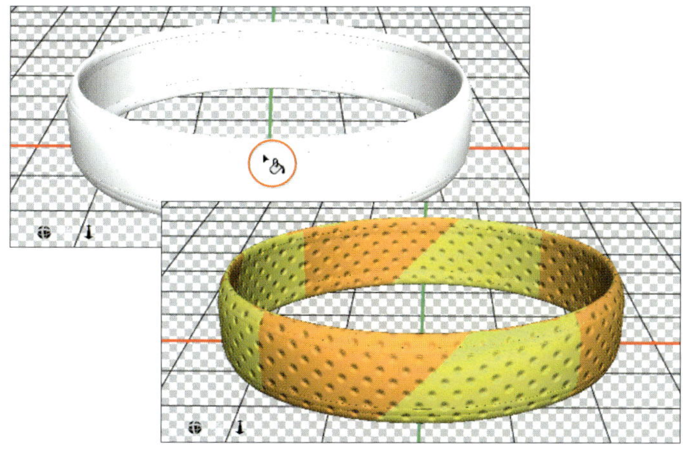

03 [파일]-[열기] 메뉴를 실행하여 "Sample〉part02" 폴더안의 "p02-07-03.psd" 파일을 불러온 후 3D 재질 놓기 도구로 반지를 클릭하면 공의 재질이 반지에 입혀진다.

직접 해보기 눈금자 도구(Ruler Tool)

이미지나 요소의 위치를 정밀하게 지정하는데 유용한 도구이다. 거리를 알고자하는 위치를 클릭, 드래그한다.

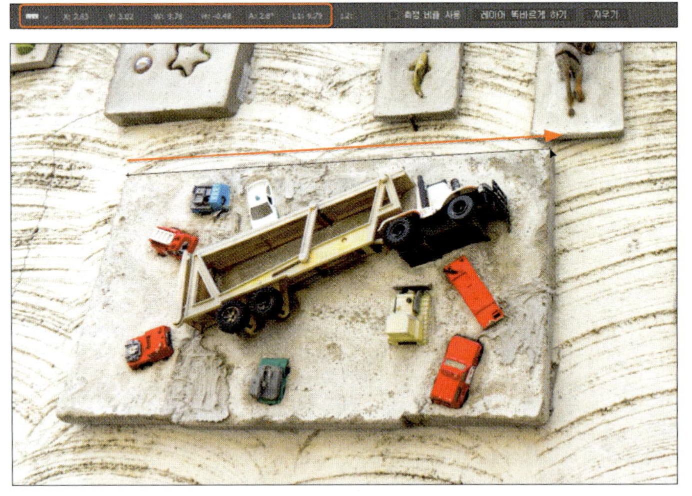

01 [파일]-[열기] 메뉴를 실행하여 "Sample〉part02" 폴더안의 "p02-07-04.jpg" 파일을 불러온 후 눈금자 도구( )로 거리 및 위치 정보를 측정하여 보자.

02 도구 패널에서 눈금자 도구( ) 를 선택한 후 가운데 벽돌의 왼쪽을 클릭한 채로 오른쪽까지 드래그한다. 두 지점 사이에 직선이 생기고 옵션 막대와 정보 패널에 클릭 지점의 좌표 및 선의 길이, 각도가 표시된다.

03 직선의 두 끝점을 클릭, 드래그하여 측정 위치를 이동시킬 수 있다. 새장의 가로 길이를 측정한 후 옵션 막대의 레이어 똑바르게 하기 를 클릭한다.

04 눈금자가 평평하게 되도록 레이어를 똑바르게 하고, 배경 레이어는 일반 레이어로 전환된다.

 **보충수업 각도 측정**

[Alt]를 누른 채 끝점으로 커서를 가져가면 커서의 모양이 각도기 모양으로 변경된다. 드래그하면 각도를 측정할 수 있다.

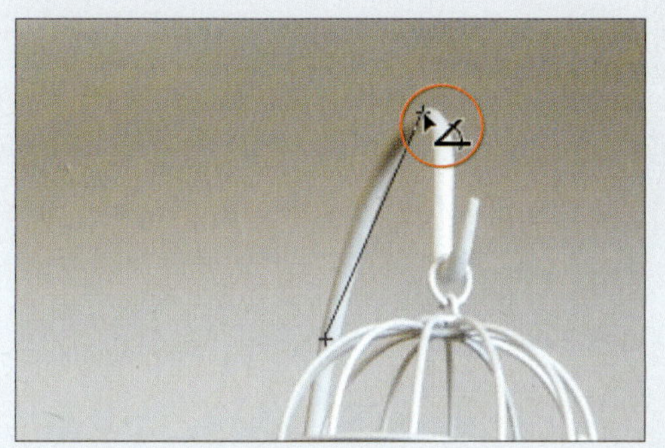 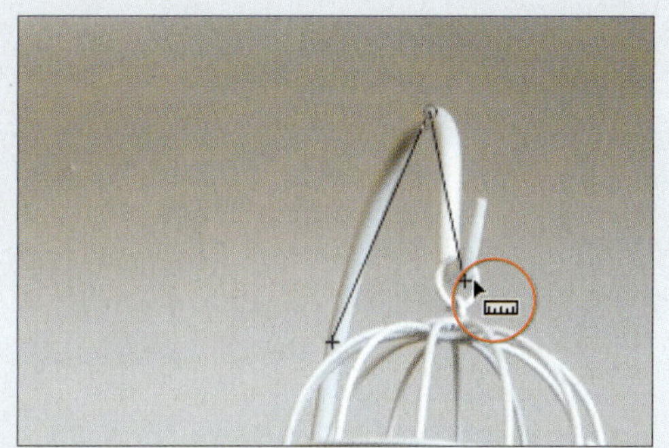

보충수업 눈금자 도구 옵션 막대

각도기를 제외한 모든 측정값은 [편집]–[환경 설정]–[단위와 눈금자] 메뉴에서 설정한 단위로 계산된다.

❶ **X/Y :** 시작점의 위치를 나타낸다.

❷ **W/H :** X, Y 축에서 이동한 가로 및 세로 거리를 표시한다.

❸ **A :** 수평선 혹은 다른 직선과 이루는 각도를 나타낸다.

❹ **L1, L2 :** 측정 길이를 나타낸다(L1). 각도기를 사용하는 경우 L1, L2 값이 모두 측정된다.

❺ **측정 비율 사용 :** 측정 비율을 사용하여 눈금자 도구 데이터를 계산한다.

❻ **레이어 똑바르게 하기 :** 측정선을 기준으로 레이어를 똑바르게 회전한다.

❼ **지우기 :** 측정 좌표를 모두 삭제한다.

직접 해보기 　메모 도구(Note Tool)

작업 시 검토 주석, 제작 메모 또는 기타 정보를 작성하여 이미지에 첨부할 수 있다. 첨부한 메모는 작은 아이콘으로 표시된다.

01 [파일]-[열기] 메뉴를 실행하여 "Sample>part02" 폴더안의 "p02-07-05.jpg" 파일을 불러온 후 추가 작업 메모를 작성하여 보자.

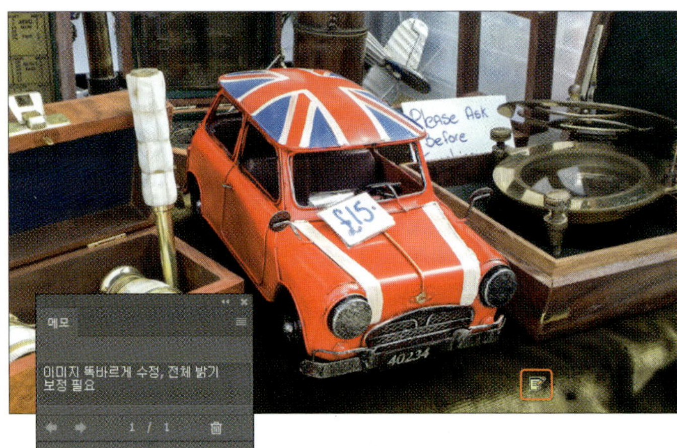

02 도구 패널에서 메모 도구(　)를 선택하고 메모를 첨부할 곳을 클릭한다. 클릭한 지점에 메모 아이콘이 생성되고 메모 패널이 활성화된다. 메모 패널 창에 내용을 입력한다.

03 또 다른 곳을 클릭하고 메모를 추가한다. 하나 이상의 메모가 작성되면 메모 패널 하단의 화살표가 활성화되어 메모 내용을 차례대로 확인할 수 있다. 메모를 클릭한 후 메모 패널의 휴지통 아이콘을 클릭하면 삭제된다.

강의노트 ✏

작성한 메모는 문서 저장 시 대화상자에서 메모에 체크하면 자동으로 PDF 파일로 저장된다.

보충수업　메모 도구 옵션 막대

❶ **작성자 :** 메모 작성자를 입력한다.
❷ **색상 :** 메모 색상을 지정한다. 색상 박스를 클릭하면 색상 피커 대화상자가 나타나 색상을 선택할 수 있다.
❸ **모두 지우기 :** 이미지에 첨부된 모든 메모가 삭제된다.
❹ 메모 패널을 표시하거나 숨긴다.

보충수업　카운트 도구 옵션 막대

❶ **카운트 :** 전체 카운트 수를 표시한다. 괄호 안은 현재 선택된 카운트 그룹의 카운트 수이다.
❷ 카운트 그룹을 선택하거나 선택한 그룹의 이름을 변경한다.
❸ 선택한 카운트 그룹을 숨기거나 표시한다.
❹ 새 카운트 그룹을 만든다.
❺ 현재 선택된 카운트 그룹을 삭제한다.
❻ 현재 선택된 카운트 그룹의 모든 카운트를 삭제한다.
❼ **색상 :** 마커와 레이블 색상을 설정한다. 카운트 그룹별로 색상을 달리 적용할 수 있다.
❽ **마커 크기 :** 1~10까지 수를 입력하여 클릭 지점을 표시하는 마커 크기를 설정한다.
❾ **레이블 크기 :** 8~72까지 수를 입력하여 숫자 크기를 설정한다.

직접 해보기 ¹₂³ 카운트 도구(Count Tool)

마우스로 클릭하여 이미지 개체의 수나 특정 부분을 수동으로 카운트한다.

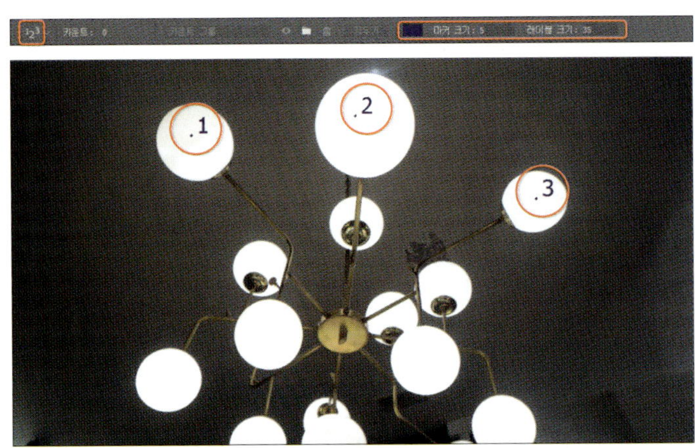

01 [파일]-[열기] 메뉴를 실행하여 "Sample〉part02" 폴더안의 "p02-07-06.jpg" 파일을 불러온 후 카운트 도구(¹₂³)로 전구 수를 카운트하고 정보를 기록하여 보자.

02 도구 패널에서 카운트 도구(¹₂³)를 선택한 후 옵션 막대에서 마커 색상과 마커 크기 및 레이블 크기를 설정한다. 상단의 전구 볼을 차례대로 클릭하면 번호가 표시된다.

강의노트 🖊

마커를 클릭, 드래그하여 카운트 지점을 변경할 수 있다. Alt 를 누른 채 마커를 클릭하면 삭제된다.

03 옵션 막대에서 ■를 눌러 카운트 그룹을 새로 만들고 색상을 빨간색으로 지정한 후 이미지 하단 전구 볼을 클릭하여 카운트한다. [창]-[측정 로그] 메뉴를 실행한 후 측정 로그 패널에서 [측정 기록] 버튼을 클릭하면 카운트 정보를 기록할 수 있다.

강의노트 🖊

파일을 저장하면 자동으로 카운트 정보가 저장된다.

직접 해보기 ✋손 도구(Hand Tool), 🔍돋보기 도구(Zoom Tool)

돋보기 도구와 손 도구는 간단한 기능이지만 포토샵 작업 시 사용 빈도가 높고 정교한 작업을 할 때 꼭 필요한 도구이다. 이미지를 확대/축소할 때는 돋보기 도구를, 화면을 이동시켜 이미지의 다른 영역을 볼 때는 손바닥 도구를 사용한다.

01 [파일]-[열기] 메뉴를 실행하여 "Sample〉part02" 폴더안의 "p02-07-07.jpg" 파일을 불러온 후 손 도구(✋)와 돋보기 도구(🔍) 사용법 을 익혀 보자.

02 도구 패널에서 손 도구(✋)를 더블 클릭하면 화면 크기에 맞춰 전체 이미지가 표시된다.

강의노트 ✐

돋보기 도구와 손 도구는 다른 작업 도중 자주 사용하는 도구이므로 단축키를 숙지해두면 작 업 시간을 단축시킬 수 있다.

03 돋보기 도구(🔍)를 선택하고 옵 션 막대에서 확대 돋보기를 클릭 한다. 이미지 중앙의 라벨을 드래그하면 드래그 크기만큼 이미지가 확대된다.

강의노트 ✐

Alt 를 누른 채 돋보기 도구를 사용하면 확대 는 축소로, 축소는 확대 돋보기로 전환된다. 다 른 도구를 사용할 땐 Ctrl + Spacebar 를 눌러 확대 돋보기로 전환하거나 Alt + Spacebar 를 눌러 축소 돋보기로 전환한다.

04 `Spacebar`를 누르면 커서의 모양이 손 모양으로 전환된다. `Spacebar`를 누른 채 아래로 드래그하면 화면이 이동한다.

05 이번에는 돋보기 도구(🔍)를 더블 클릭한다. 이미지를 100% 크기로 볼 수 있다. 문서창 상단의 파일 표시줄에 현재 화면 배율이 표시된다.

보충수업 손 도구 옵션 막대

❶ **모든 창 스크롤** : 현재 열려 있는 모든 문서창의 화면이 이동된다.

❷ **100%** : 현재 보고 있는 이미지를 이미지 픽셀 당 모니터 픽셀 1:1로 표시한다. 도구 패널의 돋보기 도구를 더블 클릭하면 100% 크기로 자동 조절된다.

❸ **화면 맞추기** : 현재 보고 있는 이미지를 포토샵 화면 크기에 맞춰 확대/축소한다. 도구 패널의 손바닥 도구를 더블 클릭하면 화면에 맞춰 자동 조절된다.

❹ **화면 채우기** : 현재 보고 있는 이미지를 포토샵 화면에 가득 차게 나타낸다.

보충수업 돋보기 도구 옵션 막대

❶ 이미지를 한 번 클릭할 때마다 이미지를 확대한다. 단축키는 [Ctrl]+[+]이다. [Alt]를 누르면 누르고 있는 동안 축소 도구로 변경된다.

❷ 이미지를 한 번 클릭할 때마다 이미지를 축소한다. 단축키는 [Ctrl]+[-]이다. [Alt]를 누르면 누르고 있는 동안 확대 도구로 변경된다.

❸ 창 크기 조절 : 도크에서 분리된 문서창을 사용할 때 이미지를 확대하거나 축소하면 캔버스 크기에 맞춰 문서창의 크기가 같이 조절된다.

❹ 모든 창 확대/축소 : 열려 있는 모든 창의 보기 배율이 같이 변경된다.

❺ 스크러비 확대/축소 : 현재 선택된 돋보기 모양과 상관없이 마우스를 오른쪽으로 드래그 할수록 이미지가 확대되고, 왼쪽으로 드래그 할수록 이미지가 축소된다.

※스크러비 기능은 [편집]-[환경 설정]-[성능] 메뉴의 '그래픽 프로세서 사용' 항목에 체크되어 있어야 사용할 수 있다.

보충수업 이미지 픽셀 격자 표시

500% 이상 확대할 경우 이미지의 픽셀 격자가 표시된다. [보기]-[표시]-[픽셀 격자] 메뉴의 선택을 해제하면 픽셀 격자를 숨길 수 있다.

보충수업 마우스 휠로 확대/축소

[편집]-[환경 설정]-[도구] 메뉴를 실행한 후 '스크롤 휠로 확대/축소' 항목에 체크하면 마우스의 스크롤로 화면 배율을 조정할 수 있다.

직접 해보기 회전 보기 도구(Rotate View Tool)

이미지 변형 없이 이미지를 회전시켜 볼 수 있다.

01 [파일]-[열기] 메뉴를 실행하여 "Sample〉part02" 폴더안의 "p02-07-08.jpg" 파일을 불러온 후 회전 보기 도구( ) 사용법을 익혀 보자.

02 도구 패널에서 회전 보기 도구 ( )를 선택하고 이미지를 드래그하면 화면 중앙에 나침반이 나타나면서 화면이 회전된다.

 **보충수업** 회전 보기 도구 옵션 막대

| 회전 각도 : 0° | 보기 재설정 | □ 모든 창 회전 |
| ① | ② | ③ |

❶ **회전 각도** : 마우스를 드래그하여 회전 시킨 각도를 확인할 수 있다. 또는 회전 각도를 직접 입력하여 이미지를 회전시킨다.

❷ **보기 재설정** : 보기 상태를 처음으로 되돌린다.

❸ **모든 창 회전** : 열려있는 모든 문서의 이미지를 회전시킨다.

 실전문제

01. 준비된 이미지를 불러온 후 똑바르게 고치고 빈 영역을 벚꽃의 평균 색으로 채워보자.

준비파일 | Sample〉part02〉p02-07-09.jpg   **완성파일** | Artwork〉part02〉p02-07-09.psd

Hint 1. 준비된 파일을 불러온 후 도구 패널에서 눈금자 도구를 선택한다.
2. 기울어진 보도 블럭 면을 따라 왼쪽 가로 끝에서 오른쪽 가로 끝까지 클릭 & 드래그한다.
3. 옵션 막대의 `레이어 똑바르게 하기` 를 클릭하면 레이어가 똑바르게 교정된다.
4. 레이어 패널에서 새 레이어를 추가하고 원래 있던 레이어 밑으로 이동시킨다.
5. 이번에는 스포이드 도구를 선택하고 옵션 막대의 샘플 크기를 11×11 평균값. 샘플을 모든 레이어로 설정한다.
6. 바닥의 벚꽃잎을 클릭하면 추출한 색상이 전경색으로 지정된다.
7. `Alt` + `Delete` 를 눌러 레이어 전체를 전경색으로 채운다.

02. 준비된 이미지를 불러온 후 이미지를 실제 크기로 확인하고 캔들의 이름표가 화면 중앙에 잘 보이도록 클로즈업해 보자.

준비파일 | Sample〉part02〉p02-07-10.jpg

Hint 1. 준비된 파일을 불러온 후 도구 패널에서 돋보기 도구를 더블 클릭한다.
2. 실제 크기로 확대된 이미지를 확인한다.
3. 돋보기 도구의 옵션 막대에서 스크러비 확대/축소 항목의 체크를 해제한 후 러브스펠 양초를 드래그한다.

PHOTOSHOP CC

너무 기발한 디자인보다는 집중하는 디자인이
좋은 디자인이다.

— 재스퍼 모리슨 —

Part **03**

실무 포토샵 예제로 레벨 업

Part2에서 도구의 종류와 사용법을 익히며 간단히 몸을 풀었다면
Part3에서는 본격적으로 실전 예제를 따라하며 실제 작업이 진행되는 분위기를
파악하고 핵심 기능을 학습한다. 섹션 별로 엄선된 주제를 실무에서도
자주 사용하는 예제 중심으로 구성하고 시간을 단축시키는 팁이나 디자인 노하우를
담아놓았기 때문에 실력을 향상시키겠다는 의지만 있으면
포토샵 마스터도 어렵지 않다.

내용 인식 비율 기능으로 빈 공간 똑똑하게 채우기

내용 인식 비율 기능은 일반 레이어 및 선택 영역에서 크기를 조정할 때 인물, 주요 피사체 등의 중요한 내용을 변경하지 않고 확대, 축소하는 기능이다. 이미지 크기를 조정하거나 영역을 채울 때 자동으로 이미지를 재구성하며 알파 채널을 사용하여 특정 영역을 보호할 수도 있다. 예제를 통해 특정 영역을 보호하며 내용 인식 비율 기능을 사용하는 방법 및 캔버스 크기 조정 방법에 대해 알아보자.

Zoom In
알찬 예제로 배우는
**내용 인식 비율 기능
활용**

준비 파일 Sample)part03)p03-08-01.jpg
완성 파일 Artwork)part03)p03-08-01.psd

Keypoint Tool

_ **빠른 선택 도구** 이미지를 드래그하여 선택 영역을 빠르게 선택한다.

_ **색상 검색 기능** 이미지에 사전 설정된 색감을 적용하여 감성적인 느낌을 연출한다.

Knowhow

_ **선택 영역 저장** 저장된 선택 영역은 채널 패널에 새로운 알파 채널로 저장된다.

_ 내용 인식 비율 기능은 배경 레이어에는 적용할 수 없으므로 먼저 일반 레이어로 전환한다.

01 [파일]-[열기] 메뉴를 실행하여 "Sample>part03" 폴더 안의 "p03-08-01.jpg" 파일을 불러온다.

02 도구 패널에서 빠른 선택 도구 (　)를 선택하고 아이를 드래그하여 선택 영역으로 지정한다. 이미지 변형 시 선택 영역을 보호하기 위한 것이므로 아이보다 작지만 않게 러프하게 선택한다.

03 선택 완료 후 [선택]-[선택 영역 저장] 메뉴를 실행한다.

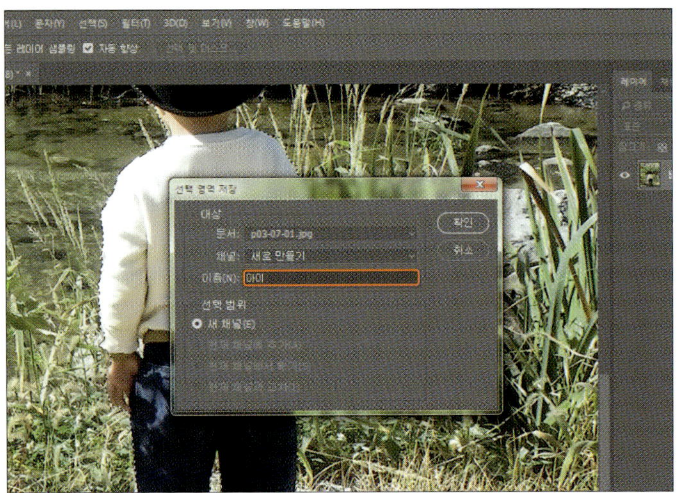

04 선택 영역 저장 대화상자가 나타 나면 이름을 입력한 후 [확인] 버 튼을 클릭한다. Ctrl + D 를 눌러 선택 을 해제한다.

05 이미지는 그대로 두고 캔버스의 크기만 조정하기 위해 배경 레이 어를 더블 클릭한 후 [확인] 버튼을 눌러 일반 레이어로 변환한다.

06 [이미지]-[캔버스 크기] 메뉴를 실행하여 캔버스 크기 대화상자 가 나타나면 폭의 단위를 퍼센트로 설정 하고 폭을 200으로 입력한다.

07 이미지를 중심으로 양 옆에 빈 공간이 추가된다.

08 빈 공간을 채우기 위해 [편집]-[내용 인식 비율] 메뉴를 실행한다.

09 옵션 막대에서 보호 항목을 아이로 설정한 후 이미지 테두리에 생긴 바운딩 박스 조절점을 오른쪽으로 드래그하면 아이는 원래 이미지 그대로 보호된 채 배경만 확장된다.

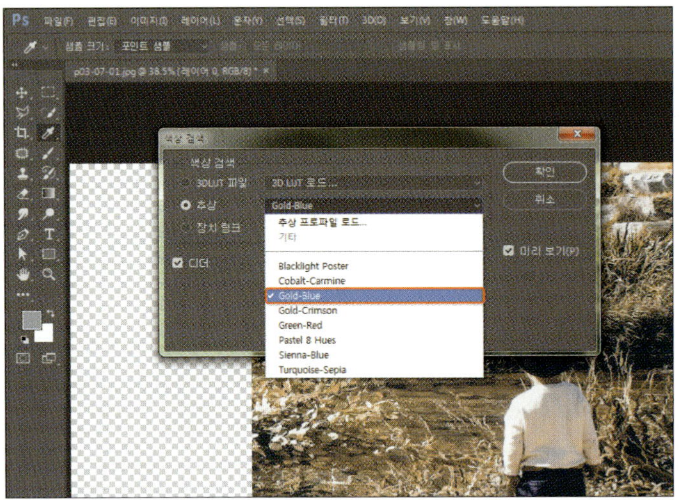

10 [이미지]-[조정]-[색상 검색] 메뉴를 실행하고 대화상자에서 Gold-Blue를 선택한다.

강의노트

색상 검색 기능은 사전 등록된 값이나 새 파일을 로드해 특정 색감을 이미지에 적용한다.

11 이번에는 사각형 선택 윤곽 도구( )로 이미지 왼쪽을 선택 영역으로 지정한 후 도구 패널 하단의 전경색을 더블 클릭한다. 대화상자가 나타나면 이미지를 클릭하여 색상을 추출한다.

강의노트

디자인 작업 시 다른 색상으로 공간을 채울 때 사용 중인 이미지에서 색상을 추출하여 사용하면 전체 이미지와 잘 어우러진다.

12 Alt + Delete 를 눌러 선택 영역을 전경색으로 채우고 Ctrl + D로 선택 영역을 해제한다. 마지막으로 수평 문자 도구(T)로 문구를 입력하고 작업을 마무리한다.

보충수업 이미지 크기 대화상자

이미지 크기 대화상자 및 리샘플링 옵션이 업데이트되었다. 이제 이미지 크기 조정 시 세부 묘사를 유지하거나 가장자리를 더 선명하게 할 수 있고, 결과물을 미리 확인하며 작업할 수 있다.

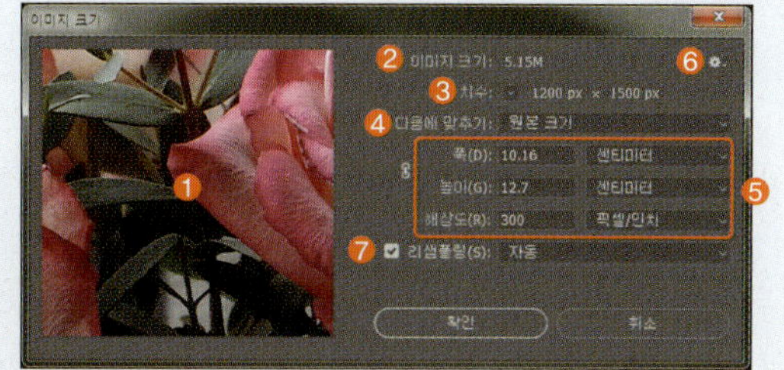

❶ **미리 보기** : 크기 조정 매개 변수를 통한 미리 보기 이미지가 표시되고, 대화상자 크기를 변경하면 미리 보기 창의 크기도 변경된다.

❷ **이미지 크기** : 현재 열려있는 파일의 픽셀 치수를 나타낸다. 문서 크기에 해상도를 곱한 값이다.

❸ **치수** : 이미지 크기 조정 후의 최종 치수를 표시하고 팝업 메뉴에서 측정 단위를 변경할 수 있다.

❹ **다음에 맞추기** : 사전 설정 값에 맞춰 이미지 크기 및 해상도를 조정한다.

❺ **폭/높이/해상도** : 연결 아이콘을 사용하면 가로/세로 비율을 유지하며 크기 조정할 수 있다.

❻ 스타일 비율 조정 옵션을 끄거나 켤 수 있다. 체크하면 이미지에 포함된 레이어 스타일 크기도 같이 조정된다.

❼ **리샘플링** : 이미지 크기 조정 시 변경되는 픽셀 정보를 계산하는 방법으로 확대, 축소 여부를 기반으로 리샘플링 방법을 설정한다. 체크 해제하면 원래의 픽셀 치수를 유지하기 위해 조정하려는 값에 따라 나머지 값이 자동 조정된다.

- 세부 묘사 유지(확대) : 이미지 확대 시 노이즈를 없애는 노이즈 감소 슬라이더를 사용할 수 있다.
- 쌍입방 더 매끄럽게(확대) : 색조의 변화 단계를 더 매끄럽게 나타낸다.
- 쌍입방 더 선명하게(축소) : 선명도가 뛰어나 이미지 크기를 축소했을 때 세부 묘사를 그대로 유지할 수 있다. 이미지 일부 영역이 지나치게 선명할 경우 쌍입방 방법을 다시 사용해 본다.
- 쌍입방(더 매끄러운 그레이디언트) : 복잡한 연산으로 최단입점이나 쌍선형보다 색조의 변화 단계를 더 매끄럽게 나타내기 때문에 속도는 느리지만 정밀하다.
- 최단입점(명확한 가장자리) : 명확한 가장자리를 유지하지만 이미지 왜곡이나 비율 조정, 선택 영역에 여러 가지 조정을 할 때 가장자리에 계단 현상이 나타날 수 있다. 속도는 빠르나 정밀도가 약간 떨어진다.
- 쌍선형 : 주변 픽셀의 평균 색상 값으로 픽셀을 추가하며 중간 품질을 유지한다.

보충수업 캔버스 크기 대화상자

캔버스의 크기를 키우거나 줄이는 명령으로 이미지의 크기는 변함이 없기 때문에 크기를 키울 경우 여백이 생긴다. 반면, 현재 크기보다 작업창의 크기를 줄일 경우 이미지가 잘려나간다.

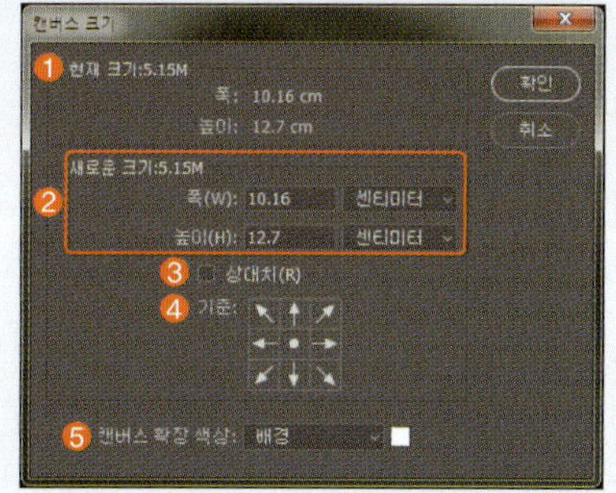

❶ **현재 크기** : 현재 캔버스의 파일 용량, 가로, 세로 크기를 나타낸다.

❷ **새로운 크기** : 조정하려는 크기의 캔버스 폭, 높이를 입력하고 단위를 설정한다. 변경된 캔버스의 파일 크기를 확인할 수 있다.

❸ **상대치** : 체크 시 입력한 수치만큼 캔버스 크기를 키우거나 줄인다.

❹ **기준** : 캔버스 크기 조정 시 기준점을 설정한다.

❺ **캔버스 확장 색상** : 확장된 캔버스의 여백 색상을 설정한다.

 실전문제

01. 주어진 이미지의 낙서를 지워보자.

준비파일 | Sample〉part03〉p03-08-02.jpg

완성파일 | Artwork〉part03〉p03-08-02.jpg

Hint 1. [파일]-[열기] 명령으로 준비된 소스 파일을 불러온다.

2. 올가미 도구를 선택하고 낙서를 선택한다.

3. [편집]-[칠] 메뉴를 실행하고 대화상자 내용을 내용 인식으로 설정한 후 [확인] 버튼을 클릭한다.

4. 부자연스러운 곳은 위 단계를 반복하거나 복구 도구로 깨끗이 정리한다.

02. 주어진 이미지를 컨텐츠 인식 기능으로 편집해 보자.

준비파일 | Sample〉p03-08-03.jpg

완성파일 | Artwork〉p03-08-03.jpg

Hint 1. [파일]-[열기] 명령으로 준비된 소스 파일을 불러온다.

2. 올가미 도구를 선택하고 집을 선택 영역으로 지정한다.

3. [편집]-[칠] 메뉴를 실행하고 대화상자 내용을 내용 인식으로 설정한 후 [확인] 버튼을 클릭한다.

4. 다시 올가미 도구로 분수를 선택하고 [편집]-[칠] 메뉴의 내용 인식 명령을 실행한다.

5. 부자연스러운 곳은 위 단계를 반복하거나 복구 도구로 깨끗이 정리한다.

보충수업 색상 검색

CS6에서 처음 소개된 색상 검색 명령은 사전 등록된 값이나 새 파일을 로드해 특정 색감을 이미지에 적용한다. 1920–1950년대를 떠올리게 되는 레트로 색감이나 은은한 촛불이 비추는 따뜻한 색감, 또는 한 겨울의 차가운 공기가 연상되는 색감 등 총 40가지 사전 설정이 제공되고 3D LUT 파일이나 ICC 프로필 파일을 로드해 새로운 색감을 적용할 수 있다. 원본 데이터를 변경하는 이미지 메뉴 대신 조정 레이어로 적용하면 원본 데이터를 보호하고 추후 수정이 용이하다. 회색 음영 모드에서는 색상 검색 명령을 사용할 수 없다.

❶ **3D LUT 파일** : LUT(Look UP Table)란 영화산업에서 필름, 스크린 등 서로 다른 장치들 간의 색상을 맞추던 방법으로 원본 소스를 새로운 색상표에 대응하여 다른 색감으로 출력한다. Photoshop CC에서는 fuji와 kodak LUT file이 추가되어 총 27개의 사전 설정이 제공된다.

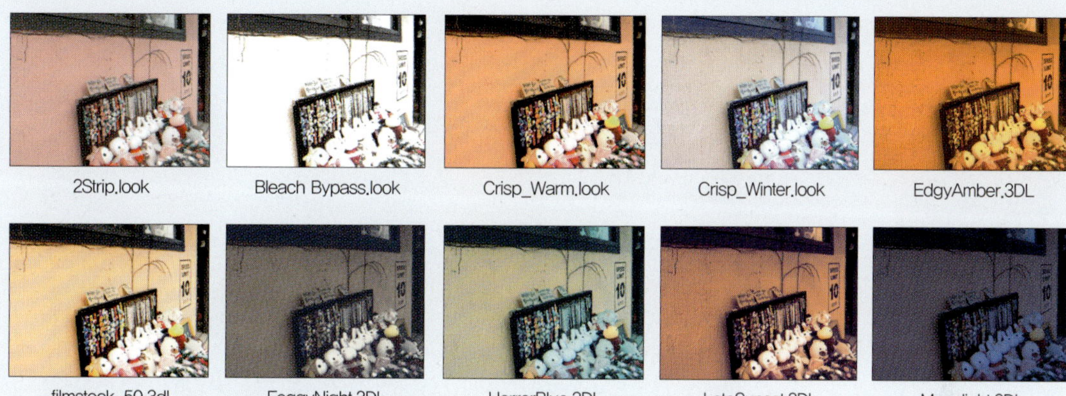

❷ **추상** : 서로 다른 운영 시스템에서 일정한 색 재현이 가능하도록 하기 위해 만들어진 ICC Profile을 사용해서 색감을 적용한다. 총 8개의 사전 설정이 제공된다.

❸ **장치 링크** : 추상 항목처럼 ICC Profile을 사용해서 색감을 적용한다. 총 5개의 사전 설정이 제공된다.

새로워진 Camera Raw로 이미지 보정 한 번에 끝내기

Photoshop CC 버전에서는 Camera Raw를 필터처럼 사용할 수 있다. 일반 레이어를 고급 개체 레이어로 변환한 후 Camera Raw를 실행하면 적용한 값이 별도로 저장되어 원본의 훼손을 방지하고 수정도 용이하다. 또한, 이전 버전의 Upright가 변형 도구로 탑재되어 레벨, 수직 및 수평 원근을 자동으로 수정할 수 있고 새로운 방사형 필터 도구로 세밀한 보정이 가능하다. 이 밖에도 향상된 스팟 제거 도구나 똑바르게 하기 도구 등으로 보다 편리하게 Camera Raw 필터를 사용할 수 있다.

Zoom In
알찬 예제로 배우는
Camera Raw
보정 노하우

준비 파일　Sample〉part03〉p03-09-01.jpg
완성 파일　Artwork〉part03〉p03-09-01.psd

Keypoint Tool

_ **복제 도장 도구** 복제 소스를 지정하고 드래그하면 드래그 지점에 소스가 복제된다.

_ **별색 제거 도구** 복제 도장 도구와 유사하다. 복구 지점과 소스 지점이 빨간색과 초록색 원으로 표시된다.

Knowhow

_ **브러시 도구** 브러시 도구 사용 중 〔〕, 〔〕를 클릭하면 브러시 크기가 작거나 크게 조정된다.

_ **고급 개체로 변환** 원본을 보호하며 필터 값을 적용한다.

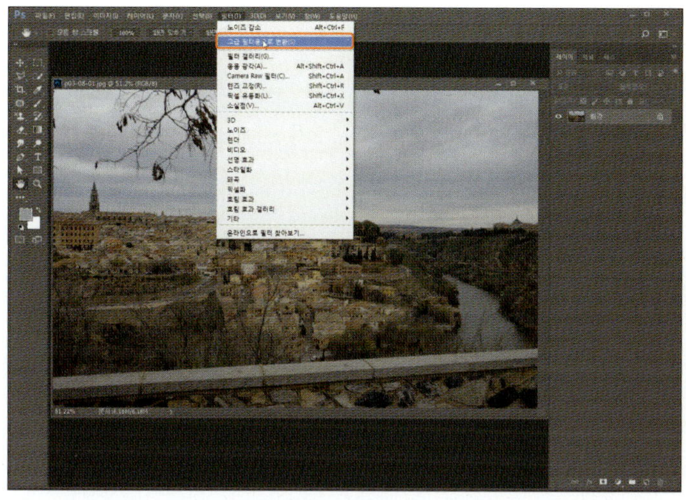

01 [파일]-[열기] 메뉴를 실행하여 "Sample〉part03" 폴더 안의 "p03-09-01.jpg" 파일을 불러온 후 [필터]-[고급 필터용으로 변환] 메뉴를 선택한다.

02 [확인] 버튼을 클릭하면 배경 레이어가 레이어 0이라는 고급 개체로 변환된다.

강의노트

레이어를 고급 개체로 변환하면 원본을 보호하면서 보정 작업을 할 수 있다. 또한, 이미 적용한 필터를 다시 편집할 수 있다.

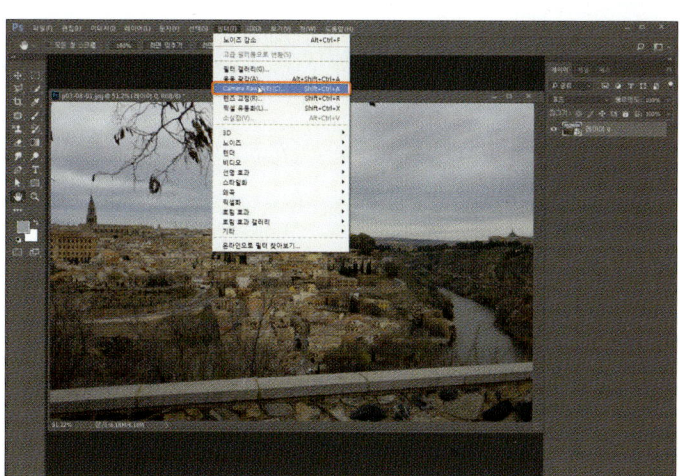

03 다시 [필터]-[Camera Raw 필터] 메뉴를 실행하면 Camera Raw 필터 전용 작업 영역이 나타난다.

04 작업 영역 상단의 도구 중 변형 도구를 선택한다.

강의노트

변형 도구의 단축키는 Shift + T 다. 자르기 도구, 똑바르게 하기 도구 및 이미지 회전 도구 는 Raw 파일을 열 때나 jpg 파일을 Camera Raw로 자동 열기 설정했을 때 표시된다.

05 변형 도구의 세부 옵션 항목이 표시되면 왼쪽 하단의 격자에 체크하고 격자 간격을 조절한다. 이미지의 원근, 기울기를 보정할 때 유용하다.

06 Upright 항목의 전체를 클릭하면 자동으로 레벨, 수직 및 수평 원근이 수정된다.

강의노트

키보드 키패드의 Enter 를 클릭하면 Camera Raw 필터 초기 화면으로 갈 수 있다.

07 이번에는 별색 제거를 클릭한 후 유형을 복구로 설정한다. 크기를 조정한 후 이미지 가운데 상단의 작은 잎을 클릭하면 빨간색 점선 원과 초록색 점선 원이 나타난다. 원의 크기, 위치를 조절하여 잎을 제거한다.

강의노트 ✎

빨간색 원은 복구 영역, 초록색 원은 복구 소스로 사용할 이미지 영역을 나타낸다.

08 브러시 크기를 크게 조절하고 왼쪽의 큰 나뭇가지를 드래그하면 선택 영역과 복구 소스로 사용할 영역이 표시된다. 앞서 복구한 영역은 검은색 원으로 마크된다.

강의노트 ✎

선택 영역이 스팟일 땐 위치 및 크기 조정이 가능하나 드래그하여 지정한 비정형의 선택 영역은 위치 조정만 가능하다.

09 키보드의 ⁄ 를 눌러 복구 소스를 자동으로 탐색한다. 키패드의 Enter 를 클릭하면 복구가 완료되고 흰색 핀으로 마크된다.

강의노트 ✎

선택 영역을 스팟으로 지정하면 복구 완료 후 검은색 원으로 마크되는 반면 비정형적인 영역일 땐 흰색 핀으로 마크된다. 검은색 원이나 흰색 핀을 클릭하면 복구/소스 영역을 수정할 수 있다.

10 같은 방법으로 나뭇가지를 모두 제거한다.

강의노트

브러시 도구 사용법은 동일하다. 키보드의 [[]를 누르면 브러시 반경이 작아지고 []]를 누르면 커진다.

11 색상 및 색조, 명암을 조정하기 위해 지정된 조정 도구를 선택하고 왼쪽 세부 옵션 항목의 자동을 클릭한다. 밝기와 대비가 자동 보정된다.

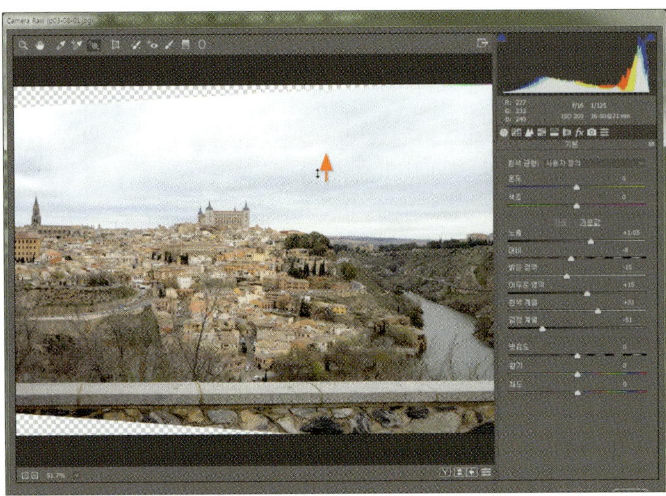

12 좀 더 쨍한 느낌을 적용하기 위해 이미지의 하늘을 클릭하고 위로 드래그한다. 클릭한 지점의 정보를 기준으로 매개 변수 곡선이 조정된다. 같은 방법으로 마을의 어두운 부분을 클릭하고 아래로 드래그하면 어두운 영역이 더 어둡게 보정된다.

강의노트

톤 곡선 탭을 클릭하면 밝은 영역과 어두운 영역을 수동으로 조절할 수 있다.

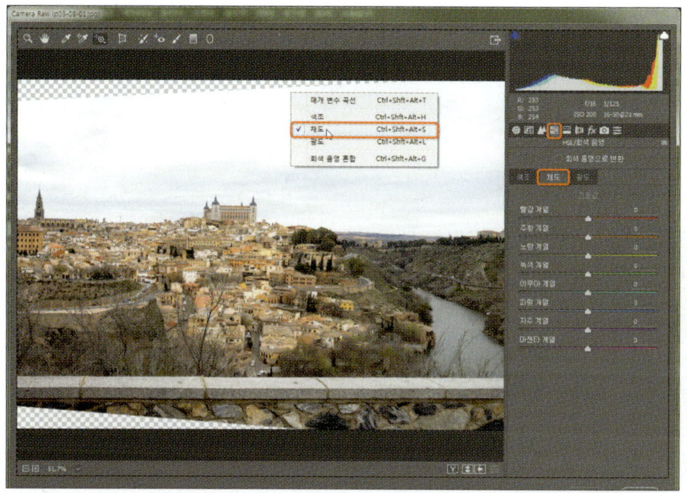

13 마우스 오른쪽 버튼을 클릭하고 채도를 선택하거나 세부 항목의 HSL/회색 음영을 클릭한다. 채도 탭을 선택하면 색상 계열별로 채도를 조정할 수 있다.

14 수동으로 채도 값을 조정하거나 이전 방법처럼 이미지를 클릭 드래그하여 색상별로 채도를 조정한다.

15 마지막으로 효과 탭을 누른 후 자른 후 비네팅을 적용하고 [확인] 버튼을 클릭한다.

강의노트

비네팅은 렌즈 주변부의 빛이 부족하여 사진의 외곽이 어둡게 나오는 현상이다. 가장자리의 불필요한 부분을 가리거나 중앙에 시선을 고정시키는 효과를 연출한다.

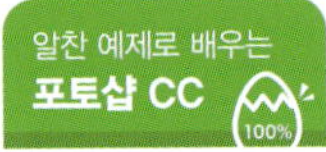

16 이미지에 Camera Raw 필터로 보정한 값이 적용되고 레이어 패널에는 레이어 밑에 적용된 필터가 표시된다.

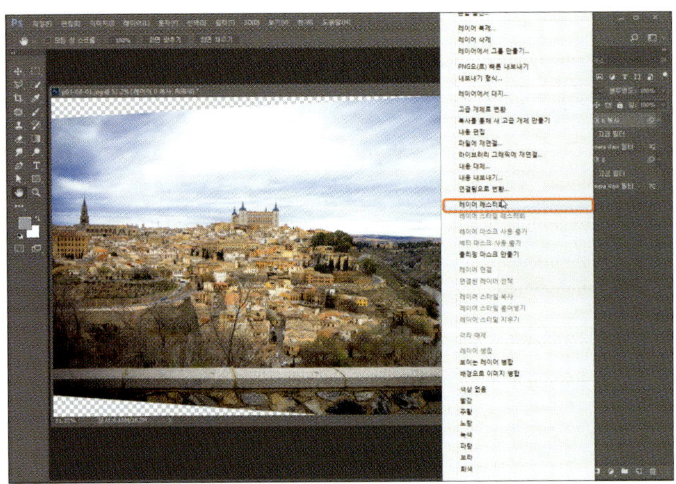

17 Ctrl + J 를 눌러 레이어를 복제한 후 마우스 오른쪽 버튼으로 클릭하면 레이어 팝업 메뉴가 나타난다. 레이어 래스터화를 클릭하여 일반 레이어로 변환시킨다.

강의노트 ✏️

선택한 레이어에 직접적인 수정을 하기 위해서는 일반 레이어로 변환해야 한다.

18 도구 패널의 다각형 올가미 도구( )로 왼쪽 상단 투명한 영역을 선택한 후 [편집]−[칠] 메뉴를 실행한다. 대화상자에서 내용을 내용 인식으로 설정하고 [확인] 버튼을 클릭한다. 주변 하늘 이미지를 재구성하여 빈 공간이 자연스럽게 채워진다.

강의노트 ✏️

내용 인식은 자동으로 주변 이미지를 인식하여 이미지를 재구성하는 기능이다.

19 왼쪽 하단의 빈 공간은 재구성할 주변 이미지가 부족하기 때문에 복제 도장 도구(🖐)를 사용한다. 복제 도장 도구(🖐)를 선택하고 브러시 크기를 조절한 후 복제 원본 패널을 불러온다. 가로로 뒤집기를 선택하고 Alt 를 누른 채 오른쪽 돌담 끝을 클릭하여 복제 소스로 지정한다.

강의노트 ✏️

돋보기 도구로 이미지를 확대하여 정교하게 작업한다.

20 브러시 크기를 조절해가며 자연스럽게 복제한다.

강의노트 ✏️

다른 도구를 사용하면서 화면을 이동해야 할 때 Spacebar 를 눌러 잠시 손 도구로 전환한다.

21 마무리 지점은 복제 원본 패널에서 선택한 가로로 뒤집기를 선택 해제하고 주변의 복제 소스를 이용하여 복제한다.

 **보충수업** Camera Raw 필터

이미지 조정 탭에서 이미지 전체의 색상과 톤을 조정하고 상단의 도구로 특정 영역을 보정한다.
자르기 도구와 똑바르게 하기 도구, 이미지 회전 도구는 Raw 파일일 때만 표시되지만, 환경 설정에서 지원되는 모든 JPEG 자동 열기로 설정하면 jpg 파일일 때도 Camera Raw 필터의 모든 도구가 표시된다.

[도구]

❶ **지정된 조정 도구** : 마우스 오른쪽 버튼을 눌러 매개 변수 곡선, 색조, 채도, 광도, 회색 음영 혼합 중 하나를 선택한 후 이미지를 클릭, 드래그하면서 선택 조정을 적용한다. 클릭 지점의 픽셀 정보를 기준으로 조정이 적용된다.

❷ **똑바르게 하기 도구** : 도구 모음에서 똑바르게 하기 도구를 더블 클릭하거나 똑바르게 하기 도구를 선택한 상태로 미리 보기 이미지의 아무 위치나 더블 클릭하면 이미지가 자동으로 똑바르게 교정된다. 자르기 도구 사용 중에 Ctrl 을 누르면 일시적으로 똑바르게 하기 도구로 전환된다.

❸ **변형 도구** : 이미지의 왜곡을 바로 잡는다. 이전 버전의 Upright가 변형 도구로 탑재되었다. 전체를 클릭하면 자동으로 레벨, 수직 및 수평 원근이 수정된다.

❹ **별색 제거** : 복구 브러시와 유사하다. 선택 영역을 주변의 소스 영역으로 보정한다. 원본 이미지 데이터를 수정하기 때문에 작업이 보다 깔끔하면서 원본 이미지에 대한 편집본 및 수정본이 사이드카 파일에 저장되어 비파괴적이다.

❺ **조정 브러시** : 도구 패널의 닷지, 번 도구와 유사하다. 원하는 부분을 브러시로 드래그하여 조정 값을 적용한다.

❻ **그레쥬에이티드 필터** : 일직선의 이미지 영역을 설정하고 조정 값을 점진적으로 적용한다.

❼ **방사형 필터** : 사진의 어느 곳이든 원하는 피사체를 강조할 수 있다. 피사체 주위에 타원을 그리고 세부 항목을 조정한다.

❽ **환경 설정 대화 상자 열기** : Camera Raw 환경 설정 대화 상자를 불러온다.

❾ 이미지를 시계 반대 방향으로 90도 회전

❿ 이미지를 시계 방향으로 90도 회전

별색 제거

조정 브러시

그레쥬에이티드 필터

방사형 필터

[이미지 조정 탭]

❶ **막대 그래프 및 RGB 레벨** : 이미지에서 각 광도 값에 해당하는 픽셀 수를 나타낸다. 이미지에 조정 값을 적용하면 막대 그래프는 자동으로 업데이트된다.

❷ **기본** : 상단의 색상 경향성을 조절하는 항목, 중간의 톤을 컨트롤 하는 항목, 하단의 색상 채도를 조절하는 항목으로 구성되어 있다.

❸ **톤 곡선** : 톤 곡선을 세부적으로 조정한다. 매개 변수 곡선은 하단의 슬라이더를 이동시켜 조정하고 점은 곡선을 직접적으로 드래그하여 조정한다.

❹ **세부** : 선명 효과는 이미지의 가장자리 선명도를 조절하고, 노이즈 감소는 이미지 품질을 저하시키는 회색 음영 노이즈와 색상 노이즈를 감소시킨다.

❺ **HSL/회색 음영** : 개별 색상 범위를 조정하거나 회색 음영으로 변환할 수 있다.

❻ **토닝 분할** : 어두운 영역과 밝은 영역의 색조와 채도를 적용한다. 어두운 영역과 밝은 영역의 비율을 조절할 수 있다.

❼ **렌즈 교정** : 카메라 렌즈의 왜곡 및 색수차를 수정할 수 있다.

❽ **효과** : 사진의 외곽을 어둡거나 밝게 하여 중심부를 부각시킬 수 있는 비네팅 효과와 이미지를 뿌옇게 하는 안개 현상을 제거 혹은 추가할 수 있다.

기본　　　　　　　　톤 곡선　　　　　　　　세부 원본

세부 효과 적용　　　　　　HSL/회색 음영　　　　　　토닝 분할

렌즈 교정　　　　　　　　효과

실전문제

01. 주어진 이미지를 보호하면서 전구가 환하게 빛나도록 보정해 보자.

준비파일 | Sample)part03)p03-09-02.jpg

완성파일 | Artwork)part03)p03-09-02.psd

Hint 1. [파일]-[열기] 명령으로 준비된 소스 파일을 불러온다.
2. [필터]-[고급 필터용으로 변환] 메뉴를 실행한다.
3. [필터]-[Camera Raw 필터] 메뉴를 실행하고 이미지 조정의 기본 탭에서 노출 값과 대비, 음영 영역 등을 조정한다.
4. 부족한 부분은 지정된 조정 도구로 클릭, 드래그하여 조정한다.
5. 세부 탭에서 노이즈 감소의 광도 항목을 조절하여 회색 노이즈를 제거한다.

02. 주어진 이미지의 얼룩을 제거하고 왜곡된 원근을 바로 잡아 보자.

준비파일 | Sample)p03-09-03.jpg

완성파일 | Artwork)p03-09-03.jpg

Hint 1. [파일]-[열기] 명령으로 준비된 소스 파일을 불러온다.
2. [필터]-[Camera Raw 필터] 메뉴를 실행하고 별색 제거 도구를 선택한다. 유형을 복구로 지정한 후 별색 표시
　 전환에 체크하고 별색 시각화 임계치를 최대한으로 높인다.
3. 하늘에 점점이 있는 얼룩을 클릭하여 제거한다.
4. 이번에는 왜곡을 바로 잡기위해 변형 도구를 선택한다. Upright의 안내를 선택하고 두 탑의 꼭대기부터 아래까지
　 그어준다. 세부 항목을 조절하여 미세한 왜곡도 바로 잡는다.
5. 이미지 조정의 기본 탭에서 자동을 클릭한 후 [확인] 버튼을 눌러 Camera Raw 필터 작업을 완료한다.
6. 도구 패널에서 다각형 올가미 도구로 이미지 하단 양 끝에 생긴 공백을 선택한다.
7. Shift + F5 를 눌러 칠 대화상자를 불러오고 내용 인식 채우기를 적용한다.
8. 돋보기 도구로 이미지를 확대하고 부자연스러운 부분은 복제 도장 도구로 수정한다.

실전문제

03. Camera Raw 필터로 준비된 이미지의 왜곡을 바로잡고 밝기 및 채도를 보정하여 보자.

준비파일 | Sample)p03-09-04.jpg   **완성파일** | Artwork)p03-09-04.jpg

Hint 1. [파일]–[환경 설정]–[Camera Raw] 메뉴를 실행한 후 JPEG 및 TIFF 처리 항목을 '지원되는 모든 JPEG 자동 열기'로
　　　 설정하고 [확인] 버튼을 클릭한다.

2. [파일]–[열기] 명령을 실행하고 준비된 소스 파일을 선택하면 Camera Raw 작업 영역으로 파일이 열린다.

3. 변형 도구를 선택하고 Upright의 안내선 아이콘을 클릭한다. 창의 외곽선을 기준으로 가로, 세로 안내선을 그려
　 왜곡된 원근을 바로 잡는다.

4. 이번에는 자르기 도구를 선택하고 창틀 크기만큼 드래그한 후 자르기를 실행한다.

5. 기본 탭에서 이미지 전체의 노출, 대비, 명료도, 활기 및 채도를 보정한다.

6. 지정된 조정 도구로 하늘을 클릭하고 위로 드래그한다.

7. HSL/회색 음영 탭에서 녹색 계열 색조를 더 선명하게 조정한다.

8. 방사형 필터 도구를 선택하고 채도를 낮춘 후 필터 효과를 바깥쪽으로 설정한다. 이미지 가운데를 클릭하고
　 드래그하여 타원을 그리고 위치 및 크기를 조절한다.

9. 이미지 가운데부터 바깥쪽으로 갈수록 오래된 사진 느낌을 주기 위해 색상 및 안개 현상 제거 옵션을 조정한다.

10. 마지막으로 작업 영역 왼쪽 하단의 이미지 저장 버튼을 클릭하여 새 파일로 저장한 후 [완료] 버튼을 누른다.

클리핑 마스크와 레이어 혼합 모드로 독특한 질감의 오브젝트 만들기

포토샵에서 만들어지는 모든 요소들은 각각의 레이어에 포함되고 만들어지는 요소에 따라 레이어 종류가 나뉜다. 모든 레이어는 레이어 순서에 따라 화면에 보이는 순서가 결정되고 투명도, 스타일, 혼합 모드, 마스크 등을 활용하여 다양한 결과물을 만들 수 있다. 하위 레이어 모양에 맞춰 상위 레이어를 보이는 클리핑 마스크와 레이어들의 색상 혼합 방식을 결정하는 레이어 혼합 모드를 활용하는 이번 예제를 따라 해보며 레이어를 다루고 활용하는 법에 대해 학습하도록 한다.

Zoom In
알찬 예제로 배우는
**혼합 모드로
일러스트레이션**

준비 파일　Sample〉part03〉p03-10-01~04.jpg
완성 파일　Artwork〉part03〉p03-10-01.psd

Keypoint Tool

_ **혼합 모드** 상위 레이어와 하위 레이어의 색상 혼합 방식을 설정한다.

_ **클리핑 마스크** 하위 레이어 모양에 맞춰 상위 레이어 내용을 보여준다.

Knowhow

_ **작업 효율** 다수의 레이어를 선택하고 Ctrl + G 를 누르면 레이어 그룹으로 묶어 관리할 수 있다.

01 [파일]-[열기] 메뉴를 실행하여 "Sample〉part03" 폴더 안의 "p03-10-01.jpg" 파일을 불러온다.

02 도구 패널에서 펜 도구( )를 선택한 후 옵션 막대에서 그리기 모드를 모양으로 설정한다. 칠 색은 없음, 선 색은 검은색, 두께는 1pt로 지정한다. 화면을 확대하고 양의 뿔 가장자리 한 곳을 클릭하여 패스를 만든다.

03 양의 가장자리를 그대로 따라가지 말고 원하는 형태가 있는 부분은 상상력을 발휘하여 패스를 만들어 간다.

04 요소마다 다른 패턴을 입힐 것이기 때문에 패스를 따로 생성한다.

강의노트 ✎

모양을 그리는 도중 Ctrl 을 누르면 직접 선택 도구로 전환되어 모양을 수정할 수 있다.

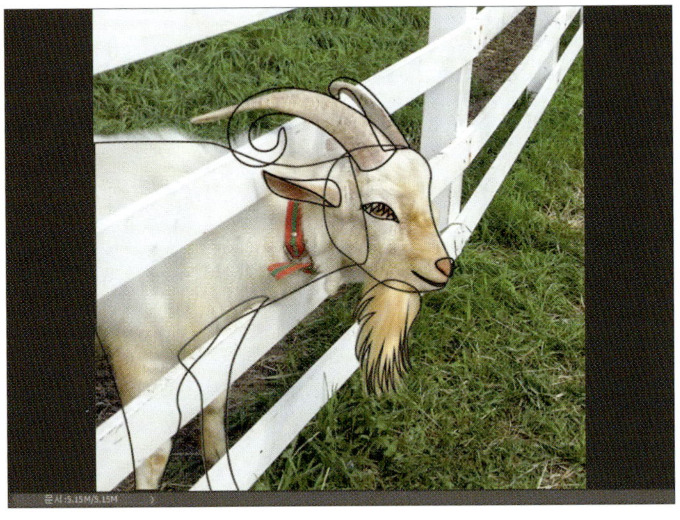

05 같은 방법으로 각 요소마다 모양을 그린다. 강조하고 싶은 부위는 더 과장되게 그리거나 생략하고 싶은 부위는 간단하게 그리도록 한다.

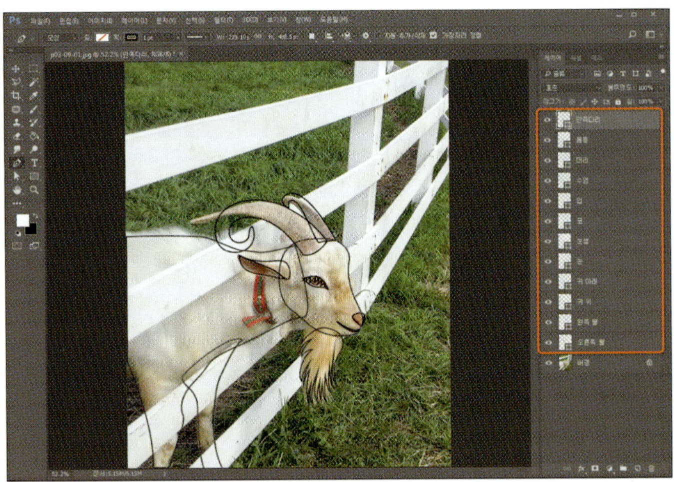

06 레이어의 이름 부분을 더블 클릭하면 레이어 이름을 변경할 수 있다. 레이어 별로 이름을 입력해두면 나중에 관리하기 용이하다.

07 먼저 검은색으로 칠하고 다른 요소보다 위에 위치할 레이어를 Ctrl 을 누른 채 모두 클릭한 후 레이어 패널 하단의 폴더 아이콘으로 끌고 간다.

강의노트 🖊
그룹을 만들 레이어를 모두 선택한 후 Ctrl + G 를 누르면 그룹이 만들어진다.

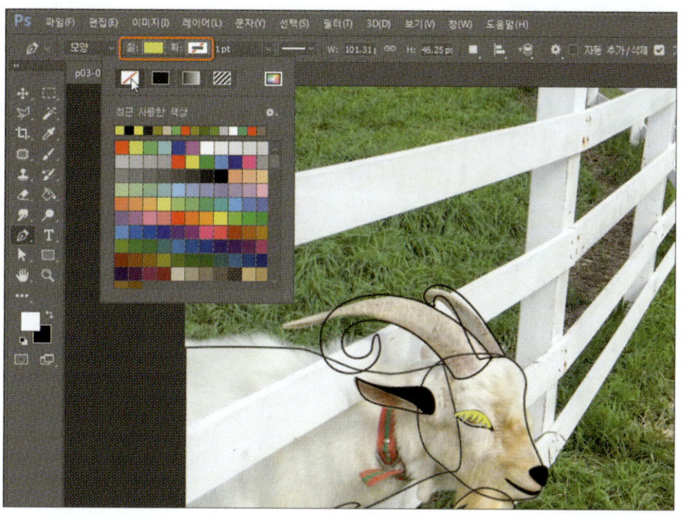

08 그룹 레이어가 만들어지면 위로 드래그하여 제일 위에 배치한다. 그룹 레이어의 화살표를 누르면 그룹에 속한 레이어를 표시할 수 있다. 입, 코, 귀 위 레이어를 선택한 후 옵션 막대에서 칠과 획 색을 검은색과 색 없음으로 각각 설정한다. 눈썹은 노란색으로 채우고 획의 색은 없음으로 설정한다.

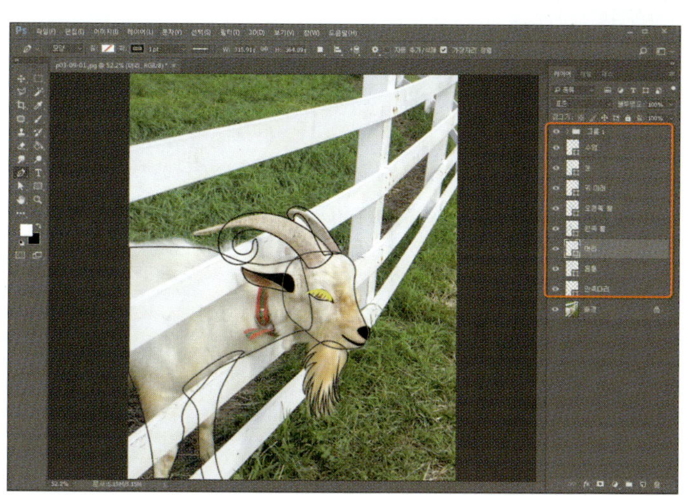

09 작업할 때 헷갈리지 않도록 레이어 순서를 정돈한다. 가장 뒤에 배치되어야할 안쪽다리를 레이어 패널 가장 밑에 두고 몸통, 머리 순으로 레이어 위치를 재배치한다.

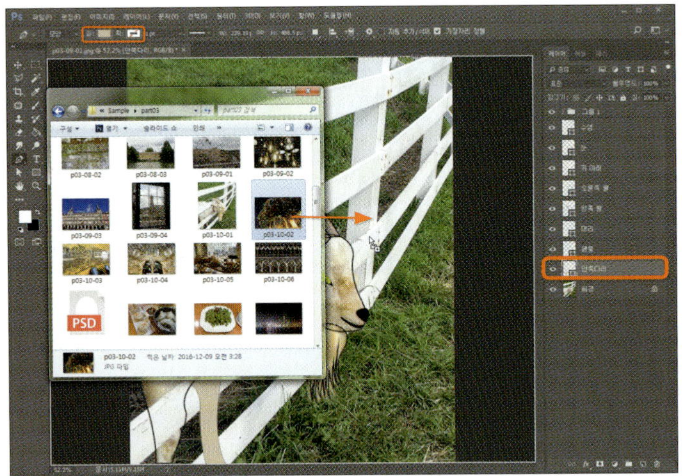

10 안쪽다리를 선택하고 옵션 막대에서 칠과 획의 색상을 엷고 차가운 갈색, 색 없음으로 설정한다. 폴더 탐색창에서 p03-10-02.jpg 파일을 문서창으로 드래그하여 놓는다.

11 p03-10-02.jpg 이미지가 고급 개체로 불려오면 박스의 모서리를 드래그하여 크기를 조정한 후 안쪽다리 위치로 이동한다. 더블 클릭하거나 키패드의 Enter 를 클릭하면 파일 가져오기가 완료된다.

12 레이어 패널에서 Alt 를 누른 채 p03-10-02 레이어와 안쪽다리 레이어 경계에 커서를 가져간다. 커서의 모양이 으로 바뀌면 클릭하여 클리핑 마스크를 만든다. 이동 도구로 이미지를 이동시켜 보이고 싶은 부분으로 위치시킨다.

강의노트

클리핑 마스크란 하위 레이어 모양대로 상위 레이어가 보이도록 만드는 것이다. Alt 를 누른 채 레이어 경계를 클릭하면 클리핑 마스크를 만들거나 해제할 수 있다.

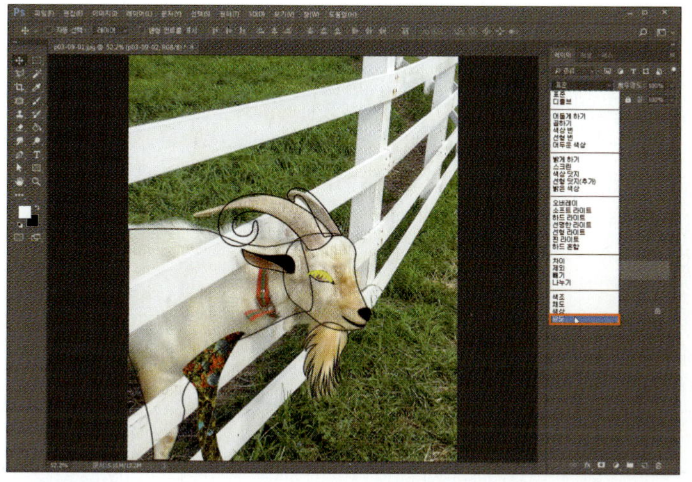

13 레이어 패널에서 p03-10-02의 레이어 혼합 모드를 광도로 설정한다.

강의노트 ✎

혼합 모드란 상위 레이어와 하위 레이어의 색상을 혼합하는 방법으로 총 27가지의 모드가 제공된다. 혼합 모드 설정 메뉴의 테두리가 파란색으로 활성화되었을 때 키보드의 상하 방향 키를 누르면 혼합 모드가 순서대로 변경된다.

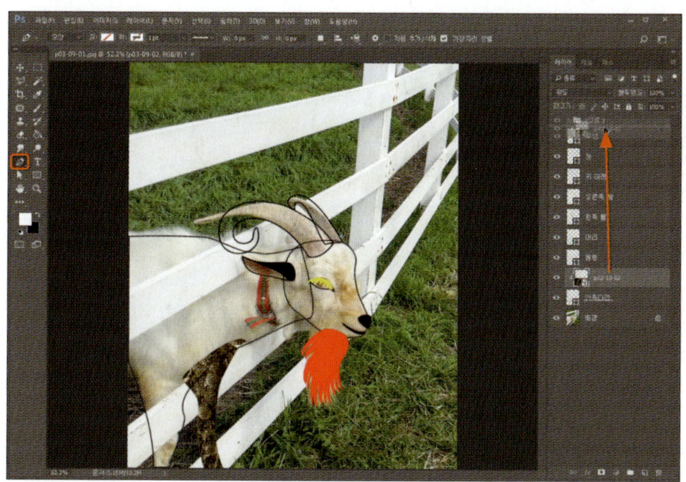

14 다시 펜 도구(　)를 선택하고 수염의 칠과 획 색상을 빨간색과 색 없음으로 설정한다. 그 후 레이어 패널에서 Alt 를 누른 채 p03-10-02 레이어를 그룹 레이어와 수염 레이어 사이로 끌어다 놓는다.

15 복제된 레이어와 수염 레이어의 경계를 Alt 를 누른 채 클릭하여 클리핑 마스크를 적용한다. 복제한 레이어의 혼합 모드를 어둡게 하기로 변경한 후 이동 도구(　)로 이미지의 각도와 위치를 변경한다.

16 몸통 레이어를 선택하고 펜 도구
( ) 옵션 막대의 칠 유형에서
패턴을 클릭한다. 을 클릭한 후 사전
설정 관리자 메뉴를 실행한다.

17 사전 설정 관리자 대화상자가 나
타나면 다시 을 누르고 컬러
용지 사전 설정을 클릭한다.

18 패턴 피커에 컬러 용지 사전 설정
리스트가 표시되면 금속성의 황
금색 패턴을 선택한다. 획은 색 없음으
로 설정한다.

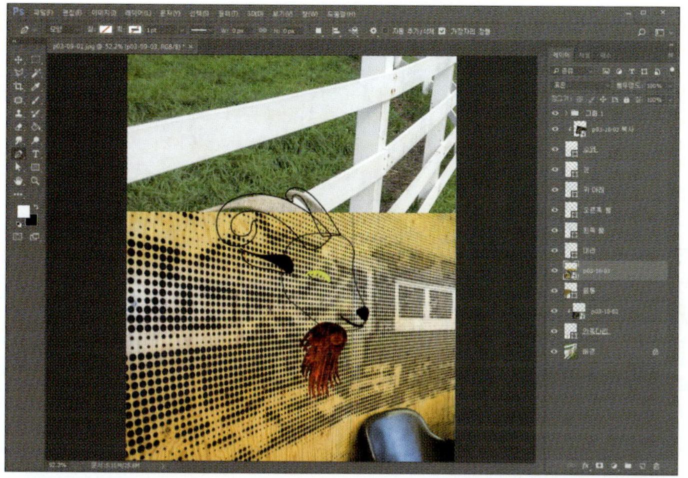

19 동일한 방법으로 폴더 탐색창에서 p03-10-03.jpg 파일을 문서창으로 드래그한다. 크기를 조절한 후 키패드의 Enter 를 클릭하여 가져오기를 완료한다.

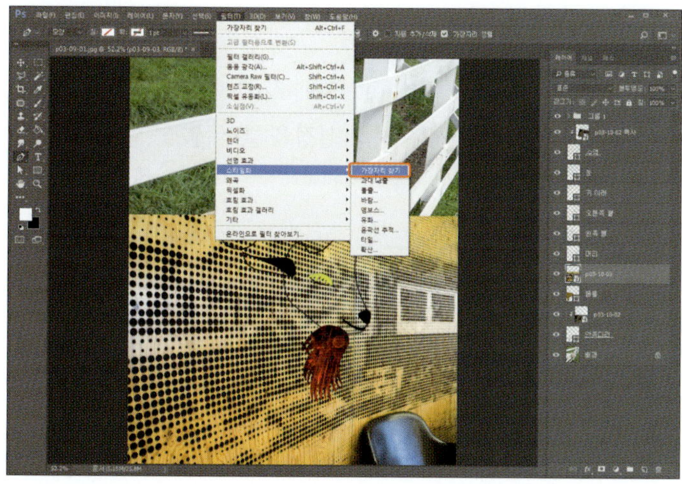

20 [필터]-[스타일화]-[가장자리 찢기] 메뉴를 실행하여 이미지에 효과를 적용한다.

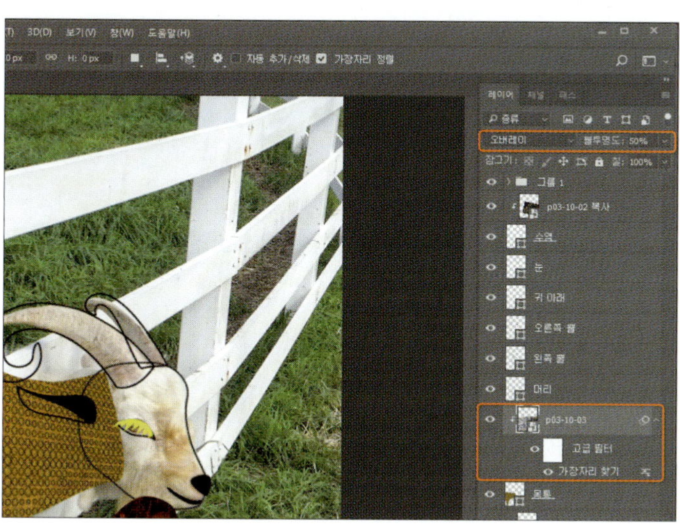

21 p03-10-03 레이어와 몸통 레이어 경계를 Alt 를 누른 채 클릭하여 클리핑 마스크를 적용한다. 레이어 혼합 모드와 불투명도를 오버레이, 50%로 설정한다.

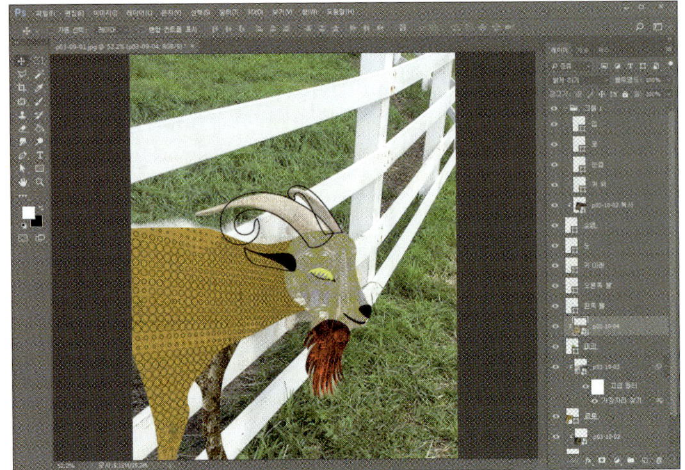

22 동일한 방법으로 머리의 색을 채우고 p03-10-04.jpg 이미지를 가져와 클리핑 마스크를 적용한다. 혼합 모드와 불투명도를 적용하여 독특한 느낌의 오브젝트를 완성한다.

23 귀 아래와 오른쪽, 왼쪽 뿔을 각각 선택하고 패턴으로 면을 채운다. 마음에 들지 않는 모양은 펜 도구( )로 다듬어 오브젝트를 완성한다.

강의노트

펜 도구 사용 중 Ctrl 을 누른 채 마우스 오른쪽 버튼으로 문서를 클릭하면 클릭 지점에 픽셀이 있는 모든 레이어의 목록이 표시된다. 목록에서 원하는 레이어를 클릭하면 수월하게 레이어를 선택할 수 있다.

24 배경을 제외한 모든 레이어를 선택한 후 레이어 하단의 폴더 아이콘으로 가져가 그룹을 만든다.

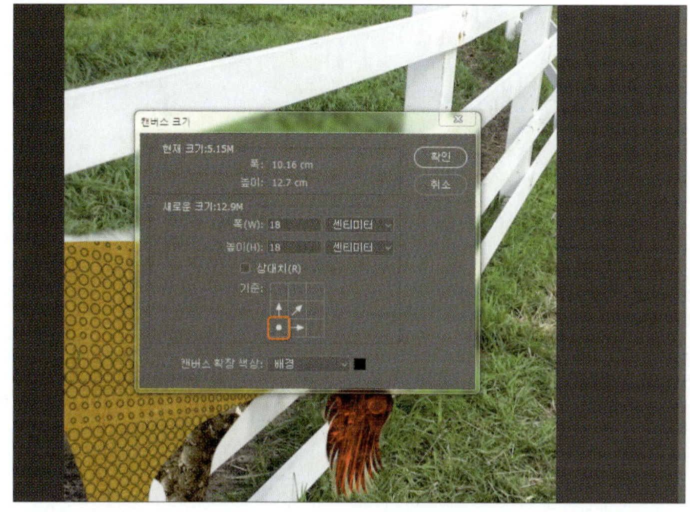

25 [이미지]-[캔버스 크기] 메뉴를 실행한 후 폭과 높이를 18cm로 입력하고 기준을 왼쪽 하단으로 지정한다.

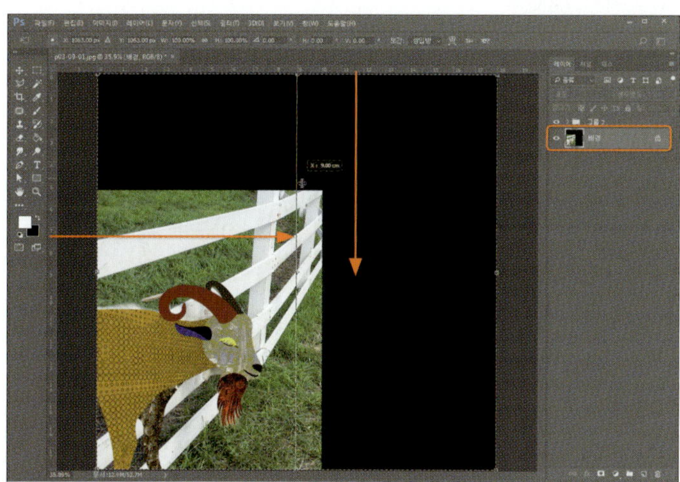

26 캔버스가 확장되면 레이어 패널에서 배경 레이어를 선택한다. Ctrl + R, Ctrl + A, Ctrl + T를 차례로 눌러 눈금자와 바운딩 박스를 표시한 후 가로와 세로 눈금자를 캔버스 중앙으로 드래그 앤 드롭한다.

강의노트 🖊
[보기]-[스냅] 메뉴에 체크되어 있으면 바운딩 박스 가운데 조절점에 안내선이 스냅된다.

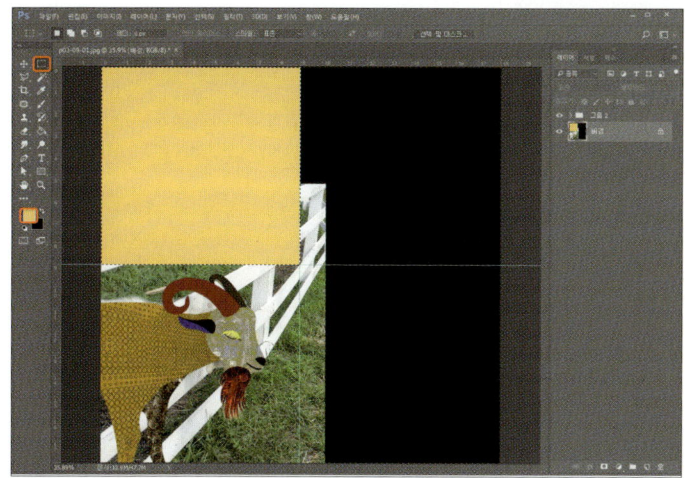

27 사각형 선택 윤곽 도구(▢)를 선택하고 왼쪽 상단을 선택 영역으로 지정한다. 전경색을 원하는 색상으로 지정한 후 Alt + Delete 를 눌러 채운다.

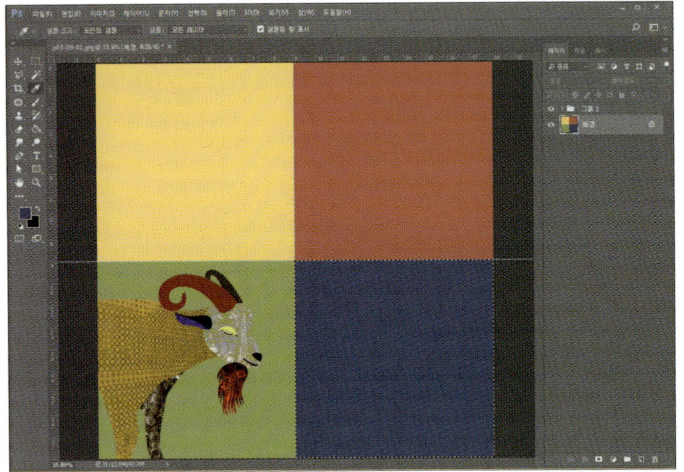

28 나머지 영역도 선택 영역 지정 후 원하는 색상으로 채운다.

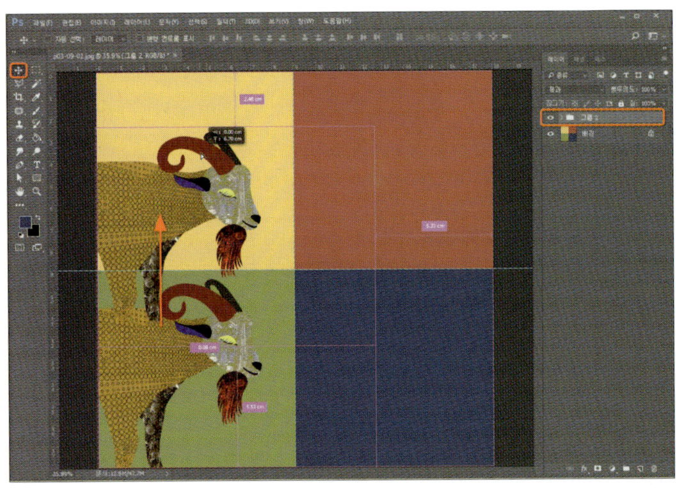

29 레이어 패널에서 그룹 2를 선택한다. 작업창으로 돌아와 이동 도구(＋)로 Shift + Alt 를 누른 채 오브젝트를 위로 이동하면 오브젝트가 복제된다.

강의노트 ✎

이동 도구를 사용할 때 키보드의 방향키를 클릭하면 클릭할 때마다 오브젝트가 1px씩 이동된다.

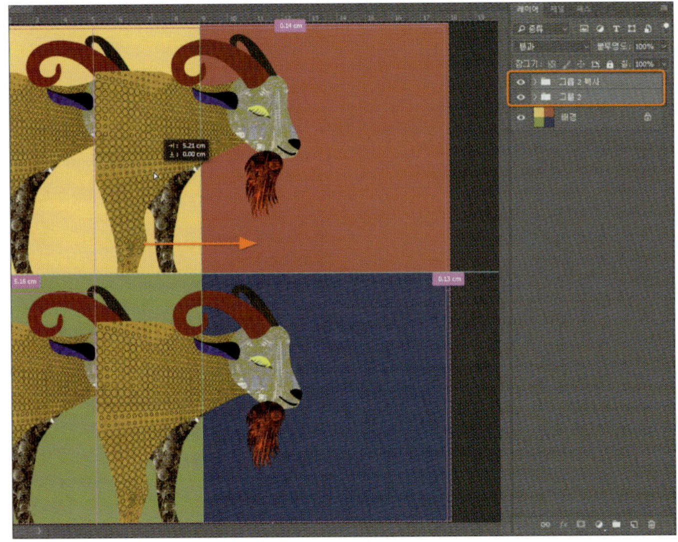

30 동일한 방법으로 레이어 패널에서 그룹 2, 그룹 2 복사를 선택하고 Shift + Alt 를 누른 채 오브젝트를 오른쪽으로 이동한다. [보기]-[눈금자], [보기]-[표시자]의 체크를 해제한 후 완성된 작업물을 확인한다.

 **보충수업 레이어의 종류**

❶ **배경 레이어 :** 배경 내용에 색상을 지정하여 새 파일을 만들거나 이미지 파일을 불러왔을 때 자동으로 생성되는 레이어로, 잠겨있기 때문에 레이어 순서, 혼합 모드, 불투명도를 변경할 수 없다. 배경 레이어를 더블 클릭하거나 레이어 메뉴에서 일반 레이어로 전환한 후 편집해야 한다.

❷ **일반 레이어 :** 새 레이어를 만들거나 복사한 이미지를 붙여 넣었을 때 생성되는 기본 레이어로 배경이 투명하다.

❸ **조정 레이어 :** 조정 패널이나 레이어 패널 하단의 조정 명령을 실행했을 때 해당 보정 기능을 가진 레이어다. 이미지에 직접적으로 작업하지 않고 따로 레이어를 만들어 효과를 적용하기 때문에 원본 이미지 훼손 없이 작업하고 수정할 수 있다.

❹ **고급 개체 레이어 :** 레이어 내용을 보호하여 모양이나 크기를 바꿔도 원본 데이터의 손상이 없다.

❺ **문자 레이어 :** 문자 도구로 글자를 입력하면 자동으로 만들어진다. 언제든지 수정할 수 있지만 일반 레이어로 변환하면 수정할 수 없다.

❻ **모양 레이어 :** 도형 도구나 펜 도구로 모양을 그렸을 때 만들어진다.

❼ **칠 레이어 :** 단색, 그레이디언트, 패턴을 새로운 레이어로 만들어 적용하며 레이어 마스크나 혼합 모드를 적용할 수 있다.

❽ **3D 레이어 :** 3D 개체를 만들거나 불러왔을 때 만들어진다.

❾ **레이어 스타일 :** 레이어 내용에 그림자, 테두리, 그레이디언트, 패턴 적용 등의 효과를 적용한다. 여러 스타일을 중복 적용할 수 있다.

❿ **레이어 마스크 :** 선택한 레이어에 마스크를 씌운 것처럼 검정으로 칠한 부분을 가려준다. 불투명도 적용이 가능하여 여러 이미지를 합성할 때 유용하다.

⓫ **클리핑 레이어 :** 하위 레이어에 상위 레이어를 포함시켜 하위 레이어 윤곽에 맞추어 상위 레이어 이미지를 나타낸다.

⓬ **비디오 레이어 :** 동영상을 비디오 레이어로 불러온다. 타임라인 패널로 비디오를 재생하거나 개별 프레임을 만들 수 있고, 변형이나 마스크, 레이어 스타일을 적용할 수 있다.

보충수업 레이어 단축키

다른 도구나 기능도 단축키를 외워두면 편리하지만 특히 레이어는 모든 작업 시 다루기 때문에 꼭 외워두도록 한다.

• Ctrl +썸네일 : 레이어, 패스, 채널, 마스크 내용을 선택 영역으로 만든다.

• Ctrl + Alt + G : 클리핑 마스크를 만든다.

• Ctrl + E : 아래 레이어 또는 선택한 레이어를 병합한다.

• Ctrl + Shift + E : 보이는 레이어를 병합한다.

• Ctrl + J : 레이어나 선택 영역을 복사하여 새 레이어에 붙여 넣는다.

• Ctrl + Shift + Alt + E : 화면의 스크린샷을 찍어 새 레이어에 붙여 넣는다.

• Ctrl + G : 선택한 레이어들을 그룹화한다.

 보충수업 고급 개체 이해하기

고급 개체란 래스터 이미지나 벡터 이미지 데이터가 들어있는 레이어이다. 원본 정보를 그대로 유지하기 때문에 고급 개체 레이어의 썸네일을 더블 클릭하면 별도의 문서로 열리고 내용을 편집하고 저장하면 고급 개체에도 반영된다. 고급 개체에 조정이나 필터를 적용하면 원본 정보를 보호하고 언제든 필터 내용을 수정할 수 있는 고급 필터로 적용된다. 필터가 적용된 고급 개체의 모양을 변형할 때는 필터 효과가 잠시 꺼지고 변형 완료 후에 다시 적용된다. 페인트나 닷지, 번 등과 같이 원본 픽셀의 데이터를 변경하는 작업은 고급 개체에 적용할 수 없기 때문에 일반 레이어로 변환한 후 수행한다.

보충수업 고급 개체 만들기

[파일]–[고급 개체로 열기], [파일]–[포함 가져오기], [파일]–[연결 가져오기] 메뉴를 실행하면 열려 있는 문서에 선택한 파일을 고급 개체로 불러올 수 있다. 이 중 [파일]–[연결 가져오기]는 새롭게 추가된 기능으로 고급 개체와 원본 파일을 연결하여 원본 파일 내용을 변경하면 고급 개체에도 반영된다. 연결된 고급 개체에는 레이어 썸네일에 연결 아이콘이 표시된다. [레이어]–[고급 개체]–[고급 개체로 변환], [필터]–[고급 필터용으로 변환] 메뉴는 선택한 레이어를 고급 개체로 변환한다.

일반적인 고급 개체 레이어는 레이어 썸네일에 왼쪽과 같은 아이콘이 표시되고 원본과 연결된 고급 개체 레이어는 오른쪽과 같은 아이콘이 표시된다.

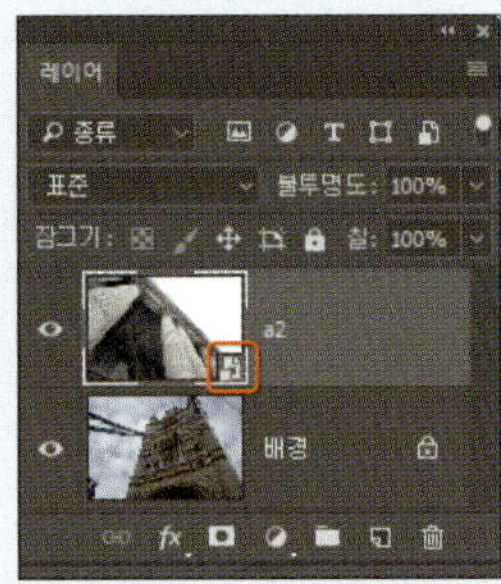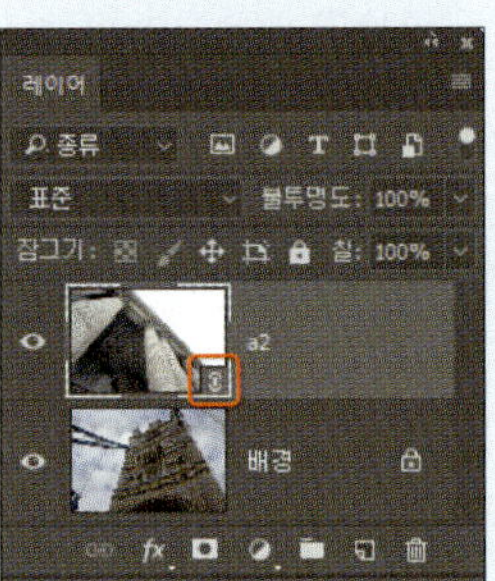

보충수업 레이어 혼합 모드

혼합 모드는 인접한 두 레이어의 이미지를 겹쳐 색상을 혼합하는 방식을 말하며 총 27가지 모드가 제공된다. 원본 이미지를 보호하며 색다른 분위기를 연출하거나 이미지 보정을 할 수 있어 실무에서 많이 사용하는 기능이다. 혼합 모드 옵션이 파란색으로 설정되었을 때 키보드의 상하 방향키를 누르면 혼합 모드가 순차적으로 변경된다.

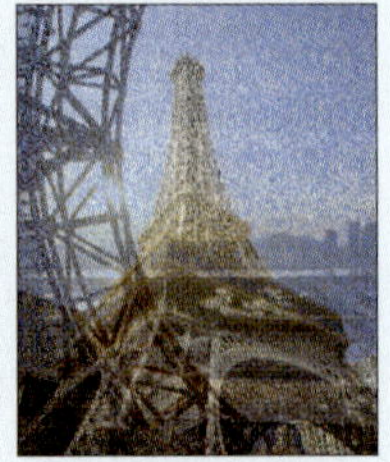

| 상위 레이어 | 하위 레이어 | 표준/불투명도 50% | 디졸브/불투명도 50% |

- 표준 : 기본 모드이다. 불투명도를 조절하면 색상 혼합없이 하위 레이어가 투영된다.
- 디졸브 : 상위 레이어의 투명한 부분을 점으로 나타내기 때문에 불투명도 값이 낮을수록 점들이 많아진다.

❶ 어둡게 하는 모드

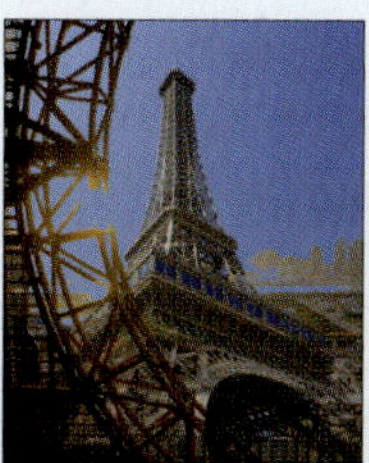

어둡게 하기　　　곱하기　　　색상 번　　　선형 번　　　어두운 색상

- 어둡게 하기 : 겹쳐지는 부분의 상, 하위 레이어 색상 중 더 어두운 색상으로 혼합되기 때문에 이미지를 어둡게 표현한다.
- 곱하기 : 겹쳐지는 부분의 상, 하위 레이어 색상을 곱하기 때문에 항상 더 어둡게 표현된다. 100% 흰색은 곱해도 색상 변화가 없기 때문에 상대 레이어가 그대로 나타난다. 마커로 칠한 것과 유사하다.
- 색상 번 : 겹쳐지는 부분의 상, 하위 레이어 색상 대비를 증가시켜 하위 레이어를 더욱 어둡게 표현한다. 중간 톤의 대비가 더욱 강하고 채도를 높인다.
- 선형 번 : 상, 하위 레이어 색상의 명도를 감소시켜 하위 레이어를 어둡게 표현한다. 중간 톤 일수록 더욱 어두워지고 색상 번보다 대비가 약하다.
- 어두운 색상 : 상, 하위 레이어의 명암을 비교하여 더 어두운 색상만 나타난다.

❷ 밝게 하는 모드

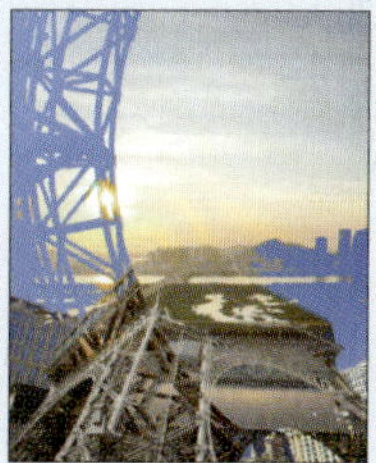

밝게 하기　　　스크린　　　색상 닷지　　　선형 닷지(추가)　　　밝은 색상

- 밝게 하기 : 겹쳐지는 부분의 상, 하위 레이어 색상 중 더 밝은 색상으로 혼합되기 때문에 이미지를 밝게 표현한다.
- 스크린 : 겹쳐지는 부분의 상, 하위 레이어 색상의 반전색을 곱하기 때문에 항상 더 밝게 표현된다. 100% 검은색은 스크린해도 색상 변화가 없기 때문에 상대 레이어가 그대로 나타난다. 어두운 이미지 보정에 효과적이다.
- 색상 닷지 : 겹쳐지는 부분의 상, 하위 레이어 색상의 대비를 증가시켜 강한 빛에 노출된 효과를 연출한다. 중간톤의 대비가 더욱 강하고 채도를 높인다.
- 선형 닷지(추가) : 색상 닷지보다 좀 더 강한 닷지 효과를 적용시켜 전체적으로 이미지가 밝게 표현된다. 중간톤에 가까울수록 더욱 밝아지며 색상 닷지보다 대비가 약하다.
- 밝은 색상 : 상, 하위 레이어의 명암을 비교하여 더 밝은 색상만 나타난다.

❸ 대비를 증가시키는 모드

| 오버레이 | 소프트 라이트 | 하드 라이트 | 선명한 라이트 |

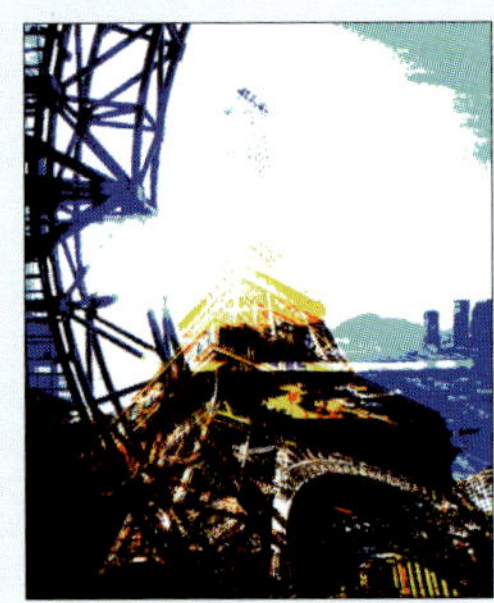

| 선형 라이트 | 핀 라이트 | 하드 혼합 |

- 오버레이 : 하위 레이어 색상에 따라 색상을 곱하거나 스크린한다. 하위 레이어의 밝은 영역과 어두운 영역을 보존하면서 혼합을 하며 채도와 명도 대비를 강하게 한다.
- 소프트 라이트 : 상위 레이어 광원이 50% 회색보다 밝은 영역은 밝게, 어두운 영역은 어둡게 적용하여 확산된 조명을 비추는 것 같은 효과를 낸다.
- 하드 라이트 : 상위 레이어 색상에 따라 50% 회색보다 어두우면 색상을 곱하고 밝으면 스크린한다. 밝고 어두운 대비를 증가시키므로 강한 집중 조명을 비추는 것과 같은 효과를 낸다.
- 선명한 라이트 : 상위 레이어 색상에 따라 50% 회색보다 밝으면 대비를 감소시켜 닷지하고, 어두우면 대비를 증가시켜 번하므로 이미지 윤곽을 선명하게 표현할 수 있다.
- 선형 라이트 : 상위 레이어 색상에 따라 50% 회색보다 밝으면 명도를 증가시켜 닷지하고, 어두우면 명도를 감소시켜 번한다.
- 핀 라이트 : 상위 레이어의 광원이 50% 회색보다 밝으면 상위 레이어 색상보다 어두운 하위 레이어의 픽셀이 대체되고 50% 회색보다 어두우면 밝은 픽셀이 대체되기 때문에 대비를 증가시킨다.
- 하드 혼합 : 상위 레이어와 하위 레이어의 빨강, 녹색, 파랑 채널 값을 더해 255 이상은 255, 255 미만은 0으로 처리하여 중간 톤이 없는 극대비 이미지를 만든다.

❹ 상, 하위 레이어의 채널 정보를 비교하여 혼합하는 모드

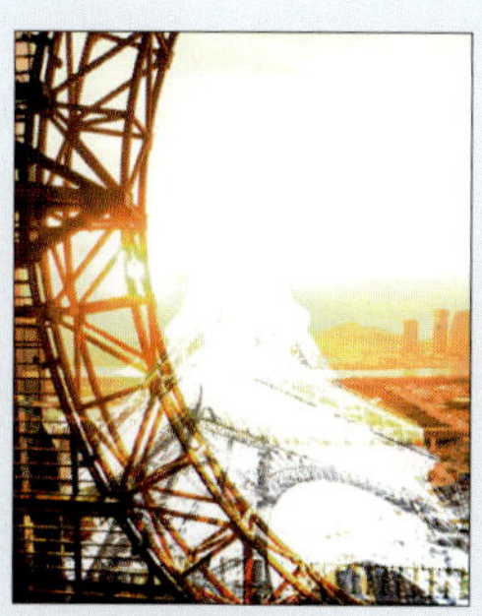

차이　　　　　제외　　　　　빼기　　　　　나누기

- 차이 : 하위 레이어와 상위 레이어 중 명도 값이 더 큰 색상에서 다른 색상을 뺀다. 상위 레이어가 흰색이면 하위 레이어 색상이 반전되고, 검은색이면 색상 변화가 없다.
- 제외 : 차이 모드와 유사하지만 대비가 더 낮은 효과를 낸다.
- 빼기 : 각 채널의 색상 정보를 기반으로 하위 레이어에서 상위 레이어를 뺀다.
- 나누기 : 각 채널의 색상 정보를 기반으로 하위 레이어에서 상위 레이어 색상을 나눈다.

❺ 합성 모드

색조　　　　　채도　　　　　색상　　　　　광도

- 색조 : 상위 레이어의 색조와 하위 레이어의 광도, 채도로 혼합한다.
- 채도 : 상위 레이어의 채도와 하위 레이어의 광도, 색조로 혼합한다.
- 색상 : 상위 레이어의 색조와 채도, 하위 레이어의 광도로 혼합하기 때문에 단색 이미지에 색상을 적용하거나 컬러 이미지에 색조를 적용할 때 유용하다.
- 광도 : 상위 레이어의 광도, 하위 레이어의 색조, 채도로 혼합하며 색상 모드의 반대 효과를 낸다.

실전문제

01. 레이어 혼합 모드를 이용하여 주어진 컬러 이미지를 세피아 톤 이미지로 변경해 보자.

준비파일 | Sample)part03)p03-10-05.jpg　　　　**완성파일** | Artwork)part03)p03-10-05.psd

Hint 1. [파일]-[열기] 명령으로 준비된 소스 파일을 불러온다.
2. 레이어 패널에서 배경 레이어를 복제하거나 키보드의 Ctrl + J 를 클릭한다.
3. 복제된 레이어의 혼합 모드를 오버레이로 설정하고 불투명도를 조절한다.
4. 레이어 패널 하단의 을 눌러 단색 칠 레이어를 추가한다. 색상은 갈색 계열로 설정한다.
5. 칠 레이어의 혼합 모드를 색상으로 설정한다.

02. 레이어 혼합 모드를 이용하여 주어진 이미지의 밝기를 조정하고 따뜻한 느낌의 분위기를 연출해 보자.

준비파일 | Sample)p03-10-06.jpg　　　　**완성파일** | Artwork)p03-10-06.psd

Hint 1. [파일]-[열기] 명령으로 준비된 소스 파일을 불러온 후 레이어 패널에서 배경 레이어를 복제한다.
2. 복제된 레이어의 혼합 모드를 스크린으로 적용한 후 Ctrl + J 를 두 번 클릭한다.
3. 1번에서 실행한 첫 번째 복제 레이어를 선택하고 혼합 모드를 오버레이로 변경한다. 화면을 확인하며 불투명도를
조절한다.
4. [레이어]-[새 칠 레이어]-[그레이디언트] 메뉴를 실행하고 파스텔 톤의 선형 그레이디언트를 45도로 적용한다.
5. 레이어 패널에서 그레이디언트 레이어를 가장 위로 위치시키고 혼합 모드를 오버레이로 변경한다. 화면을
확인하며 불투명도를 조절한다.

실전문제

03. 클리핑 마스크와 레이어 혼합 모드로 여행 사진을 정리해 보자.

준비파일 | Sample>p03–10–07.psd, p03–10–08~12.jpg

완성파일 | Artwork>p03–10–07.psd

Hint 1. [파일]–[열기] 명령으로 준비된 소스 파일들을 불러온 후 레이아웃이 잡힌 문서로 딤섬 이미지를 가져온다.

2. 레이어 패널에서 딤섬 이미지를 가장 위로 배치하고 Alt 를 누른 채 모퉁이가 둥근 직사각형 1과의 경계를 클릭한다. Ctrl +T 를 눌러 크기와 위치를 조절한 후 레이어를 패널 하단의 아이콘으로 드래그 & 드롭한다.

3. 이미지를 밝게 보정하기 위해 복제된 레이어의 혼합 모드를 스크린으로 설정하고 불투명도를 적당히 조정한다.

4. 같은 방법으로 깍지콩과 타르트, 새우 이미지를 각각의 모양 레이어에 클리핑 마스크 처리하고 밝기 조정이 필요한 이미지는 혼합 모드를 적용한다.

5. 이번에는 도구 패널에서 패스 선택 도구를 선택하고 옵션 막대에서 선택 항목을 모든 레이어로 설정한다. 모퉁이가 둥근 직사각형 3을 클릭하고 옵션 막대에서 칠 색상을 검은색으로 변경한다.

6. 야경 이미지를 가져온 후 칠 색상을 변경한 모양 레이어 위로 배치하고 클리핑 마스크 처리한다. Ctrl +T 를 눌러 크기와 위치를 조정한 후 레이어를 패널 하단의 아이콘으로 드래그 & 드롭한다.

7. 복제된 레이어의 혼합 모드를 선형 라이트로 적용하여 보다 선명하고 화려하게 보정한 후 불투명도를 조정한다.

8. 수평 문자 도구로 텍스트를 입력한다.

레이어 스타일로
스크랩 이미지 만들기

레이어 스타일이란 레이어에 포함된 내용에 획, 그림자, 광선, 오버레이 등을 적용하여 다양한 효과를 만드는 기능이다. 레이어 스타일은 레이어 뿐만 아니라 그룹, 텍스트에도 적용할 수 있으며 자주 사용하는 스타일을 등록하고 불러올 수 있다. Photoshop CC 버전부터는 일부 스타일의 경우 10개까지 추가하거나 사용자 정의 목록 구성이 가능해 더욱 편리해졌다. 예제를 통해 레이어 스타일 대화상자를 불러오고 스타일을 적용하는 방법에 대해 학습해 보자.

Zoom In
알찬 예제로 배우는
레이어 스타일
활용한 디자인

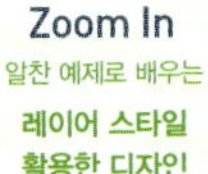

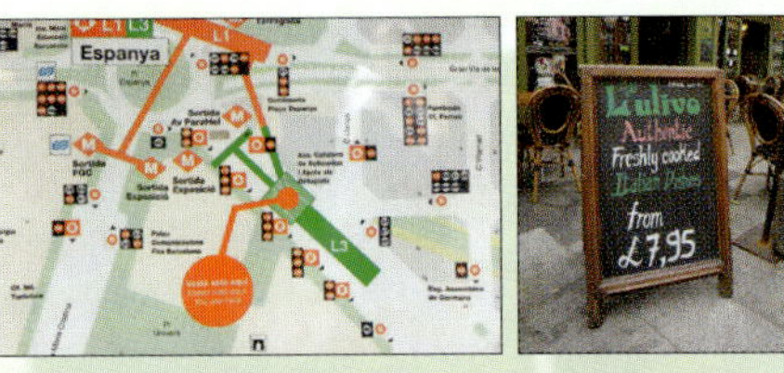

준비 파일 Sample〉part03〉p03-11-01~05.jpg
완성 파일 Artwork〉part03〉p03-11-01.psd

Keypoint Tool

_ **하이패스** 이미지의 가장자리를 추적하여 회색 배경 위에 표시한다.

_ **레이어 스타** 그룹 레이어에 스타일을 적용하면 그룹 레이어에 포함된 모든 레이어에 일괄 적용된다.

Knowhow

_ **작업 효율** 적용된 스타일을 수정할 때는 레이어 패널에서 레이어 밑에 표시된 스타일 이름을 더블 클릭한다.

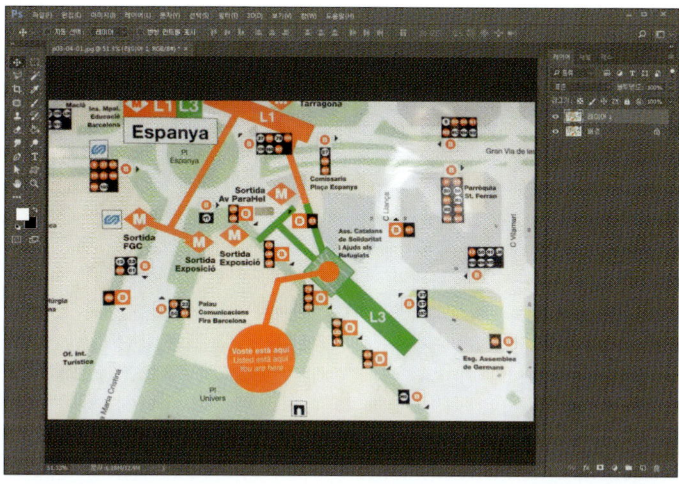

01 [파일]-[열기] 메뉴를 실행하여 "Sample〉part03" 폴더 안의 "p03-11-01.jpg" 파일을 불러온 후 Ctrl + J 를 눌러 배경 이미지를 복제한다.

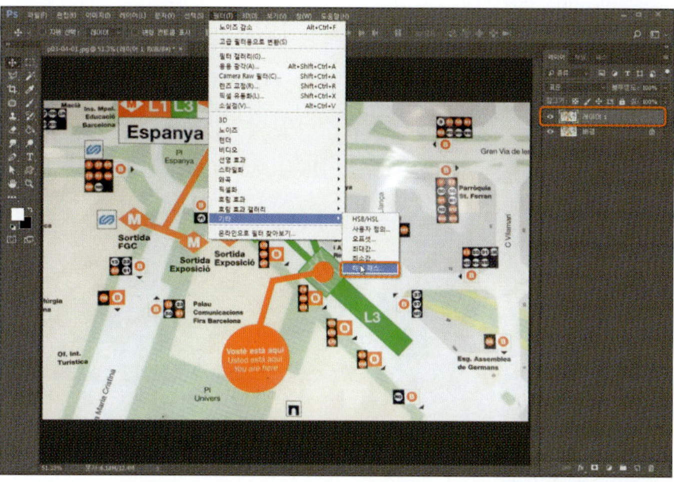

02 [필터]-[기타]-[하이패스] 메뉴를 선택한다.

강의노트 🖉

하이패스 기능은 이미지의 가장자리를 추적하여 선명도를 높일 때 주로 사용한다.

03 미리보기를 확인하며 반경을 설정한다.

04 전경색을 흰색으로 설정하고 레이어 패널에서 배경 레이어를 선택한다. Alt + Delete 를 눌러 배경을 흰색으로 채운다.

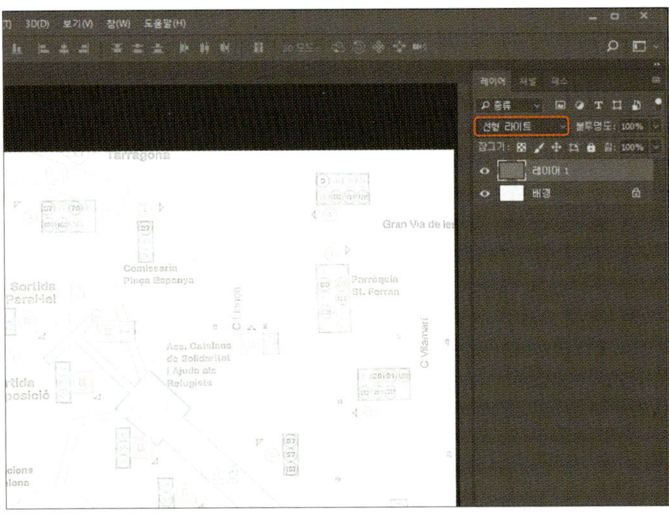

05 다시 필터를 적용한 레이어를 선택한 후 혼합 모드를 선형 라이트로 설정한다. 연필 스케치 느낌의 지도가 만들어 진다.

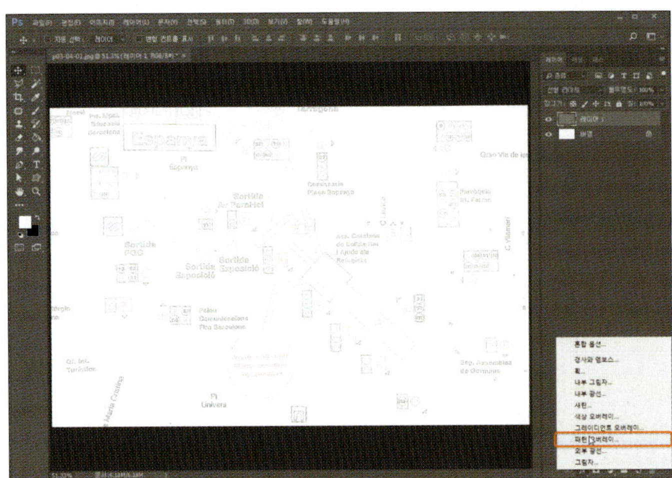

06 레이어 패널 하단의 fx 아이콘을 클릭하면 팝업 메뉴가 표시된다. 스타일 목록에서 패턴 오버레이를 선택한다.

강의노트 🖉

레이어를 더블 클릭하여 레이어 스타일 대화상자를 불러 올 수도 있다.

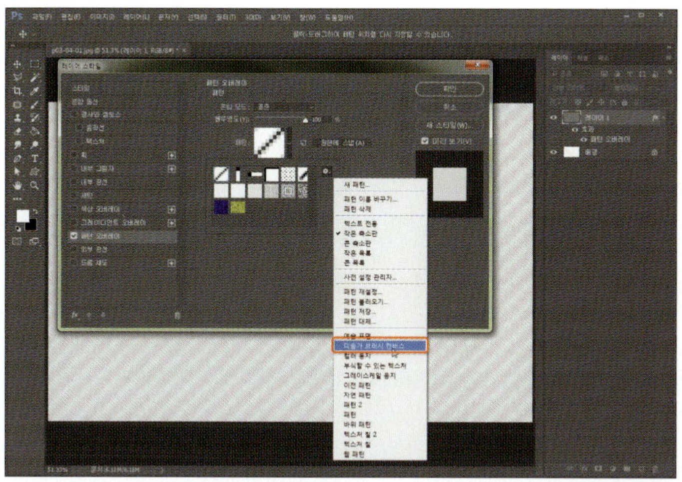

07 패턴의 ∨를 클릭하고 ⚙.를 눌러 패턴 피커를 표시한 후 미술가 브러시 캔버스 사전 설정을 불러온다.

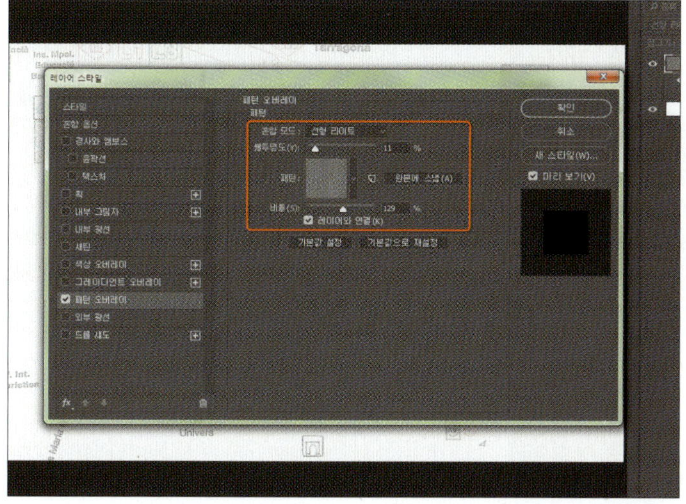

08 미술가 브러시 캔버스 사전 설정 목록에서 양키 캔버스를 선택합니다. 나머지 옵션을 화면과 같이 설정한다.

강의노트 🖉

적용된 스타일은 레이어 밑에 표시되며 눈 아이콘으로 스타일을 숨기거나 표시할 수 있다. 적용된 스타일을 더블 클릭하면 현재 적용된 설정값을 확인할 수 있다.

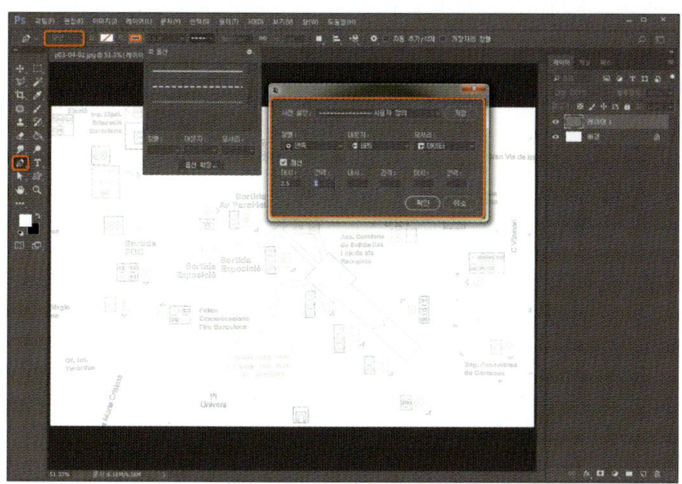

09 이번에는 펜 도구(✎.)를 선택하고 옵션 막대에서 모드를 모양 그리기 모드로 설정한다. 동선을 점선으로 표현하기 위해 [옵션 확장] 버튼을 눌러 칠과 획 옵션을 설정한다.

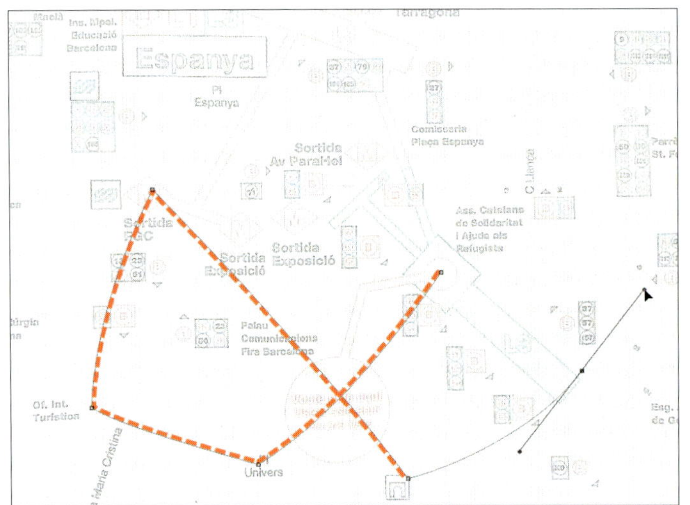

10 출발 지점을 시작으로 방문할 곳을 순서대로 클릭하며 동선을 그린다.

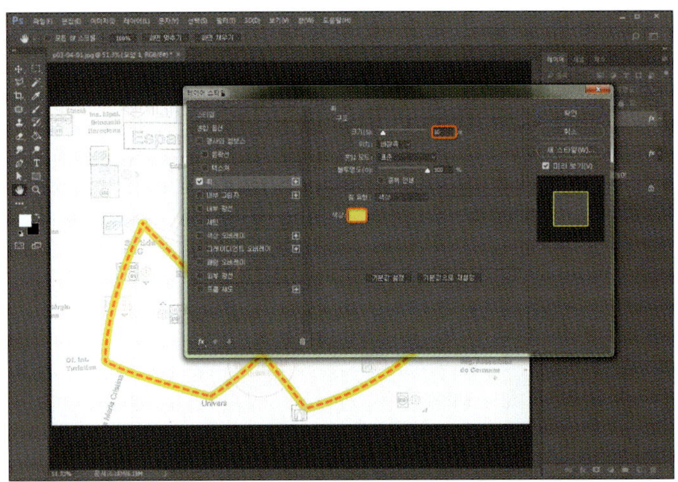

11 동선을 그린 레이어를 더블 클릭한 후 획 스타일을 선택한다. 크기와 색상을 설정한다.

강의노트

미리 보기에 체크하면 스타일이 적용된 결과를 미리 볼 수 있다.

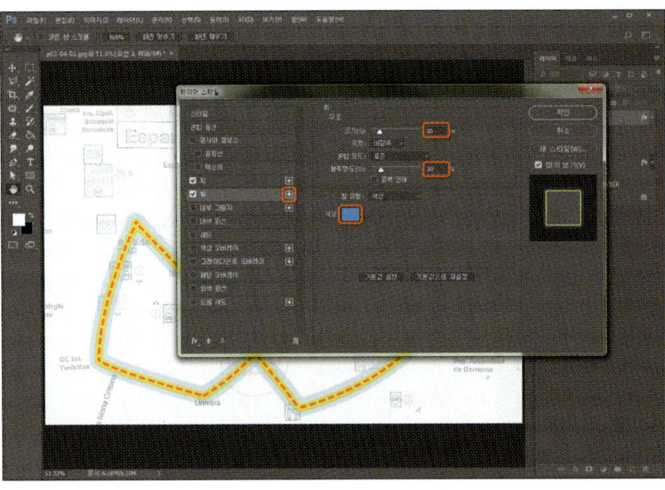

12 획 스타일 오른쪽의 +를 클릭하면 획 스타일이 추가된다. 그림과 같이 옵션을 설정한다.

강의노트

같은 스타일끼리는 순서를 변경하여 화면에 보이는 순서를 설정할 수 있다. 적용된 스타일은 레이어 패널에 표시된다.

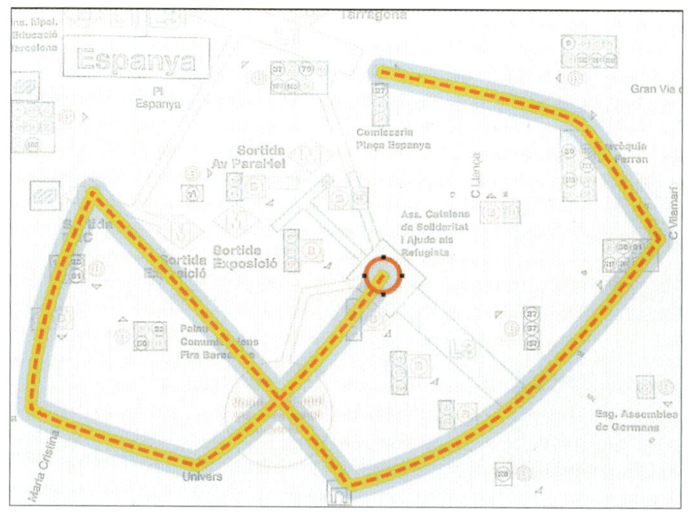

13 시작 지점을 강조하기 위해 점선 과 같은 색상의 원을 그려 넣 는다.

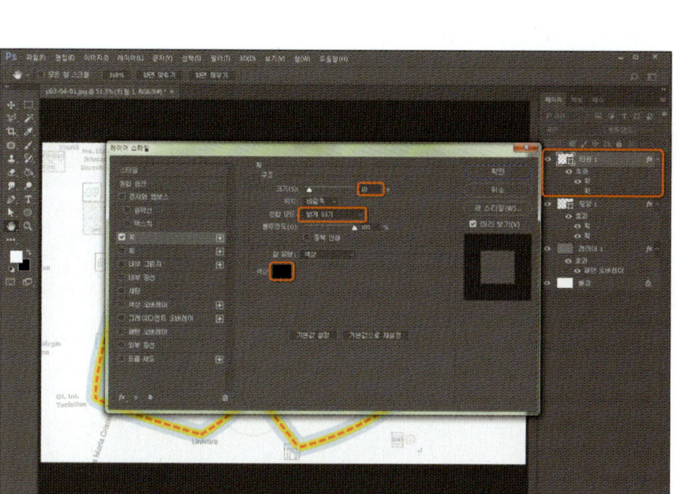

14 타원 모양 레이어를 더블 클릭하 고 위에 위치한 획의 옵션을 그림 처럼 설정한다.

강의노트 ✎

색상을 검은색으로 설정하고 혼합 모드를 밝게 하기로 적용하면 설정한 두께의 획 만큼 투명 하게 표현된다.

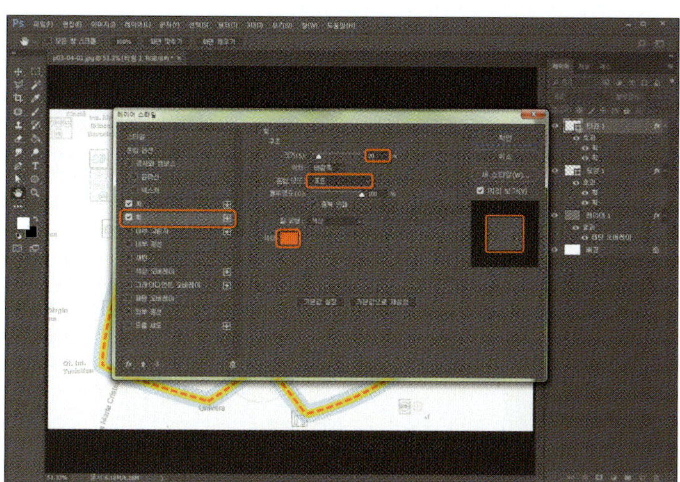

15 두 번째 획을 선택하고 그림과 같 이 옵션을 설정한다.

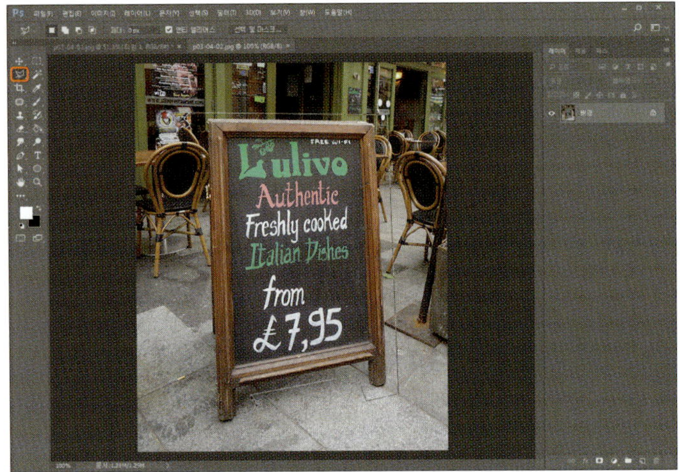

16 "Sample〉part03" 폴더 안의 "p03-11-02.jpg" 파일을 불러 온 후 다각형 올가미 도구( )로 간판을 선택한다. Ctrl + C 를 눌러 선택 영역을 복사한다.

17 지도 이미지 문서로 돌아와 Ctrl + V 를 눌러 간판을 붙여 넣는다. Ctrl + T 를 눌러 크기와 위치, 각도를 조절한다.

18 동일한 방법으로 동상, 병, 안내 표지판을 붙여 넣은 후 크기와 위치를 조절한다.

19 추가한 이미지 레이어를 모두 선택하고 `Ctrl` + `G` 를 눌러 그룹화한다.

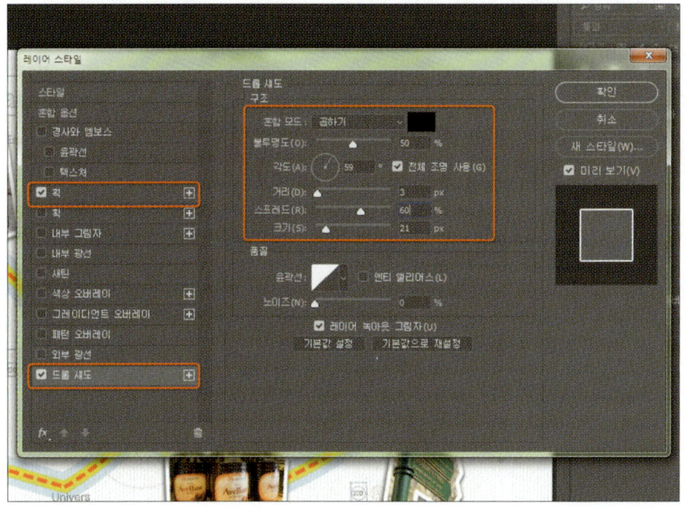

20 레이어 패널 하단의 *fx.* 아이콘을 클릭하고 스타일 목록에서 획을 선택한다. 흰색 테두리를 적용한 후 드롭 섀도에 체크하고 그림과 같이 그림자를 적용한다.

강의노트 🖉

전체 조명 사용 항목에 체크하면 다른 스타일의 조명까지 가장 최신의 설정으로 변경된다.

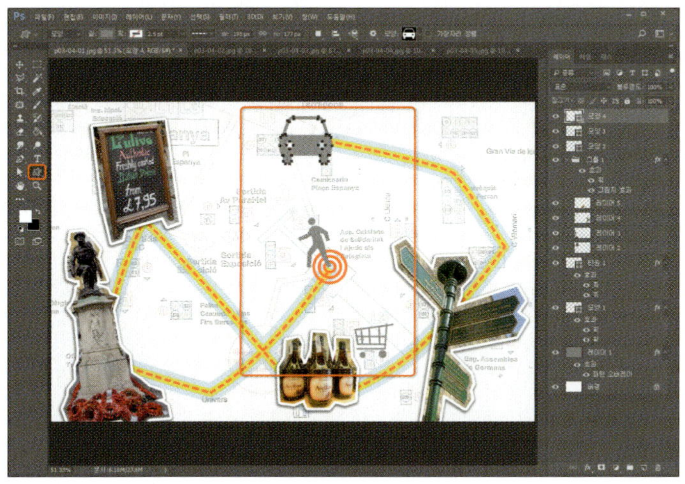

21 마지막으로 사용자 정의 도형 도구로 도형( )을 그려 넣고 작업을 마무리한다.

보충수업 레이어 스타일

레이어를 더블 클릭하거나 [레이어]–[레이어 스타일] 메뉴 또는 레이어 패널 하단의 아이콘을 클릭하여 적용할 수 있다. 대화상자 왼쪽에는 사전 설정 스타일과 레이어의 혼합 옵션 및 스타일 종류가 표시된다. Photoshop CC 버전부터 스타일 목록을 사용자 정의 목록으로 구성할 수 있게 업데이트 되었다.

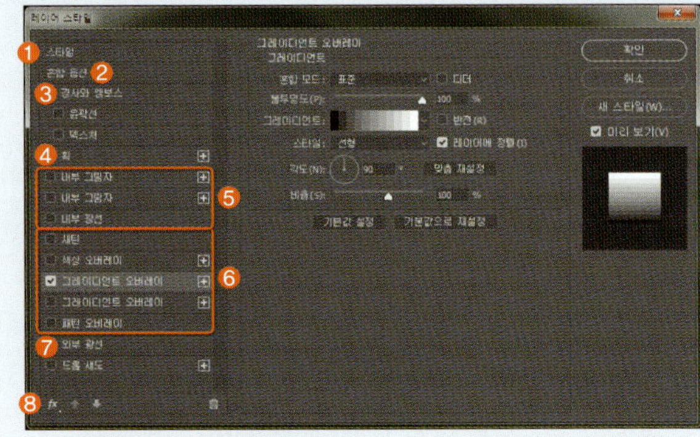

원본

경사와 엠보스

획

내부 그림자

내부 광선

새틴

색상 오버레이

그레이디언트 오버레이

패턴 오버레이

외부 광선

드롭 섀도

❶ **스타일 :** 스타일 패널에 사전 등록된 스타일이 표시된다.

❷ **혼합 옵션 :** 레이어의 혼합 모드를 설정한다.

❸ **경사와 엠보스 :** 5가지 입체 효과를 적용한다.

❹ **획 :** 이미지 윤곽을 따라 색, 패턴, 그레이디언트를 채운 테두리를 적용한다. 가장자리가 선명한 문자 혹은 패스를 포함한 개체에 적용하는 것이 좋다.

❺ **내부 그림자 및 광선 :** 레이어 내용의 가장자리 안쪽으로 그림자 또는 빛이 발광하는 효과를 만든다.

❻ **오버레이 :** 레이어 내용을 새틴, 패턴, 색상, 그레이디언트로 칠하거나 질감을 적용한다.

❼ **외부 광선 및 그림자 :** 레이어 내용의 가장자리 밖으로 빛이 발광하는 효과와 그림자를 만든다.

❽ 레이어 스타일도 사용자 정의 기능이 강화되어 자주 사용하는 스타일 목록만 표시할 수 있다. 또한, ➕ 표시가 있는 스타일은 최대 10개까지 중복 적용할 수 있고 순서도 변경할 수 있다.

※ 전체 조명 사용 : 경사와 엠보스, 내부 그림자, 그림자 효과처럼 그림자를 만들 때 전체 조명 사용에 체크하면 모든 레이어 효과의 조명 각도를 통일한다. 조명 각도는 가장 나중에 적용한 각도가 반영되며 독립적인 조명이 필요할 때는 전체 조명 사용 항목의 체크를 해제한다.

실전문제

01. 레이어 스타일을 이용하여 돌에 양각으로 새긴 글자 효과를 만들어 보자.

준비파일 | Sample〉part03〉p03-11-06.jpg

완성파일 | Artwork〉part03〉p03-11-06.psd

Hint 1. [파일]-[열기] 명령으로 준비된 소스 파일을 불러온다.

2. 사각형 도구로 기다란 직사각형을 만들고 복사, 기울기 변경하여 화살표를 만든다.

3. 수평 문자 도구로 텍스트를 입력한다.

4. 도형과 텍스트를 그룹으로 묶은 후 레이어 패널 하단의 ▨ 아이콘을 누르고 경사와 엠보스를 선택한다.

5. 엠보스 효과를 적용한 후 그룹의 칠 투명도를 0%로 설정한다.

02. 레이어 스타일을 이용하여 입체적인 글자를 만들어 보자.

완성파일 | Artwork〉p03-11-07.psd

Hint 1. [파일]-[새로 만들기] 명령으로 새 문서를 만든다.

2. 수평 문자 도구로 텍스트를 입력한 후 레이어 패널 하단의 ▨ 아이콘을 누르고 그림자를 선택한다.

3. 크기가 0인 검은색 그림자와 텍스트의 거리를 1로 설정한다. 드롭 섀도 오른쪽의 ➕ 를 눌러 드롭 섀도를 최대한 추가한다.

4. 추가된 드롭 섀도를 순서대로 클릭하고 거리를 1씩 늘려 적용한다. 레이어 패널로 돌아와 효과를 마우스 오른쪽 버튼으로 클릭하고 레이어 만들기 명령을 실행한다.

5. 적용되었던 드롭 섀도 스타일이 레이어로 만들어지면 가장 마지막 그림자를 고급 개체로 변환한 후 앞서 적용한 그림자 효과들을 다시 적용한다.

6. 텍스트 레이어를 선택하고 [창]-[스타일] 메뉴를 선택한다. 스타일 패널이 나타나면 사전 설정 스타일 중 HSB를 적용한다.

7. 마지막으로 배경 레이어를 더블 클릭하여 일반 레이어로 전환한 후 그레이디언트 오버레이 스타일을 적용한다.

레이어 마스크로 이미지 강조하고 연기 만들기

레이어 마스크는 작업 레이어의 이미지를 숨기거나 보여주기 위해 사용한다. 레이어에 마스크를 씌우고 검은색을 칠하면 작업 레이어가 완전히 가려져 하위 레이어 이미지가 100% 보이도록 처리된다. 흰색으로 채워진 영역은 작업 레이어를 보이게 하며 회색 음영은 농도에 따라 가려지는 정도가 달라진다. 레이어 마스크는 여러 사진을 하나의 이미지로 합성하거나 색상을 교정할 때 유용하게 사용된다.

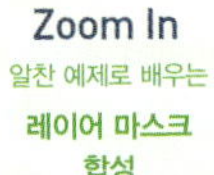

Keypoint Tool

_ **레이어 마스크** 검은색은 레이어 내용을 숨기고 흰색은 레이어 내용을 보여준다.

_ **동작 흐림 효과** 설정한 각도 방향으로 흐림 효과를 적용한다.

Knowhow

_ **Shift+썸네일** [Shift]를 누른 채 레이어 마스크 썸네일을 클릭하면 레이어 마스크를 사용 또는 사용 안함으로 전환된다.

_ **Alt+썸네일** [Alt]를 누른 채 레이어 마스크 썸네일을 클릭하면 레이어 마스크 화면이나 합성 이미지 화면으로 전환된다.

01 [파일]-[열기] 메뉴를 실행하여 "Sample〉part03" 폴더 안의 "p03-12-01.jpg" 파일을 불러온 후 `Ctrl` + `J`를 눌러 배경 레이어를 복제한다.

02 복제된 레이어의 눈 아이콘을 클릭하여 레이어를 숨긴다. 배경 레이어를 선택하고 [이미지]-[조정]-[흑백] 메뉴를 실행한다.

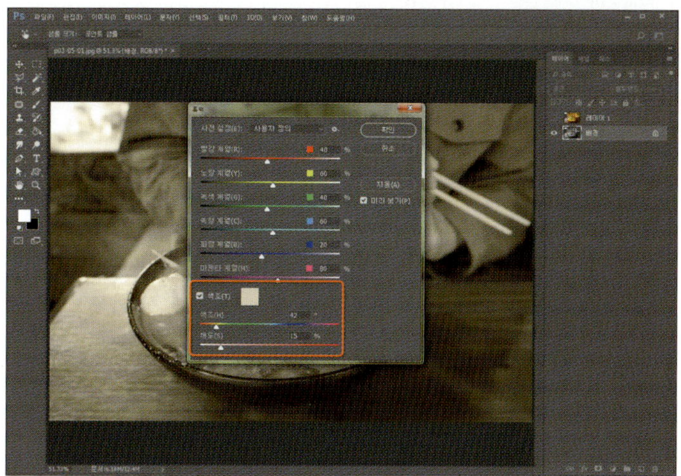

03 대화상자가 나타나면 하단의 색조 항목에 체크하고 채도를 조절한다.

강의노트 ✏

흑백 효과 적용이 확인되지 않으면 레이어 패널의 표시/숨기기를 확인한다.

04 이번에는 숨겼던 레이어를 표시하고 선택한다. `Alt`를 누른 채 레이어 패널 하단의 ▣ 아이콘을 클릭하면 선택한 레이어에 연결된 마스크 창이 생성된다.

강의노트 ✎

해당 레이어에 마스크를 씌우고 검은색으로 칠해 하위 레이어가 그대로 보여진다.

05 도구 패널에서 전경색을 흰색으로 설정한 후 브러시 도구(✏)를 선택한다. 옵션 막대에서 크기와 경도를 지정하고 라면을 드래그하면 작업 레이어 이미지가 나타난다.

06 나머지 부분도 드래그하여 라면이 모두 나타나도록 한다.

07 레이어 패널 하단의 아이콘을 클릭하여 새 레이어를 만든다. 옵션 막대 브러시 사전 설정 피커(⚙·)에서 옵션 아이콘을 클릭한 후 종합 브러시 사전 설정을 불러온다.

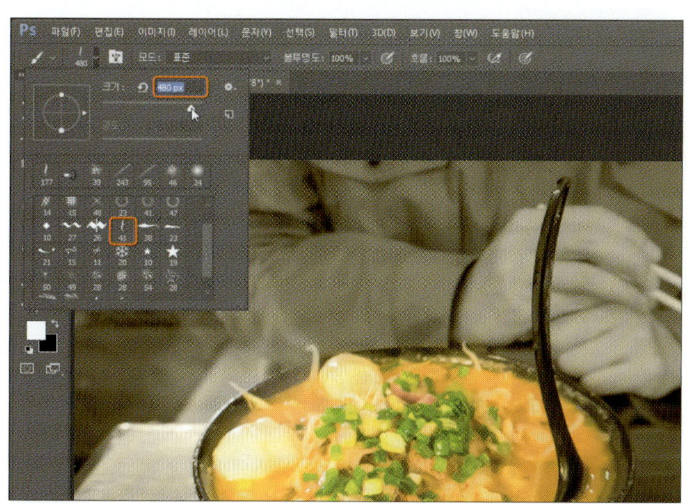

08 장식 3 브러시를 선택하고 크기를 크게 설정한다.

09 라면 위를 클릭하면 브러시 모양이 찍힌다. 크기를 조절하고 연기가 피어오르는 모양새와 비슷하게 브러시 모양을 추가한다.

10 도구 패널에서 손가락 도구()를 선택하고 적당한 크기로 조정한다. 브러시로 그린 부분을 좌우로 드래그하여 연기가 퍼지는 모양새를 만들어 낸다.

11 [필터]-[흐림 효과]-[동작 흐림 효과] 메뉴를 실행하고 각도와 거리 값을 조절한다.

12 레이어 패널 하단의 아이콘을 클릭하여 레이어 마스크를 만들고 다시 브러시 도구()를 선택한다.

13 전경색을 검은색으로 설정하고 옵션 막대에서 불투명도를 조절한다. 연기를 클릭하거나 드래그하여 자연스러운 연기를 만들어간다.

14 Ctrl + J 를 눌러 연기 레이어를 복제한 후 Ctrl + T 를 눌러 연기를 추가할 곳으로 이동시키고 크기와 각도를 조절한다. 위 방법과 동일하게 레이어 마스크를 적용하고 연기를 수정한다.

15 배경 레이어를 선택하고 그레이디언트 도구( )를 클릭한다. 옵션 막대에서 방사형의 검정, 흰색 그레이디언트를 선택하고 모드를 선형 번, 불투명도를 15%로 설정한 후 반전에 체크한다. 이미지 중심에서 바깥쪽으로 드래그하여 가장자리를 어둡게 연출한다.

 ## 실전문제

01. 레이어 마스크를 이용하여 이미지를 자연스럽게 합성시켜 보자.

준비파일 | Sample〉part03〉p03-12-02~03.jpg

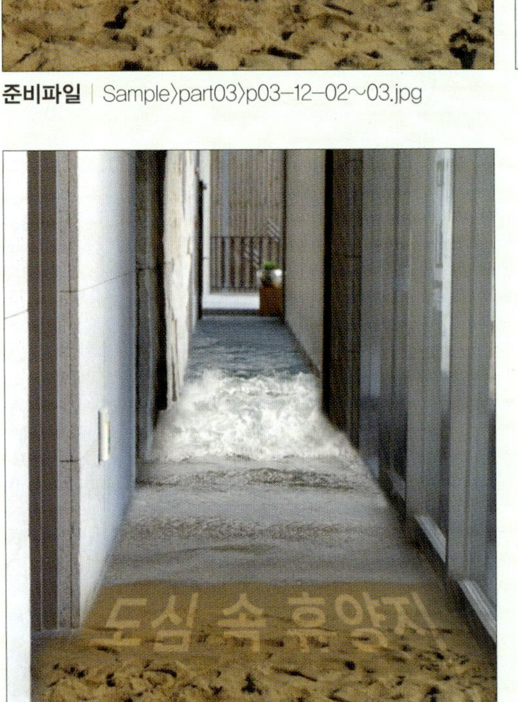

완성파일 | Artwork〉part03〉p03-12-02.psd

Hint 1. [파일]-[열기] 명령으로 준비된 소스 파일들을
불러온다.
2. 건물 내부 이미지를 바다 이미지 문서로
드래그하여 가져온다.
3. Alt 를 누른 채 레이어 패널 하단 ▣ 아이콘을
클릭하여 마스크를 적용한다.
4. 브러시 도구로 바다 이미지가 자연스럽게
나타나도록 드래그한다.
5. 수평 문자 도구로 텍스트를 입력하고 뒤틀어진
텍스트 기능으로 텍스트 모양을 변형한다.
혼합 모드는 오버레이를 선택하고 불투명도를
조절한다.

실전문제

02. 레이어 마스크와 혼합 모드로 빈티지한 느낌의 이미지를 만들어 보자.

준비파일 | Sample)part03)p03-12-04~06.jpg

완성파일 | Artwork)part03)p03-12-04.psd

Hint 1. [파일]-[열기] 명령으로 준비된 소스 파일들을 불러온다.

2. Ctrl + J 기능으로 배경으로 사용할 텍스처 이미지를 복제한 후 혼합 모드를 스크린으로 설정하고 Ctrl + E 를 눌러 두 레이어를 합친다.

3. 복제된 레이어의 불투명도만 50%로 변경하고 위 단계를 똑같이 반복한다.

4. 도구 패널에서 브러시 도구를 선택하고 Alt 를 누른 채 이미지의 연한 베이지색 부분을 클릭한다. 색이 전경색으로 추출되면 옵션 막대에서 모드를 어둡게 하기, 불투명도를 70%으로 설정한 후 적당한 크기의 브러시로 빛에 반사된 부분을 칠한다.

5. 철골 이미지를 텍스처 문서로 가져오고 위치를 조절한 후 빠른 선택 도구로 철골 아래 부분을 선택한다.

6. Alt 를 누른 채 레이어 패널 하단 ▣ 아이콘을 클릭하여 마스크를 적용하고 혼합 모드를 차이로 설정한다.

7. 이번에는 야경 이미지를 텍스처 문서로 가져오고 Ctrl + T 를 눌러 크기를 조절한다. 야경 이미지의 혼합 모드도 차이로 지정하고 ▣ 아이콘을 클릭하여 마스크를 적용한다.

8. 철골과 야경 레이어의 마스크 썸네일을 각각 선택하고 브러시 도구로 철골과 야경의 가장자리를 클릭하여 낡은 느낌을 연출한다. 브러시 종류는 테두리가 거친 브러시로 선택하고 불투명도를 조절하는 것이 효과적이다.

조정 레이어로 원본 보호하며 이미지 보정하기

같은 시간, 같은 장소에서 촬영했음에도 상대방이 찍은 사진이 더 멋있어 보이거나, 어두운 실내 환경으로 만족스럽지 않은 사진이 찍혔던 경험이 있을 것이다. 이럴 때 조정 메뉴로 밝기를 보정하고, 색감을 더한다면 맛있는 음식을 더욱 맛있게, 반짝이는 도시 야경을 더욱 화려하게 표현할 수 있다. 조정 메뉴는 [이미지]-[조정] 메뉴를 실행하여 원본 데이터를 직접 수정하는 방법과 조정 레이어를 만들어 원본 데이터를 보호하며 보정하는 방법이 있다. 이번 예제에서는 조정 패널로 조정 레이어를 만들어 보정하는 방법에 대해 알아보기로 하며 이미지 보정은 사용 빈도가 높고 꼭 필요한 기능이므로 완벽하게 마스터하길 바란다.

Zoom In
알찬 예제로 배우는
**원본 보호를
활용한 보정**

준비 파일 Sample)part03)p03-13-01.jpg
완성 파일 Artwork)part03)p03-13-01.psd

_ **곡선** 조절점을 움직여 개별 채널의 밝은 영역, 중간 영역 및 어두운 영역을 조정한다. 조절점은 최대 14개까지 만들 수 있다.

_ **레벨** 개별 채널에 픽셀 분포를 설정하여 색상 균형을 조정한다.

_ **작업 효율** 조정 레이어를 사용하면 원본 이미지를 보호하고, 보정 값을 불투명도, 혼합 모드, 마스크 기능과 함께 적용할 수 있다.

01 [파일]-[열기] 메뉴를 실행하여 "Sample〉part03" 폴더 안의 "p03-13-01.jpg" 파일을 불러온다.

02 [창]-[조정] 메뉴를 실행하여 조정 패널을 불러온다. [이미지]-[조정] 메뉴가 아이콘으로 등록되어 클릭 한 번으로 조정 레이어를 만들 수 있다.

강의노트

이미지 메뉴를 사용하여 보정 명령을 적용하면 원본의 픽셀 값을 변형시키는 반면 조정 레이어는 원본을 보호하면서 보정할 수 있다.

03 먼저 이미지의 화이트 밸런스를 교정하기 위해 조정 패널의 아이콘을 클릭한다. 세부 조정을 할 수 있는 속성 패널이 나타나고 레이어 패널에는 레벨 조정 레이어가 생성된다.

04 속성 패널에서 왼쪽의 스포이드를 선택하고 이미지 보정 시 흰색의 기준으로 삼을 곳을 클릭한다.

강의노트

스포이드 도구를 사용하면 이전에 적용한 조정 값이 취소되므로 스포이드를 먼저 사용한 후 옵션을 설정한다.

05 도구 패널의 자동 선택 도구( )로 접시를 선택 영역으로 지정한다. 속성 패널에서 아이콘을 클릭하면 레벨 조정 레이어가 추가로 만들어지고 선택 영역을 제외한 영역에 마스크가 적용된다.

06 슬라이더의 조절점을 이동시켜 접시의 중간 톤을 밝게 보정한다.

강의노트

슬라이더 왼쪽 조절점부터 어두운 톤, 중간 톤, 밝은 톤 조절점이다.

07 전경색을 검은색으로 설정한 후 브러시 도구( )로 음식 앞부분의 깨진 픽셀을 드래그하여 제거한다.

08 다시 접시를 선택하고 이번에는 아이콘을 클릭한다.

09 Ctrl + I 를 눌러 마스크 영역을 반전시키고 속성 패널의 마스크 조정 창에서 페더 값을 조절한다.

10 속성 패널에서 다시 곡선 조정 창으로 돌아온다. 곡선을 클릭, 위로 드래그하면 조절점이 추가되면서 밝은 영역이 더욱 밝게 보정된다.

11 이번에는 음식을 더욱 맛있어 보이도록 조정 패널에서 ▽ 아이콘을 클릭한다. 속성 패널에 옵션이 표시되면 활기와 채도 수치를 높게 설정한다.

12 마지막으로 장식용 잎의 색상을 더욱 진하게 보정하기 위해 ▨ 아이콘을 클릭한다. 녹색 계열의 녹청 수치는 높게, 마젠타 수치는 낮게 설정한다.

보충수업 조정 명령

이미지 편집 프로그램의 대명사답게 이미지의 색상 및 색조를 조정할 수 있는 다양한 도구들이 제공된다. 이미지 메뉴에 있는 대부분의 보정 명령들은 조정 패널에 아이콘으로 등록되어 있고 아이콘을 클릭하면 조정 레이어가 자동으로 만들어진다. 조정 레이어를 사용하면 원본 이미지를 보호하며 교정할 수 있고 언제든지 조정된 값이나 적용 범위를 수정할 수 있다. 또한, 사전 설정된 값을 불러와 적용하거나 새로 조정한 값을 사전 설정으로 저장할 수 있다.

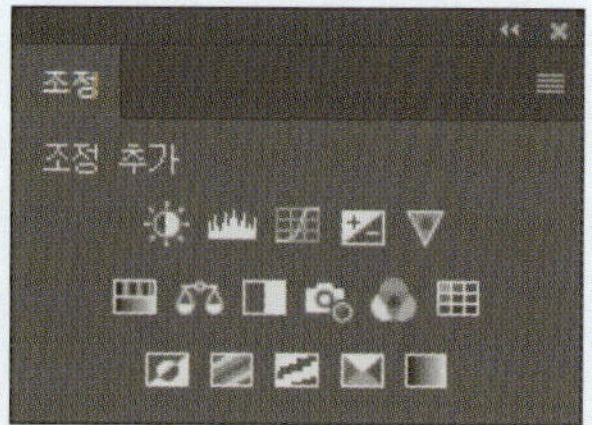

❶ **세밀한 보정을 할 수 있는 곡선과 레벨** : 레벨과 곡선 명령은 개별 색상 채널의 밝은 영역, 중간 영역, 어두운 영역을 나누어 세밀하게 교정할 수 있어 자주 사용되는 명령이다.

- 곡선 : 원본 이미지의 색조를 곧은 대각선으로 표시하고, 선을 클릭, 드래그하면 조절점이 추가되어 색조를 조정할 수 있다. 곡선의 오른쪽 위는 밝은 영역, 왼쪽 아래는 어두운 영역을 표시하며 오른쪽 윗부분에 있는 점을 기준선 밑으로 옮기면 밝은 영역이 어둡게 조정된다. 곡선의 양쪽 끝점 이미지에서 가장 밝은 흰 점과 가장 어두운 점을 표시하며 곡선의 경사가 가파를수록 대비가 높아진다. 조절점을 삭제할 때는 그래프 밖으로 드래그하거나 키보드의 Delete 를 누른다.

- 레벨 : 그래프 하단의 검은색 입력 슬라이더와 흰색 입력 슬라이더를 이동시키면 출력 슬라이더 설정으로 매핑한다. 중간의 입력 슬라이더를 이동시키면 밝고 어두운 영역은 크게 바꾸지 않으면서 회색 색조의 중간 범위 강도 값을 변경할 수 있다. 채널 패널에서 특정 채널의 색조 값을 변경할 때는 [이미지]-[조정]-[레벨] 명령을 사용한다.

- 스포이드로 색상 및 색조 조정 : 사진 촬영 시 색온도가 낮으면 붉은 빛을 띄고, 색온도가 높으면 파란 빛을 띄게 된다. 이렇게 이미지에 원치 않는 빛의 색감이 적용되었을 때 스포이드 도구를 사용하면 간단하게 색 균형을 조절할 수 있다. 다만, 스포이드 도구를 사용하면 이전에 조정한 내용이 모두 취소되므로 스포이드 도구로 색 균형을 조절한 후 레벨 슬라이더나 곡선 조절점으로 세밀하게 조정하는 것이 좋다.

  각각의 스포이드로 이미지를 클릭하거나 스포이드를 더블 클릭한 후 색상 피커에서 정한 색상을 기준으로 가장 어두운 톤, 중간 톤, 가장 밝은 톤을 설정한다.

❷ **이미지에 특수한 색상 효과를 적용하는 명령**

반전

포스터화

한계값

선택 색상

그레이디언트 맵

보충수업 자동 보정 기능

❶ 이미지 자동 보정 메뉴

[이미지] 메뉴의 하위 메뉴로 톤, 대비, 색상을 빠르게 보정할 수 있다. 자동 톤 보정은 가장 어두운 영역과 밝은 영역을 찾아 클리핑 한 후 가장 어두운 픽셀을 처리하는 방식으로 채널 별 색조 범위를 최대화하여 세밀하게 교정한다. 자동 대비 보정은 전체 색상은 그대로 유지하면서 밝은 영역은 더 밝게, 어두운 영역은 더 어둡게 보정하고, 자동 색상 보정은 어두운 영역, 중간 영역, 밝은 영역을 찾아 이미지의 대비와 색상을 보정한다.

자동 톤 보정

자동 대비 보정

자동 색상 보정

❷ 자동 색상 교정 옵션

명도/대비, 곡선, 레벨 명령의 조정 항목 중 자동은 클릭 한 번으로 자동 교정된 값을 이미지에 적용한다. 이 중 곡선과 레벨은 자동 색상 교정 옵션을 설정할 수 있다. Alt 를 누른 채 자동을 클릭하거나 패널 메뉴에서 자동 색상 교정 옵션 대화상자를 불러온다.

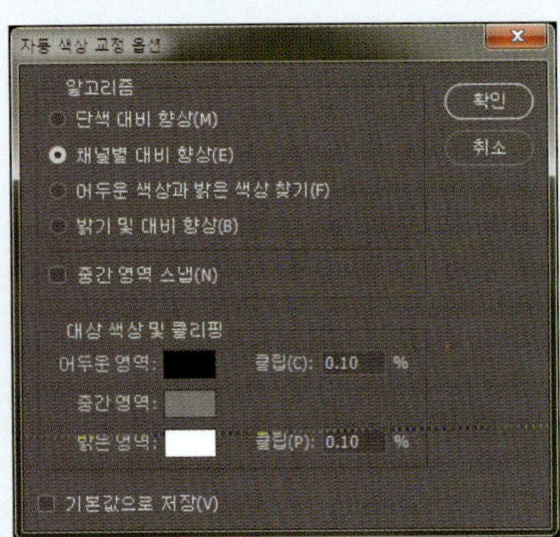

- 알고리즘 : 자동 교정 알고리즘을 선택한다.
- 중간 영역 스냅 : 색상 관련 알고리즘 선택 시 활성화되며 이미지의 중간 색상을 찾아 보정하고 중간색으로 만든다.
- 대상 색상 및 클리핑 : 이미지의 가장 어두운 영역, 중간 영역, 가장 밝은 영역의 색상을 지정하고 클리핑 할 검은색 픽셀과 흰색 픽셀의 양을 설정한다. 색상 관련 알고리즘 선택 시 활성화된다.

실전문제

01. 조정 레이어로 원본 이미지를 보호하며 음식이 맛있어 보이게 보정하여 보자.

준비파일 | Sample〉part03〉p03-13-02.jpg

완성파일 | Artwork〉part03〉p03-13-02.psd

Hint 1. [파일]-[열기] 명령으로 준비된 소스 파일을 불러온다.

2. 레벨 조정 레이어를 만들고 레벨의 조절점을 이동하여 이미지를 밝게 조정한다.

3. 레벨 조정 레이어를 하나 더 만들고 이미지 하단의 명암에 맞춰 밝기를 조정한다. 너무 밝게 조정된 이미지 상단은 브러시 도구로 마스크를 적용한다.

4. 선택 도구로 방울 토마토와 잎을 선택 영역으로 지정하고 다시 레벨 조정 아이콘을 클릭한다. 레벨 조정 레이어가 생성되면 밝기를 조정한다.

5. 마지막으로 활기 조정 레이어를 만들고 활기와 채도를 조정한다.

02. 조정 레이어로 원본 이미지를 보호하며 판화 느낌의 이미지를 만들어 보자.

준비파일 | Sample〉p03-13-03.jpg

완성파일 | Artwork〉p03-13-03.psd

Hint 1. [파일]-[열기] 명령으로 준비된 소스 파일을 불러온다.

2. 한계값 조정 레이어를 만들고 조절점을 이동시켜 배경과 건축물이 흑백으로 깔끔하게 나뉘도록 조정한다.

3. 곡선 조정 레이어를 만들고 한계값 조정 레이어 밑으로 이동시킨다. 조절점을 추가하면서 곡선을 움직여 흑백이 반전되도록 만든다. 아래쪽 곡선에 조절점을 추가하여 중간선 위로 움직이고 위쪽 곡선에 조절점을 추가하여 중간선 밑으로 움직인다.

4. 그레이디언트 맵 조정 레이어를 만들고 한계값 조정 레이어 위로 이동시킨다. 속성 패널의 그레이디언트 맵 조정 창에서 그레이디언트 피커를 열고 원하는 그레이디언트를 선택한다.

필터 갤러리를 활용한 스케치 효과 만들기

필터란 이미지가 가진 픽셀 정보를 변형시켜 다양한 특수 효과를 적용하는 기능으로 기본 값이 설정되어 있어 초보자들도 손쉽게 색다른 분위기를 연출할 수 있다. 이번 학습에서는 필터 중에서도 필터 갤러리 메뉴로 이미지에 질감이나 회화 느낌을 적용하는 방법에 대해 알아보자.

Zoom In
알찬 예제로 배우는
**자연스러운
스케치 효과**

준비 파일 Sample〉part03〉p03-14-01~02.jpg
완성 파일 Artwork〉part03〉p03-14-01.psd

_ **포스터 가장자리** 이미지의 색상 수를 줄여 포스터화한 후 가장자리에 검정 선을 그린다.

_ **그물눈** 이미지의 세부 묘사는 유지하면서 그물같이 대각선으로 교차된 연필 선을 추가하고 가장자리를 거칠게 만든다.

_ **그래픽 펜** 배경색 용지에 전경색 잉크를 사용하여 가는 펜으로 스케치한 효과를 적용한다.

_ **필터 갤러리** 효과 레이어 순서를 변경하면 이미지에 적용된 최종 결과도 달라진다.

01 [파일]-[열기] 메뉴를 실행하여 "Sample〉part03" 폴더 안의 "p03-14-01.jpg" 파일을 불러온 후 [필터]-[고급 필터용으로 변환] 메뉴를 실행한다.

강의노트

일반 레이어가 고급 개체 레이어로 전환되어 다시 편집할 수 있는 고급 필터를 적용할 수 있다.

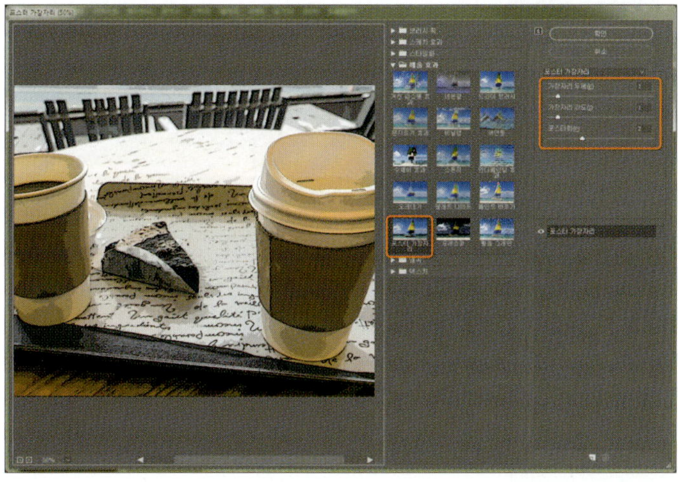

02 [필터]-[필터 갤러리] 메뉴를 실행하면 필터 갤러리 대화상자가 나타난다. 예술 효과의 포스터 가장자리 효과를 선택하고 그림과 같이 옵션을 설정한다.

강의노트

포스터 가장자리 효과는 포스터화 옵션에 따라 이미지의 색상 수를 줄여 포스터화한 후 가장자리에 검정 선을 그린다.

03 오른쪽 하단의 새 효과 레이어 아이콘을 클릭하면 현재 적용된 효과가 복제된다.

강의노트

효과 레이어 순서를 변경하면 이미지에 적용된 최종 결과도 달라진다.

04 브러시 획의 그물눈 효과를 선택하고 그림과 같이 옵션을 설정한다.

강의노트

그물눈 효과는 이미지의 세부 묘사는 유지하면서 그물같이 대각선으로 교차된 연필 선을 추가하고 가장자리를 거칠게 만든다.

05 [확인] 버튼을 클릭하면 레이어 아래에 마스크 창과 적용된 필터가 표시된다.

강의노트

레이어 패널에서 필터 갤러리 글자를 더블 클릭하면 필터 갤러리 대화상자가 나타나 적용된 필터를 수정할 수 있다. ☰를 더블 클릭하면 필터 갤러리의 혼합 옵션을 설정하는 대화상자가 나타난다.

06 다시 [필터]-[필터 갤러리] 메뉴를 실행한다.

강의노트

필터 메뉴 가장 위에는 최근에 적용한 효과가 표시된다. 메뉴를 실행하면 일반 레이어의 경우 최근에 적용한 필터 설정 그대로 이미지에 적용된다. 고급 개체는 최근에 사용한 필터의 대화상자를 불러온다.

07 필터 갤러리 대화상자가 나타나면 그물눈 효과를 삭제하고 포스터 가장자리 옵션을 변경한다.

08 레이어 패널에 추가로 적용한 필터 갤러리가 표시된다. 를 더블 클릭하고 불투명도를 40%로 설정한다. 이미지의 윤곽을 조금 더 선명하게 만들어 연필 스케치 느낌을 더한다.

09 레이어 하단의 아이콘을 클릭하고 레벨 조정 레이어를 만든다. 조절점을 이동시켜 이미지를 밝게 보정한다. Alt 를 누른 채 레이어 경계를 클릭하여 클리핑 마스크를 적용한다.

10 이번에는 [이미지]-[캔버스 크기] 메뉴를 실행하고 캔버스 높이를 변경한다. 이미지를 문서 하단에 배치할 것이므로 기준을 하단 중앙으로 선택한다.

11 레이어 패널에서 새 레이어를 추가하고 가장 밑으로 배치한다. 전경색을 설정한 후 Alt + Delete 를 눌러 레이어를 채운다.

강의노트

확장한 배경을 채울 때 기존의 이미지에서 색을 추출하면 자연스러운 결과물을 만들 수 있다.

12 이미지 가장자리를 수정하기 위해 커피 레이어를 선택한 후 레이어 마스크를 적용한다. 브러시 도구( )를 선택하고 브러시 모양과 크기를 조정한 후 가장자리를 드래그한다.

13 확장한 배경에 사용할 이미지를 불러온 후 빠른 선택 도구(   )로 커피잔을 선택 영역으로 지정한다. Ctrl + C 를 눌러 클립보드에 저장한다.

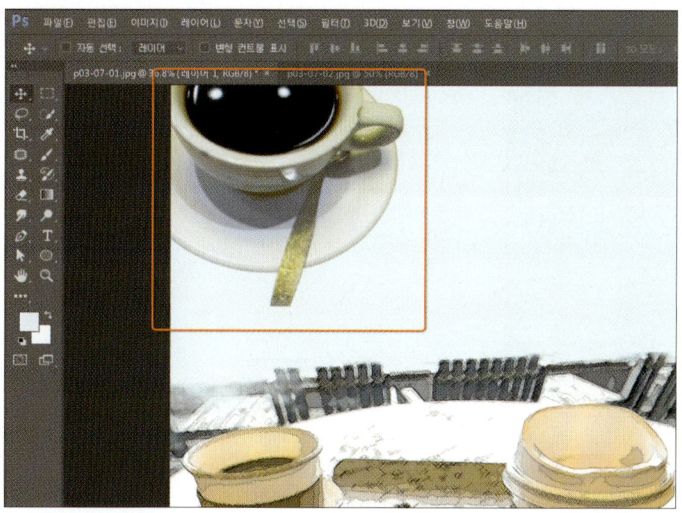

14 기존의 문서창으로 돌아와 레이어 1을 선택하고 Ctrl + V 를 누른다. 레이어 1 위로 복사한 커피잔이 붙여 넣어지면, Ctrl + T 를 눌러 크기와 위치를 조정한다.

15 [필터]-[필터 갤러리] 메뉴를 실행하고 텍스처-텍스처화 효과를 선택한다. 그림과 같이 옵션을 설정한 후 [확인] 버튼을 클릭한다.

강의노트 ✐

텍스처화 효과는 옵션에서 설정한 텍스처를 이미지에 적용한다.

16 필터 효과가 적용된 것을 확인하고 레이어 패널에서 불투명도를 조절한다.

17 이번에는 수평 문자 도구(T)로 글상자를 만들고 텍스트를 입력한다. 문자 패널과 단락 패널에서 서식을 지정한다.

18 글씨에 적용할 필터는 전경색과 배경색으로 효과를 만들기 때문에 갈색 계열로 전경색과 배경색을 지정한다.

19 [필터]-[필터 갤러리] 메뉴를 실행하면 그림과 같은 경고창이 나타난다. 적용한 필터를 수정할 수 있는 고급 개체로 전환을 클릭한다.

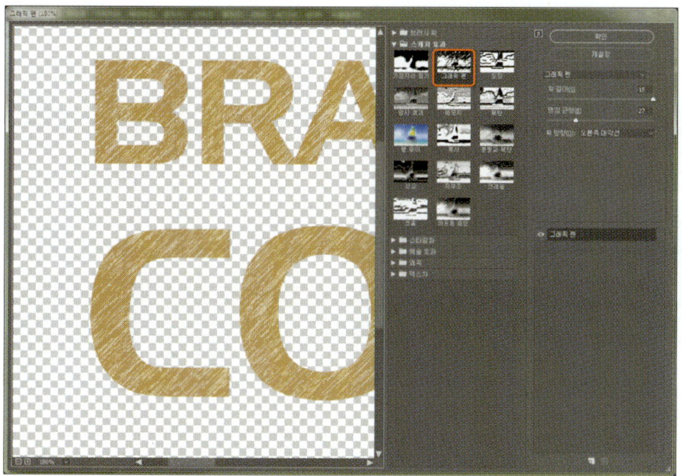

20 필터 갤러리 대화상자에서 스케치 효과의 그래픽 펜 효과를 선택하고 그림과 같이 옵션을 설정한다.

강의노트

그래픽 펜 효과는 배경색 용지에 전경색 잉크를 사용하여 가는 펜으로 스케치한 효과를 적용한다.

21 레이어 패널 하단의 fx 아이콘을 클릭하고 문자 이미지에 테두리를 적용한다.

22 이번에는 레이어 스타일 목록 하단의 드롭 섀도를 선택하고 그림과 같이 옵션을 설정한다. [확인] 버튼을 클릭하면 획과 그림자가 적용된다.

23 레이어 위치를 가장 위로 이동시키고 Ctrl + T를 눌러 각도와 크기를 조정한다.

강의노트 🖊

변형 중에는 적용된 고급 필터가 잠시 해제되고 변형 완료 후 다시 적용된다.

24 다음은 모서리가 둥근 직사각형 도구( )를 선택하고 배경 상단에 그려 넣는다. [창]-[스타일] 메뉴를 실행하고 점획 사전 설정을 불러온 후 원하는 획 설정을 선택한다.

25 선택한 획 스타일에 따라 둥근 직사각형의 칠 투명도를 조절하고 레이어 순서를 이동한다.

26 다시 수평 문자 도구(T)로 둥근 직사각형 보다 작은 크기의 글상자를 만들고 텍스트를 입력한다.

강의노트 🖉

실무 작업 시 레이아웃을 잡거나 실제 들어갈 문구가 나오기 전 시각적 연출이 필요할 때 [문자]-[Lorem Ipsum 붙여넣기] 메뉴를 실행하면 임의의 문구로 글상자를 채울 수 있다.

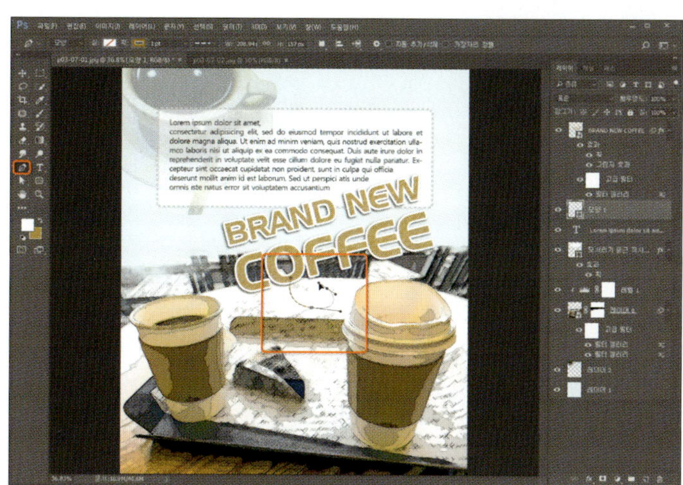

27 마지막으로 펜 도구(✑)를 선택하고 커피와 문구를 연결하는 선을 그린다.

보충수업 필터 갤러리

필터 갤러리에는 주로 질감이나 회화느낌을 적용하는 효과들이 모여 있다. 대화상자의 미리보기 창으로 필터 효과가 적용되는 모습을 확인하며 세부 옵션을 조정할 수 있다. 오른쪽 하단의 필터 레이어에는 적용된 필터 효과 레이어가 표시되며 적용된 효과 레이어를 삭제 혹은 숨기거나 새로 추가하여 중복 적용할 수 있다.

❶ **브러시 획** : 다양한 브러시와 잉크 획으로 이미지에 입자, 페인트, 노이즈 및 가장자리 세부 묘사를 추가하여 회화적인 효과를 적용한다.

각진 획	강조된 가장자리	그물눈	뿌리기
수묵화	스프레이 획	어두운 획	잉크 윤곽선

❷ **스케치 효과** : 전경색을 잉크 색, 배경색을 용지 색으로 사용하여 손으로 그리거나 미술 기법을 적용한 듯한 효과를 낸다.

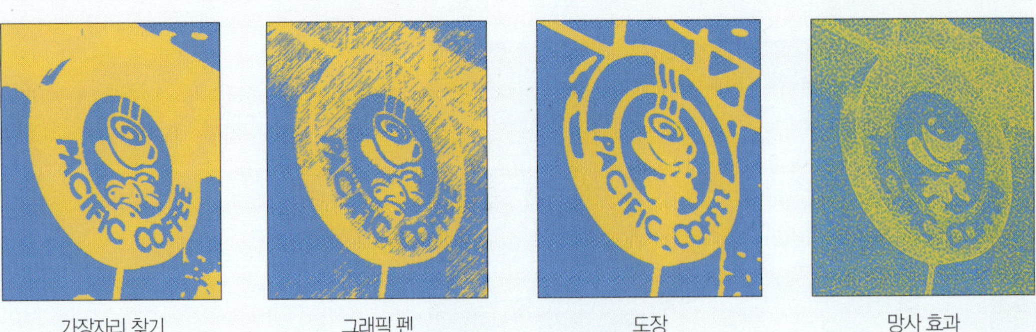

가장자리 찾기	그래픽 펜	도장	망사 효과

메모지

목탄

물 종이

복사

분필과 목탄

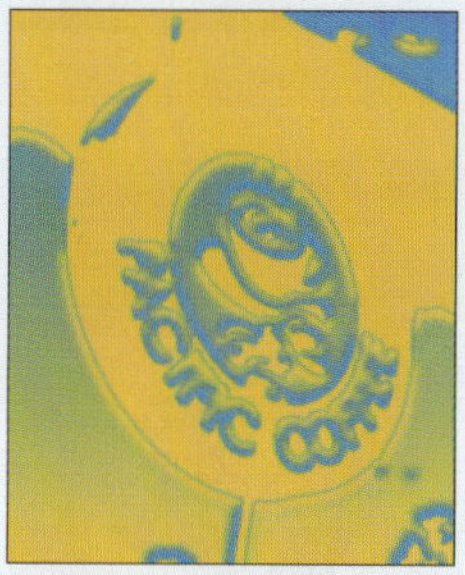

석고

저부조

크레용

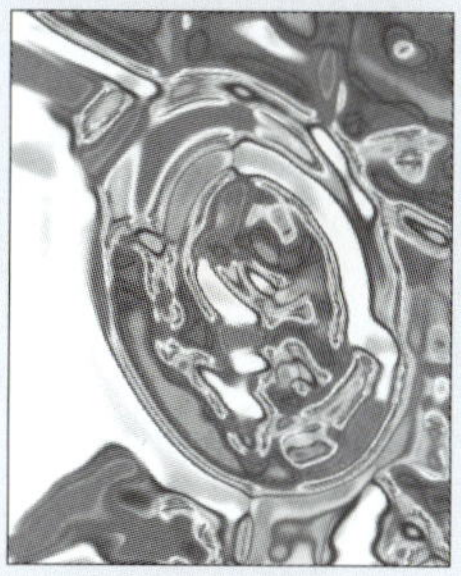

크롬

하프톤 패턴

❸ **스타일화** : 이미지 픽셀을 변위시키기 때문에 누적해서 적용할 수 있는 가장자리 광선 효과만 필터 갤러리에 포함되어있다. 가장자리 색상을 명확하게 하고 네온같은 광선을 추가한다.

크롬

❹ **예술 효과 :** 이미지에 회화적이고 예술적인 효과를 적용한다.

거친 파스텔 효과	네온광	드라이 브러시	문지르기 효과
비닐랩	색연필	수채화 효과	스폰지
언더페인팅 효과	오려내기	팔레트 나이프	페인트 바르기
포스터 가장자리	프레스코	필름 그레인	

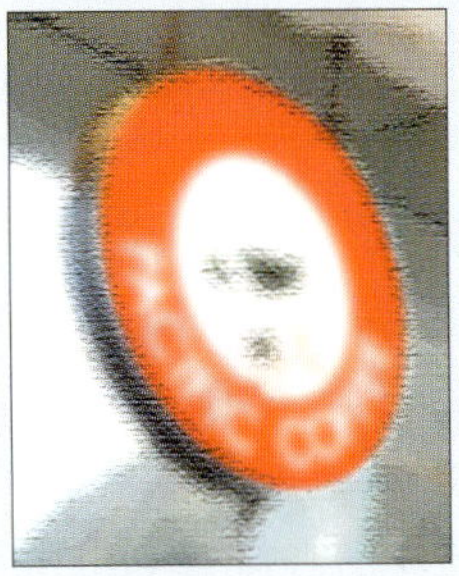

❺ **왜곡 :** 이미지를 기하학적으로 왜곡하여 확산 필터나 유리를 통해 이미지를 보는 것처럼 표현하거나 이미지가 수면 아래에 있는 것 같은 효과를 적용한다.

광선 확산

바다 물결

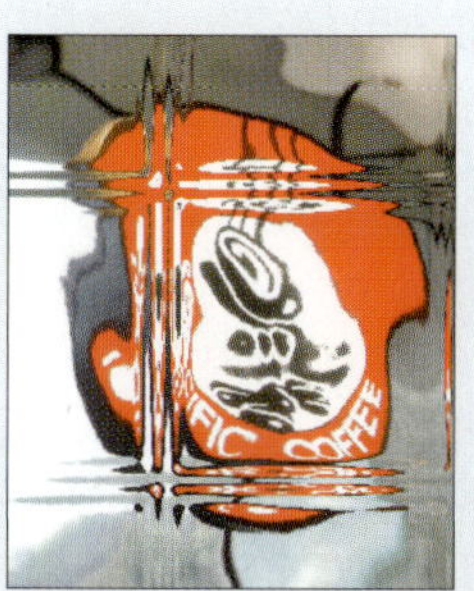

유리

❻ **텍스처 :** 사각형이나 그레인 또는 불규칙한 형태로 이미지를 분할하고 깊이감을 적용하거나 분할 영역 경계를 다시 칠하여 입체적인 효과를 적용한다.

균열

그레인

모자이크 타일

이어붙이기

채색 유리

텍스처화

01. 원본 이미지를 보호하며 거리 풍경을 카툰 이미지로 만들어 보자.

준비파일 | Sample〉part03〉p03-14-03.jpg　　　　　**완성파일** | Artwork〉part03〉p03-14-03.psd

Hint 1. [파일]-[열기] 명령으로 준비된 소스 파일을 불러온 후 배경 레이어를 고급 개체 레이어로 전환한다.

2. [필터]-[필터 갤러리] 메뉴를 실행하고 오려내기와 포스터 가장자리 필터 효과를 차례대로 적용한다.

3. 고급 필터의 마스크 썸네일을 클릭하고 브러시 도구로 이미지의 난간과 가장자리 벽을 마스크 적용한다.

4. Ctrl 을 누른 채 고급 필터의 마스크 썸네일을 클릭하여 마스크가 적용되지 않은 영역을 선택 영역으로 지정한다.

5. 레이어 패널 하단의 🔘 아이콘을 클릭하고 활기 명령을 선택한다. 속성 패널에서 활기와 채도 수치를 조절한다.

6. 동일한 방법으로 레벨 명령을 이용하여 거리 풍경의 밝기를 조절한다.

02. 원본 이미지를 보호하며 필터 갤러리 메뉴로 캔버스 위에 그려진 수채화 느낌을 연출해 보자.

준비파일 | Sample〉part03〉p03-14-04.jpg　　　　　**완성파일** | Artwork〉part03〉p03-14-04.psd

Hint 1. [파일]-[열기] 명령으로 준비된 소스 파일을 불러온 후 배경 레이어를 고급 개체 레이어로 전환한다.

2. [필터]-[필터 갤러리] 메뉴를 실행하고 강조된 가장자리 효과를 적용한다.

3. 새 효과 레이어 아이콘을 두 번 클릭하여 필터 효과를 추가한다.

4. 가장 위의 필터 효과를 텍스처화로 변경하고 옵션을 설정한다.

실전문제

03. 원본 이미지를 보호하며 유리창 너머 풍경을 변경하고 격자 무늬가 있는 유리창 효과를 적용하여 보자.

준비파일 | Sample〉part03〉p03–14–05〜06.jpg

완성파일 | Artwork〉part03〉p03–14–05.psd

Hint 1. [파일]–[열기] 명령으로 준비된 소스 파일들을 불러온다.

2. 먼저 창틀 이미지 문서창을 활성화하고 다각형 올가미 도구로 유리창을 선택한 후 Ctrl + Shift + I 를 눌러 선택 영역을 반전시킨다.

3. 선택 영역으로 레이어 마스크를 적용한 후 속성 패널의 페더 값을 조절한다.

4. 이번에는 Shift 를 누른 채 레고 이미지를 창틀 이미지 문서로 드래그한 후 창틀 레이어 아래에 배치한다.

5. 레고 이미지 레이어가 선택된 상태에서 다시 다각형 올가미 도구로 유리창을 선택하고 레이어 마스크를 적용한다. 이때 유리창 크기보다 약간 더 크게 선택 영역으로 지정하고 속성 패널의 페더 값을 조절한다.

6. 레이어 패널 하단의 *fx* 아이콘을 누르고 내부 광선을 적용한다.

7. 레고 이미지 레이어를 고급 개체 레이어로 전환하고 [필터]–[필터 갤러리] 메뉴를 실행한다. 필터 갤러리 대화상자가 나타나면 왜곡–유리 효과를 적용한다.

필터를 활용한 주목 효과와 유리볼 만들기

이전 학습에서 이미지에 회화적인 기법을 더하는 필터에 대해 학습했다면 이번 섹션에서는 픽셀을 불규칙 혹은 규칙적으로 왜곡시킨 후 기하학적 패턴을 만드는 필터에 대해 배울 것이다. 여러 필터를 중복 적용하면서 다채로운 효과를 연출할 수 있기 때문에 다양한 시도를 통해 자신만의 노하우를 만들어 보자.

Zoom In
알찬 예제로 배우는
**필터를 활용한
그래픽 작업**

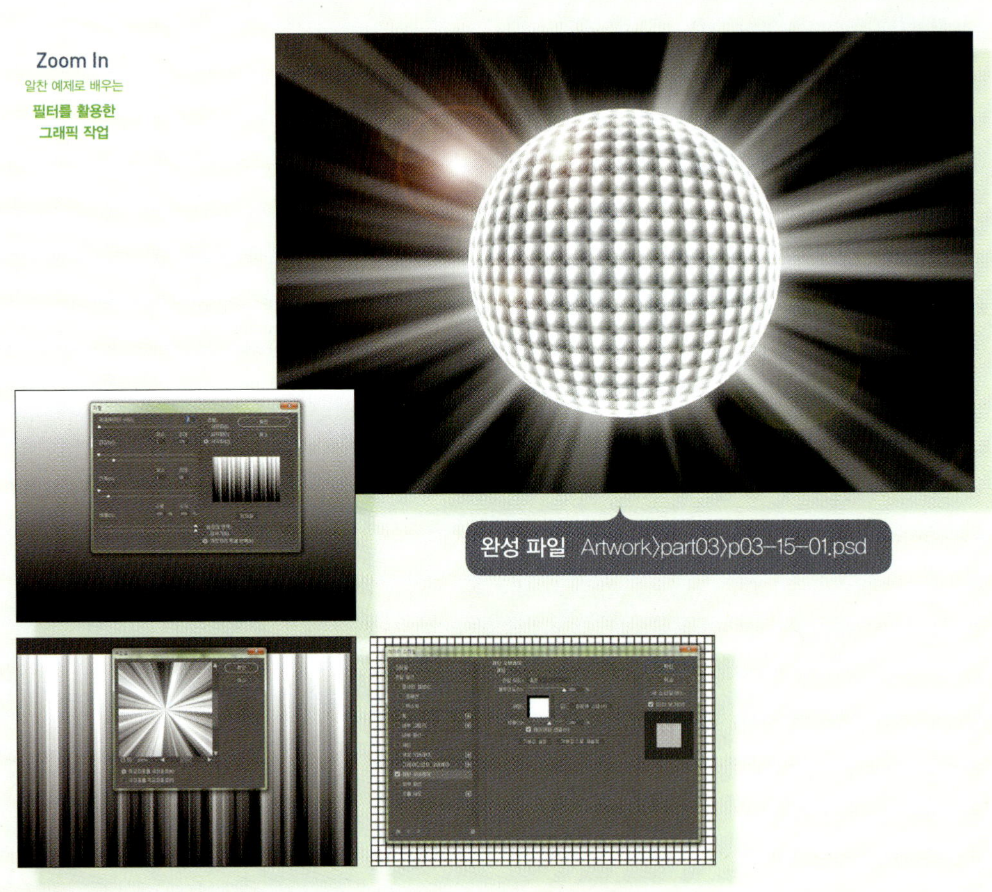

완성 파일   Artwork〉part03〉p03-15-01.psd

Keypoint Tool

_ **왜곡 필터** 이미지의 형태를 기하학적으로 왜곡한다.

_ **렌더 필터** 구름, 빛의 반사, 굴절 등의 패턴을 적용시키거나 조명을 추가한다.

Knowhow

_ **Alt+Delete** 영역을 전경색으로 채운다.

_ **Ctrl+Delete** 영역을 배경색으로 채운다.

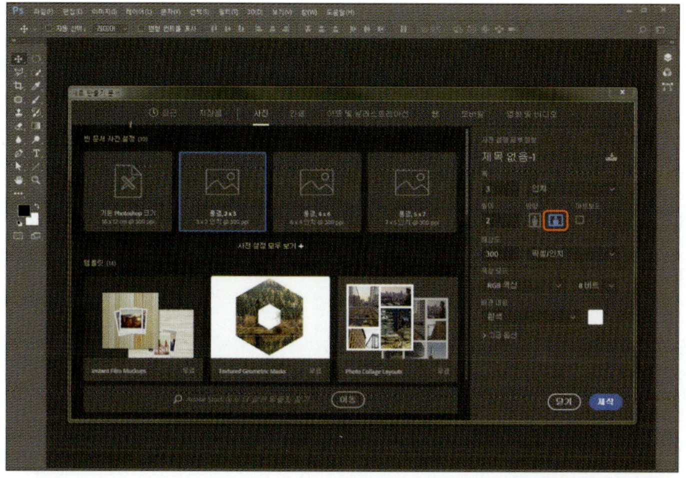

01 [파일]-[새로 만들기] 메뉴를 실행하고 폭이 넓은 문서를 새로 만든다.

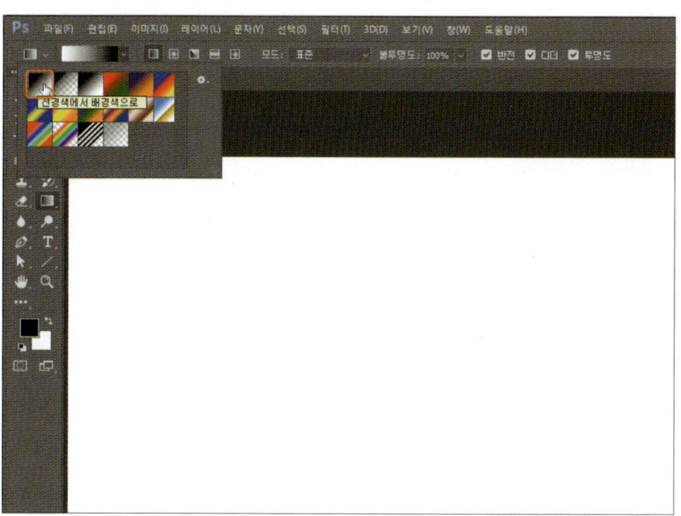

02 D를 눌러 전경색과 배경색을 기본 설정으로 만들고 그레이디언트 도구(□)를 선택한다. 그레이디언트 피커창에서 전경색에서 배경색으로 사전 설정을 선택하고 반전에 체크한다.

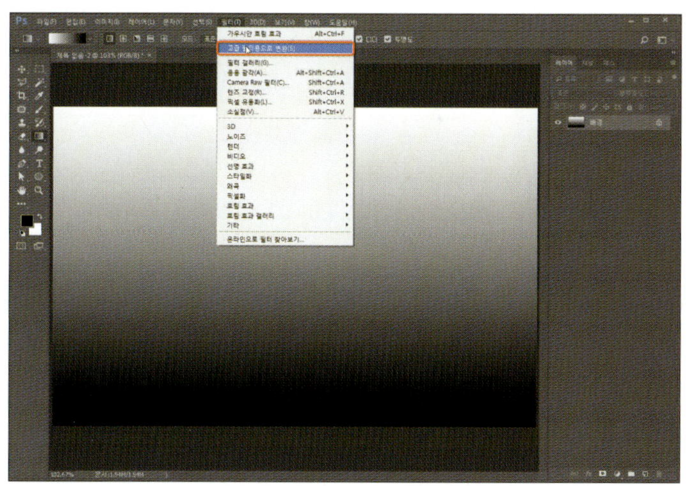

03 이미지를 위에서 아래로 드래그하여 그레이디언트를 적용한다. 이때 검은색 비율을 더 많게 하기 위해 문서 위에서 하단 2/3지점까지 드래그한다. [필터]-[고급 필터용으로 변환] 메뉴를 실행한다.

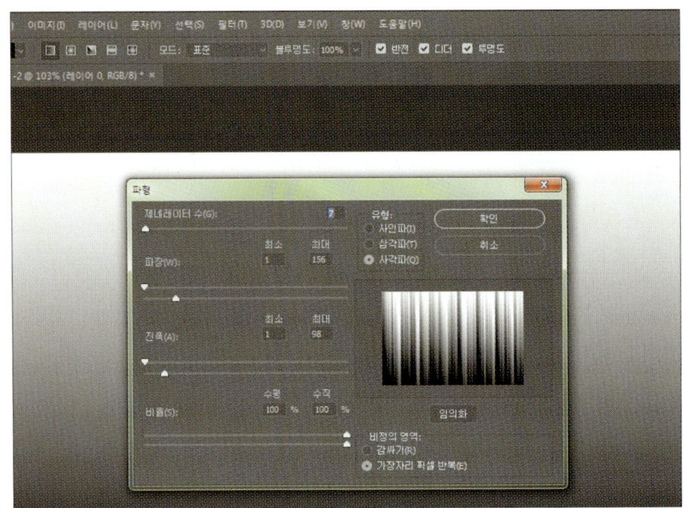

04 배경 레이어가 고급 개체 레이어로 변환된 것을 확인하고 [필터]-[왜곡]-[파형] 메뉴를 실행한다. 파형 대화상자가 나타나면 그림과 같이 설정한 후 [확인] 버튼을 클릭한다.

강의노트 🖉

미리 보기 창 밑의 임의화 버튼을 클릭하면 파형의 형태가 랜덤으로 변경된다.

05 이번에는 [필터]-[왜곡]-[극좌표] 메뉴를 실행한 후 직교좌표를 극좌표로 설정하고 [확인] 버튼을 클릭한다.

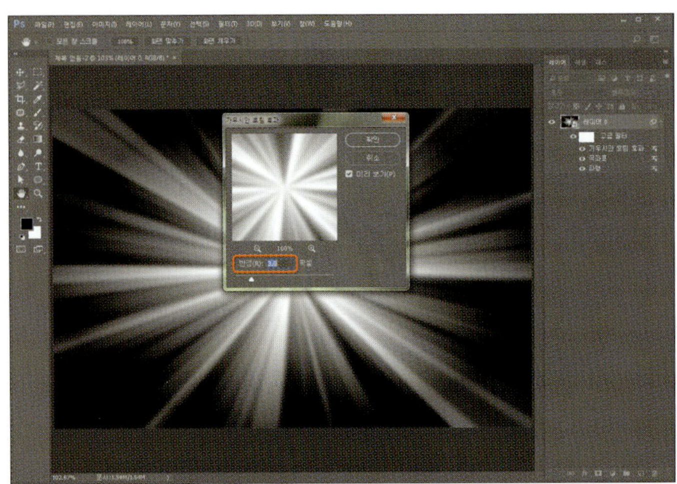

06 경계를 부드럽게 하기 위해 [필터]-[흐림 효과]-[가우시안 흐림 효과] 메뉴를 실행하고 반경 값을 적당히 적용한다. 미리 보기 창을 확인하며 원하는 흐림 정도를 선택한다.

07 레이어 패널에서 새 레이어를 만 든 후 Ctrl + Delete 를 눌러 배 경색으로 채운다.

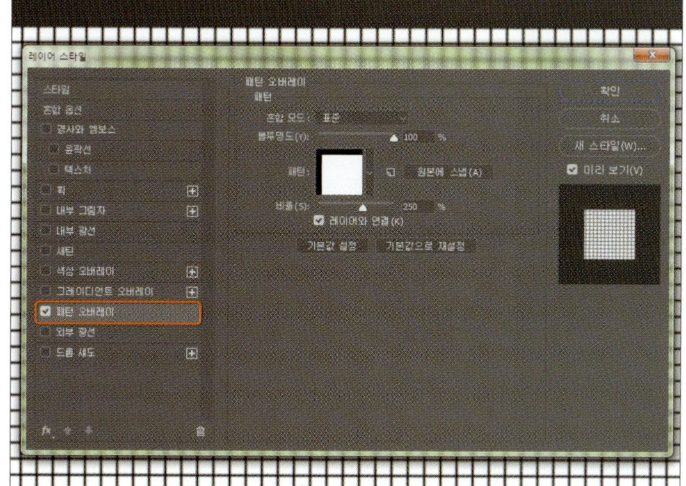

08 새로 만든 레이어를 더블 클릭하 여 레이어 스타일 대화상자를 불 러오고 패턴 오버레이를 선택한다. 격자 1 패턴을 선택하고 비율을 250%로 설정 한다.

강의노트

만든 문서 크기에 따라 격자 비율을 조정한다.

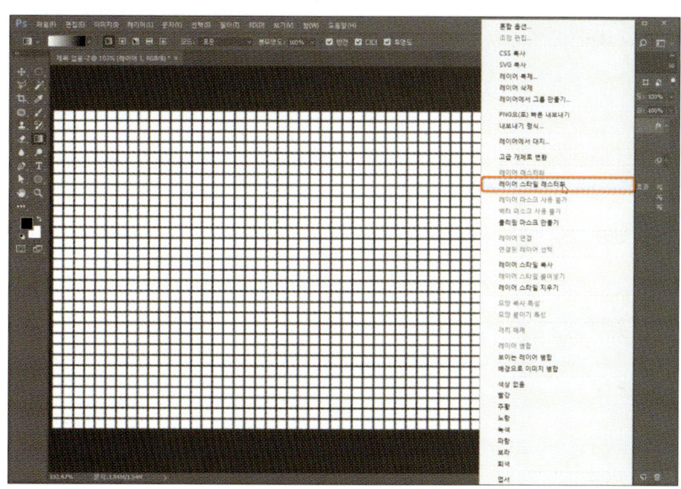

09 스타일이 적용된 레이어를 마우 스 오른쪽 버튼으로 클릭한 후 레 이어 스타일 레스터화 메뉴를 선택한다.

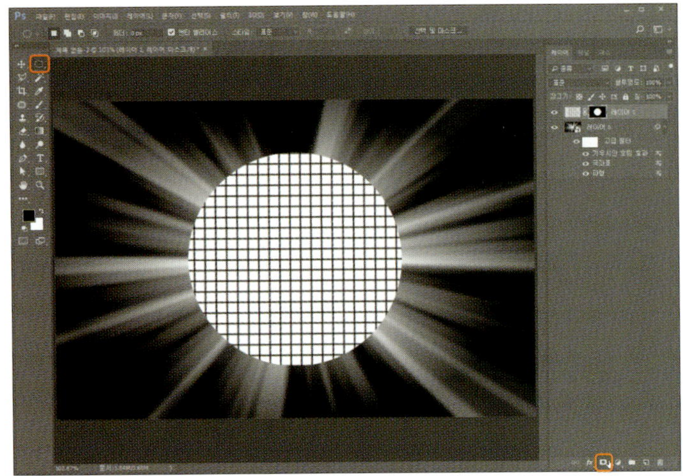

10 도구 패널에서 원형 선택 윤곽 도구( )를 선택한다. Shift 를 누른 채 드래그하여 정원을 그리고 레이어 패널 하단의 아이콘을 눌러 레이어에 마스크를 적용한다.

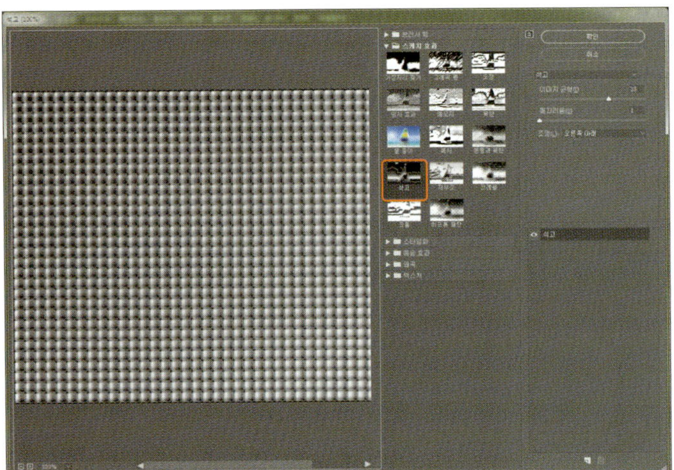

11 레이어 썸네일을 선택하고 [필터]-[필터 갤러리] 메뉴를 실행하여 석고 효과를 적용한다.

강의노트
마스크 썸네일이 선택되어 있으면 마스크 영역에 필터가 적용된다.

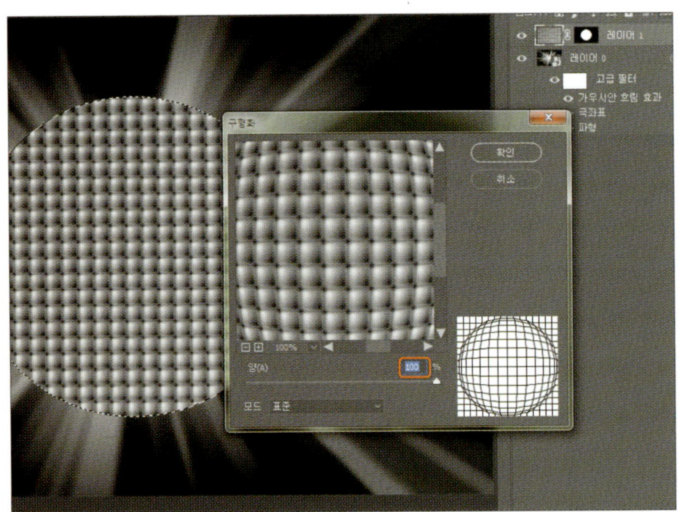

12 Ctrl 을 누른 채 마스크 썸네일을 클릭하여 선택 영역을 만들고 [필터]-[왜곡]-[구형화] 메뉴를 적용하면 이미지가 볼록하게 표현된다.

13 Ctrl + D 를 눌러 선택 영역을 해제하고 고급 개체 레이어로 변환한다.

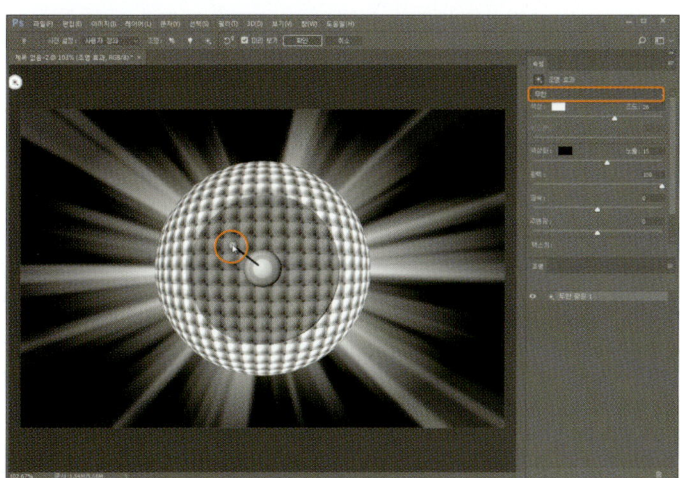

14 [필터]-[렌더]-[조명 효과] 메뉴를 실행하면 조명 작업 영역으로 화면이 전환된다. 무한 광원을 선택한 후 구의 조절봉을 움직여 광원 위치를 조정하고 옵션을 설정한다. 옵션 막대의 [확인] 버튼을 클릭하면 조명이 적용된다.

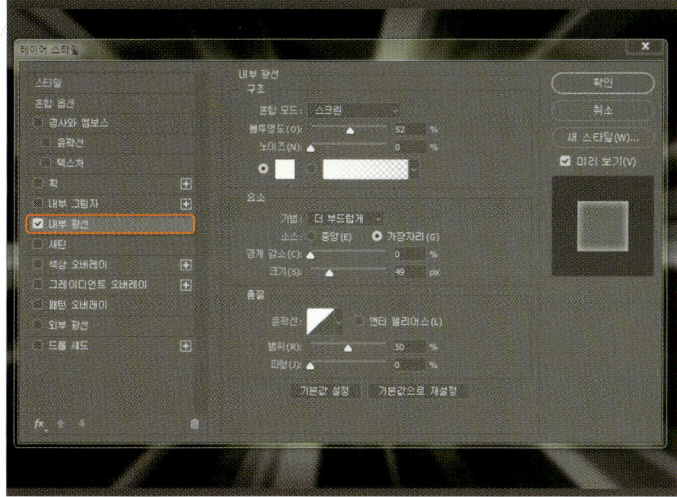

15 이번에는 레이어를 더블 클릭하거나 패널 하단의 fx 아이콘을 누르고 내부 광선을 선택한다. 그림과 같이 옵션을 적용한다.

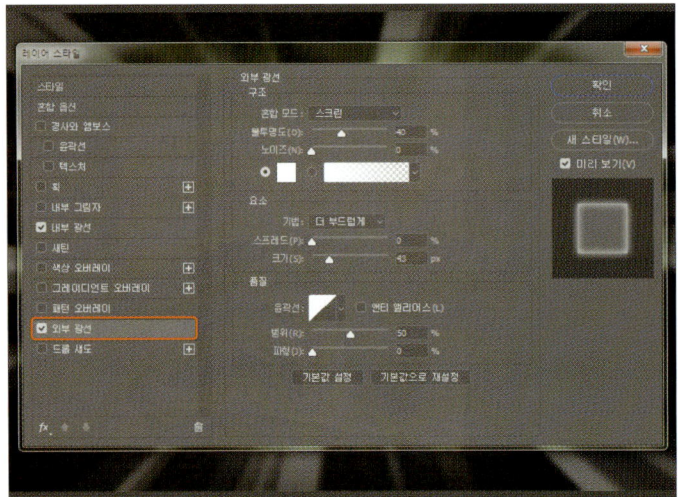

16 외부 광선에 체크하고 그림과 같이 옵션을 적용한다.

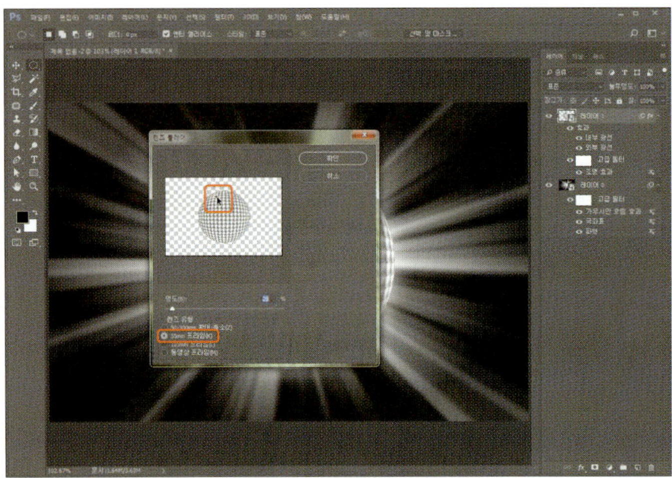

17 [필터]-[렌더]-[렌즈 플레어] 메뉴를 실행하고 반사되는 조명을 추가한다. 미리 보기 창에서 조명 위치를 이동시킬 수 있다. 같은 방법으로 유리 볼에 반사 빛을 추가한다.

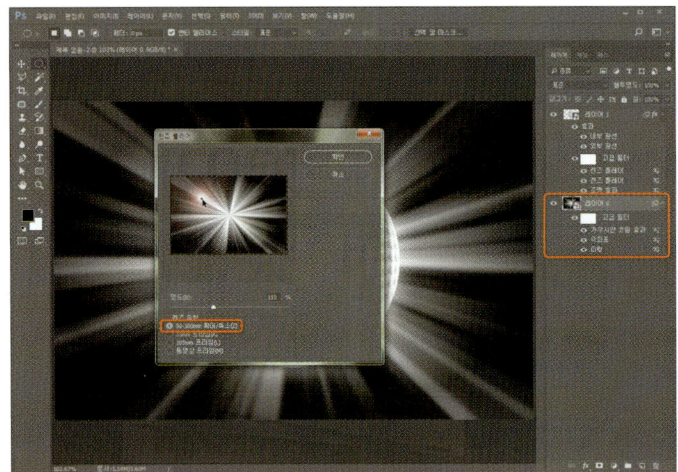

18 마지막으로 배경 레이어를 선택하고 렌즈 플레어를 추가한다.

실전문제

01. 필터를 이용하여 심플한 초대장을 만들어 보자.

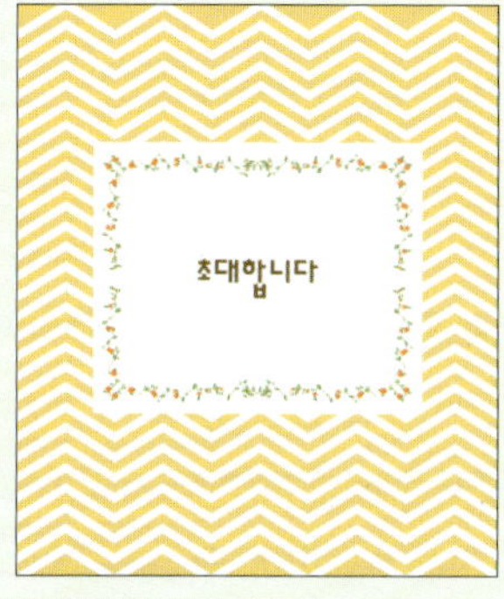

완성파일 | Artwork〉part03〉
p03-15-02.psd

Hint 1. [파일]-[새로 만들기] 명령으로 새 문서를 만들고 배경 패턴으로 적용할 색을 전경색, 배경색은 흰색으로 지정한다.
2. 배경 레이어를 고급 개체 레이어로 전환한 후 [필터]-[필터 갤러리] 메뉴를 실행한다. 스케치 효과의 하프톤 패턴을 선택하고 크기와 대비를 최댓값, 패턴 유형을 선으로 설정한다.
3. [필터]-[왜곡]-[파형] 메뉴를 실행한 후 유형을 삼각파로 설정하고 제네레이터 수, 파장의 최솟값, 최댓값을 조정한다.
4. 이번에는 사각형 도구로 초대 문구를 넣을 상자를 그리고 칠과 획 서식을 지정한다.
5. 새 레이어를 만들고 앞서 만든 사각형의 썸네일을 [Ctrl]을 누른 채 클릭한다. [필터]-[렌더]-[사진 프레임] 메뉴를 실행하고 원하는 프레임을 선택한다.
6. 마지막으로 수평 문자 도구로 초대 문구를 입력한다.

02. 필터를 이용하여 반짝 반짝 빛나는 글리터 배경을 만들어 보자.

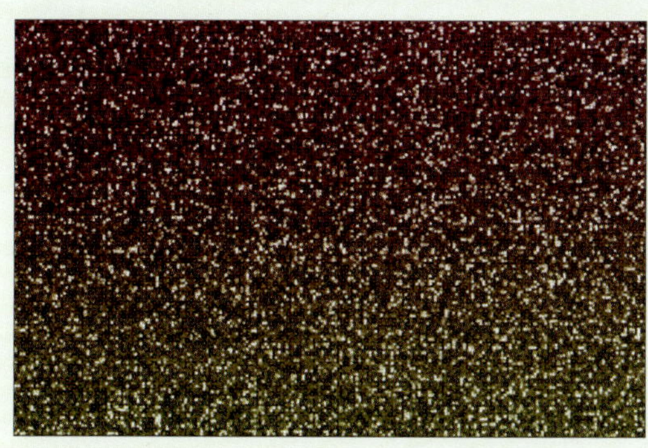 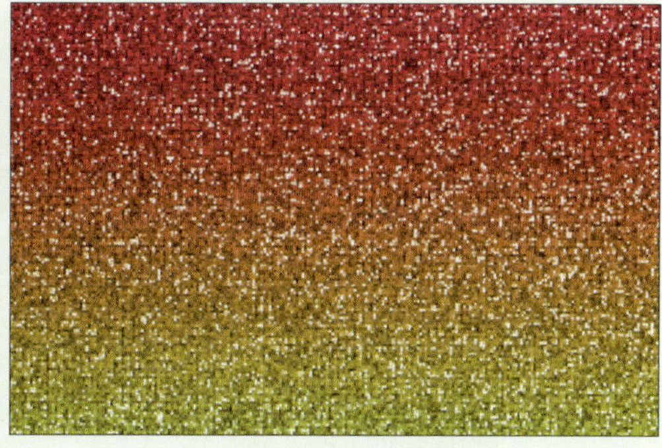

완성파일 | Artwork〉part03〉p03-15-03.psd

Hint 1. [파일]-[새로 만들기] 명령으로 새 문서를 만들고 전경색과 배경색을 기본 설정으로 적용한다.
2. 배경 레이어를 고급 개체 레이어로 변환하고 [필터]-[필터 갤러리] 메뉴를 실행한다.
3. 텍스처의 이어붙이기 효과를 적용하는데 정사각형 크기는 작게, 부조는 적용하지 않는다.
4. 새 효과 레이어를 추가하고 스케치 효과의 석고 효과를 적용한다. 입체적인 느낌은 없고 불규칙한 입자 배열이 나타나도록 옵션을 조절한다.
4. 다시 새 효과 레이어를 추가하고 텍스처의 이어붙이기 효과를 적용한다. 정사각형 크기는 너무 크지 않도록 하고 부조는 적용하지 않는다.
5. 새 레이어를 추가하고 [선택]-[색상 범위] 메뉴를 실행한다. 선택 항목을 샘플 색상으로 지정하고 이미지의 밝은 부분을 클릭한 후 허용량을 조절한다. 빛에 반사되어 반짝이는 영역이므로 양이 너무 많지 않도록 한다.
6. [Alt]+[Delete]를 눌러 선택 영역을 흰색으로 채우고 [Ctrl]+[D]를 눌러 선택 영역을 해제한다.
7. 반짝이는 레이어는 외부 광선 스타일을 적용하고 필터를 적용한 레이어는 그레이디언트 오버레이 스타일을 적용한다.

필터 이용하여 흔들린 사진 보정하고 주제 부각시키기

그동안 선명 효과 필터는 픽셀 깨짐이나 노이즈로 인해 흔들린 사진 보정 시 메인 기능 보다는 서브 기능으로 많이 사용되었다. 그러나 Photoshop CC 버전에 새롭게 추가된 자동 흔들림 감소 필터와 재정비된 고급 선명 효과 필터로 포토샵 유저들의 기대를 모으고 있다. 또한, 흐림 효과 필터에는 CS6에 추가되었던 필드-흐림, 조리개 흐림, 기울기 이동 효과에 이어 경로 흐림, 회전 흐림 효과가 새롭게 추가되었다. 아웃포커싱이나 미니어처 효과 등의 흐림 스타일을 적용할 수 있는 흐림 효과는 흐림 효과 갤러리로 분리되어 결과물을 미리 확인하며 작업할 수 있다.

Zoom In
알찬 예제로 배우는
**주제를 부각한
사진 보정**

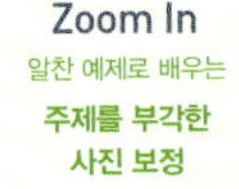

준비 파일　Sample〉part03〉p03-16-01.jpg
완성 파일　Artwork〉part03〉p03-16-01.psd

_ **선명 효과 필터** 인접한 픽셀의 대비를 높여 이미지를 선명하게 만든다.

_ **흐림 효과 필터** 이미지를 흐리게 하여 전체 분위기를 부드럽게 바꿔준다.

_ **Zoom In** Ctrl + + 를 누를 때마다 이미지를 확대한다.

_ **Zoom Out** Ctrl + - 를 누를 때마다 이미지를 축소한다.

01 [파일]-[열기] 메뉴를 실행하여 "Sample〉part03" 폴더 안의 "p03-16-01.jpg" 파일을 불러온다.

02 배경 레이어를 고급 개체 레이어로 전환하고 돋보기 도구(🔍)로 무대의 두 사람이 잘 보이도록 확대한다.

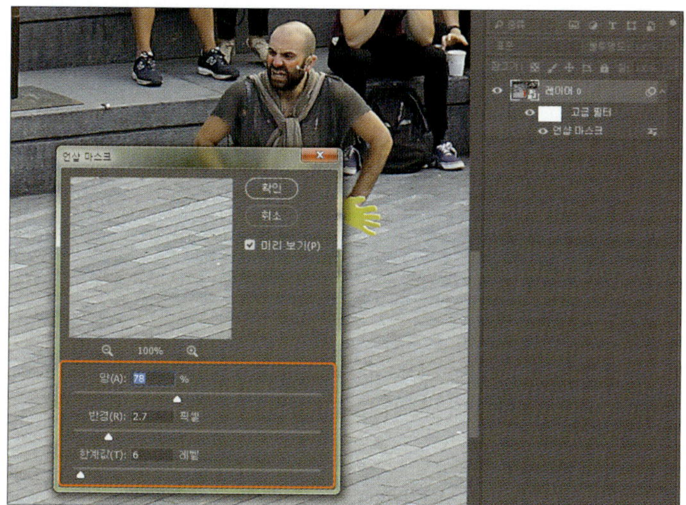

03 [필터]-[선명 효과]-[언샵 마스크] 메뉴를 실행하고 그림과 같이 옵션을 설정한다.

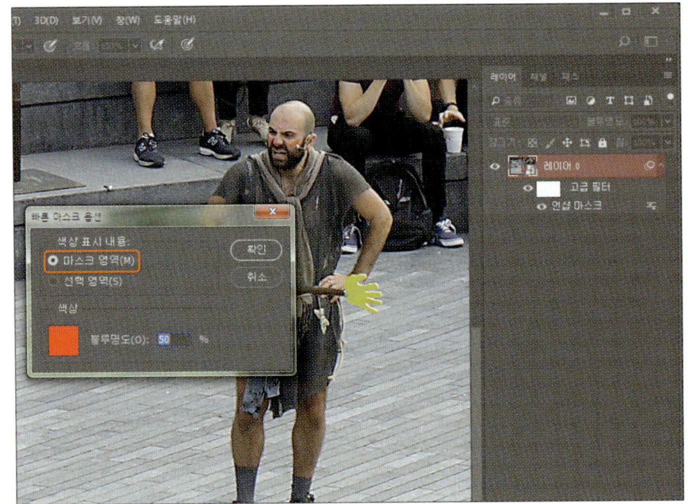

04 도구 패널 하단의 ◉ 아이콘을 더블 클릭하여 빠른 마스크 옵션을 불러온다. 색상 표시 내용을 마스크 영역으로 설정한다. 표준 모드가 빠른 마스크 모드로 전환되고 레이어에도 빨간색으로 표시가 된다.

05 전경색을 검은색으로 지정하고 브러시 도구( )로 배우를 칠하면 빨간색으로 표시된다. 삐져나간 곳은 흰색으로 칠하며 수정한다.

06 선택을 완료한 후 도구 패널 하단의 ◉ 아이콘을 누르면 브러시로 칠하지 않은 영역이 선택 영역으로 지정된다. 고급 필터의 마스크 썸네일을 클릭하고 Alt + Delete 를 눌러 선택 영역을 검은색으로 채운 후, Ctrl + D 로 선택을 해제한다.

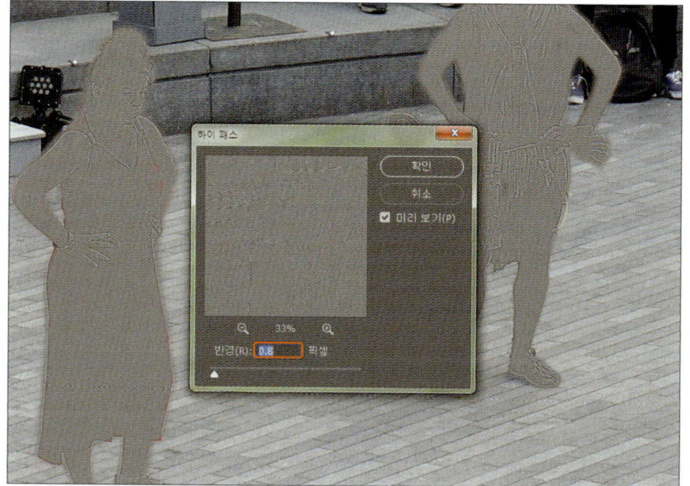

07 다시 레이어 썸네일를 선택하고 배우들의 윤곽선을 뚜렷하게 하기 위해 [필터]-[기타]-[하이패스] 메뉴를 실행한다. 반경을 최소 값에서 부터 서서히 수치를 올려가며 뚜렷하고 가늘게 윤곽선이 나타나면 효과를 적용한다.

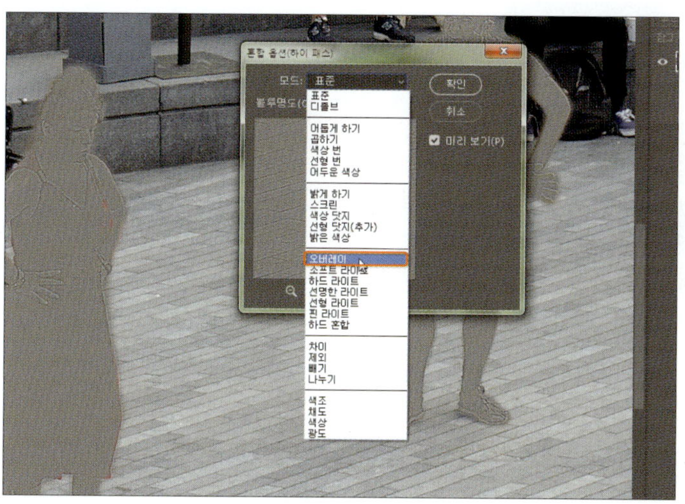

08 레이어 패널에서 하이 패스 오른쪽의 를 더블 클릭하고 모드를 오버레이로 설정한다.

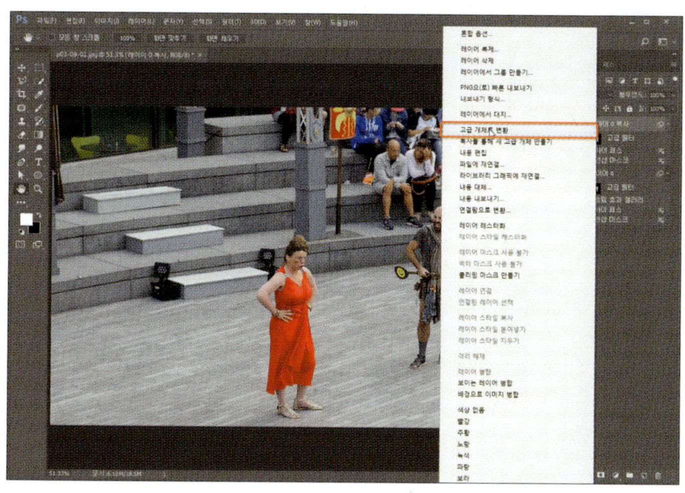

09 흐림 효과를 적용하기 위해 Ctrl + J 를 눌러 레이어를 복제한 후 마우스 오른쪽 버튼으로 클릭하고 고급 개체로 변환 메뉴를 선택한다.

10 [필터]-[흐림 효과 갤러리]-[기울기 이동] 메뉴를 실행하면 흐림 효과 갤러리 작업 영역이 나타나고 이미지 위로 기본 설정이 적용된 흐림 효과 핀과 영역을 구분하는 선이 표시된다. 핀을 원하는 위치로 드래그하여 이동시키고 핸들로 흐림 효과 수치를 조정한다.

11 강조하려는 영역에 맞춰 실선 영역과 기울기를 조정하고 흐림 효과가 점진적으로 적용되는 점선 영역도 조정한다. 설정을 완료하면 Enter 를 클릭하거나 옵션 막대의 [확인] 버튼을 클릭한다.

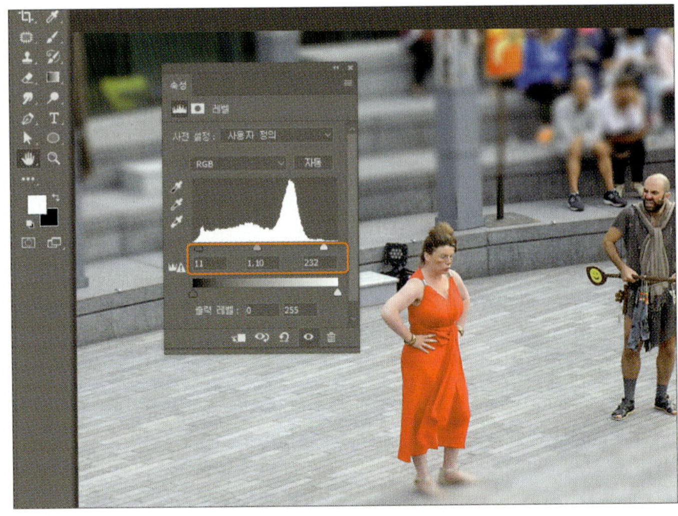

12 마지막으로 레이어 패널 하단의 ◑ 아이콘을 클릭하고 레벨 명령을 선택한다. 이미지를 확인하며 밝기를 조정한다.

 보충수업 [필터]–[선명 효과]–[흔들기 감소]

새롭게 추가된 흔들기 감소 필터는 사진 촬영 시 선형 동작, 부채꼴 모양 동작, 회전 동작 및 지그재그 동작 등 여러 가지 유형의 흔들림으로 발생한 이미지 흐림 현상을 자동으로 분석하여 교정한다. 다소 시간이 걸리지만 여러 단계의 작업 없이 흔들림을 보정할 수 있고 강한 대비나 재질이 적용된 영역에서 더욱 효과적이다.

필터를 실행하면 흐림 효과 추정에 가장 적합한 영역에만 자동으로 흔들기 감소가 적용된다. 하나의 이미지지만 영역별로 흐림 모양이 다를 수 있기 때문에 고급의 ⊞ 아이콘을 클릭하여 흐림 효과 추정 영역을 추가하거나 흐림 효과 추정 도구로 드래그하여 영역을 추가한다.

❶ 흐림 현상이 있는 영역을 수동으로 지정한다.

❷ 흐림 추적의 방향 길이를 수동으로 지정한다. 키보드의 ⬐나 ⬏ 키를 누르면 길이를 단계적으로 조정할 수 있다. ⎡Ctrl⎤을 누른 채 ⬐나 ⬏ 키를 누르면 각도가 조정된다.

❸ **흐림 효과 추적 설정**
- 흐림 효과 추적 경계 : 선택한 흐림 효과 추적의 최대 테두리를 픽셀 단위로 설정한다.
- 소스 노이즈 : 자동, 낮음, 중간, 높음 중 이미지의 노이즈 양을 설정한다. 소스 이미지의 실제 노이즈 양과 설정이 같을 때 최상의 결과를 얻을 수 있다.
- 매끄럽게 하기 : 흔들림을 감소시킨 결과에서 빈도수가 높은 노이즈를 줄인다.
- 가공물 무시 : 선명하게 하는 과정에서 보이는 가공물을 무시한다. 100%에 가까울수록 원래 이미지로 돌아간다.

❹ **고급 :** 흐림 효과 추적이 적용된 영역의 흐림 효과 모양과 정도가 표시된다.
- 흐림 효과 추정 영역 표시 : 미리 보기에서 흐림 효과 추정 영역의 테두리를 숨기거나 표시한다.

흔들기 감소 적용 전

흔들기 감소 적용 후

보충수업 [필터]-[흐림 효과]-[흐림 효과 갤러리]

CS6 버전에서 흐림 효과에 추가되었던 필드 흐림 효과, 조리개 흐림 효과, 기울기-이동에 이어 경로 흐림 효과, 회전 흐림 효과가 추가되고, 흐림 효과 갤러리로 따로 구성되었다. 흐림 효과 갤러리는 전체 크기의 실시간 미리 보기와 미리 보기 위로 오버레이 조절 기능이 제공되어 직관적인 효과 적용이 가능하다.

- 필드 흐림 효과 : 핀을 꽂은 지점을 중심으로 흐림 효과를 적용한다. 이미지 외부에 핀을 꽂아 모서리에 흐림 효과를 적용하거나 흐림 정도를 달리한 다중 흐림 효과를 적용할 수 있다.
- 조리개 흐림 효과 : 핀을 꽂으면 타원이나 둥근 사각형 모양 주변으로 흐림 효과를 적용한다.
- 기울기-이동 효과 : 기울기-이동 렌즈로 찍은 이미지를 만들어 미니어쳐 효과를 연출할 수 있다. 흐림 효과 영역 층과 흐림에서 선명해지는 영역, 선명 효과 영역을 정의한다.
- 경로 흐림 효과 : 사용자가 자유롭게 그린 경로를 따라 이동하는 동작 흐림 효과를 적용한다.
- 회전 흐림 효과 : 핀을 꽂고 영역을 정의하면 팽이가 빙글 빙글 도는 것 같은 회전 흐림 효과를 적용한다.

흔들기 감소 적용 전

필드 흐림 효과

조리개 흐림 효과

기울기-이동 효과

경로 흐림 효과

회전 흐림 효과

- 동작 효과 : 경로 흐림 효과와 회전 흐림 효과 적용 시 활성화되며 동작 상태에 있는 물체의 움직임 강도와 단계를 설정한다.

경로 흐림 효과 동작 효과

회전 흐림 효과 동작 효과

실전문제

01. 필터를 이용하여 미니어처 효과를 적용하여 보자.

준비파일 | Sample)part03)p03-16-02.jpg

완성파일 | Artwork)part03)p03-16-02.jpg

Hint 1. [파일]-[열기] 명령으로 준비된 소스 파일을 불러온다.
2. [필터]-[흐림 효과 갤러리]-[기울기-이동] 메뉴를 선택한다.
3. 흐림 효과 갤러리 작업 영역이 나타나면 미니어처 효과를 적용할 곳으로 핀을 이동하고 핸들로 흐림 정도를 조정한다.
4. 기울기와 실선. 점선 영역을 조정한 후 옵션 막대의 [확인] 버튼을 클릭한다.

02. 필터를 이용하여 이미지를 선명하게 보정하고 주제를 부각시켜 보자.

준비파일 | Sample)part03)p03-16-03.jpg

완성파일 | Artwork)part03)p03-16-03.psd

Hint 1. [파일]-[열기] 명령으로 준비된 소스 파일을 불러온다.
2. 배경 레이어를 고급 개체 레이어로 전환한 후 [필터]-[선명 효과]-[언샵 마스크]를 적용한다.
3. Ctrl + J 를 눌러 레이어를 복제한 후 레이어에 마스크를 적용한다. 브러시 도구로 흔들린 영역을 칠해 선택 영역으로 지정한다.
4. [필터]-[기타]-[하이 패스] 메뉴를 실행하고 하이 패스의 혼합 모드를 오버레이로 설정한다.
5. Ctrl + Shift + Alt + E 를 눌러 화면에 보이는 이미지를 새 레이어로 만든 후 고급 개체 레이어로 전환하고 [필터]-[흐림 효과 갤러리]-[조리개 흐림 효과] 명령을 적용한다.

필터와 레이어 혼합 모드로 팝아트 이미지 만들기

친근하고 평범한 소재를 단순하고 강렬한 색채로 표현하거나 판화 기법으로 찍어내 망점이 그대로 노출되는 팝아트 효과는 필터 기능을 이용하여 쉽게 연출할 수 있다. 이미지의 명암을 단순화하고 면을 분할한 후 채도가 높은 색상으로 채색하는 걸로도 충분히 팝아트 느낌을 낼 수 있기 때문에 '꼭 이렇게 해야 한다' 같은 정해진 방법은 없다. 이미지에 어떤 효과를 적용할지, 어떤 느낌을 표현하고자 하는지 고민하고 특징을 잡아낸 후 맞는 필터를 찾다보면 나만의 독특한 표현 기법을 찾아낼 수 있을 것이다. 필터가 내는 효과와 순서에 대해 생각하며 예제를 따라해 보고 여러 가지 필터를 조합하여 같은 효과를 낼 수 있는 방법을 찾아보자.

Zoom In
알찬 예제로 배우는
**평범한 사진을
특별하게…**

준비 파일 Sample〉part03〉p03-17-01.jpg
완성 파일 Artwork〉part03〉p03-17-01.psd

Keypoint Tool

_ **픽셀화 필터** 유사한 색상을 가진 픽셀들을 응집하여 여러 가지 모양의 입자 형태로 표현한다.

_ **그레이디언트 칠 레이어** 레이어 전체를 그레이디언트로 채운다. 마스크 기능으로 칠 영역을 수정할 수 있다.

Knowhow

_ **작업 효율** 레이어 패널뿐 아니라 채널, 패스의 썸네일도 Ctrl 을 누른 채 클릭하면 해당 내용이 선택된다.

01 [파일]-[열기] 메뉴를 실행하여 "Sample〉part03" 폴더 안의 "p03-17-01.jpg" 파일을 불러온다.

02 패스 패널에 저장된 작업 패스를 선택 영역으로 지정한다. Ctrl 을 누른 채 작업 패스 썸네일을 클릭하거나 패널 하단의 아이콘을 클릭한다.

03 Ctrl + J 를 세 번 눌러 선택 영역을 세 개 복제하고 두, 세 번째 레이어는 숨겨 놓는다. 첫 번째 복제 레이어를 선택하고 조정 패널의 아이콘을 클릭한다.

04 새 곡선 조정 레이어가 생기면 아래 레이어에 클리핑 마스크 처리한 후 속성 패널에서 곡선을 움직여 색조를 보정한다. 색상 단계를 줄이기 위한 과정이므로 대비를 높인다.

05 두 번째 복제 레이어의 눈 아이콘을 클릭하고 고급 개체로 변환한다. [필터]-[필터 갤러리] 메뉴를 실행하고 예술 효과의 오려내기 효과를 적용한다.

06 필터 갤러리 하단의 아이콘을 눌러 새 효과 레이어를 추가하고 예술 효과의 포스터 가장자리 효과를 적용한 후 [확인] 버튼을 클릭한다.

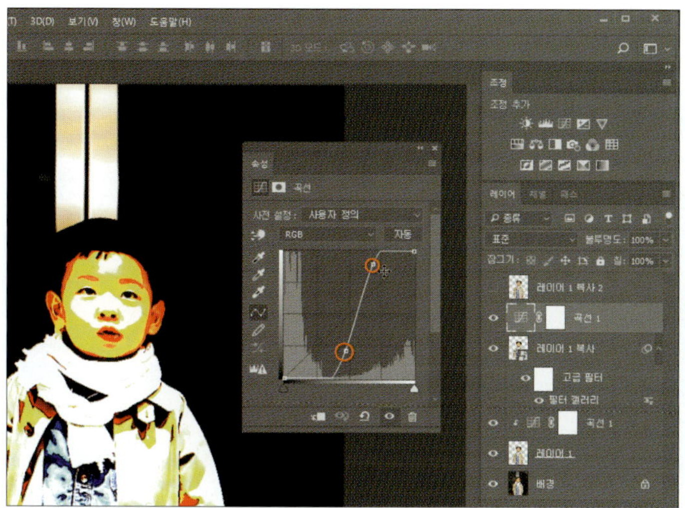

07 레이어의 혼합 모드를 색상 번으로 설정한 후 곡선 조정 레이어를 추가한다. 곡선을 움직여 원색 느낌이 많이 나도록 조정한다.

08 마지막 복제 레이어의 눈 아이콘을 켜고 고급 개체 레이어로 변환한다. [필터]-[필터 갤러리] 메뉴를 실행한 후 예술 효과의 포스터 가장자리 효과를 적용한다.

09 필터 갤러리 하단의 아이콘을 눌러 새 효과 레이어를 추가하고 스케치 효과의 하프톤 패턴 효과를 적용한 후 [확인] 버튼을 클릭한다.

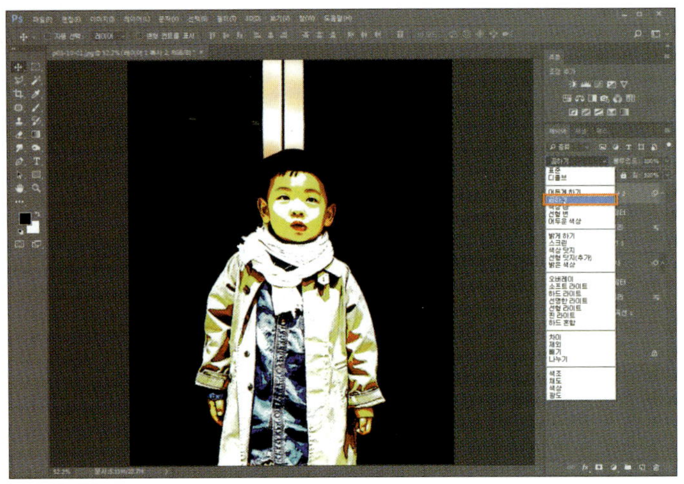

10 레이어의 혼합 모드를 곱하기로 설정한다.

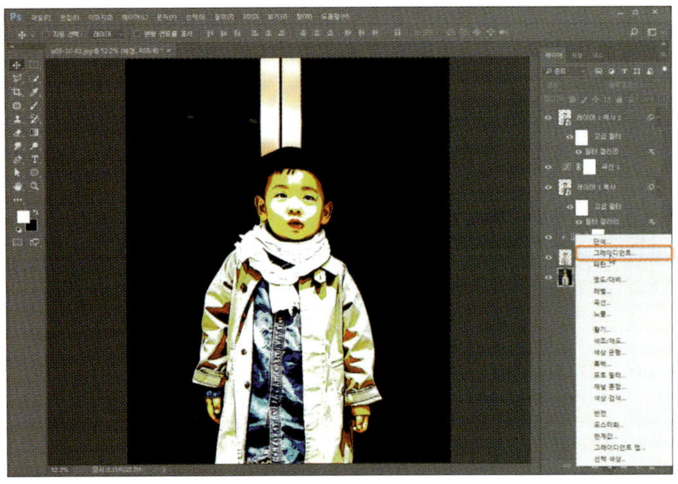

11 배경 레이어를 선택하고 패널 하단의 아이콘을 클릭한 후 그 레이디언트 메뉴를 선택한다.

12 그레이디언트 칠 대화상자에서 스펙트럼 그레이디언트를 선택하고 스타일을 각도로 설정한다.

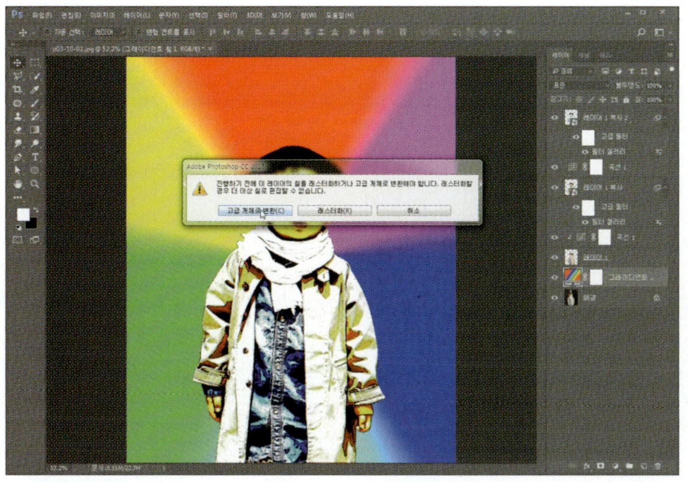

13 [필터]-[픽셀화]-[색상 하프톤] 메뉴를 실행하고 경고창이 나타나면 고급 개체로 변환한다.

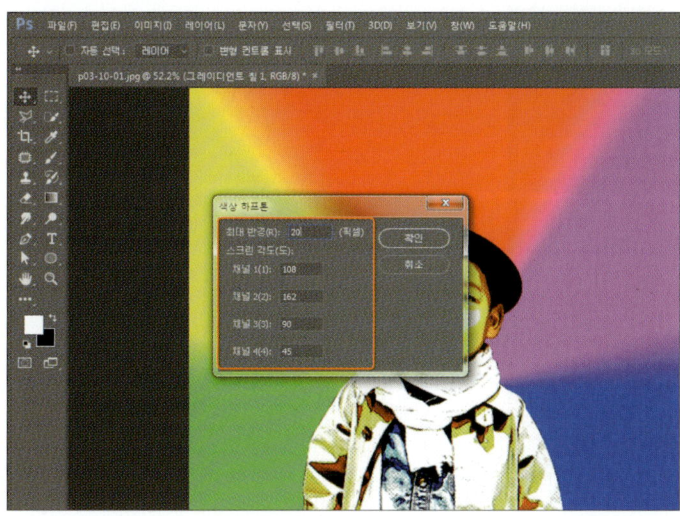

14 색상 하프톤 옵션을 그림과 같이 설정한 후 [확인] 버튼을 클릭한다.

15 색상 경계에서 다른 색상과 혼합되는 정도에 따라 크고 작은 원으로 표현된다.

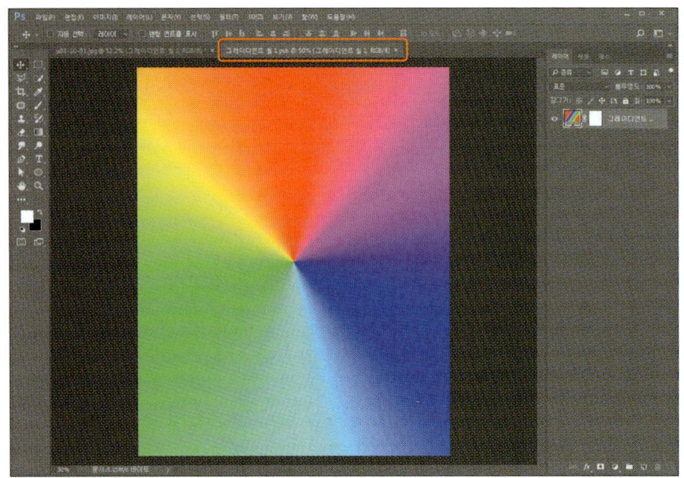

16 고급 개체로 변환했기 때문에 칠 레이어의 속성을 가지고 있다. 썸네일을 더블 클릭하면 그레이디언트 칠 파일이 따로 열리고 내용을 수정한 후 [파일]-[저장] 메뉴를 실행하면 변경 사항이 현재 문서에 반영된다.

17 첫 번째 인물 레이어를 더블 클릭하고 그림과 같이 드롭 섀도를 적용한다.

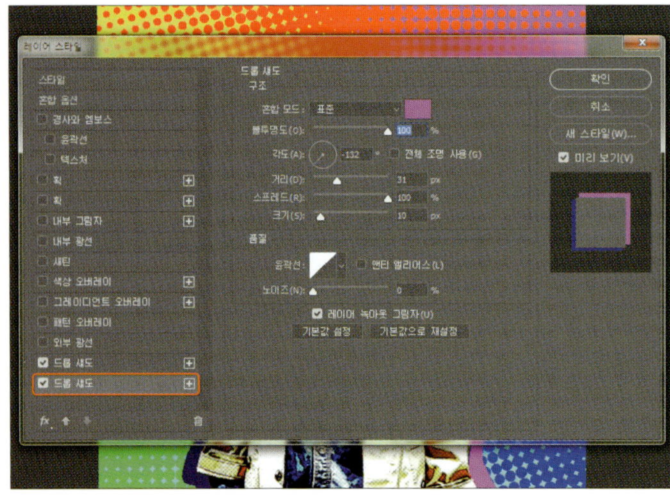

18 드롭 섀도를 추가한 후 그림과 같이 옵션을 설정하고 [확인] 버튼을 클릭한다.

실전문제

01. 준비된 이미지를 색상 하프톤 필터와 혼합 모드로 카툰 느낌이 나게 연출하고 말풍선을 그려 넣어 보자.

준비파일 | Sample〉part03〉p03-17-02.jpg　　　　　　**완성파일** | Artwork〉part03〉p03-17-02.psd

Hint 1. [파일]–[열기] 명령으로 준비된 소스 파일을 불러온다.

2. Ctrl + J 를 눌러 배경 레이어를 복제하고 빠른 마스크 모드로 전환한다.

3. 가장자리가 부드러운 브러시로 스파이더맨을 포함한 선택 영역을 만들고 [필터]–[픽셀화]–[색상 하프톤] 필터를 적용한다.

4. 표준 모드로 돌아온 후 전경색을 채도가 높은 색으로 지정하고 Alt + Delete 를 눌러 선택 영역을 채운다. 레이어 혼합 모드는 오버레이로 설정한다.

5. 선택 영역과 칠 색을 변경하면서 위의 2~4번 단계를 두 번 반복한다.

6. 펜 도구로 흰 색의 말 풍선을 그리고 그림자 스타일을 적용한다.

7. 수평 문자 도구로 텍스트를 입력하고 텍스트 뒤틀기로 부채꼴 모양을 만든 후 획 스타일을 적용한다.

---

02. 레이어 혼합 모드, 필터 갤러리, 조정 레이어를 이용하여 준비된 이미지에 팝아트 효과를 적용하여 보자.

준비파일 | Sample〉part03〉p03-17-03.jpg
완성파일 | Artwork〉part03〉p03-17-03.psd

Hint 1. [파일]–[열기] 명령으로 준비된 소스 파일을 불러온다.

2. Ctrl + J 를 두 번 눌러 배경 레이어를 두 개 복제한다. 첫 번째 복제 레이어를 선택하고 고급 개체로 변환한다.

3. [필터]–[필터 갤러리] 메뉴를 실행한 후 오려내기, 팔레트 나이프, 팔레트 나이프, 페인트 바르기 효과를 차례대로 적용한다.

4. 곡선 조정 레이어를 첫 번째 복제 레이어 위에 만들고 색조 대비를 증가시킨다.

5. 두 번째 복제 레이어를 고급 개체로 변환한 후 [필터]–[필터 갤러리]를 실행한다. 포스터 가장자리, 하프톤 패턴 효과를 차례대로 적용한 후 [확인] 버튼을 클릭한다. 혼합 모드를 오버레이로 설정한다.

6. 활기 조정 레이어를 두 번째 복제 레이어 위에 만들고 채도를 증가시킨다.

신기능 원근 뒤틀기로 간단하게 원근 조정하기

Photoshop CC 버전에 새롭게 추가된 원근 뒤틀기 기능에 대해 알아보자. 이 기능은 평면을 정의하는 레이아웃 모드와 정의된 평면의 원근을 조정하는 뒤틀기 모드로 구성되어 있다. 레이아웃에서 정의한 평면의 각 모서리를 독립적으로 조작할 수 있어 단일 이미지에서 다른 원근을 가질 수 있고 수정된 원근은 화면에 바로 적용되기 때문에 원근 조작이 한층 수월해졌다. 또한, 주위 영역에 영향을 주지 않고 이미지 특정 부분의 원근감을 조정한다.

Zoom In
알찬 예제로 배우는
**사진의 원근감
변경**

준비 파일　Sample>part03>p03-18-01.jpg
완성 파일　Artwork>part03>p03-18-01.psd

_ **원근 뒤틀기** 정의된 평면의 원근을 수정한다. 빌딩같이 직선과 평면 표면을 가진 이미지에 효과적이다.
_ **레이아웃 모드** 두 개 이상의 평면을 정의하는데 평면의 한 변을 다른 평면의 한 변에 스냅하여 모퉁이를 만든다.

_ **사양** 512MB 이상의 VRAM이 필요하며, 그래픽 프로세서 사용과 계산 속도 향상 항목이 활성화되어야 한다.
_ **작업 효율** 평면을 정의할 때 평면의 가장자리가 건물의 직선과 평행하도록 한다.

01 [파일]-[열기] 메뉴를 실행하여 "Sample>part03" 폴더 안의 "p03-18-01.jpg" 파일을 불러온다.

02 [편집]-[원근 뒤틀기] 메뉴를 실행하고 건물 모서리 각이 진 부분에 맞춰 사각형 박스를 그린다. 박스를 먼저 그리고 핀을 움직여 정확하게 맞출 것이므로 대충 그려도 된다.

03 각 모서리의 핀을 클릭, 드래그하여 평면으로 정의할 영역을 수정한다. 평면을 정의할 때 이미지의 직선과 평행하도록 한다.

04 이번에는 오른쪽 측면을 정의하기로 한다. 앞서 그린 평면 옆에 박스를 그리면 파란색 면이 스냅되어 평면이 추가된다.

강의노트 ✎
오른쪽 평면은 둘로 나누어 정의한다.

05 원근 뒤틀기가 적용될 대상이 평면 안에 포함되어야 하기 때문에 평면을 확장시킨다. 그림과 같이 선분을 이동시키면 이어진 선분들이 같이 움직인다.

06 동일한 방법으로 오른쪽 남은 영역과 왼쪽 영역도 이미지의 직선과 수평을 유지하며 평면으로 정의한다.

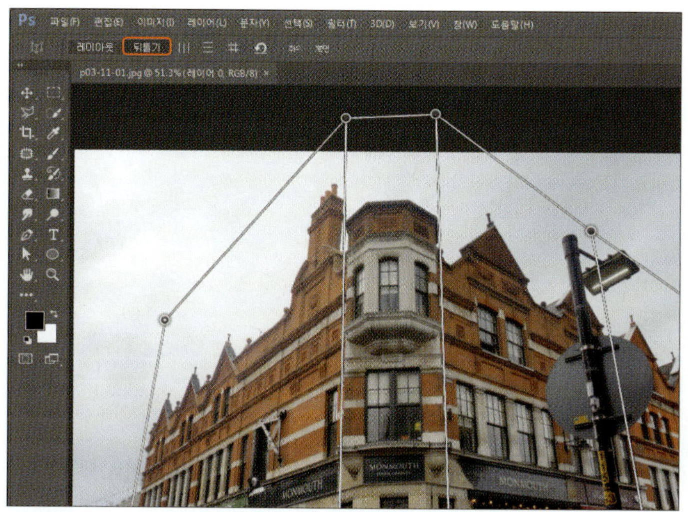

07 옵션 막대의 뒤틀기 모드를 클릭하면 모든 핀이 검은색으로 변하고 평면의 삼등분 선이 사라진다.

08 Shift 를 누른 채 선분을 클릭하면 클릭한 선분이 노란색으로 변하며 똑바르게 하기가 적용된다.

강의노트 ✏

Shift 를 누른 채 다시 클릭하면 똑바르게 하기가 취소된다. 똑바르게 하기는 원근이 조정되는 중에도 유지된다.

09 원근을 조정하다보면 창문 수평이나 가운데 기둥의 굵기 등과 같이 맞지 않는 부분이 나타날 수 있다.

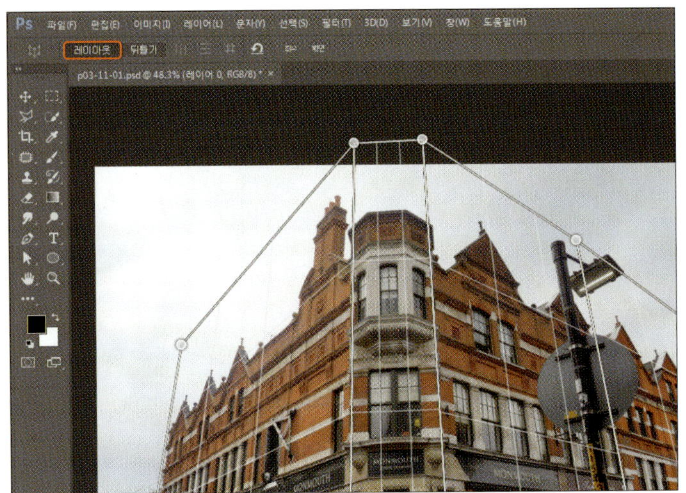

10 이럴 땐 다시 레이아웃 모드로 돌아가 핀의 위치를 수정한다. 수정된 핀의 위치는 앞서 조정한 원근에 반영된다.

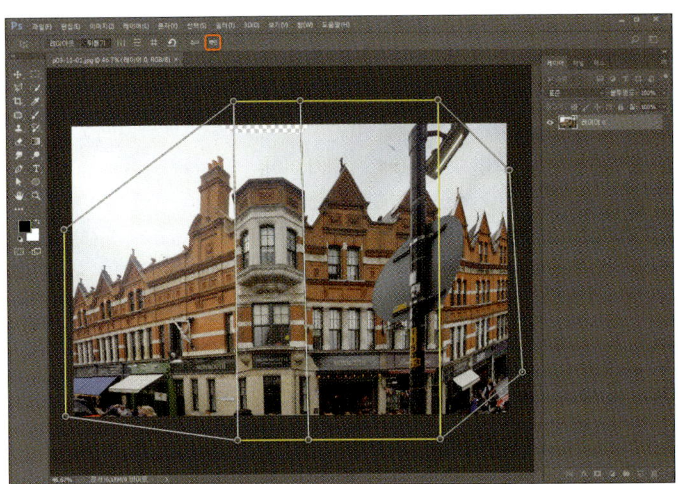

11 뒤틀기 모드에서 양 옆으로 핀을 이동시켜 여백을 최대한 없애고 어색한 부분의 원근을 수정한다. 옵션 막대의 [확인] 버튼을 클릭하면 원근 뒤틀기가 적용된다.

강의노트 ✏

원근 뒤틀기가 적용되면 배경 레이어는 일반 레이어로 변환된다.

12 하늘의 빈 공간을 선택 영역으로 지정하고 Shift + F5 를 눌러 내용 인식 채우기를 실행한다. 마지막으로 Ctrl + L 을 눌러 레벨 명령으로 명도를 조절하며 작업을 마무리한다.

실전문제

01. 원근 뒤틀기 기능으로 주어진 이미지의 왜곡된 원근을 바로 잡아 보자.

준비파일 | Sample)part03)p03-18-02.jpg

완성파일 | Artwork)part03)p03-18-02.psd

Hint　1. [파일]-[열기] 명령으로 준비된 소스 파일을 불러온다.
　　　　2. [편집]-[원근 뒤틀기] 명령을 실행한 후 건물 외곽에 맞춰 사각형 박스를 만든다.
　　　　3. 사각형 박스 하단 근처에서 다시 박스를 만들어 두 평면을 스냅시킨다. 핀을 움직여 동상이 있는 단과 평행이
　　　　　되도록 박스를 수정한다.
　　　　4. 옵션 막대에서 뒤틀기 모드로 전환한 후 수직선 근처에서 자동으로 똑바르게 하기 아이콘을 클릭한다.
　　　　5. 이번에는 Shift 를 누른 채 수평선을 클릭하여 똑바르게 한다. 원근 조정을 완료하면 [확인] 버튼을 클릭한다.

02. 준비된 이미지의 원근감을 강조하여 보자.

준비파일 | Sample)part03)p03-18-03.jpg

완성파일 | Artwork)part03)p03-18-03.psd

Hint　1. [파일]-[열기] 명령으로 준비된 소스 파일을 불러온다.
　　　　2. [편집]-[원근 뒤틀기] 명령을 실행한 후 성당 이미지의 직선에 맞춰 사각형 박스를 만든다.
　　　　3. 뒤틀기 모드로 전환한 후 Shift 를 누른 채 위, 아래 가로선을 클릭한다.
　　　　4. 상단의 좌우 핀을 중심부로 이동시켜 원근감을 극대화 시킨 후 [확인] 버튼을 클릭한다.
　　　　5. 자르기 도구로 캔버스 크기를 조정하고 성당 이미지에 맞춰 자르기를 실행한다.
　　　　6. 다각형 올가미 도구로 성당의 양 옆 영역을 선택하고 복제 도장 도구로 배경을 정리한다.

새로워진 픽셀 유동화 기능으로 웃는 얼굴 만들기

픽셀을 밀어 자연스럽게 눈을 크게 키우거나 두꺼운 다리를 가늘게 만드는 등 인물 보정에 많이 사용되던 픽셀 유동화 기능이 한층 업그레이드되었다. 기존 기능에 얼굴 인식 기능과 눈 기울기, 미소, 얼굴 너비, 턱 높이 등의 세부 항목이 추가되어 일정 수치 안에서 빠르고 자연스러운 보정이 가능해진 것. 예제를 통해 굳게 경직된 얼굴도 클릭 몇 번이면 미소 띤 얼굴로 만들 수 있는 픽셀 유동화 기능에 대해 학습해 보자.

Zoom In

준비 파일 Sample〉part03〉p03-19-01.jpg
완성 파일 Artwork〉part03〉p03-19-01.psd

Keypoint Tool

_ **매끄럽게 도구** 브러시 중심에서 가장자리로 갈수록 점차 복구 강도가 약해져 변형된 픽셀과 자연스럽게 이어지도록 한다.

_ **얼굴 도구** 얼굴형과 눈, 코, 입을 자동으로 식별하여 쉽게 보정할 수 있다.

Knowhow

_ **그래픽 프로세서 사용** 얼굴 인식 픽셀 유동화 기능 사용을 위한 필수 요건이다. [편집]-[환경 설정]-[성능] 메뉴에서 설정한다.

_ **작업 효율** 이미지를 보정할 때 전체 화면을 확인해가며 조금씩 손을 봐야 자연스러운 결과물을 만들 수 있다.

01 [파일]-[열기] 메뉴를 실행하여 "Sample〉part03" 폴더 안의 "p03-19-01.jpg" 파일을 불러온다.

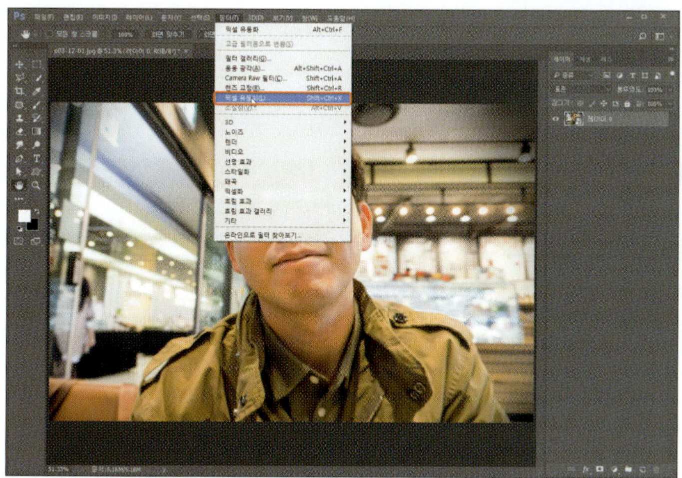

02 배경 레이어를 고급 개체 레이어로 변환하고 [필터]-[픽셀 유동화] 메뉴를 실행한다.

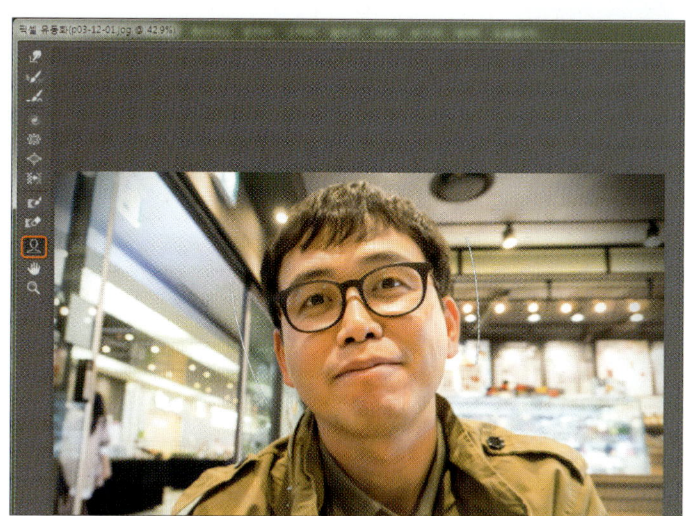

03 왼쪽의 도구 모음에서 얼굴 도구 (👤)를 선택하면 얼굴 주변에 하얀색 라인이 표시된다. 이 하얀색 라인까지의 픽셀을 움직여 자연스럽게 형태가 변경된다.

04 우선 돋보기 도구(🔍)로 얼굴을 확대하고 다시 얼굴 도구(👤)를 선택한다. 커서를 얼굴 가까이 가져가면 얼굴형을 변형할 수 있는 윤곽선과 조절점이 나타난다.

05 아래에서 위로 찍은 느낌을 없애기 위해 이마와 턱을 높이면 얼굴형 뿐만 아니라 얼굴 주변의 픽셀도 자연스럽게 이동되면서 오른쪽 속성 영역의 얼굴 인식 픽셀 유동화 옵션 항목에 반영된다.

06 좀 더 갸름한 얼굴형이 되도록 얼굴 너비와 턱선도 조절한다.

07 이목구비 변형을 위해 이미지를 좀 더 확대하고 눈으로 커서를 가져간다. 눈의 기울기를 변경하여 쳐진 눈을 보정하고 눈의 너비와 높이를 왼쪽, 오른쪽 각각 변경하여 크기를 맞춰준다.

08 이번에는 입술의 너비와 입꼬리 각도, 입술 두께를 조절하여 웃음을 참고 있는 듯한 표정을 만든다.

강의노트 ✏️

Ctrl + Z 과 Ctrl + Alt + Z 을 누르면 실행을 취소할 수 있다. 얼굴 보정을 모두 취소하고 싶을 때는 얼굴 선택 옆의 [재설정] 버튼을 클릭한다.

09 손 도구(✋)를 더블 클릭하면 미리 보기 창 크기에 맞춰 전체 이미지가 표시된다. 뒤틀기 도구(🖐)를 선택하고 속성 영역의 브러시 도구 옵션에서 브러시 크기를 어깨 보다 크게 설정한다.

10 어깨를 클릭하고 바깥쪽으로 드래그하면 브러시 크기 안에 포함되는 모든 영역의 픽셀이 바깥쪽으로 늘어난다. 반대편 어깨도 바깥쪽으로 드래그한다.

11 전체 균형을 맞추기 위해 브러시 크기를 조정하고 목은 안쪽으로, 셔츠는 밑으로 드래그한다.

강의노트

이미지를 보정할 때 전체 균형에 맞춰 조금씩 손을 봐야 보정한 티가 나지 않는다.

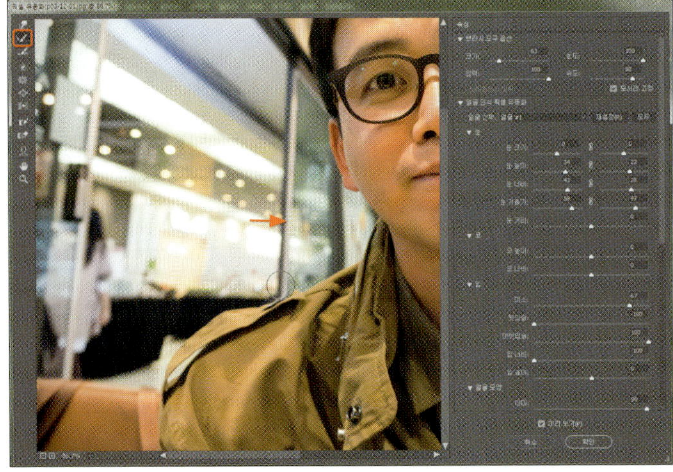

12 이미지를 확대하고 재구성 도구( )를 선택한다. 브러시 크기를 작게 조정하고 어깨와 함께 바깥쪽으로 밀린 창틀을 원래 위치로 수정한다.

13 이번에는 앞머리를 파마 머리로 바꾸기 위해 시계 방향 돌리기 도구( )를 선택하고 브러시 크기를 조정한다. 앞머리를 클릭한 채 있으면 픽셀이 시계 방향으로 회전하고 Alt 를 누르고 클릭하면 반시계 방향으로 회전한다. [확인] 버튼을 클릭하면 픽셀 유동화 보정 값이 이미지에 적용된다.

14 이번에는 [필터]-[Camera Raw 필터] 메뉴를 선택한다. 흰색 균형과 노출을 자동으로 보정하고 명료도와 활기의 수치를 변경한 후 [확인] 버튼을 클릭한다.

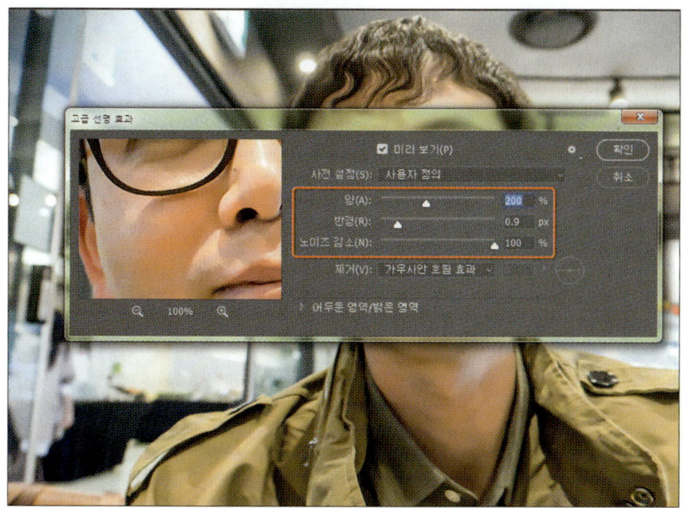

15 마지막으로 선명도를 높이고 노이즈를 감소시키기 위해 [필터]-[선명 효과]-[고급 선명 효과] 메뉴를 실행한다. 그림과 같이 옵션을 설정하고 적용하여 작업을 마무리한다.

보충수업 픽셀 유동화 필터

❶ **뒤틀기 도구** : 드래그 방향으로 픽셀을 연장한다.

❷ **재구성 도구** : 브러시 영역에 포함된 모든 변형 픽셀을 원래대로 복구한다.

❸ **매끄럽게 도구** : 얼굴 도구와 함께 새롭게 추가된 도구로 브러시 중심을 기준으로 점차 복구 강도가 약해져 변형된 픽셀과 자연스럽게 이어지도록 한다. 재구성 도구와 매끄럽게 도구는 에어브러시 속성을 갖고 있다.

❹ **시계 방향 돌리기 도구** : 시계 방향이나 시계 반대 방향으로 회전시키며 에어브러시 속성을 갖는다.

❺ **오목 도구** : 브러시 영역을 축소시키면서 브러시 밖 영역과 연결된 브러시 가장자리 픽셀을 연장시킨다. 에어브러시 속성을 갖는다.

❻ **볼록 도구** : 브러시 영역을 확대시키면서 브러시 밖 영역과 연결된 브러시 가장자리 픽셀을 축소시킨다. 에어브러시 속성을 갖는다.

❼ **왼쪽 밀기 도구** : 드래그 영역의 왼쪽 픽셀을 오른쪽으로 연장시킨다.

원본   뒤틀기 도구   시계 방향 돌리기 도구

오목 도구   볼록 도구   왼쪽 밀기 도구

❽ **마스크 고정 도구** : 드래그 영역을 마스크로 지정하여 이미지를 보호한다.

❾ **마스크 고정 해제 도구** : 마스크 영역을 해제한다.

❿ **얼굴 도구** : 이미지에서 얼굴을 자동으로 인식하고 인식된 얼굴형과 눈, 코, 입 위로 윤곽선과 조절점이 표시되어 즉각적인 수정이 가능하다. CC 2017 버전부터는 양 눈을 개별적으로 수정할 수 있고 얼굴형과 이목구비 주변 픽셀도 함께 수정이 되기때문에 이전보다 훨씬 빠르고 쉽게 얼굴 보정이 가능하다. 단, 얼굴 도구로 수정된 픽셀은 재구성 도구로 복구할 수 없다.

인식된 얼굴은 얼굴 인식 픽셀 유동화 옵션의 얼굴 선택에 등록된다. 여러 명이 찍힌 단체 사진일 땐 인식된 얼굴이 모두 등록되고 얼굴별로 선택하여 보정할 수 있다.

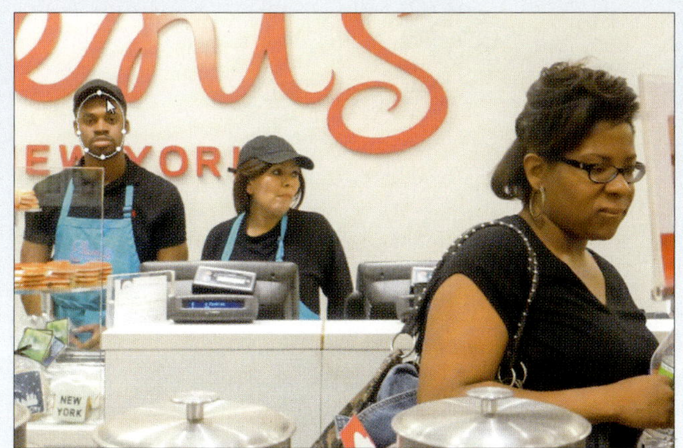

왼쪽 사진처럼 얼굴형과 이목구비가 확실히 나오지 않으면 선명하고 크게 찍혀도 얼굴 인식이 되지 않는다.

실전문제

01. 픽셀 유동화 기능으로 그림 속 인물의 표정을 웃는 표정으로 바꾸고 모자 장식을 부풀려 보자.

준비파일 | Sample〉part03〉p03-19-02.jpg

완성파일 | Artwork〉part03〉p03-19-02.psd

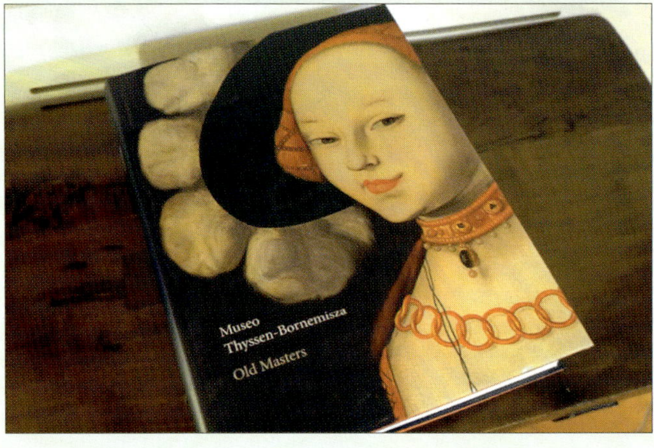

Hint 1. [파일]-[열기] 명령으로 준비된 소스 파일을 불러온 후 배경 레이어를 고급 개체 레이어로 변환한다.

2. [필터]-[픽셀 유동화] 메뉴를 실행한다. 얼굴 도구를 선택하고 속성 영역의 보기 옵션에서 얼굴 오버레이 표시에 체크한다.

3. 얼굴 인식 픽셀 유동화 항목의 수치를 조정하거나 미리 보기 창에서 얼굴 인식 오버레이를 움직여 표정과 얼굴형을 수정한다.

4. 돋보기 도구로 눈을 확대하고 웃는 눈 꼬리를 만들기 위해 마스크 고정 도구로 눈꺼풀을 선택한다. 시계 방향 돌리기 도구로 Alt 를 누른 채 눈 밑을 클릭하면 눈꼬리가 자연스럽게 위로 살짝 올라간다. 마스크 고정 해제 도구로 선택 영역을 드래그한다.

5. 이번에는 반대로 눈 밑을 선택 영역으로 지정하고 뒤틀기 도구를 선택한다. 눈꺼풀을 위로 올려 눈 크기를 키우고 브러시 크기를 작게 조정한 후 눈꼬리를 살짝 연장한다. [확인] 버튼을 클릭한다.

6. 추가 보정을 위해 다각형 올가미 도구로 책 표지를 선택 영역으로 지정한다.

7. 다시 [필터]-[픽셀 유동화] 메뉴를 실행하고 뒤틀기 도구를 선택한다. 얼굴을 수정하면서 생긴 책의 오른쪽 가장자리를 바깥쪽으로 드래그한다.

8. 이번에는 모자 장식을 바깥쪽으로 드래그하면서 픽셀을 연장하고 볼록 도구로 장식의 끝부분을 부풀린다.

9. 재구성 도구로 울퉁불퉁해진 책의 가장자리를 정리한 후 [확인] 버튼을 눌러 변형을 완료한다.

실전문제

02. 픽셀 유동화 기능으로 컵의 모양을 자연스럽게 바꿔 보자.

준비파일 | Sample)part03)p03-19-03.jpg

완성파일 | Artwork)part03)p03-19-03.psd

Hint 1. [파일]-[열기] 명령으로 준비된 소스 파일을 불러온 후 배경 레이어를 고급 개체 레이어로 변환한다.
2. [필터]-[픽셀 유동화] 메뉴를 실행하고 마스크 고정 도구를 이용하여 감자칩이 든 바구니를 선택 영역으로 지정한다.
3. 뒤틀기 도구를 선택한 후 오른쪽 속성 영역의 브러시 도구 옵션에서 모서리 고정 항목에 체크한다.
4. 브러시 크기를 조정하고 왼쪽 컵의 하단을 잘록하게, 상단을 볼록하게 변형한다. 재구성 도구와 매끄럽게 도구로 나무결과 바구니가 있던 픽셀 자리를 정리한다.
5. 다시 마스크 고정 도구를 선택하고 왼쪽 컵을 선택 영역에 추가한다.
6. 왼쪽 컵과 마찬가지로 뒤틀기 도구를 이용하여 오른쪽 컵도 하단은 잘록하게, 상단은 볼록하게 변형한다. 일그러진 나무결은 재구성 도구와 매끄럽게 도구로 수정한다.
7. 좀 더 자연스럽게 표현하기 위해 마스크 고정 해제 도구로 선택 영역을 해제하고 오목 도구를 선택한다. 브러시 크기를 크게 조정한 후 컵의 하단을 클릭한 채로 있는다. 변형 정도를 확인해가며 적당한 순간에 마우스에서 손을 뗀다.
8. 컵의 상단은 볼록 도구로 로고있는 부분을 클릭하고 적당한 순간까지 클릭한 상태를 유지한다. 나머지 컵도 같은 방법으로 모양을 변형한다.
9. 재구성 도구와 매끄럽게 도구로 컵 입구와 주변을 정리한다.

변형 메뉴로 모양에 맞춰 이미지 합성하기

원래 그 자리에 있었던 것처럼 자연스럽게 이미지를 합성할 때 가장 먼저 해야 할 것은 합성할 개체들의 구도와 모양을 맞추는 것이다. 이렇게 모양을 변형해야 할 때 단축키 Ctrl + T 를 눌러 했던 자유 변형 기능 외에 [편집] 메뉴에는 비율이면 비율, 기울기면 기울기 등 선택한 명령의 변형만 가능한 메뉴가 있다. 바운딩 박스의 조절점을 움직여 모양을 변형하는 자유 변형 기능과 유사하며, 가로로 뒤집기, 180° 회전하기 등의 단순 기능과 바운딩 박스를 9등분 하고 자유롭게 변형하는 뒤틀기 기능은 자주 사용하게 되는 메뉴이므로 숙지해두는 것이 좋다.

Zoom In
알찬 예제로 배우는
감쪽같이 원하는 오브젝트 합성

준비 파일 Sample〉part03〉p03-20-01.jpg
완성 파일 Artwork〉part03〉p03-20-01.psd

_ **드롭 섀도** 자연스러운 그림자 효과를 적용한다.
_ **레이어 만들기** 레이어 패널에서 효과 이름을 마우스 오른쪽 버튼으로 클릭하고 메뉴를 실행하면 효과 내용을 새 레이어로 만든다.

_ **눈금자 & 안내선** 디자인 작업 시 기준선을 잡아주고 작업하면 보다 정돈된 결과물을 만들 수 있다. 눈금자를 표시하고 눈금자를 원하는 곳으로 드래그 & 드롭하면 안내선이 생성된다.

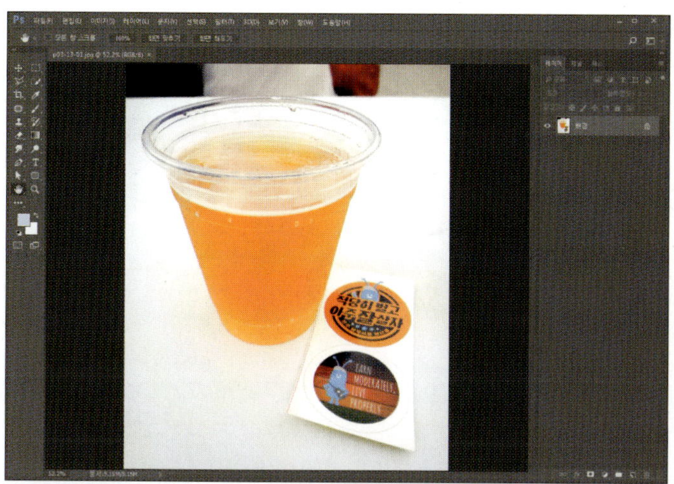

01 [파일]-[열기] 메뉴를 실행하여 "Sample〉part03" 폴더 안의 "p03-20-01.jpg" 파일을 불러온다.

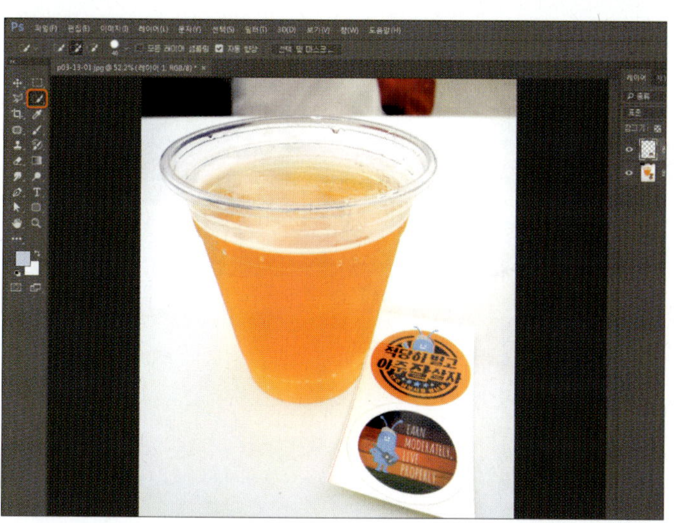

02 빠른 선택 도구( )로 아래쪽 스티커를 드래그하여 선택한 후 Ctrl+J를 눌러 새 레이어에 붙여 넣는다.

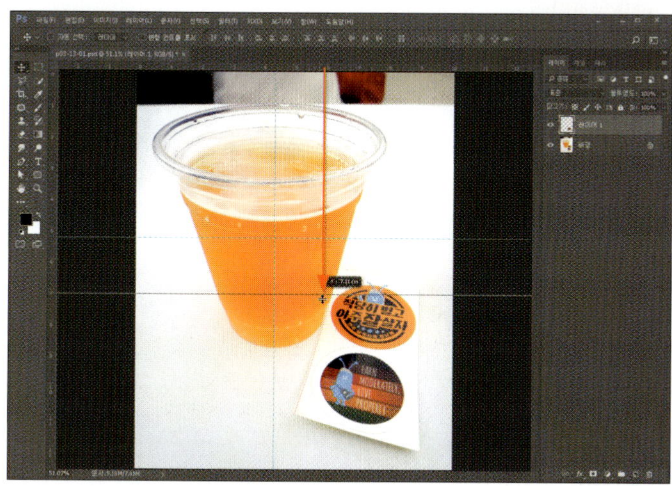

03 변형할 때 사용할 기준선을 만들기 위해 Ctrl+R을 누른다. 눈금자가 표시되면 세로, 가로 눈금자를 드래그 & 드롭한다.

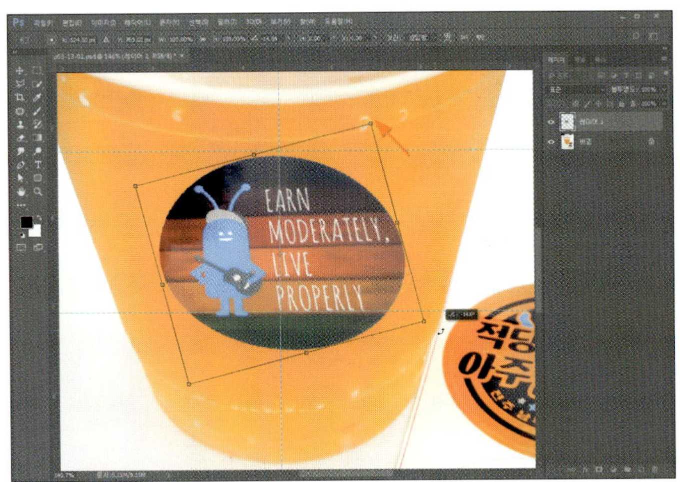

04 [편집]-[변형]-[회전] 메뉴를 실행하면 바운딩 박스가 나타난다. 컵 중앙으로 스티커를 이동시킨 후 스티커 가로선과 수평 안내선이 일치하도록 박스를 회전시킨다.

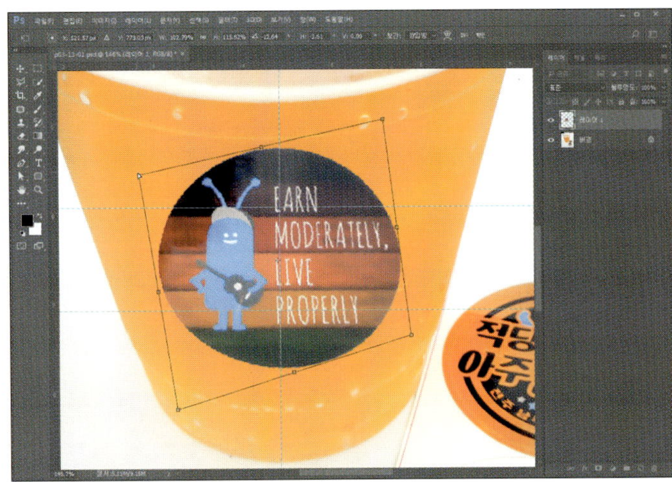

05 바운딩 박스가 실행된 상태에서 [편집]-[변형]-[기울이기] 메뉴를 선택한다. 조절점을 이동시키며 찌그러진 모양을 바로 잡은 후 Enter 를 눌러 변형을 완료한다.

강의노트 ✏️

모양 변형 중 Ctrl 을 누른 채 안내선에 커서를 가져가면 안내선을 이동시킬 수 있다.

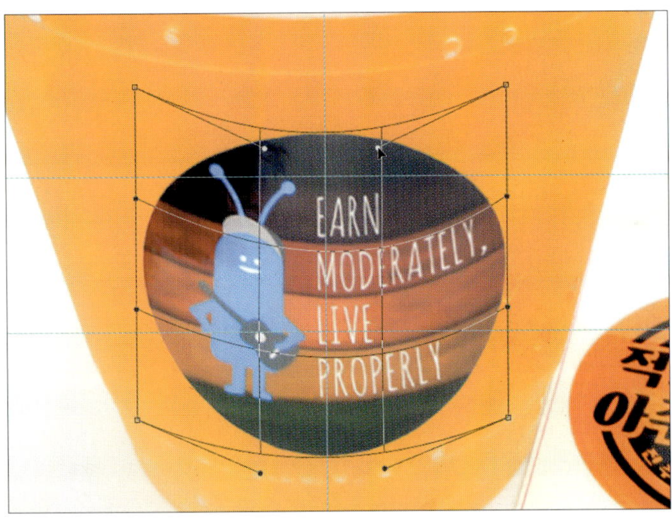

06 이번엔 컵 모양에 맞춰 모양을 변형하기 위해 [편집]-[변형]-[뒤틀기] 메뉴를 실행한다. 원기둥 형태에 맞춰 조절점과 핸들을 움직여 이미지를 변형시킨다.

07 바운딩 박스가 실행된 상태에서 [편집]−[변형]−[원근] 메뉴를 선택한 후 윗부분의 원근을 수정한다. 옵션 막대의 [확인] 버튼이나 Enter 를 눌러 변형을 완료한다.

08 다음은 컵에 그림자를 적용하기 위해 배경 레이어를 선택한 후 펜 도구로 컵의 가장자리를 따라 패스를 만든다.

강의노트 🖉

[보기]−[표시자] 메뉴의 체크를 해제하면 안내선을 숨길 수 있다.

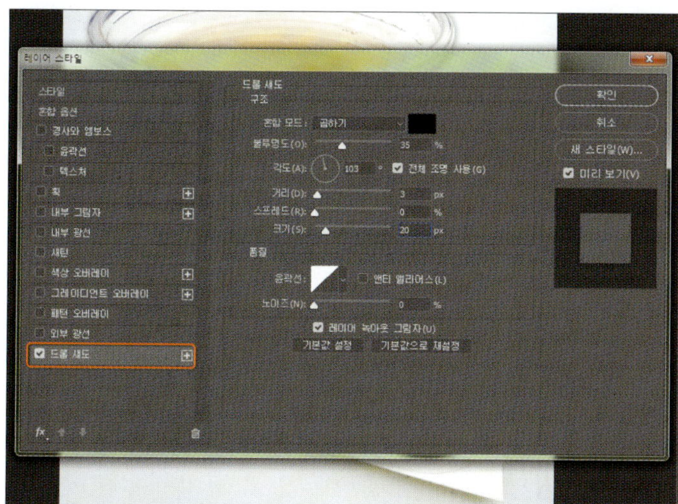

09 패스를 선택 영역으로 전환한 후 Ctrl + J 를 눌러 새 레이어에 붙여 넣는다. 붙여 넣은 새 레이어를 더블 클릭하고 드롭 섀도 스타일을 적용한다.

10 스타일이 적용되면 레이어 패널에서 레이어에 적용된 효과를 마우스 오른쪽 버튼으로 클릭하고 레이어 만들기 메뉴를 선택한다.

11 적용했던 스타일이 새 레이어로 분리된 것을 확인하고 [편집]-[변형]-[원근] 메뉴를 실행한다. 바운딩 박스의 조절점을 드래그하여 그림자의 원근을 수정한다.

12 바운딩 박스가 실행된 상태에서 [편집]-[변형]-[비율] 메뉴를 선택하여 크기를 조정한다. 변형을 완료하면 Enter 를 클릭한다.

 보충수업 [편집]–[변형] 메뉴

메뉴를 실행하면 바운딩 박스가 나타나 조절점이나 핸들을 움직여 변형한다. 모든 변형이 가능한 [편집]–[자유 변형]과는 달리 특정 변형 기능만을 선택하여 사용한다.

원본

비율

회전

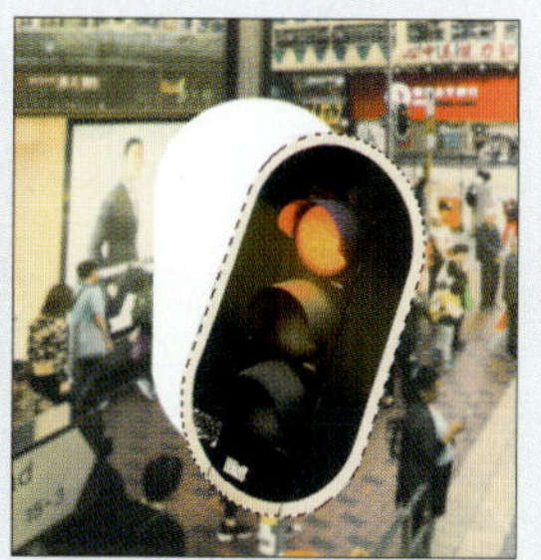
기울이기

왜곡

원근

뒤틀기

180° 회전

시계 방향으로 90° 회전

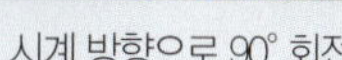

시계 반대 방향으로 90° 회전

가로로 뒤집기

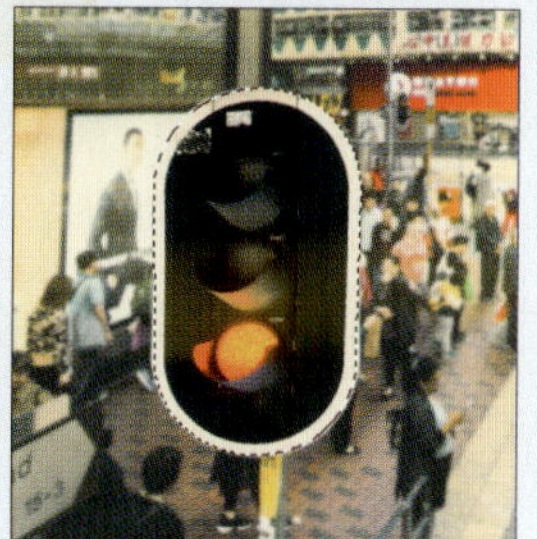
세로로 뒤집기

❶ **비율** : 이미지의 크기를 조절한다.

❷ **회전** : 이미지를 각도를 조절한다.

❸ **기울이기** : 이미지의 기울기를 조절한다.

❹ **왜곡** : 바운딩 박스의 모든 조절점을 움직여 형체를 왜곡한다.

❺ **원근** : 이미지의 원근감을 조절한다.

❻ **뒤틀기** : 이미지를 9등분하고 조절점이나 등분 선, 영역을 움직여 자유롭게 변형한다.

❼ **180도 회전** : 이미지를 180도 회전시킨다.

❽ **시계 방향으로 90° 회전** : 이미지를 시계 방향으로 90° 회전시킨다.

❾ **시계 반대 방향으로 90° 회전** : 이미지를 반시계 방향으로 90° 회전시킨다.

❿ **가로로 뒤집기** : 이미지를 수평으로 반사시킨다.

⓫ **세로로 뒤집기** : 이미지를 수직으로 반사시킨다.

실전문제

01. [편집]–[변형] 메뉴로 이미지 모양을 변형하여 플랫카드를 기둥에 게시해 보자.

준비파일 | Sample〉part03〉p03-20-02~03.jpg **완성파일** | Artwork〉part03〉p03-20-03.psd

Hint 1. [파일]–[열기] 명령으로 준비된 소스 파일들을 불러온 후 배너 이미지를 기둥 이미지로 드래그한다.

2. [편집]–[변형]–[비율] 메뉴를 실행하고 기둥 크기에 맞춰 크기를 조절한다.

3. 바운딩 박스가 실행된 상태에서 [편집]–[변형]–[원근] 메뉴를 선택한다. 배너 하단의 조절점을 드래그하여 원근을 수정한다.

4. 동일한 방법으로 [편집]–[변형]–[뒤틀기] 메뉴를 선택하고 기둥에 맞춰 배너를 둥글게 왜곡한다.

5. 변형이 완료되면 Enter 를 누르고 내부 그림자 스타일과 그림자 효과 스타일을 적용한다.

02. [편집]–[변형] 메뉴로 조형물에 그림자를 적용해 보자.

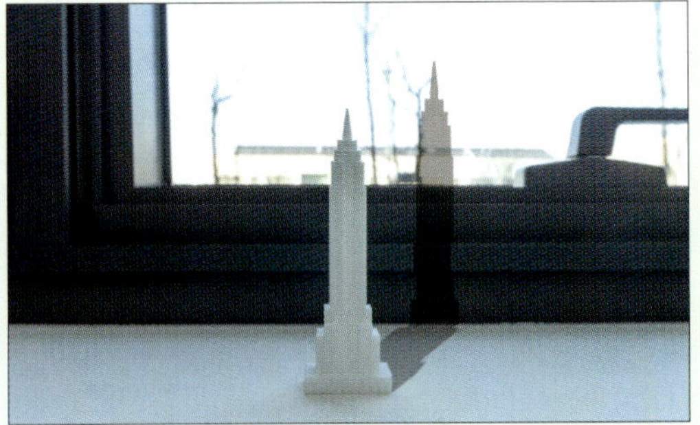

준비파일 | Sample〉part03〉p03-20-04.jpg **완성파일** | Artwork〉part03〉p03-20-04.psd

Hint 1. [파일]–[열기] 명령으로 준비된 소스 파일을 불러온 후 다각형 올가미 도구로 조형물을 선택 영역으로 지정한다.

2. Ctrl + J 를 눌러 새 레이어에 붙여 넣은 후 더블 클릭하고 드롭 섀도 스타일을 적용한다.

3. 레이어 패널에서 적용된 효과를 마우스 오른쪽 버튼으로 클릭하고 레이어 만들기 메뉴를 선택한다.

4. 사각형 선택 윤곽 도구로 바닥과 창틀에 생기는 그림자로 영역을 나누어 각각 선택하고 [편집]–[변형] 메뉴로 기울기 및 크기를 조정한다.

실전문제

03. 변형 기능과 마스크 기능을 이용하여 입체적인 이미지를 만들어 보자.

준비파일 | Sample〉part03〉p03-20-05.jpg　　　　**완성파일** | Artwork〉part03〉p03-20-05.psd

Hint 1. [파일]–[열기] 명령으로 준비된 소스 파일을 불러온다.

2. 펜 도구로 스탠드를 선택 영역으로 지정한 후 Ctrl + J 를 눌러 복제한다.

3. 배경 레이어를 선택하고 Ctrl + J 를 눌러 복제한 후 사각형 선택 윤곽 도구로 선택 영역을 만든다.

4. [선택]–[선택 영역 변형] 메뉴로 바운딩 박스를 표시하고 [편집]–[변형] 메뉴로 선택 영역 모양을 변형한다.

5. 변형을 완료하면 레이어 패널 하단의 ◈ 아이콘을 눌러 마스크를 적용하고 획과 그림자 스타일을 적용한다.

6. 배경 레이어를 선택하고 [이미지]–[조정]–[흑백] 메뉴를 실행한다.

7. 레벨 조정 레이어를 추가하고 배경을 좀 더 어둡게 표현한다.

퍼펫 뒤틀기 기능으로
포즈 변경하기

Photoshop에는 선택 영역이나 이미지를 변형할 수 있는 여러 가지 방법이 있다. 그중 퍼펫 뒤틀기는 대상을 삼각형으로 분할하여 메시를 만들고 특정 혹은 전체 영역을 왜곡하는 기능이다. 예를 들어, 인형이나 사람을 배경에서 분리하고 포즈를 바꾸거나 광각 이미지 또는 텍스처 맵을 뒤틀어 왜곡을 바로잡을 수도 있다.

이번 예제는 조형물을 배경에서 분리하고 조형물의 형태를 바꾸는 일련의 과정으로, 예제를 따라 해보며 퍼펫 뒤틀기 기능을 익히고 기본 기능 활용법을 연습해 보자.

Keypoint Tool

_ **퍼펫 뒤틀기** 그래픽, 텍스트 또는 이미지를 잘게 쪼개고 기준점을 만들어 특정 형태로 왜곡한다.

_ **고정핀** 핀을 꽂아 메시가 변형되지 않도록 고정하거나 메시를 이동시켜 변형한다.

Knowhow

_ **작업 효율** 대상을 선택할 때 한 가지 도구만 고집하기보다 여러 도구를 사용하면 더욱 효율적으로 선택 영역을 지정할 수 있다.

_ **메시** 메시를 촘촘하게 설정하면 정밀도는 높아지지만 처리 시간이 길어진다.

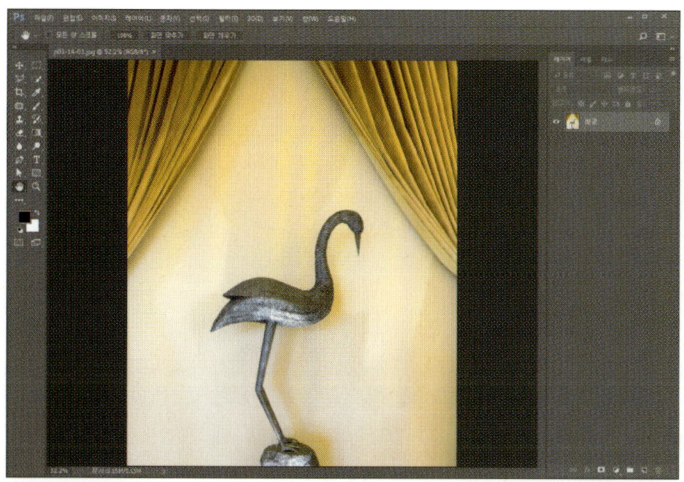

01 [파일]-[열기] 메뉴를 실행하여 "Sample>part03" 폴더 안의 "p03-21-01.jpg" 파일을 불러온다.

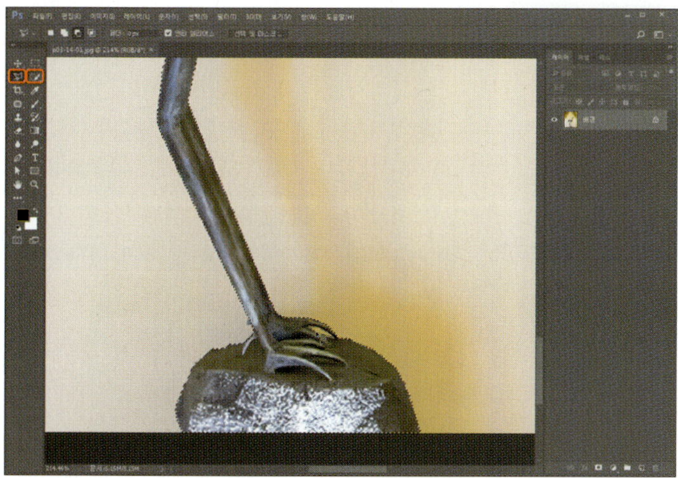

02 빠른 선택 도구( )로 조형물을 드래그하여 선택하고 매끄럽지 않은 부분은 다각형 올가미 도구( )로 다듬는다.

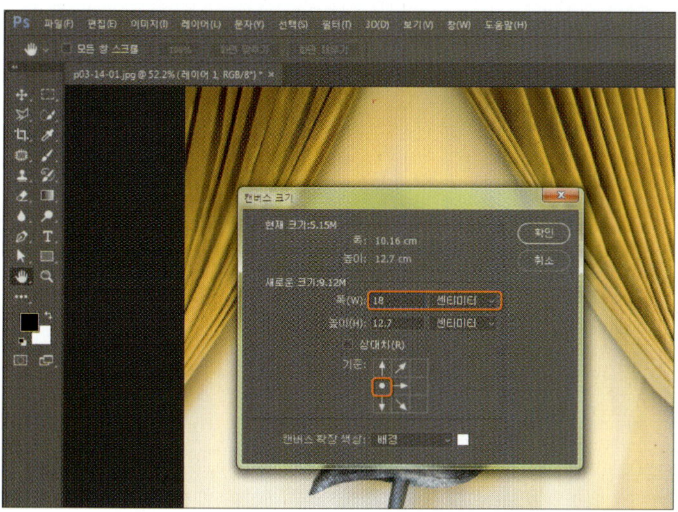

03 Ctrl + J 를 눌러 선택 영역을 복제한 후 [이미지]-[캔버스 크기] 메뉴를 실행한다. 대화상자에서 폭을 18cm로 변경하고 기준을 왼쪽 중앙으로 설정한다.

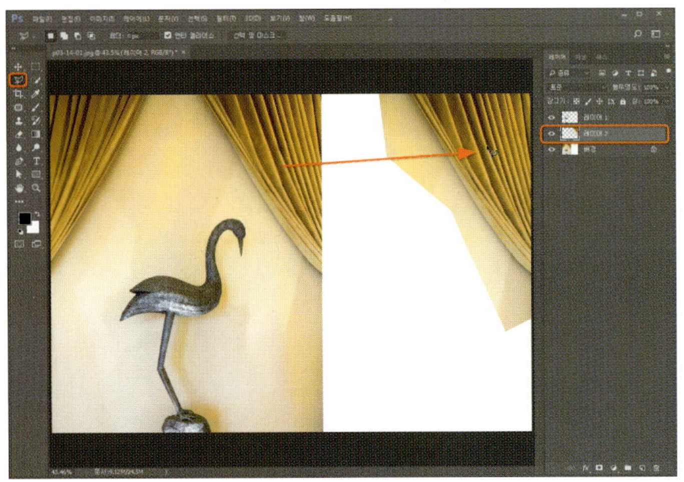

04 이번에는 배경 레이어를 선택하고 다각형 올가미 도구( )로 오른쪽 커튼을 러프하게 선택한다. Ctrl + J 를 눌러 새 레이어로 붙여 놓고 오른쪽 끝으로 이동시킨다.

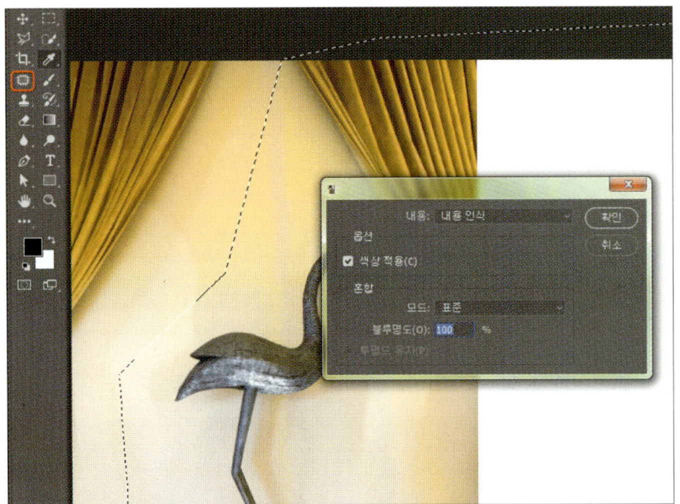

05 배경 레이어를 제외한 나머지 레이어를 숨기고 다시 배경 레이어를 선택한다. 왼쪽 커튼을 제외한 영역을 러프하게 선택한 후 Shift + F5 를 누르고 선택 영역을 내용 인식으로 채운다. 내용 인식으로 채워진 영역의 부자연스러운 부분은 패치 도구( )로 수정한다.

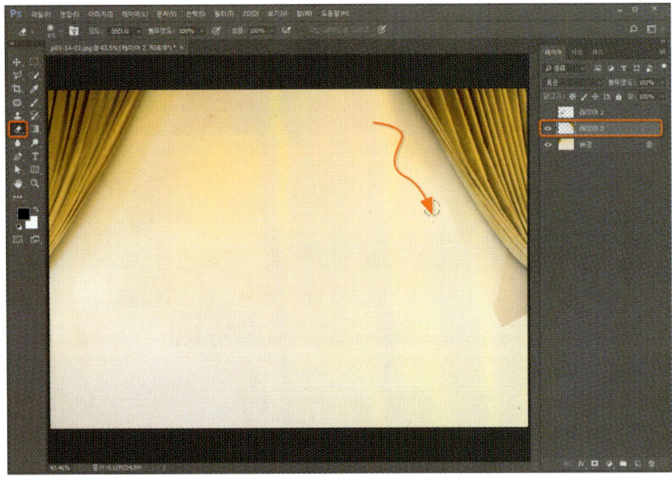

06 오른쪽 커튼을 붙여놓은 레이어를 선택하고 눈 아이콘을 클릭한다. 지우개 도구( )의 브러시 가장자리를 부드럽게 설정하고 배경과 합성한 티가 많이 나는 부분을 지워 준다.

07 이동 도구(✛)를 선택하고 조형물 레이어를 선택한다. 조형물 레이어의 눈 아이콘을 클릭한 후 [Alt]+[Shift]를 누른 채 오른쪽으로 드래그하여 조형물을 복제한다. 한 번 더 드래그하여 총 3개의 조형물이 되도록 한다.

08 가장 왼쪽의 조형물 레이어를 선택하고 [편집]-[퍼펫 뒤틀기] 메뉴를 실행한다. 이미지가 여러 개의 삼각형으로 쪼개진 메시 형태로 변한다. 이미지 하단을 클릭하면 핀이 생긴다.

강의노트 🖋

핀은 메시가 변형되지 않도록 고정 시키거나 메시를 이동시켜 변형하는 용도이다. [ESC]를 누르면 퍼펫 뒤틀기 모드가 해제된다.

09 모양을 고정시킬 다리와 몸통, 몸통과 목의 경계를 클릭해 핀을 만든다. 이번에는 자세를 변경하기 위해 머리를 클릭하고 왼쪽으로 드래그하면 머리가 뒤로 이동하면서 목이 자연스럽게 구부러진다. 키보드의 [Enter]를 누르거나 옵션 막대의 [확인] 버튼을 클릭한다.

강의노트 🖋

[Alt]를 누른 채 핀을 클릭하면 핀이 제거되고 [Shift]를 누른 채 핀을 클릭하면 여러 개의 핀을 동시에 선택할 수 있다.

10 오른쪽 조형물 이미지를 선택하고 다시 [편집]-[퍼펫 뒤틀기] 메뉴를 실행한다. 하단과 다리 관절에 핀을 만든 후 Alt 를 누른 채 커서를 핀 주변으로 이동시키면 원이 표시된다. 클릭, 드래그하여 원하는 각도로 변경한다.

11 동일한 방법으로 머리에 핀을 만들고 아래로 구부린 후 각도를 변경한다. 옵션 막대의 [확인] 버튼을 눌러 모양을 완성한다.

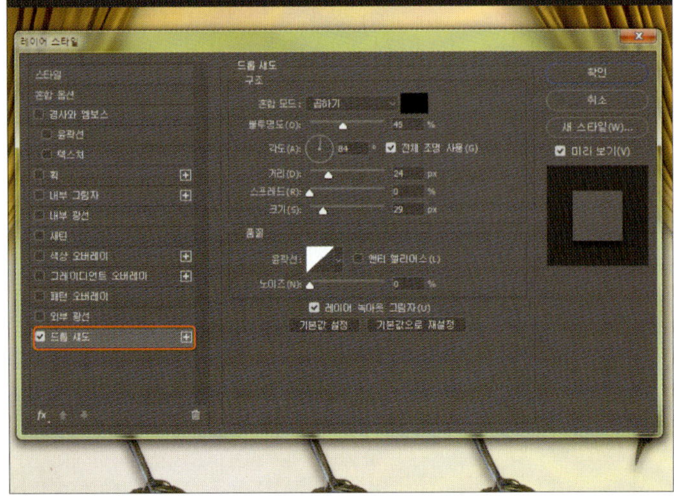

12 조형물 이미지 레이어를 모두 선택하고 Ctrl + G 를 눌러 그룹으로 묶는다. 그룹 레이어를 더블 클릭하고 드롭 섀도 스타일을 적용한다.

실전문제

01. 퍼펫 뒤틀기 명령으로 탑의 모양을 변형시켜 보자.

준비파일 | Sample)part03)p03-21-02.jpg

완성파일 | Artwork)part03)p03-21-02.psd

Hint 1. [파일]-[열기] 명령으로 준비된 소스 파일을 불러온다.
　　　 2. 빠른 선택 도구로 시계탑을 드래그한 후 다각형 올가미 도구로 선택 영역을 다듬는다.
　　　 3. Ctrl + J 를 눌러 선택 영역을 복제하고 [편집]-[퍼펫 뒤틀기] 메뉴를 실행한다.
　　　 4. 모드를 왜곡으로 설정하고 탑 아래 건물을 클릭하여 고정 핀을 생성한다.
　　　 5. 시계탑 꼭대기를 클릭하고 드래그하여 탑을 변형한 후 키보드의 Enter 를 클릭한다.

02. 퍼펫 뒤틀기 기능으로 깃발이 나부끼는 모양을 변형하여 보자.

준비파일 | Sample)part03)p03-21-03.jpg

완성파일 | Artwork)part03)p03-21-03.psd

Hint 1. [파일]-[열기] 명령으로 준비된 소스 파일을 불러온다.
　　　 2. 빠른 선택 도구로 깃발을 선택한 후 Ctrl + J 를 눌러 선택 영역을 복제한다.
　　　 3. [편집]-[퍼펫 뒤틀기] 메뉴를 실행하고 핀을 생성하여 깃발의 모양을 변형시킨다.
　　　 4. Shift 를 누른 채 고정 핀을 클릭하면 핀이 추가로 선택할 수 있고, Alt 를 누른 채 개별 핀 근처로 커서를
　　　　 가져가면 각도를 변경할 수 있다. 변형을 완료하면 키보드의 Enter 를 클릭한다. 배경 레이어를 선택하고
　　　　 깃발을 선택영역으로 다시 지정한 후 Shift + F5 를 눌러 내용 인식 채우기를 실행한다.

중첩된 레이어 스타일로 네온사인 효과 적용하기

레이어 스타일을 활용하면 금속, 유리, 나무 등의 질감이나 석양, 빛바랜 사진 등의 특수 효과를 적용할 수 있다. 이전 시간에 레이어 스타일을 소개하고 적용하는 방법에 대해 학습했다면 이번 시간에는 도형 도구로 모양을 만들고 네온사인 효과를 적용하면서 레이어 스타일을 활용하는 방법에 대해 알아보자. 더불어 도형 도구로 모양을 다룰 때 작업 시간을 단축시킬 수 있도록 단축키 사용 연습을 해보자.

Keypoint Tool

_ **모서리가 둥근 직사각형 도구** 설정한 모서리 반경으로 모서리가 둥근 직사각형을 그린다. 모서리 반경을 개별적으로 편집할 수 있다.

_ **모양 병합 구성 요소** 겹치는 모든 구성 요소를 하나의 구성 요소로 만든다.

Knowhow

_ 단일 레이어에 포함된 여러 가지 모양 정렬은 패스 선택 후 옵션 막대의 패스 정렬 팝업 메뉴에서 실행한다.

_ 각각의 레이어에 포함된 모양 정렬은 이동 도구의 옵션 막대에서 할 수 있다.

01 [파일]-[열기] 메뉴를 실행하여 "Sample〉part03" 폴더 안의 "p03-22-01.jpg" 파일을 불러온다.

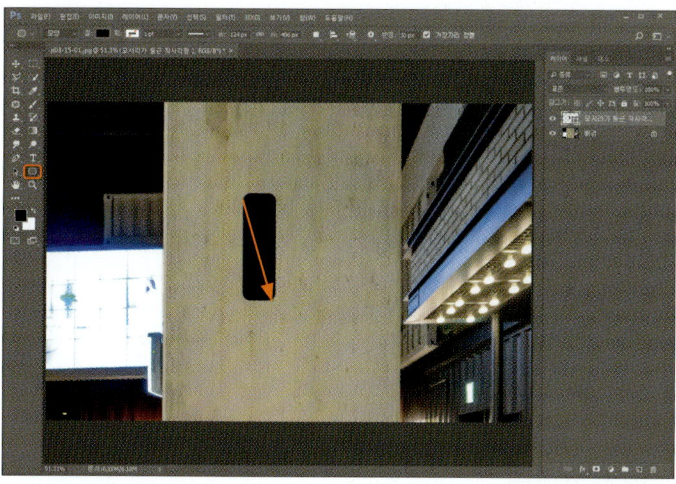

02 도구 패널에서 모서리가 둥근 직사각형 도구(□)를 선택하고 길쭉한 직사각형을 만든다.

03 Ctrl + Alt 를 누른 채 옆으로 이동하여 복제한다. Ctrl + T 명령으로 90° 회전시키고 처음에 만든 직사각형 왼쪽 아래 가장자리에 맞춘다.

강의노트 ✎

[보기]-[표시자], [보기]-[표시]-[고급 안내선], [보기]-[스냅]에 체크하면 모양이나 선택 영역을 쉽게 정렬할 수 있다.

04 다시 `Ctrl` + `Alt` 를 눌러 직사각형을 복제하고 `Ctrl` + `T` 명령으로 45° 회전시킨다. 위치는 두 직사각형의 대각선으로 배치한다.

강의노트 ✎

도형 도구 사용 중 `Ctrl` 을 누르면 누르는 동안 패스 선택 도구로 전환된다. 도구 패널에서 도구를 전환하지 않아도 되기 때문에 작업 시간을 상당히 단축시킬 수 있다.

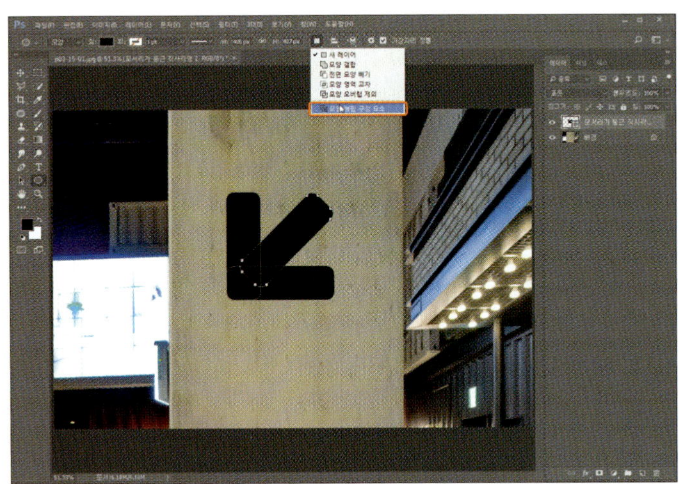

05 옵션 막대의 패스 작업 항목에서 모양 병합 구성 요소를 클릭하여 하나의 패스로 이뤄진 화살표를 만든다.

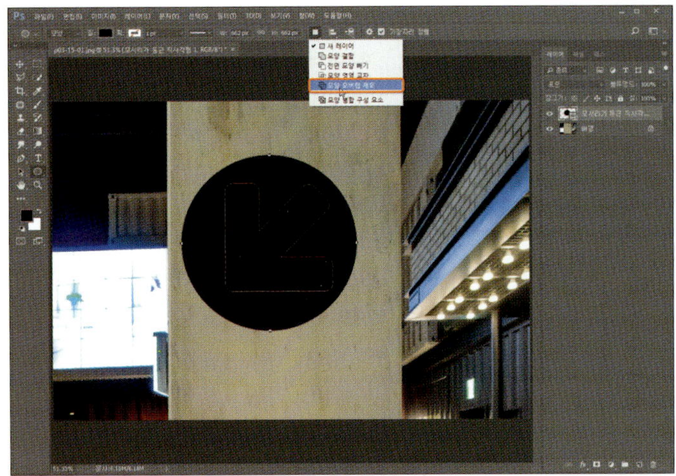

06 이번에는 화살표 보다 큰 원을 만들고 패스 작업의 모양 오버랩 제외를 클릭한다.

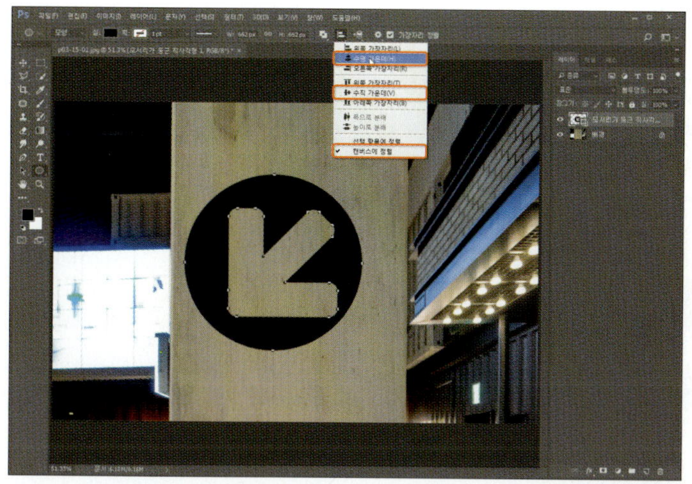

07 원에 화살표 모양의 구멍이 생기면 Ctrl + Shift 를 누르고 원과 화살표 패스를 선택한다. 옵션 막대의 패스 정렬 항목에서 캔버스에 정렬을 선택한 후 수직 가운데, 수평 가운데를 클릭한다.

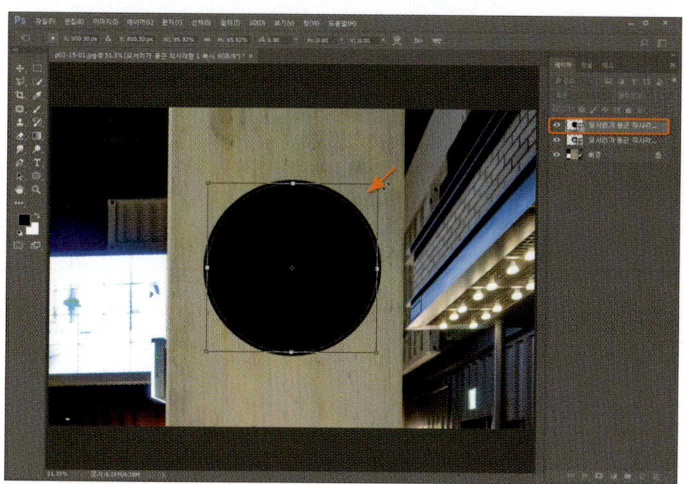

08 Ctrl + Shift 를 누른 채 화살표 패스를 클릭하여 패스 선택을 해제하고 Ctrl + J 를 누르면 원 모양이 복제된다. Ctrl + T 를 눌러 바운딩 박스를 표시하고 Shift + Alt 를 누른 채 모서리를 드래그하면 가운데를 중심으로 크기를 조절할 수 있다. 원래 크기보다 약간 작게 조절한다.

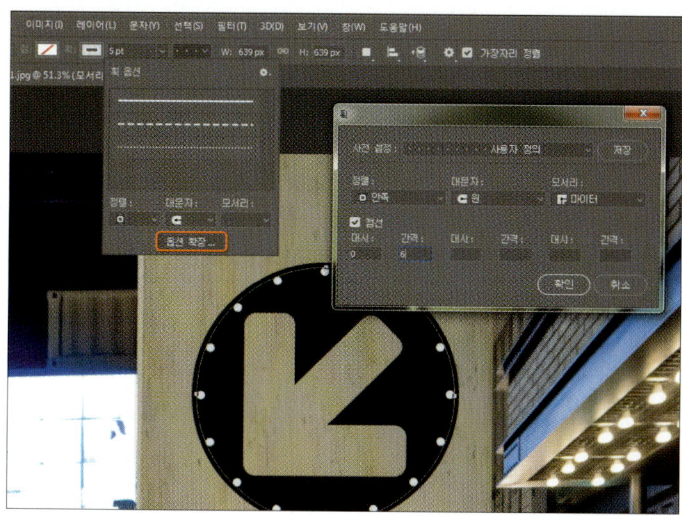

09 옵션 막대에서 그림과 같이 칠과 획 옵션을 설정한다.

강의노트

획 색상은 원판과 같은 검은색으로 설정한다. 과정 중에는 색이 겹쳐 보이지 않기 때문에 밝은색으로 설정하였다.

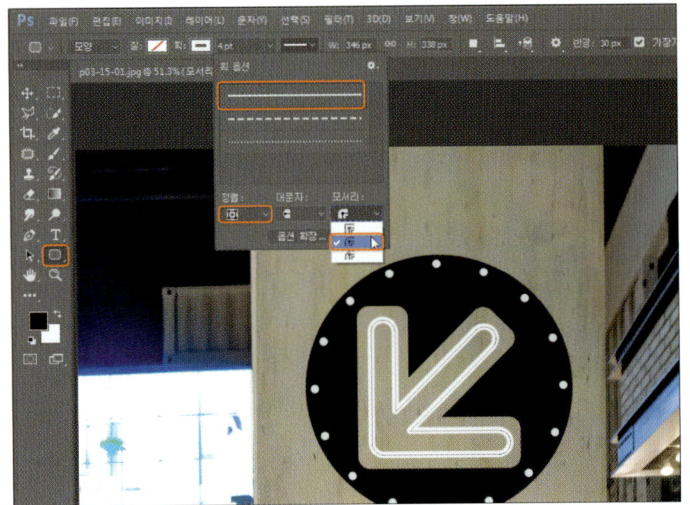

10 다시 모서리가 둥근 직사각형 도구(▢)를 선택하고 동일한 방법으로 작은 화살표를 만든다. 화살표의 획 종류는 실선으로 설정하고 획 옵션을 정렬을 중앙, 모서리를 원으로 설정한다.

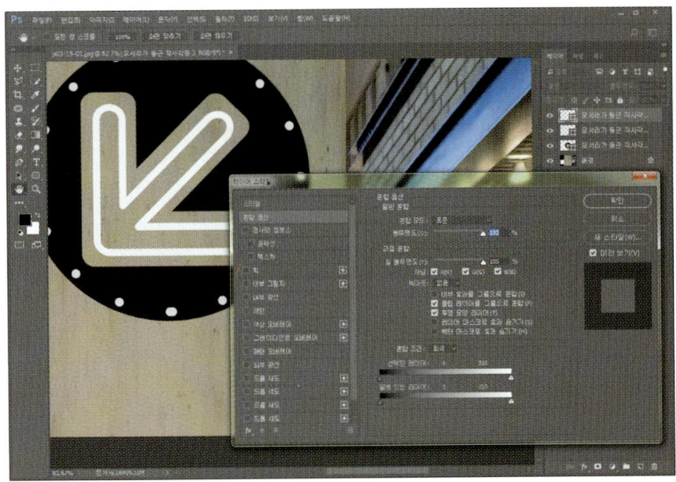

11 이제는 작은 화살표에 네온사인 효과를 적용하기 위해 레이어 스타일 대화상자를 불러온다. 적용된 효과를 바로 확인할 수 있게 화면을 확대하고 대화상자를 배치한다.

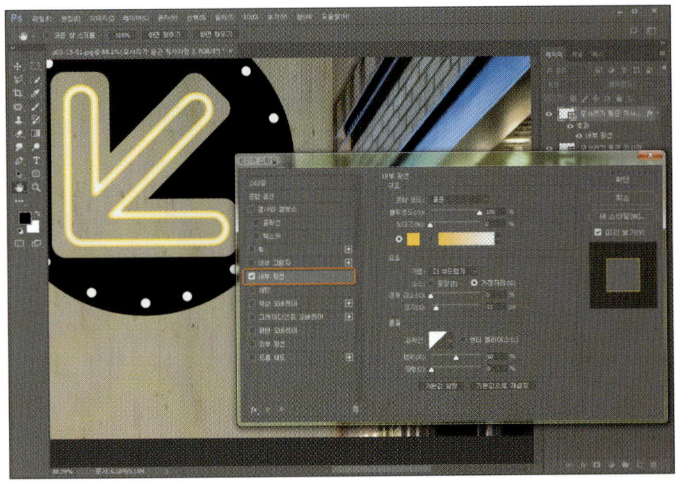

12 우선 내부의 발광 효과를 내기 위해 그림과 같이 내부 광선 효과를 적용한다.

강의노트 ✎

레이어 스타일 대화상자가 나타나면 사용 중이던 모든 도구는 손바닥 도구로 전환되어 화면을 이동시킬 수 있다. Ctrl 혹은 Alt 를 누르면 돋보기 도구로 전환된다.

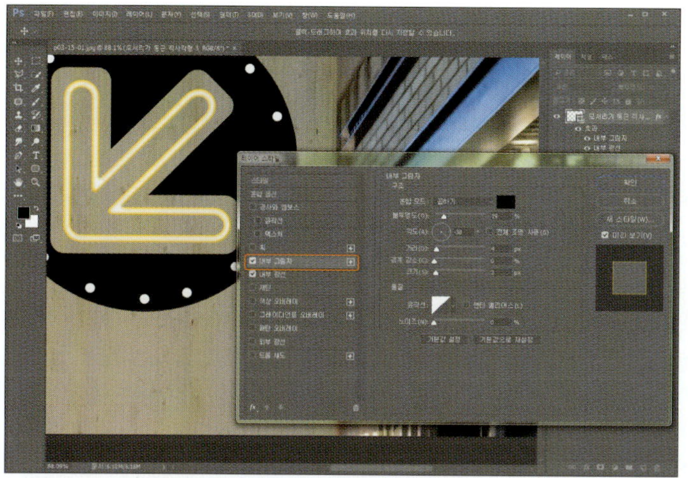

13 입체감을 더하기 위해 그림과 같이 내부 그림자를 추가한다.

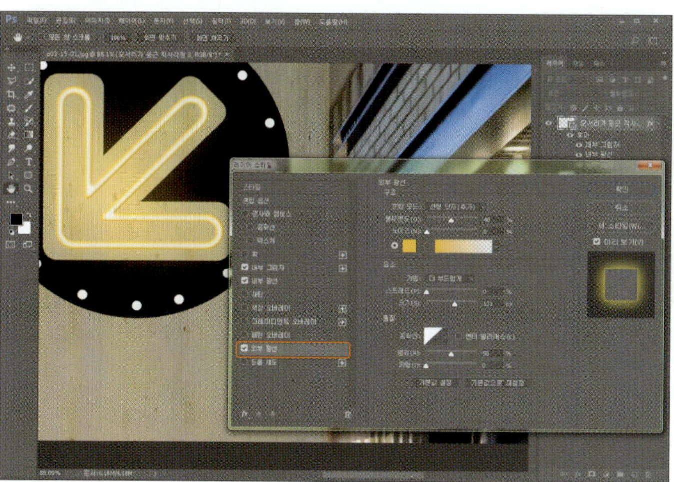

14 빛이 외부로 퍼지는 효과를 적용하기 위해 그림과 같이 외부 광선 스타일을 추가하고 [확인] 버튼을 클릭한다.

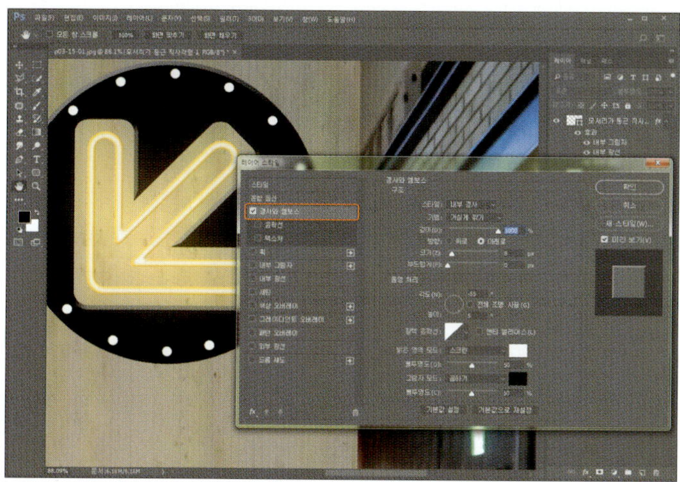

15 이번에는 화살표 모양으로 뚫린 원판 레이어를 선택하고 레이어 스타일 대화상자를 불러온다. 경사와 엠보스 효과를 그림과 같이 적용하여 입체 효과를 낸다.

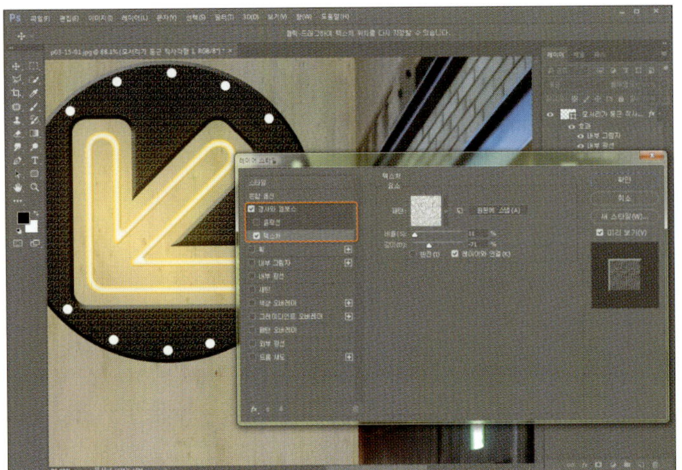

16 경사와 엠보스 스타일에 텍스처를 적용한다.

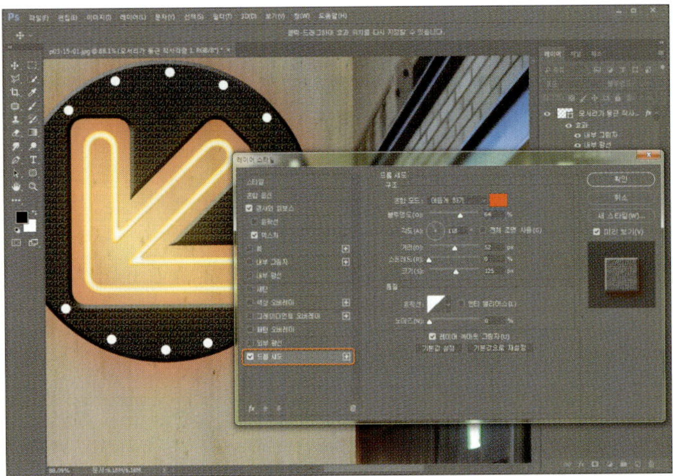

17 이번에는 가장 연하고 넓게 퍼지는 그림자를 만들기 위해 드롭 새도에 체크하고 그림과 같이 옵션을 적용한다.

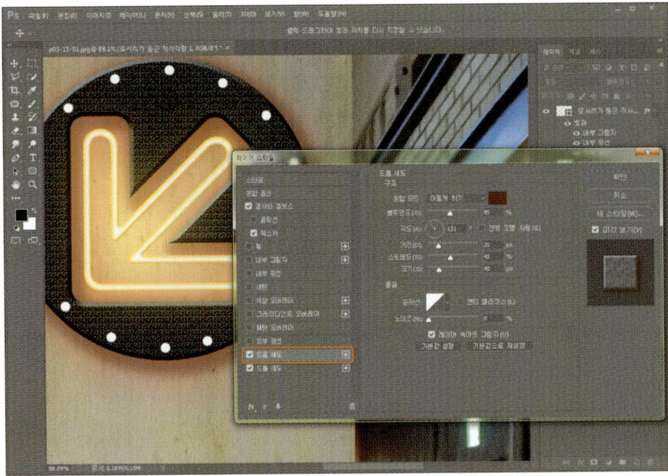

18 드롭 새도를 추가하고 중간 톤의 그림자를 추가한다.

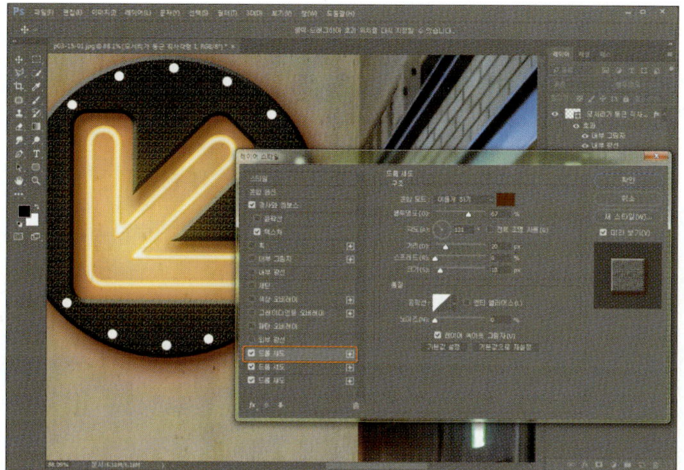

19 드롭 섀도를 하나 더 추가하고 가장 어두운 그림자를 추가한다.

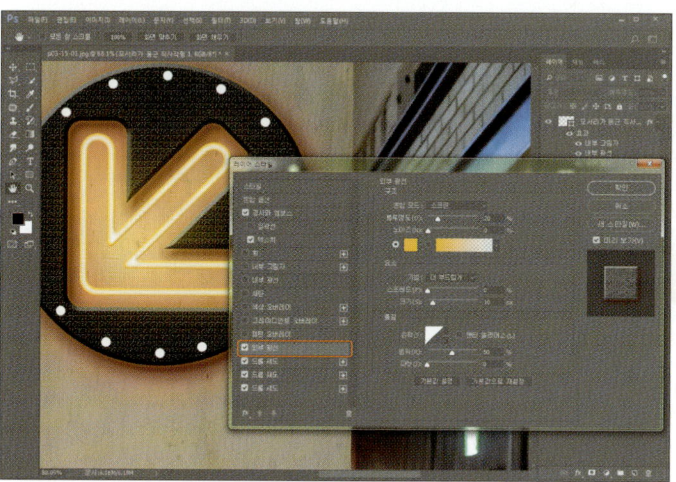

20 마지막으로 네온사인 불빛이 반사되는 것을 표현하기 위해 외부 광선을 적용한 후 [확인] 버튼을 클릭한다.

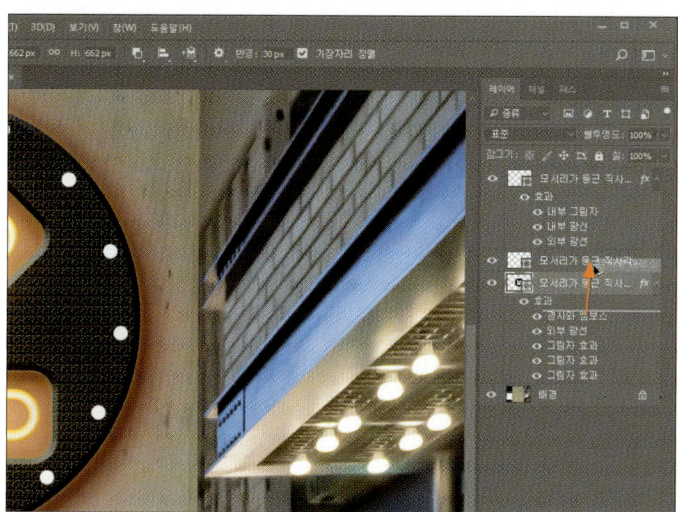

21 Alt 를 누른 채 원판의 경사와 엠보스 스타일을 복제했던 모양 레이어로 드래그한 후 놓으면 같은 스타일이 적용된다. 점선의 획 색을 검은색으로 변경한다.

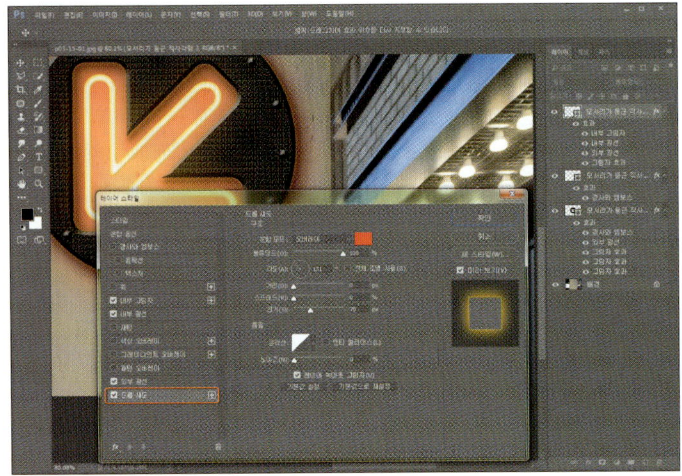

22 화살표 레이어를 선택하고 드롭 섀도 스타일을 추가한다. 원판 아래쪽 빛을 붉은 계열로 했기 때문에 화살표 네온 사인에도 붉은 계열의 퍼지는 그림자를 추가한다.

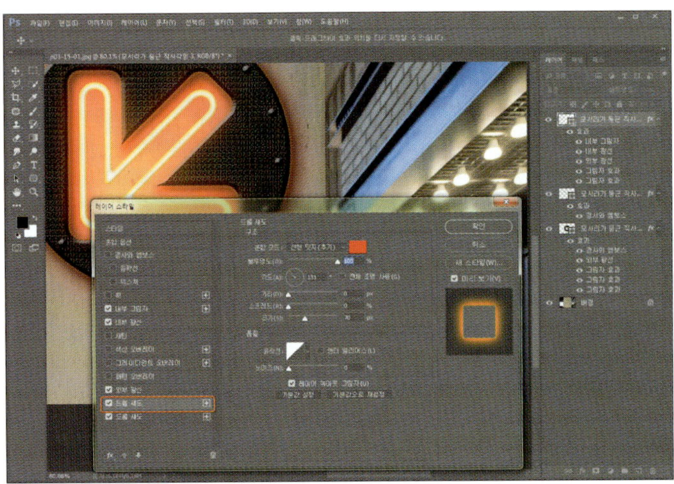

23 위에서 만든 그림자보다 좀 더 진하고 가깝게 드리우는 그림자를 추가한다.

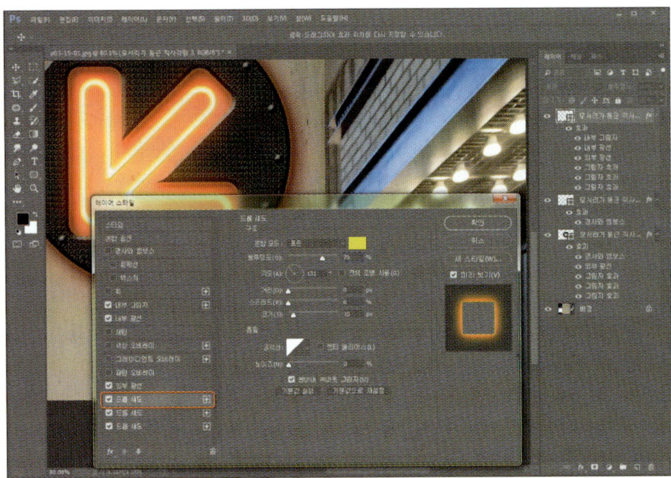

24 마지막으로 그림자와 대비되는 네온 사인의 노란 불빛을 추가하고 작업을 완료한다.

실전문제

01. 레이어 스타일로 장식과 텍스트에 오래된 금속 느낌을 적용하여 보자.

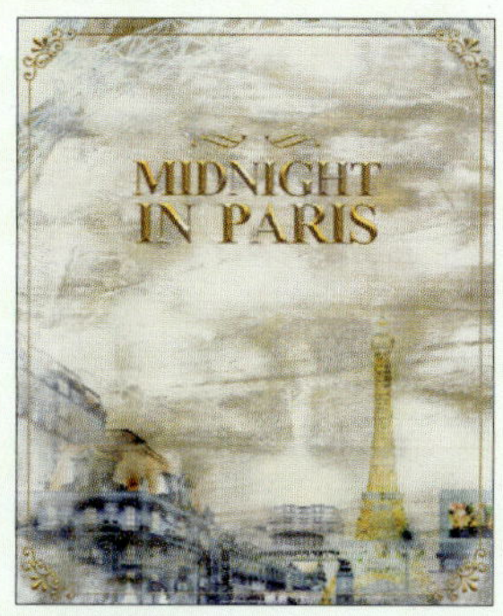

준비파일 | Sample〉part03〉p03-22-02.psd **완성파일** | Artwork〉part03〉p03-22-02.psd

Hint 1. [파일]-[열기] 명령으로 준비된 소스 파일을 불러온다.
  2. 문자 레이어를 선택한 후 레이어 패널 하단의 fx 를 클릭하고 경사와 엠보스를 선택한다.
  3. 레이어 스타일 대화상자에서 내부 경사 스타일을 적용하고 금속 느낌이 나도록 음영 색상과 혼합 모드를
   설정한다. 매끄럽지 않은 오래된 금속 느낌을 적용하기 위해 텍스처도 적용한다.
  4. 그레이디언트 오버레이 효과에서 금속 사전 설정을 적용한 후 그림자도 적용한다.
  5. [확인] 버튼을 클릭하여 스타일 적용을 완료한 후 Alt 를 누른 채 문자 레이어에 적용한 효과를 모양 레이어로
   드래그하여 복제한다.

02. 레이어 스타일로 창문에 맺힌 물방울 효과를 만들어 보자.

준비파일 | Sample〉part03〉p03-22-03.jpg **완성파일** | Artwork〉part03〉p03-22-03.psd

Hint 1. [파일]-[열기] 명령으로 준비된 소스 파일을 불러온다.
  2. 새 레이어를 만들고 사각형 선택 윤곽 도구로 창문을 선택 영역으로 지정한다.
  3. 브러시 패널을 열고 원형 브러시의 간격과 모양, 분산 옵션의 지터를 조정하여 흩뿌려지는 브러시 모양을 만든
   후 화면을 칠한다. 브러시 자국이 너무 겹치지 않도록 칠한다.
  4. [필터]-[픽셀 유동화] 메뉴를 실행하고 위에서 칠한 브러시 자국의 모양을 변형한다.
  5. 브러시 크기를 작게 조정하고 작은 물방울을 추가로 그려 넣은 후 Ctrl + D 를 눌러 선택 영역을 해제한다.
  6. 레이어의 칠 불투명도를 0으로 조정한 후 레이어 스타일에서 경사와 엠보스, 내부 그림자, 내부 광선을 적용한다.

반복 작업을 액션으로 등록하여 작업 시간 단축시키기

자주 사용하는 도형이나 문자 서식을 저장할 때 스타일 기능을 사용한다면 작업 순서 및 작업 내역을 저장할 때는 액션 기능을 사용한다. 작업 루틴을 그대로 기록하기 때문에 동일 작업이 반복되는 작업을 진행할 때 상당히 유용하다. 다각형으로 면을 분할하고 색상을 단순화시키는 작업을 반복하는 로우폴리곤 작업 예제를 통해 액션을 등록하고 적용하는 방법에 대해 학습해 보자.

Zoom In
알찬 예제로 배우는
**자동화 기능으로
작업 효율 높이기**

준비 파일　Sample〉part03〉p03-23-01.jpg
완성 파일　Artwork〉part03〉p03-23-01.psd

Keypoint Tool

_ **앤티 앨리어스** 윤곽선을 매끄럽게 한다.
_ **평균 필터** 이미지 전체나 선택 영역을 평균 색상으로 채운다.

Knowhow

_ **단축키** Ctrl + Alt + A 를 누르면 모든 레이어를 선택할 수 있다.
_ **스타일 복사** 복사한 레이어 스타일을 여러 개의 레이어에 붙여 넣을 땐 [레이어]-[레이어 스타일] 메뉴나 레이어 팝업 메뉴의 스타일 붙여넣기를 실행한다.

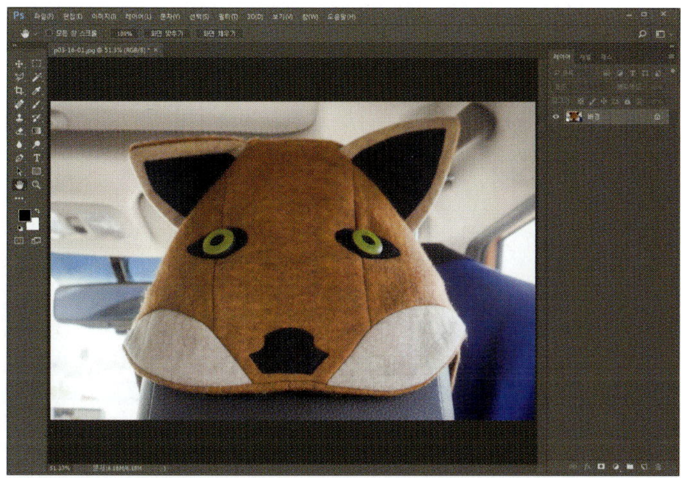

01 [파일]-[열기] 메뉴를 실행하여 "Sample〉part03" 폴더 안의 "p03-23-01.jpg" 파일을 불러온다.

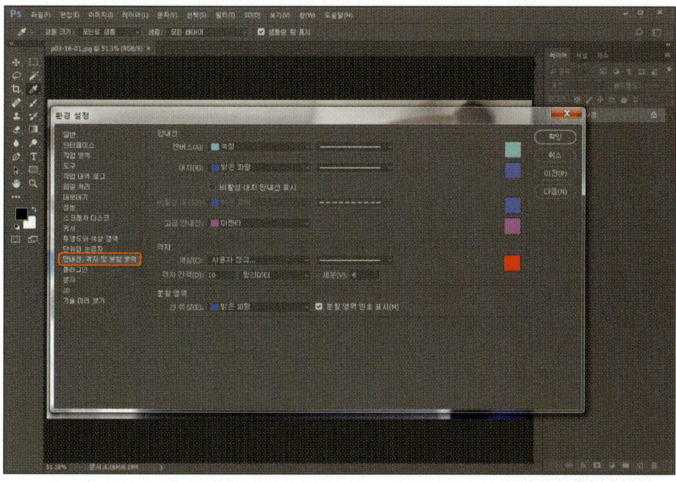

02 [편집]-[환경 설정]-[안내선, 격자 및 분할 영역] 메뉴를 실행한 후 격자 설정을 그림과 같이 설정한다.

강의노트 🖉

[편집]-[환경 설정]의 단축키는 Ctrl + K 다.

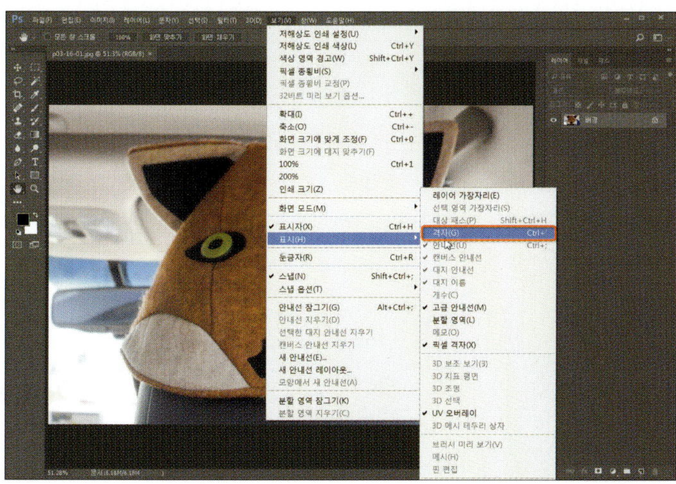

03 [보기]-[표시] 메뉴를 클릭하고 [표시]-[격자]와 [스냅 옵션]-[격자]에 체크한다.

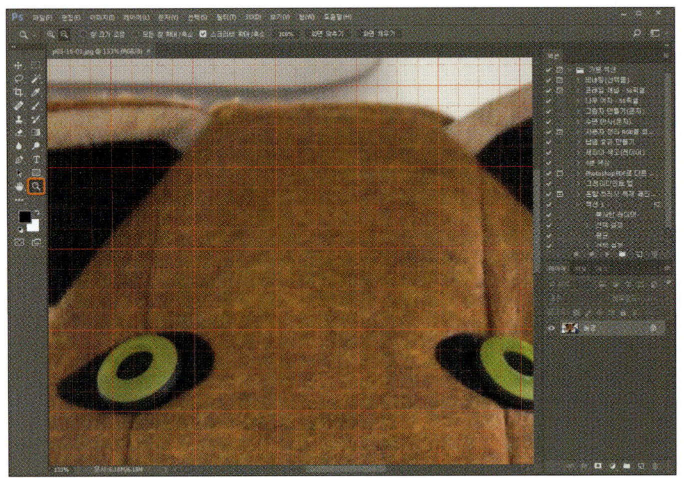

04 반복 작업을 등록하기 위해 [창] –[액션] 메뉴를 실행하여 액션 패널을 불러온 후 화면을 확대한다.

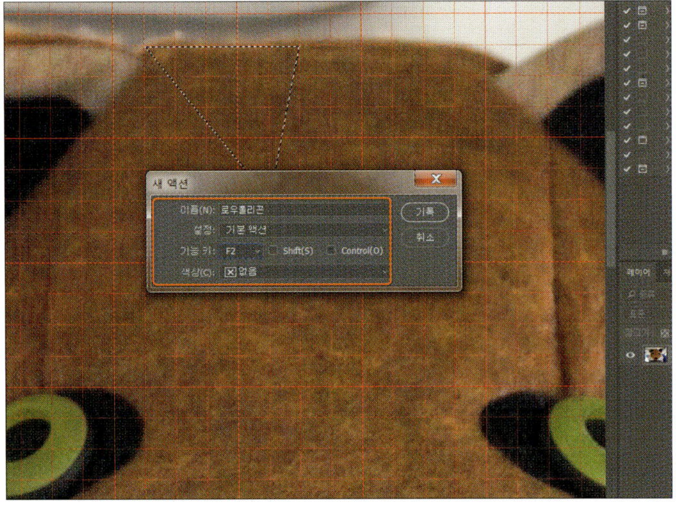

05 다각형 올가미 도구( )로 격자 모서리에 맞춰 삼각형을 만든 후 액션 패널 하단의 새 레이어 만들기 아이콘을 클릭한다. 대화상자에서 이름과 기능키를 설정하고 [확인] 버튼을 클릭하면 액션 패널 하단 기록 시작 아이콘이 활성화되어 이후 작업 내역을 기록한다.

강의노트 🖉

삼각형 사이의 틈을 완전히 없애기 위해 다각형 올가미 도구 옵션 막대의 앤티 앨리어스 체크를 해제한다.

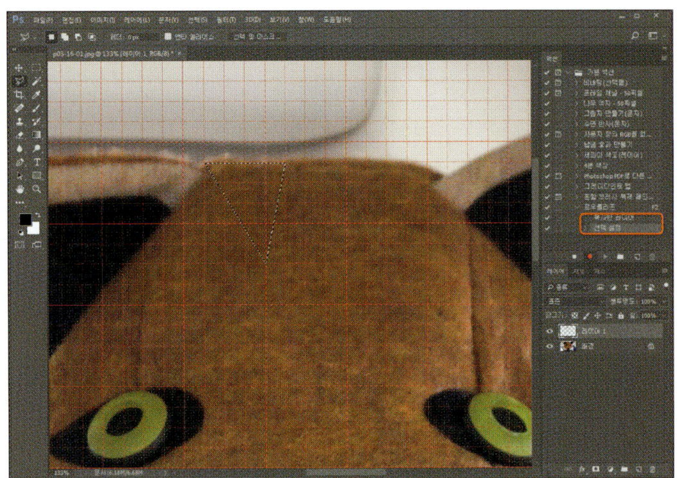

06 Ctrl + J 를 눌러 선택 영역을 새 레이어로 붙여 넣고 Ctrl 을 누른 채 새 레이어 썸네일을 클릭하여 선택 영역으로 만든다. 여기까지의 작업 내역이 액션 패널에 복사한 레이어, 선택 설정으로 등록된다.

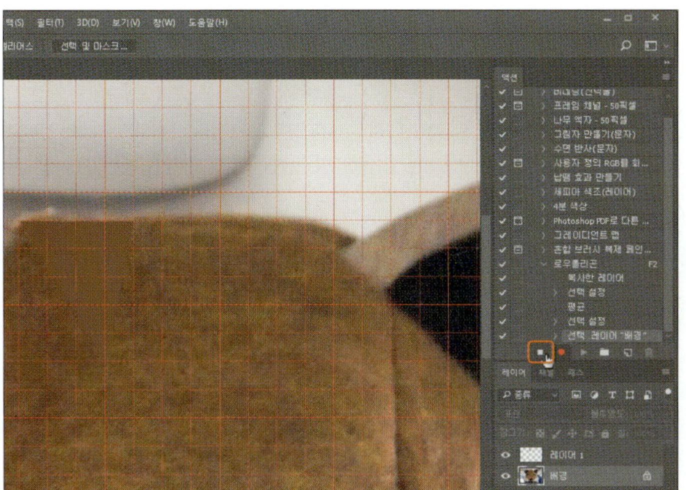

07 이어서 [필터]-[흐림 효과]-[평균] 메뉴를 실행한 후 `Ctrl`+`D`를 눌러 선택 해제하고 배경 레이어를 선택한다. 배경 레이어 선택까지 액션으로 기록되면 기록 중지 아이콘을 클릭한다.

강의노트 🖉
평균 필터는 이미지나 선택 영역의 평균 색상 값을 계산해 적용한다.

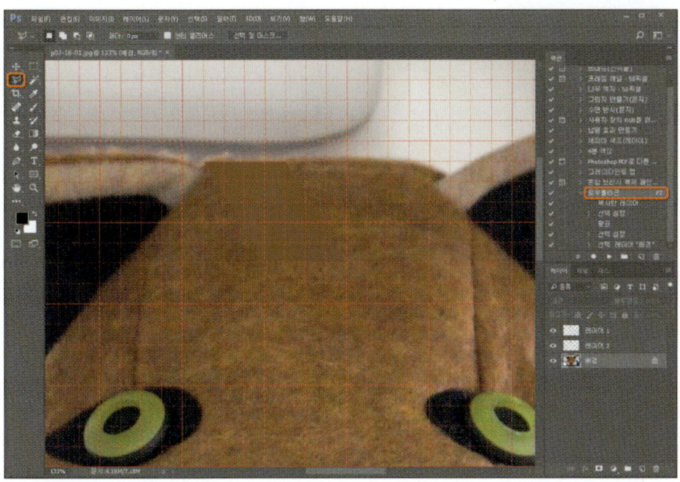

08 다각형 올가미 도구( )로 앞서 선택한 영역 가장자리에 맞춰 새로운 삼각형 선택 영역을 만들고 액션 기능키 `F2`를 클릭한다. 액션으로 기록한 작업 내역이 적용된다.

09 동일한 방법으로 여우의 얼굴을 삼각형으로 나누고 액션을 적용한다.

강의노트 🖉
다각형 올가미 도구로 선택 영역을 만들 때 격자 모서리 근처로 커서를 가져가면 스냅되어 빈 공간없이 이미지를 분할 할 수 있다. 또한, 선택 영역 설정 시 마지막 클릭 지점에서 더블 클릭하면 시작 지점과 클릭 지점이 연결된다.

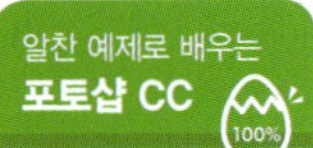

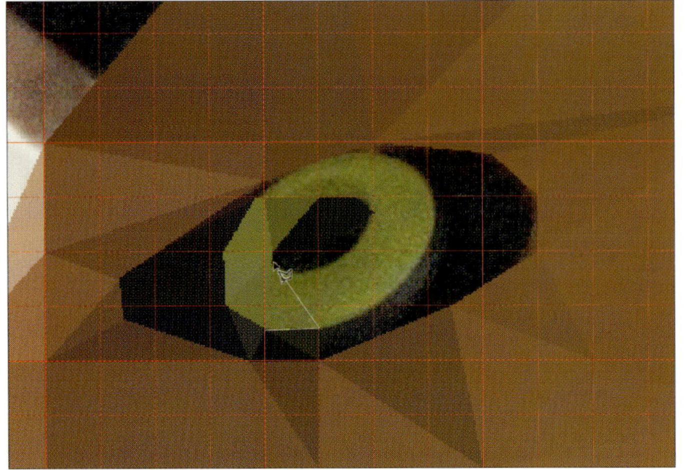

10 눈처럼 작은 영역은 격자 스냅에 의존하기 보다 화면을 최대한 확대하여 삼각형 가장자리에 맞춰 작업한다.

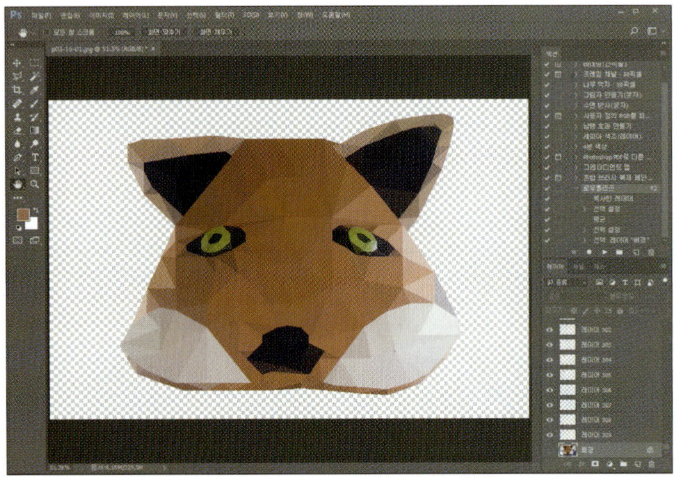

11 남은 부분도 같은 방법으로 면을 분할하고 색을 평균화한다.

12 배경 레이어 위에 칠 레이어를 만들고 그레이디언트를 적용한다.

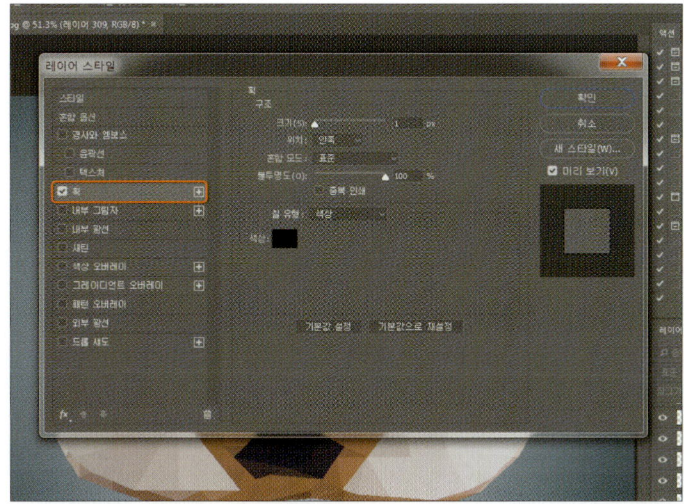

13 면을 분할한 레이어 하나를 더블 클릭한다. 레이어 스타일 대화상자에서 그림과 같이 획 스타일을 적용한다.

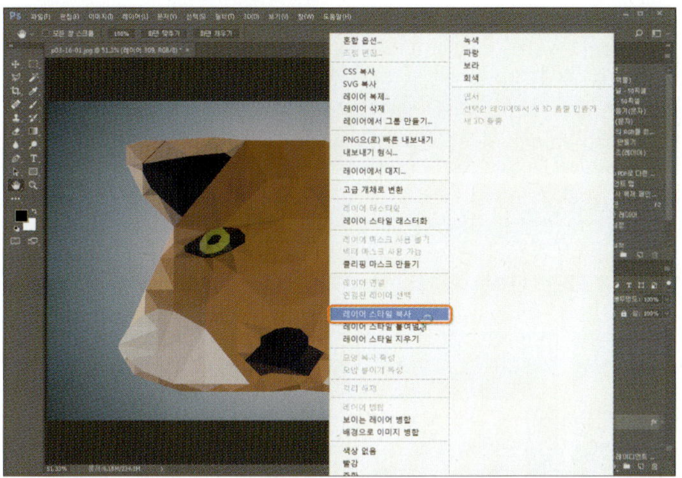

14 레이어를 마우스 오른쪽 버튼으로 클릭한 후 팝업 메뉴에서 레이어 스타일 복사하기를 선택한다.

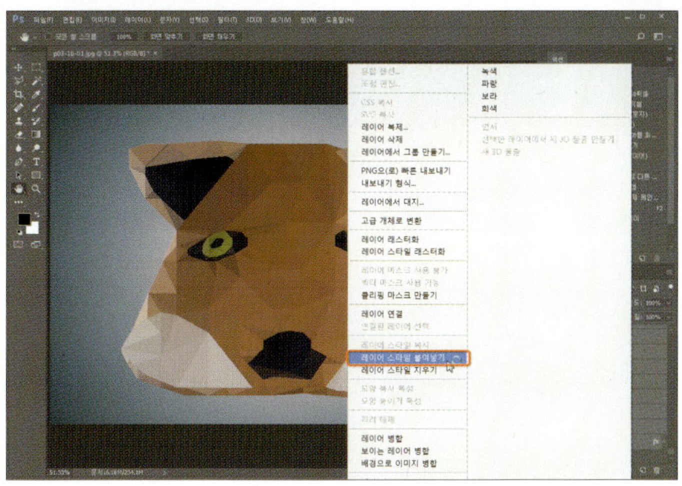

15 Ctrl + Alt + A 를 눌러 전체 레이어를 선택한 후 Ctrl 을 누른 채 그레이디언트 레이어를 클릭하여 제외하고 마우스 오른쪽 버튼을 클릭한다. 팝업 메뉴에서 레이어 스타일 붙여넣기를 선택하면 모든 분할 면 레이어에 획 스타일이 적용된다.

실전문제

01. 준비된 이미지의 작업 내역을 액션으로 저장하여 보자.

준비파일 | Sample〉part03〉p03-23-02.jpg   **완성파일** | Artwork〉part03〉p03-23-02.jpg

Hint 1. [파일]-[열기] 명령으로 준비된 소스 파일을 불러온다.

2. 액션 패널을 불러 오고 새 액션 만들기 아이콘을 클릭한다.

3. 기록 시작 아이콘이 활성화되면 [이미지]-[자동 톤], [이미지]-[자동 색상] 메뉴를 실행한다.

4. 도구 패널에서 자르기 도구를 선택한 후 옵션 막대의 사전 설정 옵션을 1:1(정사각형)으로 설정하고 자르기를 실행한다.

5. 액션 패널로 돌아가 실행/기록 중지 아이콘을 클릭한다.

02. 준비된 이미지에 사전 설정 액션을 적용하고 새 작업 내역을 추가하여 보자.

준비파일 | Sample〉part03〉p03-23-03.jpg   **완성파일** | Artwork〉part03〉p03-23-03.psd

Hint 1. [파일]-[열기] 명령으로 준비된 소스 파일을 불러온다.

2. [창]-[액션] 메뉴로 액션 패널을 불러온다. 사전 설정 액션 목록에서 4분 색상을 선택하고 패널 하단의 선택 영역 재생 아이콘을 클릭한다.

3. 4분 색상 액션이 적용되면 패널의 기록 시작 아이콘을 클릭한 후 Ctrl + M 을 누르고 명도 대비를 보정한다.

4. 4분 색상 액션 목록 하단에 곡선 명령이 추가된 것을 확인한 후 실행/기록 중지 아이콘을 클릭한다.

보충수업　저작권에서 자유로운 무료 이미지 사이트

포털 사이트에서 '무료 이미지'라고만 검색해도 무수히 많은 사이트가 검색된다. 하지만 이들 사이트 중에는 몇 안 되는 무료 이미지 뒤로 유료 이미지가 잔뜩 이거나 무료인지 무료 아닌지 애매모호한 사이트도 많기 때문에 저작권에서 자유로우면서 소위 건질만한 이미지가 많은 사이트를 정리했다.

사이트를 소개하기 전에! 무료 이미지라도 다 같은 무료가 아니기 때문에 저작권에 대해 알아볼 필요가 있다. 한정된 페이지이므로 간단히 CC0와 CCL에 대해 알아보자면, CC0(Creative Commons Zero)는 저작권이 소멸되거나 퍼블릭 도메인으로 양도된 저작물을 말한다. 따라서 출처나 저작권자 표시 없이 비영리, 영리 목적으로 자유롭게 공유, 편집할 수 있다. 반면, CCL(Creative Commons License)은 무료 이미지이지만 저작권 표시, 상업적 이용, 편집에 일부 조건이 달린 저작물을 일컫는다.

많은 무료 이미지 사이트가 CC0 이미지를 제공하지만, 일부 저작권자가 제한적인 조건으로 배포하는 이미지도 있고 사이트별로 정책이 다를 수 있기 때문에 해당 사이트의 이용약관을 반드시 읽어보고 사용하는 것이 안전하다.

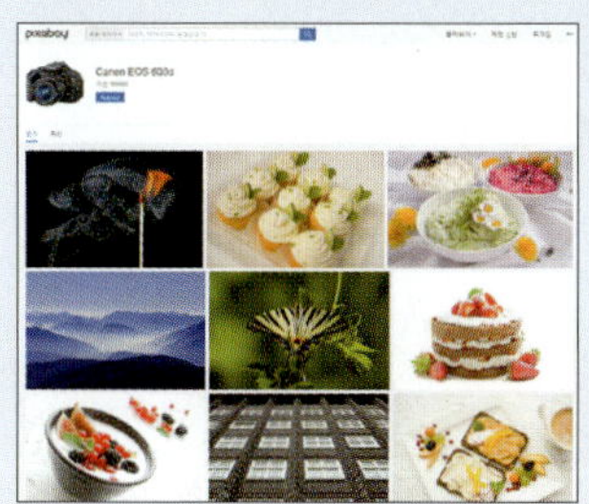

❶ Pixabay : http://pixabay.com
940,000 장이 넘는 무료 사진과 벡터 이미지 및 일러스트를 제공한다. 한글 검색이 가능하고, 모든 저작물은 CC0에 따라 자유롭게 사용할 수 있지만 일부 사이즈와 Shutterstock 스폰서 이미지는 유료로 제공된다.

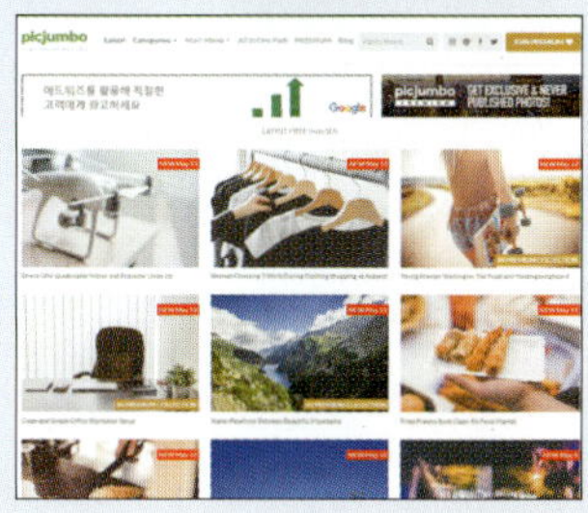

❷ PICJUMBO : https://picjumbo.com/
디자이너이자 포토그래퍼가 만든 사이트로 감성적인 느낌의 일상 사진이 많다. 카테고리 분류 및 검색 기능이 잘 되어 있고 다른 무료 사이트와 이미지가 겹치지 않는다. 상업적 사용이 가능하며, 프리미엄 서비스는 유료로 제공된다.

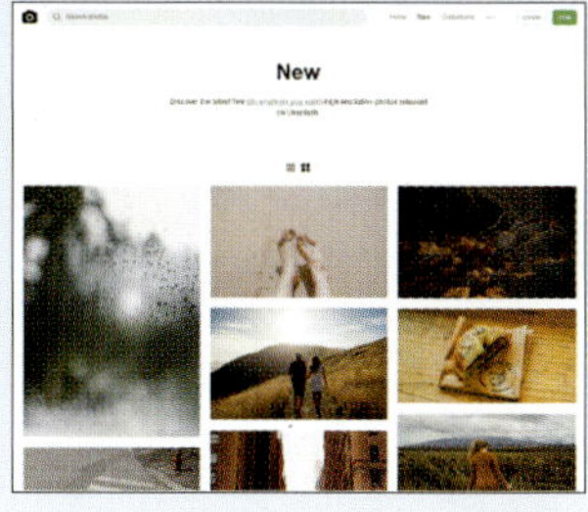

❸ UNSPLASH : http://unsplash.com
감각적인 느낌의 고해상도 사진을 제공한다. 회원가입이 필요 없고 사진 구독을 신청하면, 10일에 한 번씩 고해상도 사진을 받아볼 수 있으며, 모든 사진은 CC0에 따라 어떠한 제약 없이 수정, 배포 및 상업적 사용이 가능하다.

❹ Gratisography : http://gratisography.com/
다양한 색감의 코믹하고 독창적인 사진을 제공한다. 포토그래퍼 RYAN MCGUIRE가 직접 찍은 사진들로 이미지를 클릭하면 고해상도 버전을 다운로드할 수 있다. CC0와 비슷한 수준의 저작권 제한으로 상업적 이용이 가능하다.

3D 개체 만들기

3D 개체를 구성하는 것은 3가지이다. 개체의 기본 구조를 시각화한 메시와 표면의 질감과 색을 입히는 재질, 좀 더 현실감을 부여하는 조명. 이 세 가지를 기억하고 메시, 재질, 조명 순으로 3D 개체를 만들어 가면 어렵지 않게 원하는 3D 개체를 만들 수 있다.

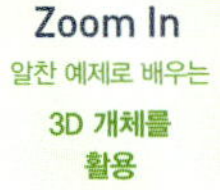

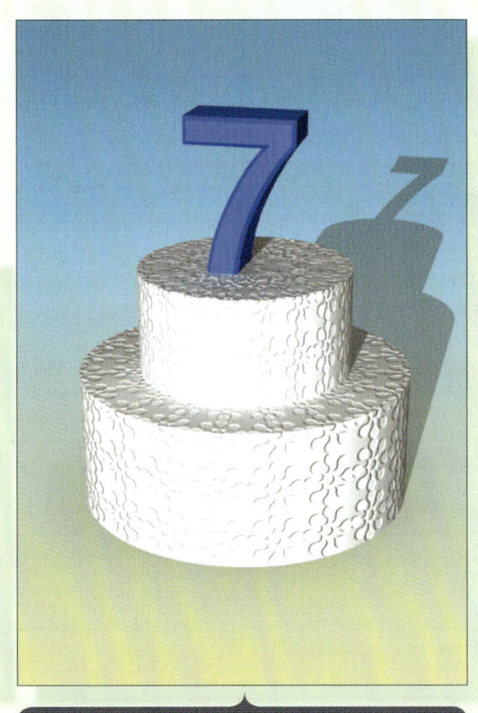

완성 파일 Artwork〉part03〉p03-24-01.psd

_ **3D 돌출 만들기** 레이어, 작업 패스, 선택 영역 및 모양을 3차원으로 확장할 수 있다.

_ **렌더** 3D 작업을 완료하고 렌더를 실행하면 3D 개체의 질감, 그림자를 좀 더 사실적으로 만든다.

_ **제어 모드 전환** 이동 도구로 3D 개체나 배경, 조명을 클릭하면 자동으로 클릭한 요소의 제어 모드로 전환된다.

_ **3D 파일 저장** 3D 모델 위치, 조명, 렌더 모드 및 횡단면을 유지하려면 3D 레이어가 있는 파일을 PSD, PSB, TIFF 또는 PDF 형식으로 저장한다.

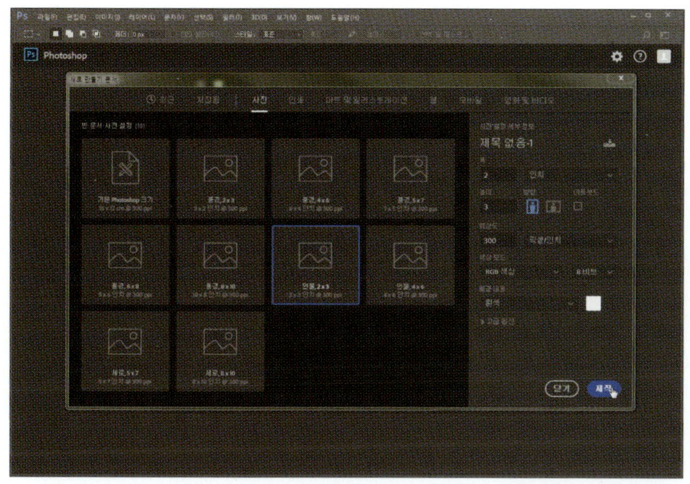

01 [파일]–[새로 만들기] 메뉴를 실행하여 새 문서를 만든다.

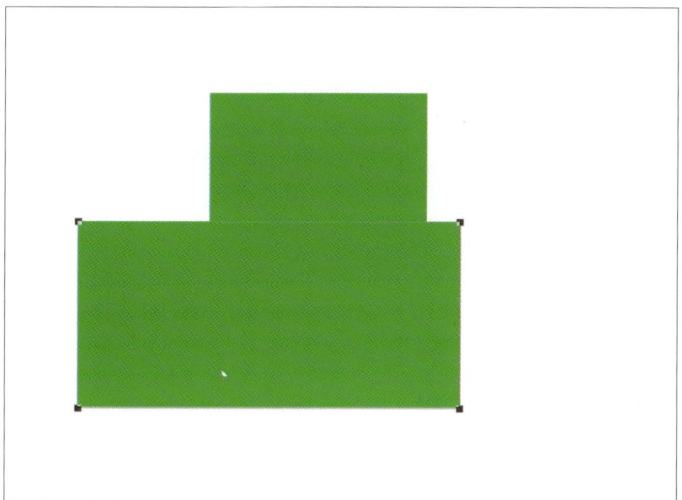

02 도구 패널에서 사각형 도구(□)를 선택하고 그림과 같이 큰 박스와 작은 박스를 겹쳐 그린다.

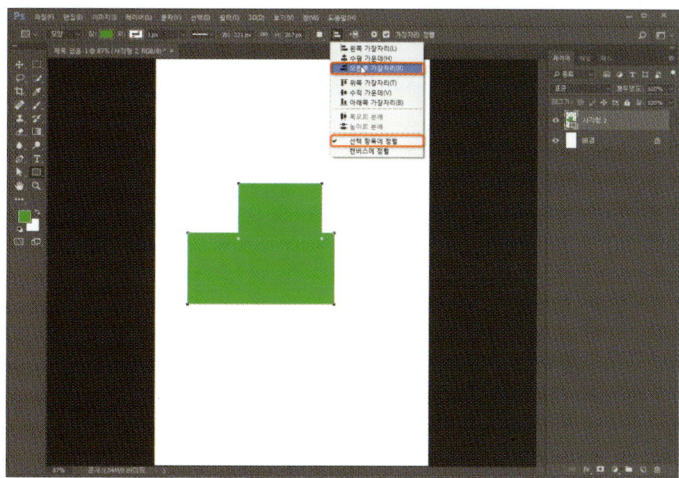

03 도형 레이어를 모두 선택하고 Ctrl + E를 눌러 두 레이어를 합친다. Ctrl + Shift를 누른 채 사각형을 모두 클릭한 후 옵션 막대의 패스 정렬, 오른쪽 가장자리를 선택한다.

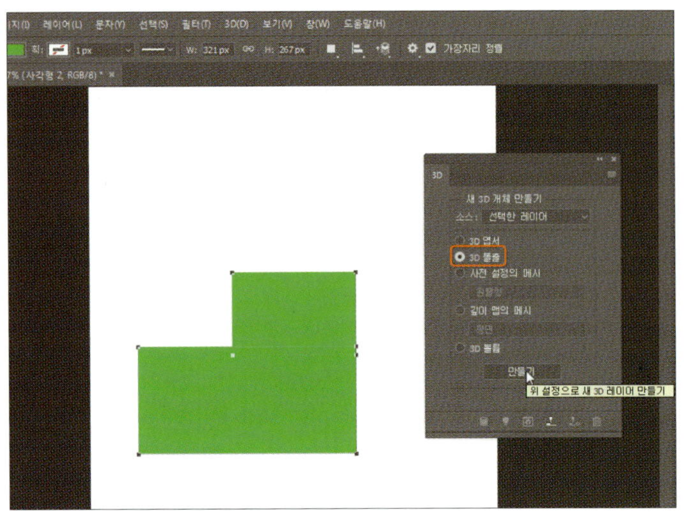

04 [창]-[3D]로 3D 패널을 불러온 후 선택한 레이어로 3D 돌출 만들기를 실행한다.

강의노트

3D 돌출 만들기를 실행할 때 3D 작업 환경으로 바꾸겠냐는 대화상자가 나타난다. 현재 작업 환경을 유지하려면 아니오 버튼을 클릭한다.

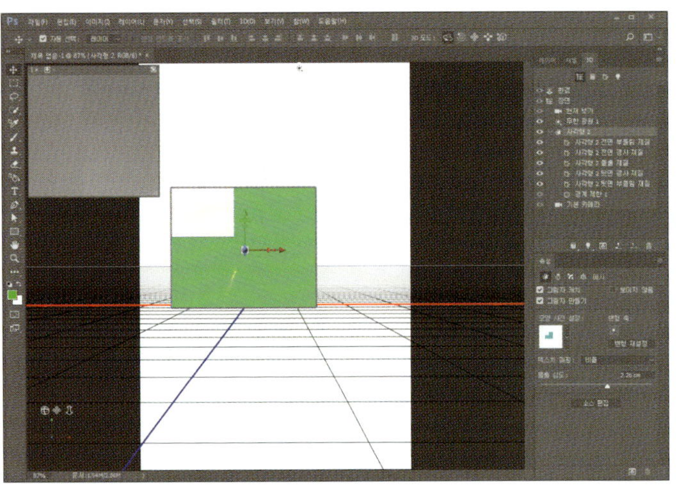

05 작업 공간이 3D 작업 공간으로 전환되고 3D 보조 보기와 지표 평면, 3D 메시 테두리 상자 및 3D 축이 나타난다.

강의노트

[보기]-[표시] 메뉴에서 3D 관련 보기 항목을 숨기거나 표시한다.

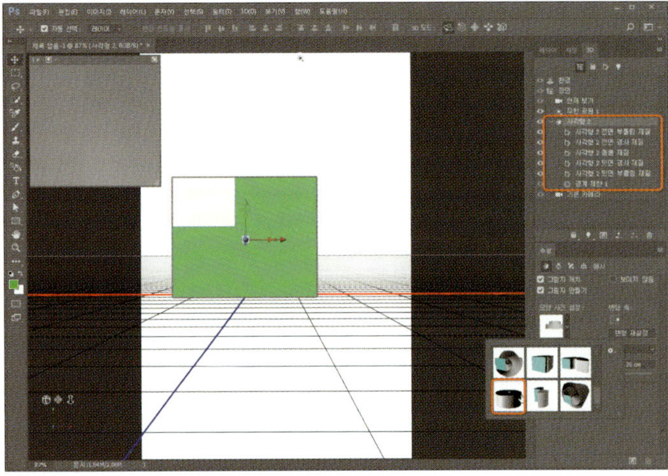

06 속성 패널에서 ▾를 눌러 모양 사전 설정을 활성화한 후 X 360 오른쪽 구부리기를 선택한다.

강의노트

3D 개체가 선택되면 3D 메시 테두리 상자와 3D 축이 표시되고 3D 패널에도 사각형 2 레이어가 활성화된다.

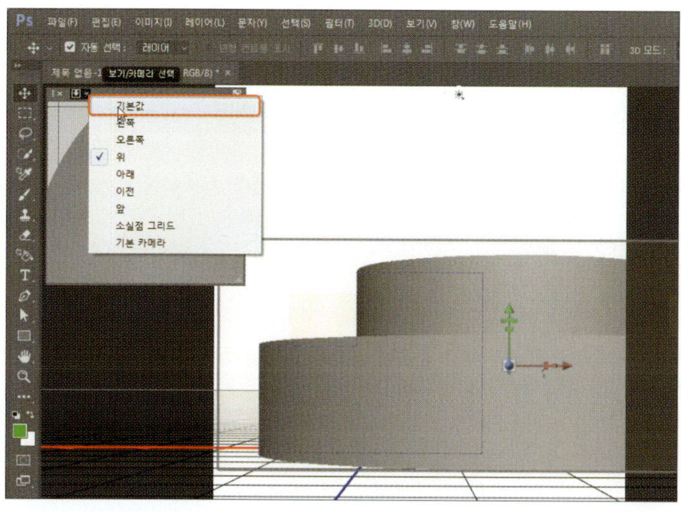

07 모양이 2단 케이크처럼 바뀐 것을 볼 수 있다. 전체 모양을 확인할 수 있도록 왼쪽 상단의 보기를 기본값으로 변경한다.

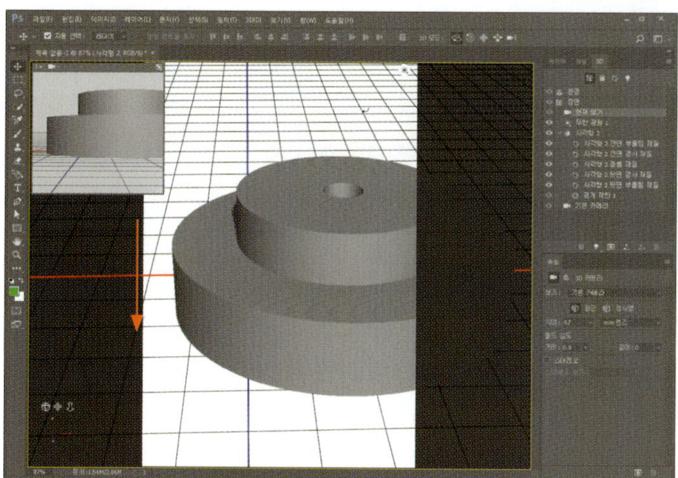

08 배경을 클릭하면 화면 테두리에 노란색 띠가 생기면서 카메라 제어 모드가 된다. 아래로 드래그하여 3D 개체의 윗면이 보이도록 시점을 변경한다.

강의노트

만약 배경을 클릭한 후 드래그해도 원하는 각도를 만들 수 없다면, 좌측 하단에 3D 카메라 궤도 회전, 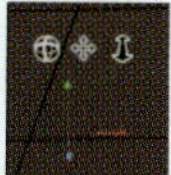 팬, 이동 아이콘을 클릭한 후 드래그한다.

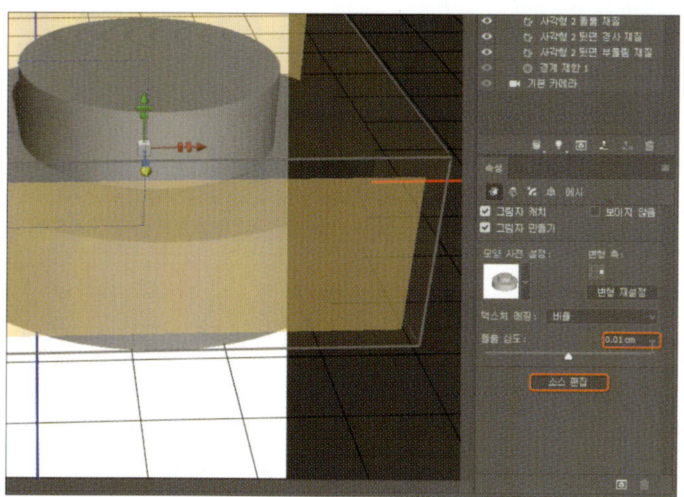

09 가운데 구멍을 없애기 위해 다시 3D 개체를 클릭하고 속성 패널에서 돌출 심도를 0.01로 입력한다. 이번에는 전체 모양을 변경하기 위해 소스 편집 버튼을 클릭한다.

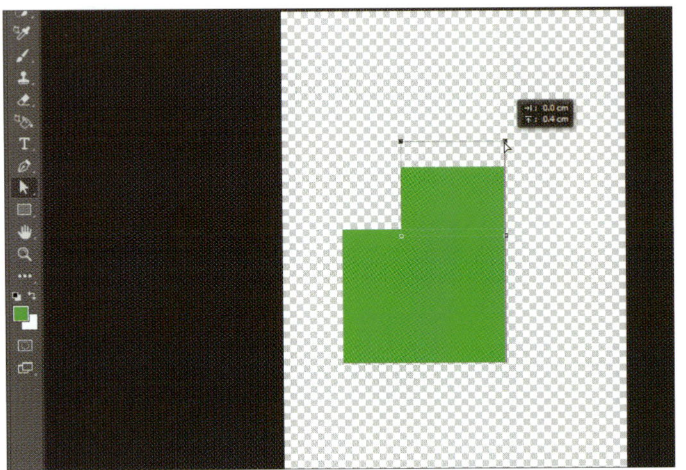

10 소스가 별도의 파일로 열리면 직접 선택 도구( )로 모양을 변경하고 Ctrl + S 나 [파일]-[저장] 메뉴를 실행한다.

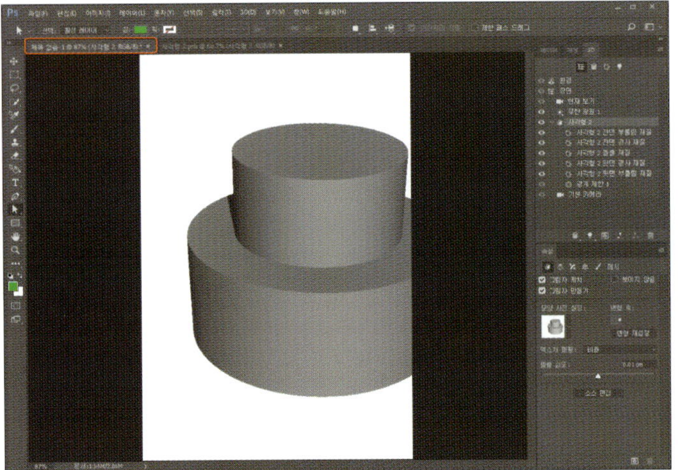

11 소스를 변경한 내용이 3D 개체에 반영된 것을 확인할 수 있다.

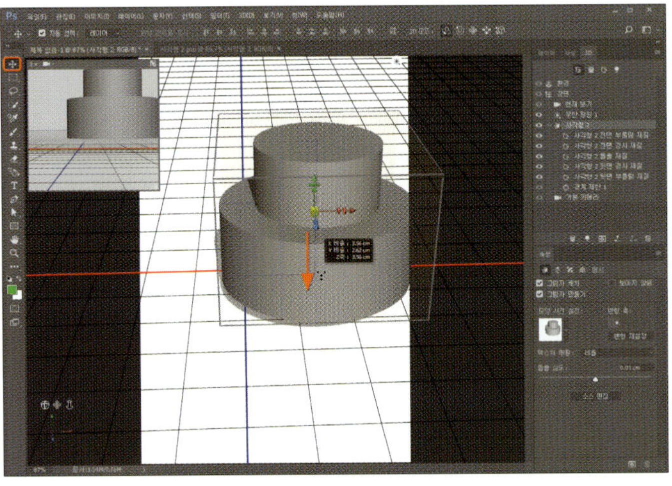

12 이동 도구( )를 선택하면 다시 지표 평면과 보기 창이 표시된다. 개체를 선택하고 3D 축의 가운데 정육면체로 커서를 가져가면 노란색으로 색이 변한다. 노란색으로 변했을 때 클릭하고 아래로 드래그하면 크기가 작아진다.

강의노트

3D 축은 x, y, z 축과 각 축의 원뿔, 선분, 육면체와 중앙의 정육면체로 구성되어 있다. 원뿔은 위치, 선분은 각도, 육면체는 크기를 제어한다. 커서를 가져가 노란색으로 변했을 때 클릭, 드래그한다.

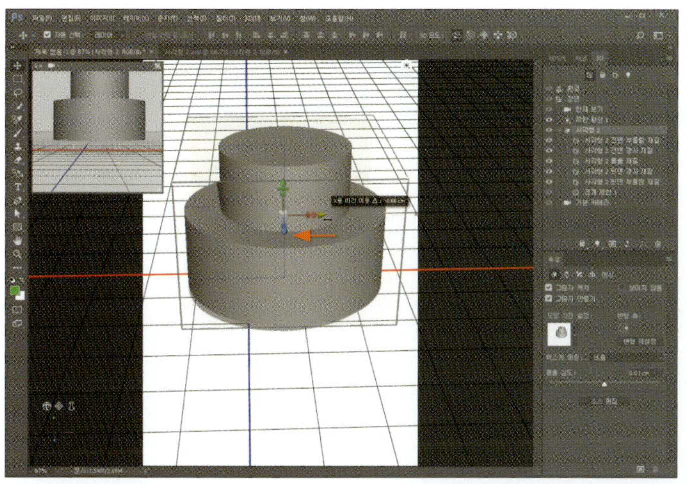

13 화면 중앙으로 개체를 이동시키기 위해 x 축 원뿔에 커서를 가져가고 노란색으로 색이 변하면 왼쪽으로 드래그한다.

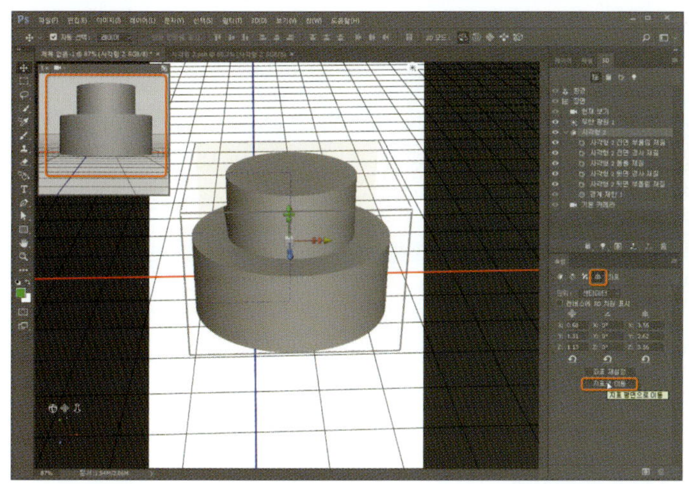

14 속성 패널에서 좌표를 선택하고 지표로 이동을 클릭한다. 보조 보기에서 공중이 떠 있던 케이크가 지표에 놓인 것을 확인할 수 있다.

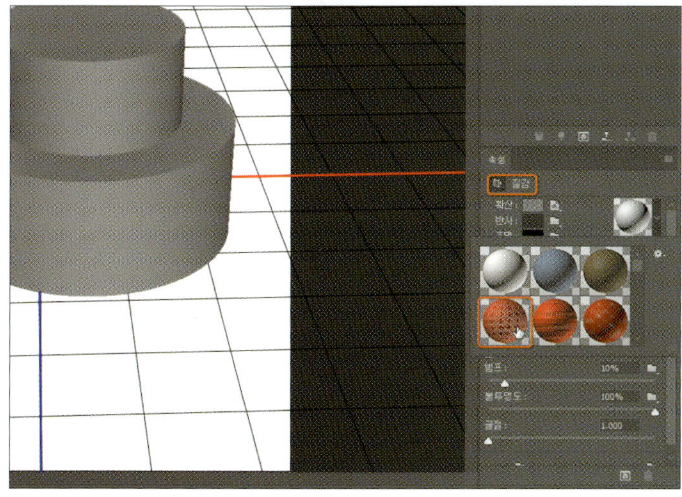

15 이번에는 3D 패널에서 질감으로 필터링한다. 케이크의 모든 질감 레이어를 선택한 후 속성 패널의 재질 사전 설정에서 펀 텍스처를 선택하면 해당 텍스처가 3D 개체에 입혀진다.

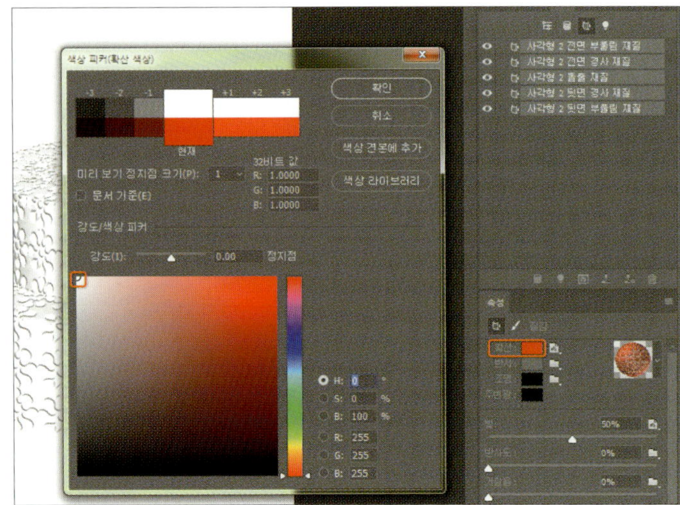

16 확산 색상 미리 보기를 클릭하고 색상을 흰색으로 변경한다.

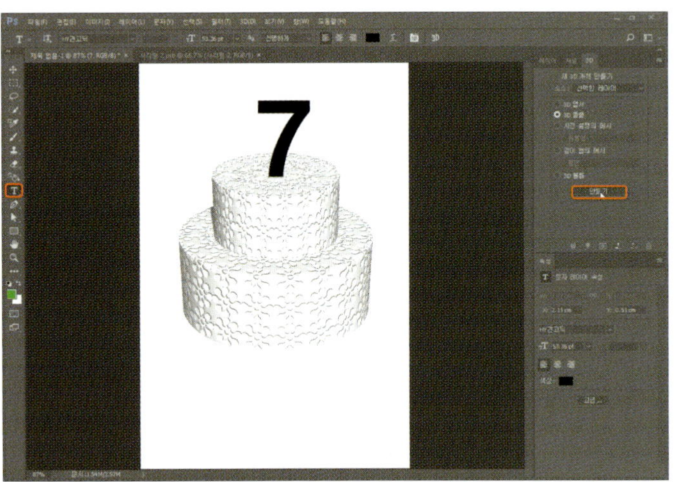

17 케이크 위에 올릴 숫자 초를 만들기 위해 수평 문자 도구(T)를 선택한다. 숫자를 입력하고 3D 패널에서 선택한 레이어로 3D 돌출 만들기를 실행한다.

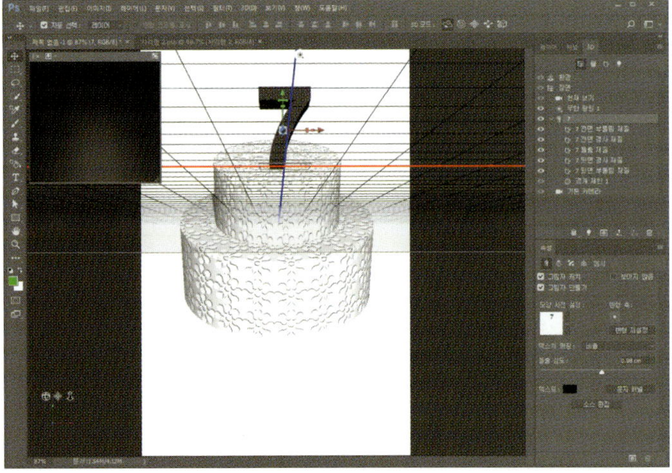

18 앞서 만든 케이크와는 다른 3차원 공간에 3D 개체로 만들어 진다.

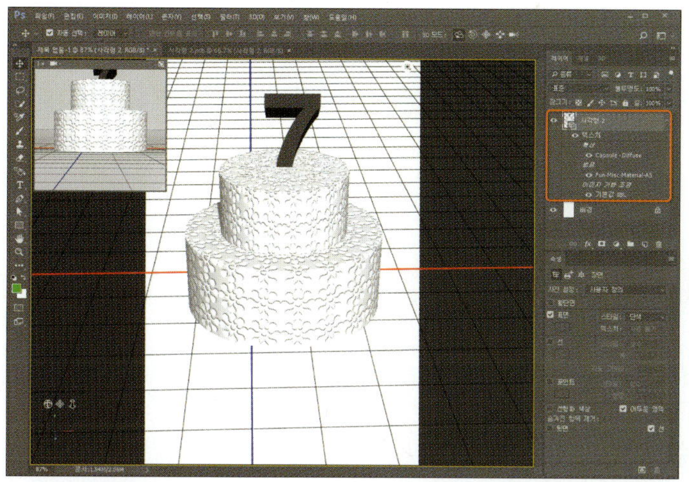

19 레이어 패널로 돌아가 문자 레이어와 사각형 3D 레이어를 선택하고 Ctrl + E 를 누르면 같은 3D 공간에 2개의 개체로 합쳐진다.

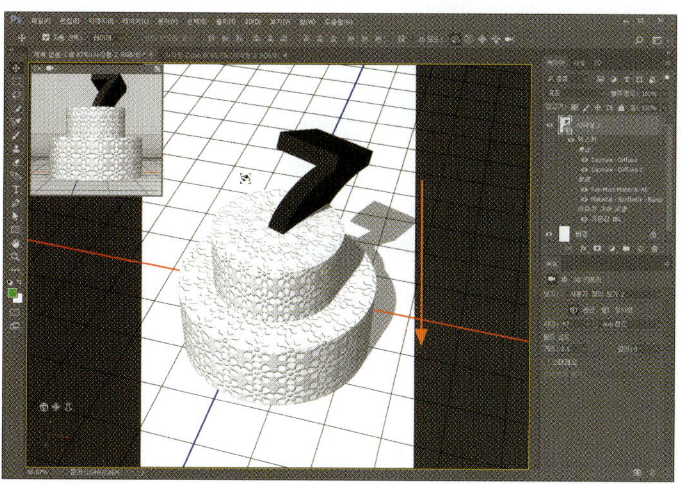

20 화면을 클릭하고 아래로 드래그하여 문자 레이어로 만들어진 3D 개체가 더 잘 보이도록 한다.

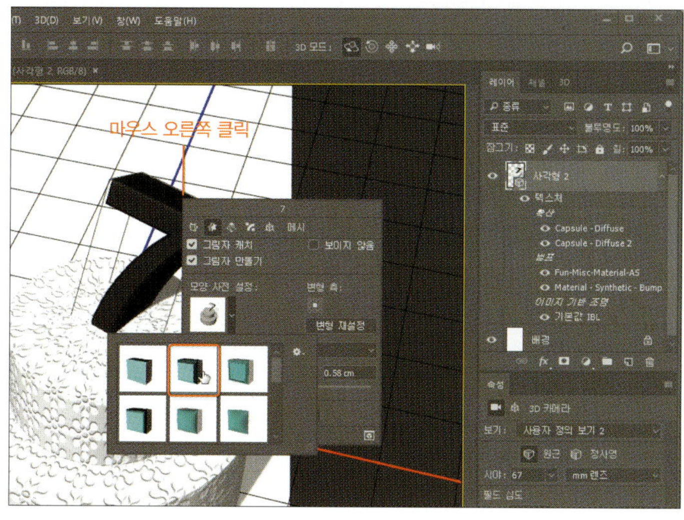

21 숫자 3D 개체를 마우스 오른쪽 버튼으로 클릭하면 숫자 3D 개체 주위로 검은색 3D 메시 테두리 상자가 표시되며 속성 패널의 내용이 팝업 창으로 나타난다. 모양 사전 설정과 돌출 심도를 적당히 조정한다.

강의노트

화면 테두리가 노란색으로 표시된 카메라 제어 모드이나 검은색 3D 메시 테두리가 나타났을 때 마우스 오른쪽 버튼을 클릭하면 메시 위치를 설정할 수 있다.

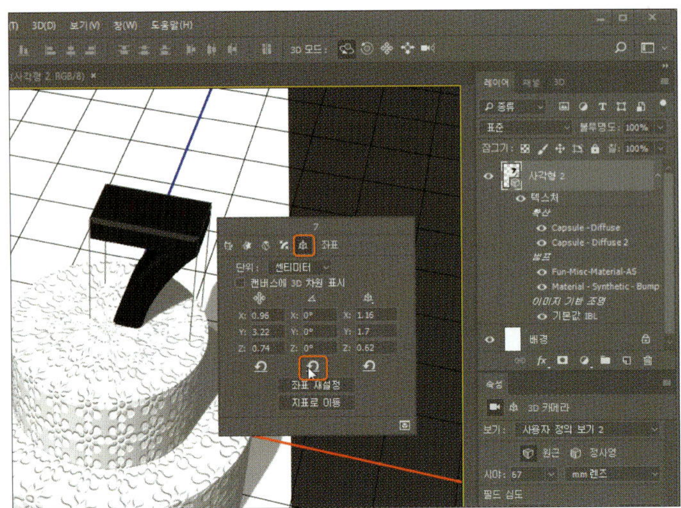

22 팝업창의 좌표 아이콘을 선택하고 회전 재설정을 클릭하면 기울었던 숫자 3D 개체가 똑바르게 조정된다.

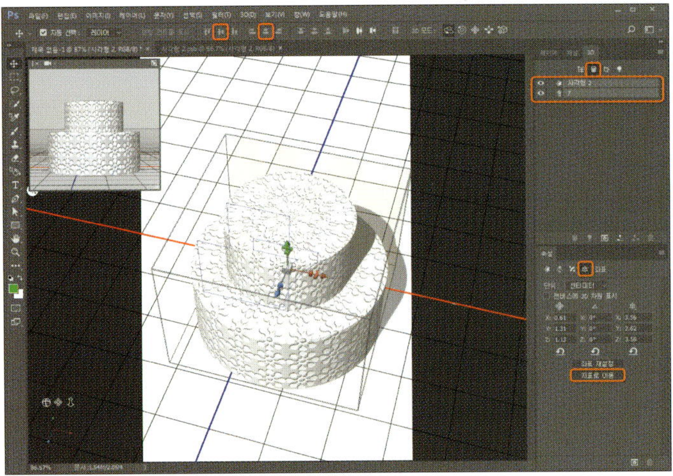

23 숫자 3D 개체를 클릭하고 속성 패널 좌표의 지표로 이동 버튼을 클릭한다. 케이크 가운데 숫자를 위치시키기 위해 3D 패널에서 사각형 2와 숫자 메시를 선택하고 옵션 막대의 수직 가운데 정렬, 수평 중앙 정렬을 클릭한다.

강의노트

카메라 제어 모드에서는 3D 개체가 여러 개일 때 지표로 이동 명령을 개별적으로 적용할 수 없다.

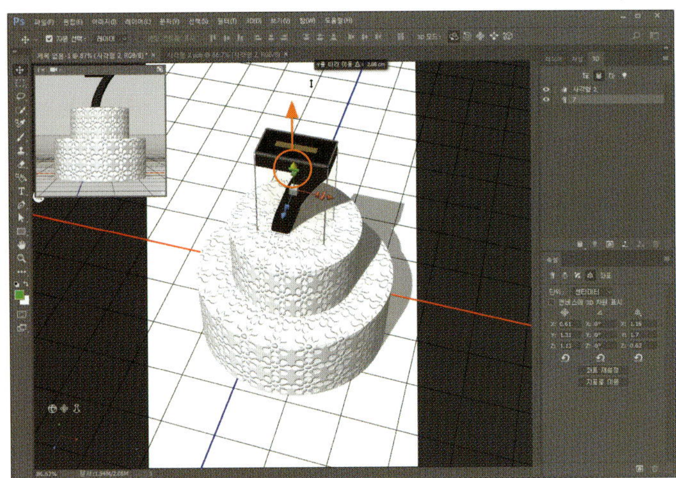

24 다시 숫자 3D 개체 메시만 선택한 후 Y축으로 이동시킨다.

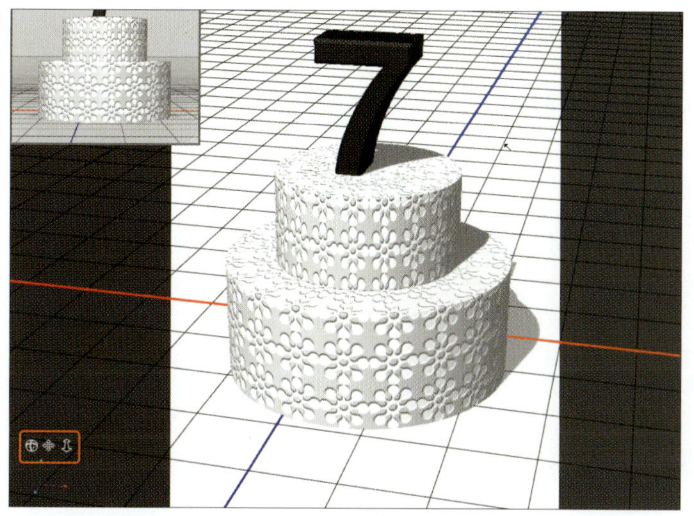

25 배경을 클릭하고 3D 카메라 궤도와 3D 카메라 팬을 움직여 시점을 조정한다.

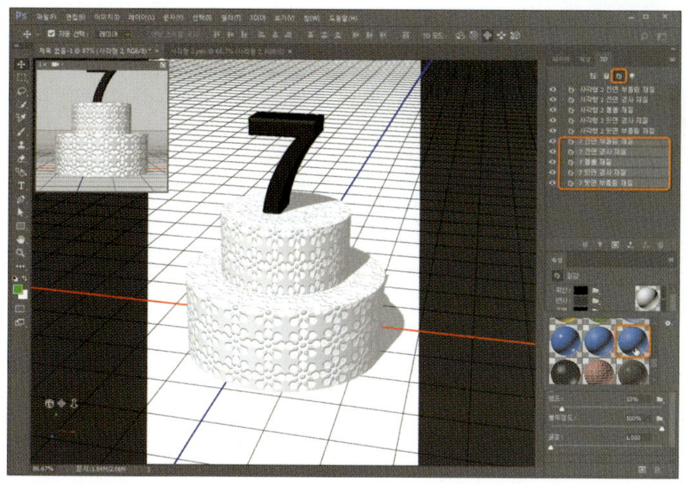

26 3D 패널에서 질감으로 필터링한다. 숫자 3D 개체의 재질을 모두 선택한 후 속성 패널 사전 설정 재질을 선택하면 숫자 3D 개체에 선택한 재질이 입혀진다.

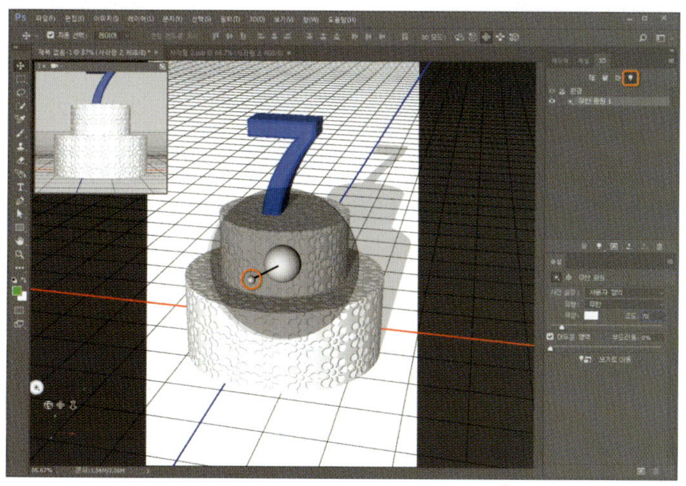

27 3D 패널에서 조명으로 필터링하고 핸들을 움직여 빛의 각도를 조정한다.

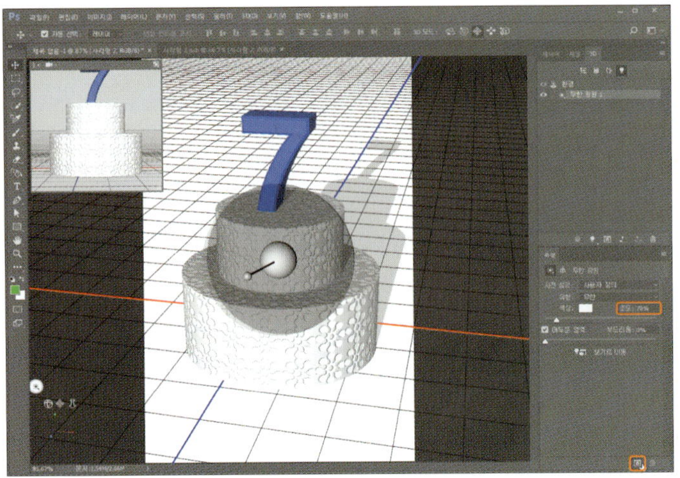

28 조명 강도를 조절하는 조도를 70%로 낮추고 패널 하단의 렌더 아이콘을 클릭한다.

강의노트 🖊
렌더란 개체의 질감, 그림자를 좀 더 사실적으로 만드는 작업이다.

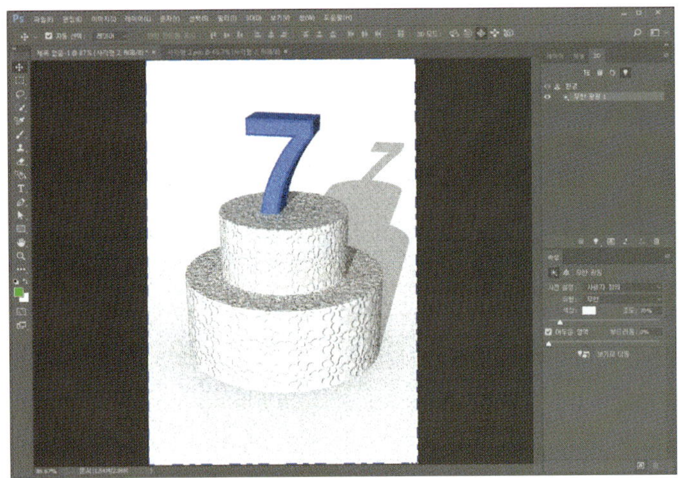

29 화면 왼쪽 하단에 렌더 진행률과 남은 시간이 표시된다. [ESC]를 누르면 렌더를 취소할 수 있다.

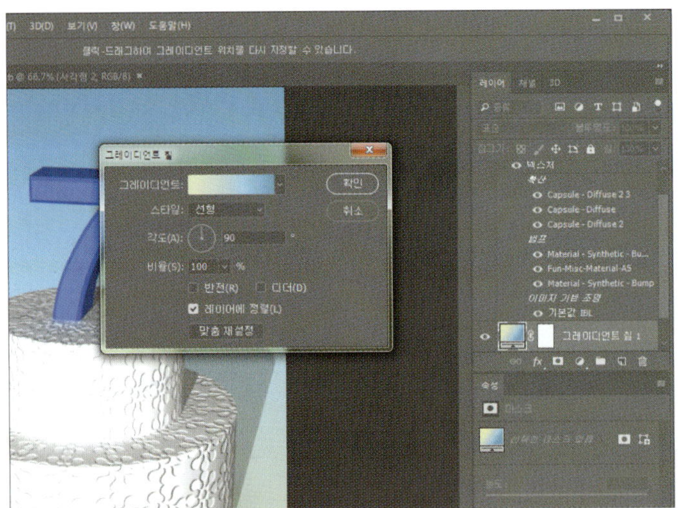

30 마지막으로 레이어 패널로 돌아온 후 배경 레이어 위에 그레이디언트 칠 레이어를 만들고 원하는 그레이디언트로 채운다.

 보충수업 3D 패널 알아보기

이전 버전에서는 포토샵에서 만든 3D 개체를 인쇄하려면 프린팅이 가능한 파일로 변환하기 위해 변환 프로그램이 필요했었다. 그러나 Photoshop CC에서는 3D 인쇄를 사용하여 실제 3D 디자인을 3D 프린터 또는 온라인 서비스로 모델을 인쇄할 수 있다. 또한, VRML, U3D, PLY, IGES 등 새로운 파일 포맷 지원으로 3D 워크플로우를 확장할 수 있다.

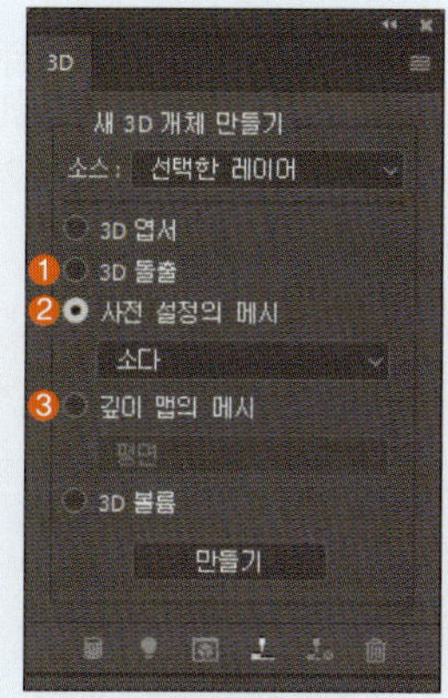

[3D 패널로 3D 개체 만들기]

3D 패널에서 선택한 레이어, 작업 패스, 현재 선택, 파일 중 소스를 지정하고 아래 3D 만들기를 설정한다. 3D 엽서나 3D 볼륨은 선택한 레이어를 3D 환경에 이미지를 배치하거나 볼륨을 만든다. 텍스트나 원하는 모양의 3D 개체를 만들 때는 3D 돌출 만들기를 실행한다.

❶ **3D 돌출** : 선택한 레이어나 패스, 선택 영역, 텍스트로 3D 개체를 만든다. 3D 패널의 다른 3D 만들기와 달리 3D 개체의 돌출 설정이나 표면의 모양 등 메시 옵션을 하나 하나 설정할 수 있다.

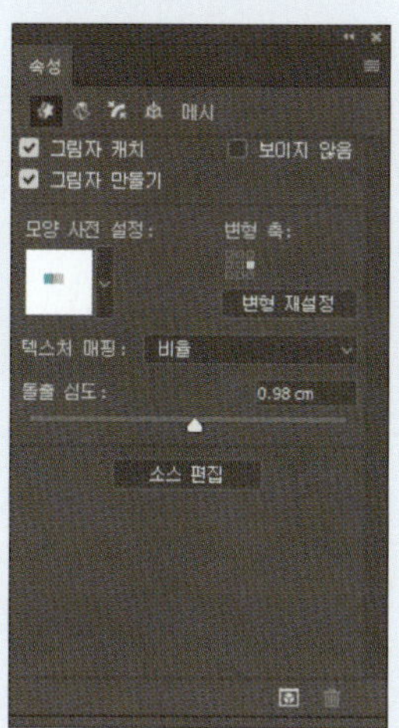 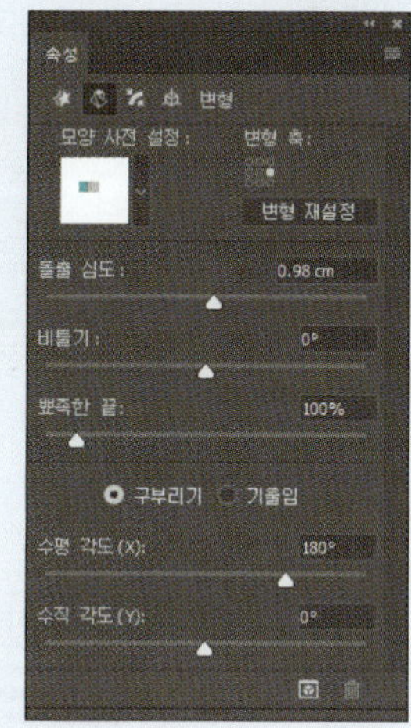 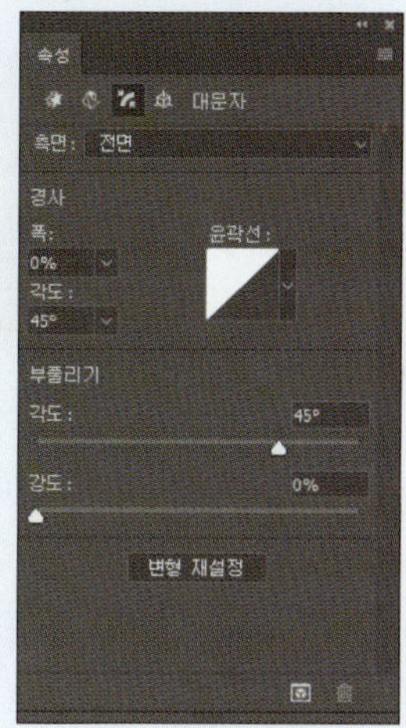

• 메시
1. 모양 사전 설정 : 18개의 돌출 형태 사전 설정을 제공한다.
2. 변형 축 : 변형 기준점을 설정한다.
3. 텍스처 매핑 : 텍스처 매핑 유형을 설정한다.
4. 돌출 심도 : 돌출 깊이를 설정한다. 음수 값 적용도 가능한다.
5. 소스 편집 : 소스로 사용한 내용이 별로의 파일로 불려와 편집할 수 있다.

• 변형
돌출 모양의 깊이, 크기, 소점의 각도, 휘어짐 등의 세부 옵션을 설정한다.

• 대문자
전, 후면의 부풀리기 각도와 강도를 설정한다.

❷ **사전 설정의 메시** : 사전 설정 메시로 만들 수 있는 3D 개체는 총 12가지이다. 선택한 레이어의 내용을 재질로 사용하여 3D 개체를 만들며, 만들어진 개체의 재질, 조명을 달리하며 다양한 개체 표현이 가능하다.

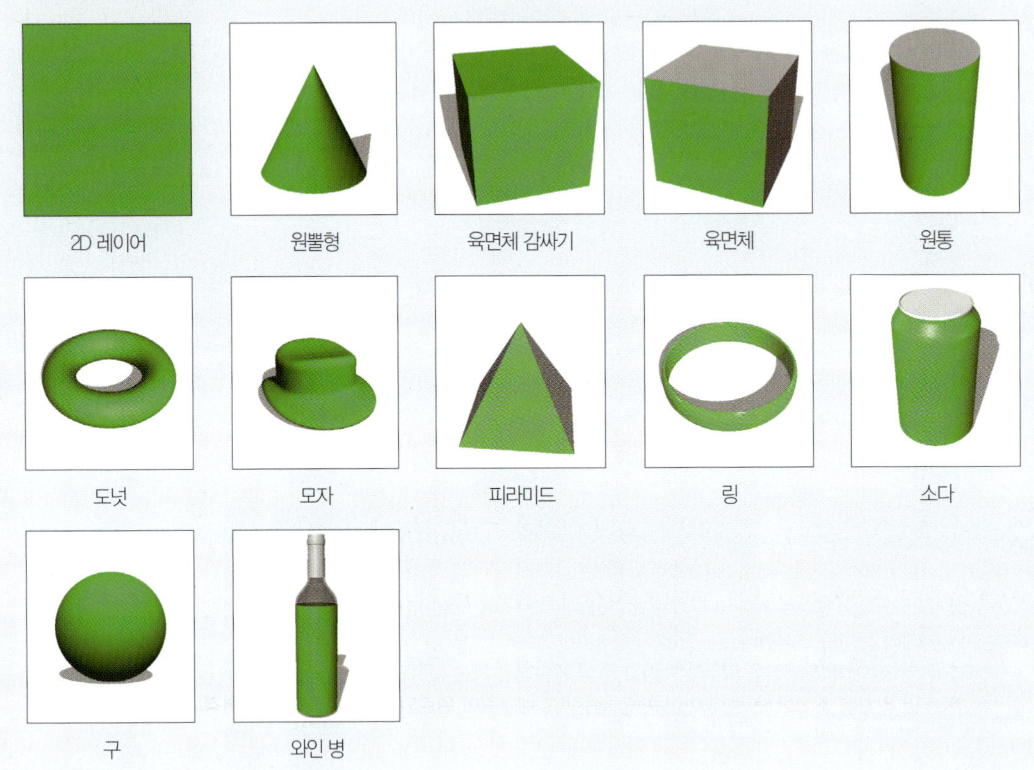

2D 레이어	원뿔형	육면체 감싸기	육면체	원통
도넛	모자	피라미드	링	소다
구	와인 병			

❷ **깊이 맵의 메시** : 선택된 레이어의 명암을 구분하여 3D 메시를 만든다.

| 2D 레이어 | 평면 | 양면 평면 | 솔리드 돌출 | 양면 솔리드 돌출 |
| 원통 | 구 | | | |

실전문제

01. 완성한 3D 개체의 내용을 수정하고 색상과 크기를 변경하여 보자.

준비파일 | Sample)part03)p03-24-01.psd

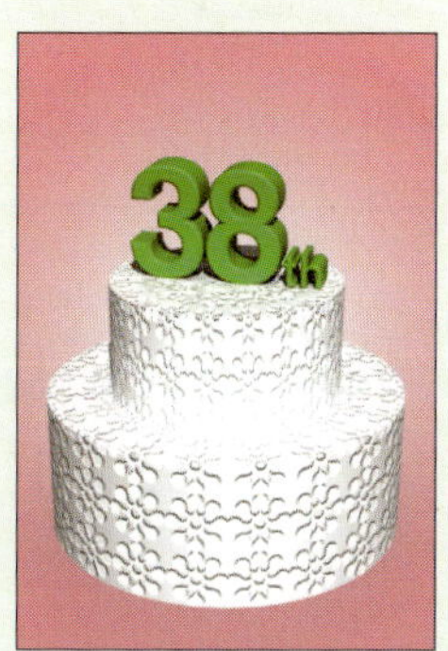

완성파일 | Artwork)part03)p03-24-02.psd

Hint 1. [파일]-[열기] 명령으로 준비된 소스 파일을 불러온다.
2. 레이어 패널에서 3D 레이어를 선택하고 3D 패널에서 숫자 3D 개체의 메시를 선택한다.
3. 속성 패널에서 소스 편집 버튼을 클릭하고 새 창으로 소스 파일이 열리면 텍스트를 변경한다. 텍스트 변경 후 Ctrl+S를 눌러 저장한다.
4. 원래 파일로 돌아와 변경된 문자 3D 개체를 선택하고 3D 축으로 크기와 위치를 조정한다. 배경을 클릭하고 카메라 위치도 조정한다.
5. 문자 3D 개체의 재질을 모두 선택하고 속성 패널에서 확산 항목의 색상을 변경한다.
6. 조명 위치를 조정한 후 렌더 아이콘을 클릭한다. 렌더링이 완료되면 그레이디언트를 변경하고 [파일]-[다른 이름으로 저장] 메뉴로 저장한다.

02. 3D 기능으로 입체적인 로고를 만들어 보자.

준비파일 | Sample)part03)p03-24-03.jpg

완성파일 | Artwork)part03)p03-24-03.psd

Hint 1. [파일]-[열기] 명령으로 준비된 소스 파일을 불러온다.
2. 사용자 정의 모양 도구와 수평 문자 도구로 2D 로고를 그린 후 Ctrl+E를 눌러 두 레이어를 합친다.
3. 3D 패널에서 선택한 레이어로 3D 돌출 만들기를 실행한다. 3D 작업 공간이 나타나면 이동 도구로 3D 개체를 선택하고 속성 패널에서 모양 사전 설정과 돌출 심도를 설정한다.
4. 3D 패널에서 필터링을 질감으로 한 후 모든 질감을 선택하고 속성 패널에서 재질과 옵션을 설정한다.
5. 마지막으로 조명 위치를 조정한 후 렌더 아이콘을 클릭한다.

애니메이션 기능으로 움직이는 사진 만들기

이번 시간에는 한때 인터넷상으로 유행하던 축전이나 움짤(움직이는 사진)을 만들 수 있는 애니메이션 기능에 대해 학습한다. 준비된 예제 이미지에 여러 각도의 조명을 그려 넣은 후 애니메이션 패널에 프레임을 추가하고 조명 순서를 바꾸면 움직이는 불빛 쇼 이미지를 완성할 수 있다. 타임라인 패널의 세부 옵션과 움직이는 이미지를 저장하는 방법에 대해 알아보자.

Zoom In
알찬 예제로 배우는
움직이는
이미지 만들기

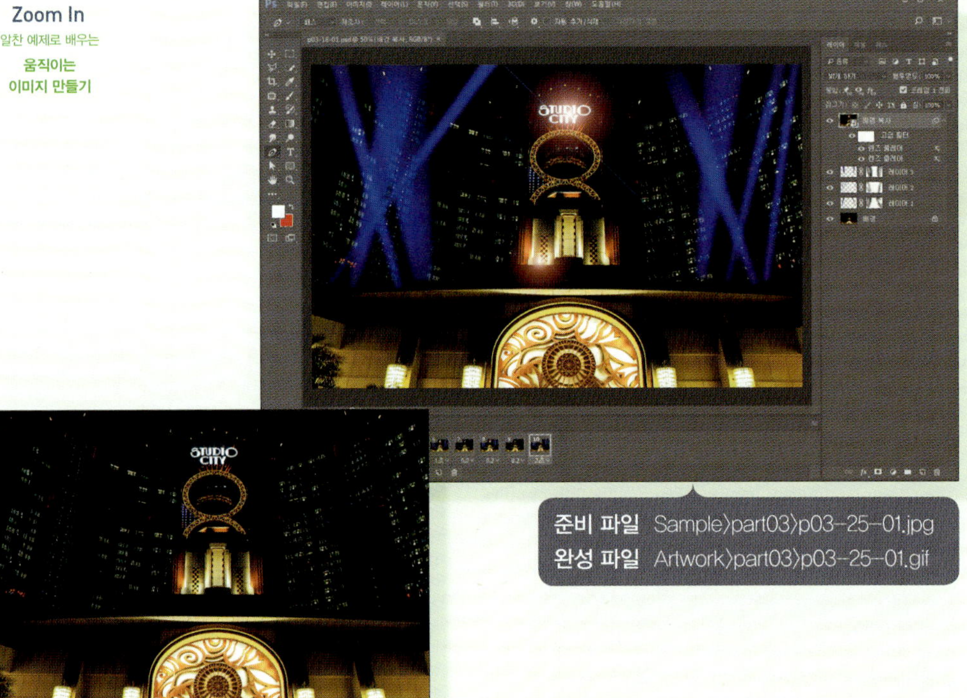

준비 파일 Sample〉part03〉p03-25-01.jpg
완성 파일 Artwork〉part03〉p03-25-01.gif

Keypoint Tool

_ **페더** 선택 영역의 외곽을 부드럽게 처리한다.
_ **렌즈 플레어 필터** 강한 빛이 카메라 렌즈에 반사됐을 때 생기는 빛 번짐 현상을 적용한다.

Knowhow

_ **미리 보기** 타임라인 패널 하단의 재생 버튼을 누르면 적용된 애니메이션을 미리 볼 수 있다.
_ **웹용으로 저장** 웹용으로 저장 메뉴를 실행하고 확장자를 gif로 설정하면 움직이는 이미지로 저장된다.

01 [파일]-[열기] 메뉴를 실행하여 "Sample〉part03" 폴더 안의 "p03-25-01.jpg" 파일을 불러온다.

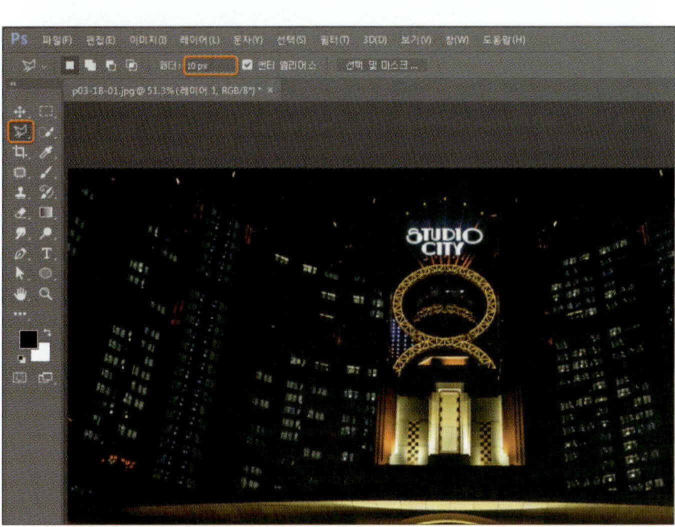

02 새 레이어를 만들고 다각형 올가미 도구(   )를 선택한다. 옵션 막대에서 페더 값을 10px로 설정한다.

03 조명을 적용할 영역을 그린 후 전경색을 파란색으로 지정하고 Alt + Delete 를 눌러 채운다.

04 Ctrl + D 를 눌러 선택 영역을 해제하고 레이어 혼합 모드를 스크린으로 설정한다. 레이어 패널 하단의 아이콘을 눌러 레이어 마스크를 적용한다.

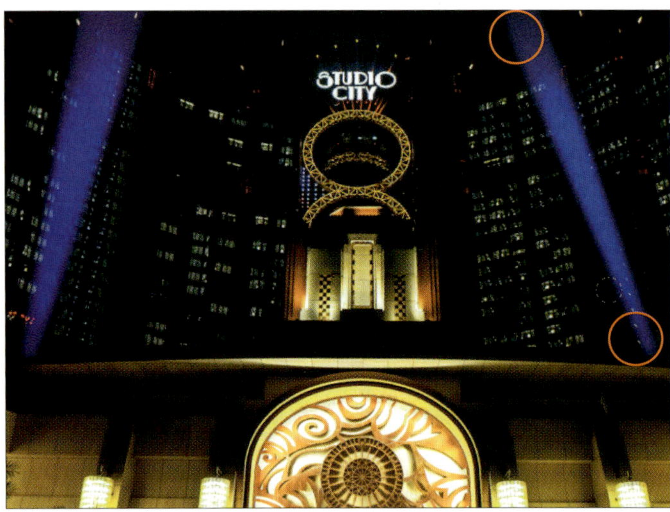

05 추가된 레이어 마스크를 선택한 후 브러시 도구( )를 선택하고 브러시 가장자리와 불투명도를 조절한 후 조명의 끝부분과 가장자리가 약간 흐릿해지도록 칠해준다.

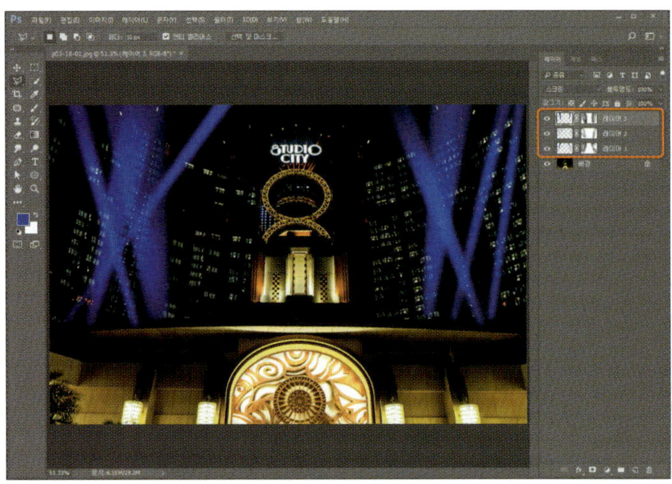

06 동일한 방법으로 레이어를 만들고 조명을 추가한다.

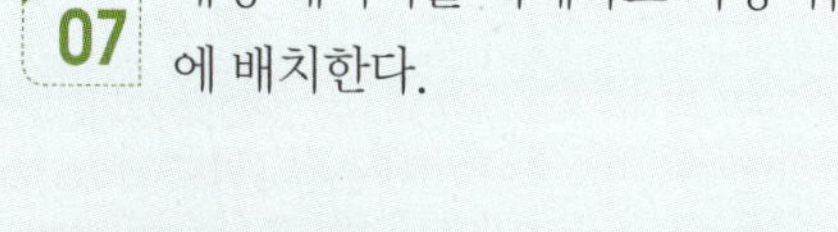

07 배경 레이어를 복제하고 가장 위에 배치한다.

08 복제한 레이어를 고급 개체 레이어로 변환한 후 [필터]-[렌더]-[렌즈 플레어] 메뉴를 실행한다. 건물 이름에 동영상 프라임 현상을 적용한다.

강의노트 ✏️

렌즈 플레어란 카메라 촬영 시 강한 빛이 렌즈에 반사됐을 때 생기는 빛 번짐 현상을 일컫는다. 렌즈 플레어 대화상자 미리 보기에서 효과를 적용할 위치를 조정할 수 있다.

09 다시 [필터]-[렌더]-[렌즈 플레어] 메뉴를 실행하여 동영상 프라임 현상을 추가한 후 레이어의 혼합 모드를 밝게 하기로 설정한다.

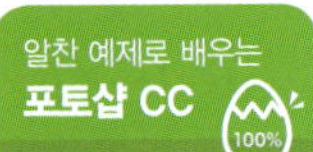

10 [창]-[타임라인] 메뉴로 타임라인 패널을 불러오고 프레임 애니메이션 만들기 버튼을 클릭한다.

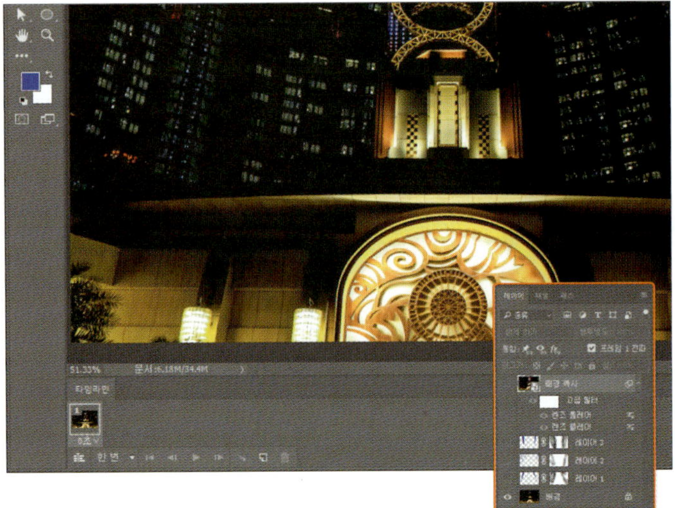

11 화면에 보이는 장면이 애니메이션 프레임으로 만들어진 것을 확인할 수 있다. 배경을 제외한 모든 레이어의 눈 아이콘을 클릭하여 화면에 보이지 않게 한다.

강의노트 🖉

Alt 를 누른 채 배경 레이어 눈 아이콘을 클릭하면 배경 레이어를 제외한 모든 레이어의 보기를 숨길 수 있다.

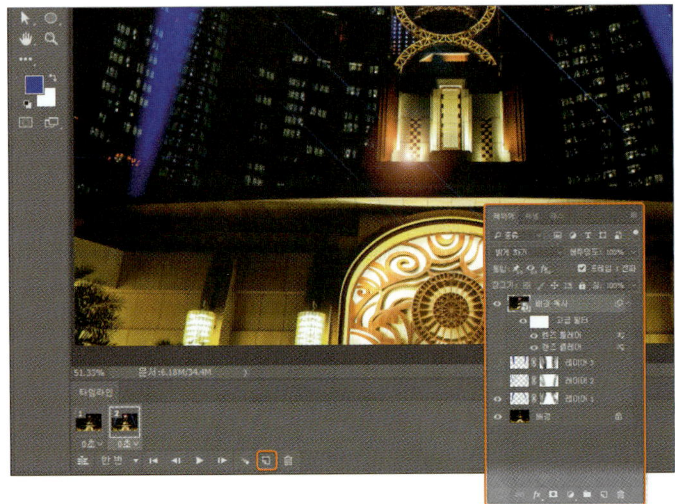

12 타임라인 패널의 아이콘을 클릭하면 선택한 프레임이 복제된다. 레이어 패널에서 첫 번째 조명 레이어와 복제한 배경 레이어의 눈 아이콘을 클릭하여 나타나게 한다.

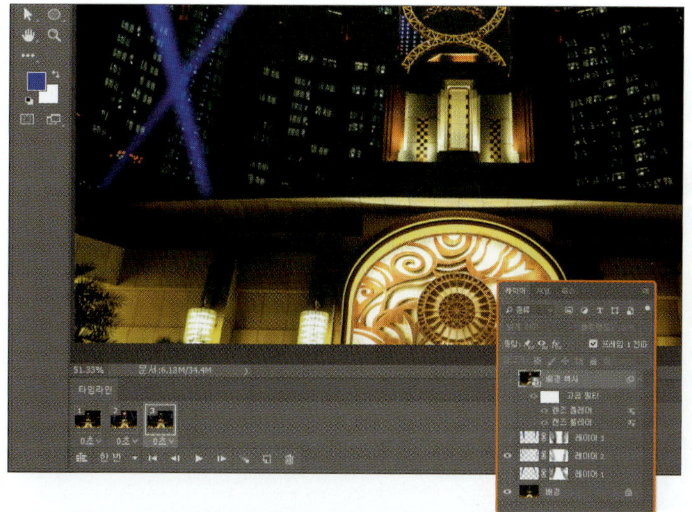

13 다시 프레임을 복제하고 두 번째 조명과 배경 레이어만 보이게 설정한다.

14 동일한 방법으로 프레임을 복제한 후 세 번째 조명 레이어와 고급 필터 내용이 보이게 설정한다.

15 이번에는 프레임을 추가한 뒤 고급 필터 내용은 숨기고 두 번째 조명과 세 번째 조명이 보이게 설정한다.

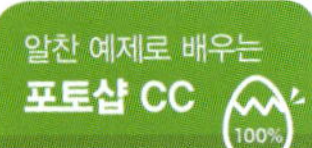

16 마지막으로 프레임을 복제한 후 고급 필터 내용과 모든 조명이 보이게 설정한다.

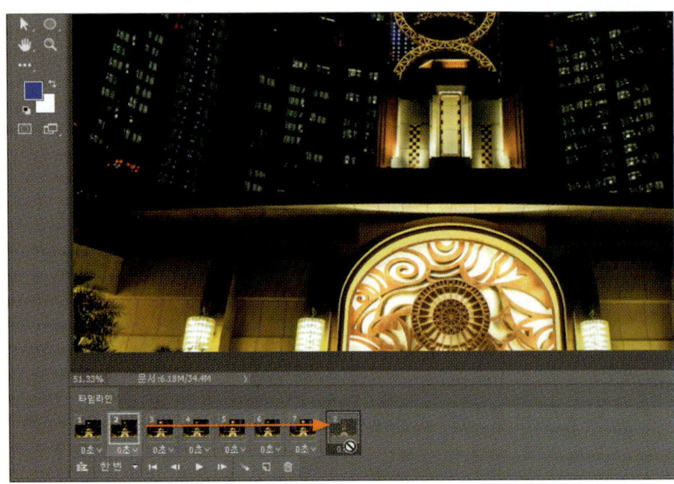

17 타임라인 패널에서 첫 번째 프레임을 복제한 후 프레임 끝으로 이동시킨다.

18 이번에는 6, 7번째 프레임을 선택하고 아이콘을 두 번 클릭하면 6, 7번째 프레임이 두 개씩 복제된다. 11번째 프레임은 을 눌러 삭제한다.

19 첫 번째 프레임을 클릭하고 Shift 를 누른 채 여섯 번째 프레임을 클릭하여 선택한다. 프레임 하단의 초 설정을 클릭하고 1.0으로 설정한다.

강의노트 ✎
설정한 시간은 해당 프레임이 화면에서 보이는 시간이다.

20 7~9번째 프레임은 프레임 지연 시간을 0.2초로 설정하고 10번째 프레임은 2초로 설정한다.

강의노트 ✎
타임라인 패널의 재생 버튼을 눌러 애니메이션을 확인해 볼 수 있다.

21 애니메이션 재생을 계속으로 변경하고 [파일]-[내보내기]-[웹용으로 저장(레거시)] 메뉴를 실행한다. 파일 형식은 GIF로 설정한다.

실전문제

01. 준비된 파일로 이미지 색상이 변하는 6 프레임 애니메이션을 만들어 보자.

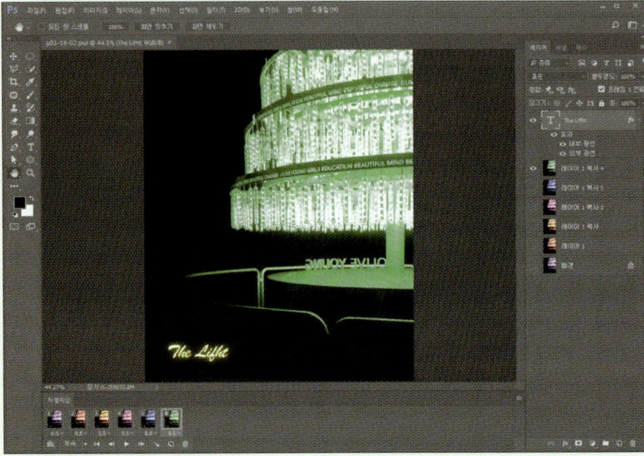

준비파일 | Sample〉part03〉
p03-25-02.jpg

완성파일 | Artwork〉part03〉p03-25-02.gif

Hint 1. [파일]-[열기] 명령으로 준비된 소스 파일을 불러온다.

2. 키보드의 Ctrl + J 를 5번 눌러 배경 레이어를 복제한다.

3. [이미지]-[조정]-[색조/채도] 명령으로 이미지의 색상을 변경한다.

4. 나머지 레이어들도 [이미지]-[조정]-[색조/채도] 명령으로 색상을 변경한다.

5. 이번에는 수평 문자 도구로 문구를 입력하고 내부 광선과 외부 광선 스타일을 적용한다. 레이어 패널에서 문자 레이어를 가장 위에 배치시킨다.

6. [창]-[타임라인] 메뉴를 실행하고 프레임 애니메이션 만들기 버튼을 클릭한다. 패널 메뉴를 클릭하고 레이어에서 프레임 만들기 메뉴를 실행한다. 모든 레이어가 각각의 프레임으로 만들어진다.

7. 타임라인 패널에서 문자 프레임을 삭제한 후 1, 3, 5번째 프레임에 문자가 나타나도록 프레임 내용을 수정한다.

8. 프레임을 모두 선택한 후 프레임 지연 시간을 1.0초로 설정하고, 재생 횟수는 계속으로 변경한다.

9. [파일]-[내보내기]-[웹용으로 저장(레거시)] 명령을 실행하여 GIF 파일로 저장한다.

 실전문제

02. 애니메이션 기능으로 전파 수신이 안되는 티비 화면을 만들어 보자.

준비파일 | Sample〉p03-25-02.jpgp03-25-03.jpg   **완성파일** | Artwork〉p03-25-02.jpgp03-25-03.gif

Hint 1. [파일]-[열기] 명령으로 준비된 소스 파일을 불러온다.

2. 펜 도구로 티비 화면 가장자리를 따라 가며 패스를 만든다. 패스를 선택 영역으로 지정한 후 Ctrl + Shift + I 를 눌러 선택 영역을 반전시킨다. 레이어 패널 하단의 ▣ 을 누르면 티비 화면에 마스크가 적용된다.

3. 화면 안쪽으로 그림자를 적용하기 위해 fx 아이콘을 누르고 외부 광선 스타일을 적용한다.

4. 새 레이어를 추가하고 흰색 브러시로 오른쪽 티비 화면에 빛 반사를 그린다. 혼합 모드는 오버레이로 설정한다.

5. 다시 새 레이어를 추가하고 흰색으로 채운다. [필터]-[노이즈]-[노이즈 추가] 메뉴를 실행하여 컬러 노이즈를 두 번 추가한 후 레이어 패널 가장 아래에 배치한다.

6. 움직이는 화면을 만들기 위해 노이즈 레이어 위로 새 레이어를 추가하고 높이가 다른 여러 개의 흰색 띠를 만든 후 [필터]-[흐림 효과]-[가우시안 흐림 효과]를 적용한다. 흰색 띠의 가로 길이는 화면 크기보다 길게 만든다.

7. 다시 새 레이어를 추가하고 높이가 다른 여러 개의 흰색 띠를 만든 후 [필터]-[흐림 효과]-[가우시안 흐림 효과]를 적용한다. 이때 흰색 띠의 위치는 6번 레이어와 다르게 한다.

8. 흰색 띠 레이어 두개 모두 혼합 모드를 오버레이로 설정하고 불투명도를 50%로 조정한다.

9. 오래된 티비 화면의 불룩함을 표현하기 위해 흰색 띠 레이어 모두 [필터]-[왜곡]-[구형화] 필터를 적용한다.

10. 이제 움직임을 만들기 위해 [창]-[타임라인] 메뉴를 실행하고 프레임 애니메이션 만들기 버튼을 클릭한다. 두 번째 흰색 띠 레이어를 숨긴 후 🖼 아이콘을 눌러 프레임을 추가한다.

11. 이번에는 첫 번째 흰색 띠 레이어를 숨기고 두 번째 흰색 띠 레이어를 표시한다. 지연 시간은 0초, 재생횟수는 계속으로 변경한다.

12. [파일]-[내보내기]-[웹용으로 저장(레거시)] 명령을 실행하여 GIF 파일로 저장한다.

알찬 예제로 배우는

Photoshop CC

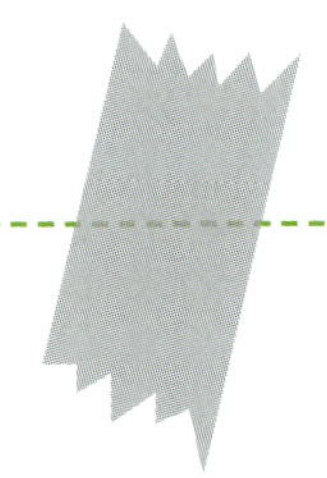

2017년 6월 15일 초판 1쇄 인쇄
2017년 6월 25일 초판 1쇄 발행

지은이 : 김지연
펴낸이 : 양진오
펴낸곳 : (주)교학사
주　　소 : (공장) 서울특별시 금천구 가산디지털1로 42 (가산동)
　　　　 (사무소) 서울특별시 마포구 마포대로14길 4 (공덕동)
전　　화 : 02-707-5310(편집), 02-839-2505, 02-707-5147(영업)
팩　　스 : 02-707-5316(편집), 02-839-2728(영업)
등　　록 : 1962년 6월 26일 〈18-7〉

교학사 홈페이지 주소
http://www.kyohak.co.kr